Gargalos e soluções
na infraestrutura de transportes

Armando Castelar Pinheiro e Cláudio Roberto Frischtak (Org.)

FGV | EDITORA IBRE

Direitos desta edição reservados à
EDITORA FGV
Rua Jornalista Orlando Dantas, 37
22231-010 | Rio de Janeiro, RJ | Brasil
Tels.: 0800-021-7777 | 21-3799-4427
Fax: 21-3799-4430
editora@fgv.br | pedidoseditora@fgv.br
www.fgv.br/editora

Impresso no Brasil | *Printed in Brazil*

1ª edição — 2014

Coordenação editorial e copidesque: Ronald Polito
Revisão: Sandro Gomes dos Santos e Marco Antonio Corrêa
Capa, projeto gráfico e diagramação: Luciana Inhan
Imagem da capa: Marlon Gengler | sxc.hu

Ficha catalográfica elaborada pela Biblioteca Mario Henrique Simonsen/FGV

Gargalos e soluções na infraestrutura de transportes / Organizadores Armando Castelar Pinheiro e Cláudio Frischtak. - Rio de Janeiro : Editora FGV, 2014.
348 p.

Inclui bibliografia.
ISBN: 978-85-225-1473-1

1. Infraestrutura (Economia). 2. Transportes – Brasil. I. Pinheiro, Armando Castelar. II. Frischtak, Cláudio Roberto. III. Fundação Getulio Vargas.

CDD – 388

Sumário

Prefácio 7
Gargalos e soluções na infraestrutura de transporte
Paulo Fernando Fleury

Introdução 11
Armando Castelar Pinheiro e Cláudio Frischtak

Capítulo 1 21
Risco regulatório no Brasil: teoria e mensuração
Vinicius Carrasco, Gustavo Joaquim e João Manoel Pinho de Mello

Capítulo 2 39
O investimento privado em infraestrutura e seu financiamento
Cláudio Frischtak e Katharina Davies

Capítulo 3 65
Infraestrutura e sustentabilidade ambiental
Ronaldo Seroa da Motta e Isaque Regis Ouverney

Capítulo 4 87
O que limita o investimento público no Brasil?
Mansueto Almeida

Capítulo 5 127
O óbvio ignorado: custos internos de transporte e a geografia das exportações no Brasil
Mauricio Mesquita Moreira

Capítulo 6 157
As mudanças recentes e as perspectivas para o setor aeroportuário
Cleveland Prates Teixeira, Frederico Araujo Turolla e Alessandro Vinicius Marques de Oliveira

Capítulo 7 203
A nova reforma regulatória do setor ferroviário
Armando Castelar Pinheiro

Capítulo 8 243
Hidrovias brasileiras: elevado potencial, mas por que não são implantadas?
Fabiano Mezadre Pompermayer, Carlos Álvares da Silva Campos Neto e Jean Marlo Pepino de Paula

Capítulo 9 285
Regulação dos portos no Brasil: evolução e perspectivas
Eduardo Augusto Guimarães

Capítulo 10 313
Regulação e concorrência em concessões rodoviárias no Brasil
Joísa Dutra, Flavio Menezes e Patrícia Sampaio

Sobre os autores 343

Gargalos e soluções na infraestrutura de transporte

A preocupação com a infraestrutura de transporte é hoje um dos assuntos prioritários nas agendas do governo federal, da imprensa, do empresariado e da academia brasileira. Requisito fundamental para alcançar e manter a competitividade nacional e internacional, a infraestrutura de transporte ganhou crescente importância nas últimas décadas.

O rápido avanço do comércio exterior e dos investimentos externos contribuiu de forma significativa para esta situação. A forte concentração das nossas exportações em granéis sólidos, ou seja, grãos e minérios, torna ainda mais importante a existência de uma infraestrutura logística moderna, eficiente e com capacidade necessária. Infelizmente, este não é o caso do Brasil. Pelo contrário, o país depende de uma infraestrutura antiga, ineficiente e com capacidade bem abaixo do necessário.

Uma das consequências mais nefastas destas distorções é o desbalanceamento de nossa matriz de transportes, exageradamente dependente do modal rodoviário. Esse modal, além de ser o mais ineficiente em termos de custos, é, de longe, o maior emissor de gases de efeito estufa. Isso coloca o Brasil em uma enorme desvantagem competitiva. Para comprovar tal afirmativa, basta comparar o Brasil a uma cesta de países, incluindo os desenvolvidos e os Brics, em termos da disponibilidade e qualidade da infraestrutura de transporte.

Por cerca de 30 anos o governo brasileiro reduziu de forma contínua os investimentos em infraestrutura de transporte. Em 1975 foi investido algo em torno de 1,85% do PIB, enquanto em 2003, ano em que atingimos o fundo do poço, os investimentos se limitaram a cerca de 0,10% do PIB. Este longo período de subinvestimento gerou um gigantesco déficit de infraestrutura de transporte. As melhores estimativas da dimensão desse déficit apontam para um *gap* de cerca de 1 trilhão de reais, investimento necessário para alcançarmos os padrões norte-americanos de infraestrutura de transporte.

Cientes da necessidade urgente de eliminar ou reduzir este déficit, os atuais governantes do país lançaram, há cerca de seis anos, o ousado Programa de Aceleração do Crescimento (PAC), que se caracteriza pelo fato de ter recursos financeiros garantidos para os projetos e as obras que fazem parte desse pacote. À medida que o programa foi sendo implementado, o governo se deparou com uma série de dificuldades não previstas inicialmente.

A primeira, e mais visível, foi a enorme e confusa burocracia estatal, capaz de causar grandes atrasos e aumentar os custos das obras de grande porte no Brasil. Soma-se a isso a recorrência dos escândalos, causados pelos "malfeitos", de empresas privadas e de funcionários públicos.

A segunda foi descobrir que o tamanho do déficit de infraestrutura é muito maior do que o imaginado, o que implicou a incapacidade do governo de ser a única fonte de financiamento do programa.

A terceira foi entender que a não existência de projetos de boa qualidade técnica é um grande incentivo para o crescimento dos "malfeitos", para o aumento dos custos e para o atraso na conclusão das obras.

Estas descobertas levaram o governo a agir, ainda que de forma reativa, aos problemas identificados durante a execução dos projetos. As questões burocráticas foram enfrentadas por meio de pressões políticas e reclamações públicas na imprensa. Os "malfeitos" foram atacados com demissões sucessivas de altos dirigentes estatais. A incapacidade de financiamento do programa exclusivamente através do setor público forçou o governo a tentar atrair o setor privado para participar dos investimentos em infraestrutura, mediante concessões e autorizações. A não existência de projetos de qualidade fez com que o governo passasse a exigir projetos executivos de engenharia nas obras de grande porte, além de criar uma empresa pública — a Empresa de Planejamento e Logística S.A. (EPL), voltada para o planejamento logístico de longo prazo e elaboração de projetos de infraestrutura logística de boa qualidade.

Todas estas medidas não foram suficientes para colocar o PAC transporte nos trilhos. A burocracia continua poderosa e complexa. As punições foram sendo esquecidas à medida que o governo necessitava de apoio político por parte dos partidos aliados. A tentativa de atrair investidores não tem alcançado os resultados esperados. O pouco apetite dos potenciais investidores se manifesta na tímida participação do setor privado nos leilões de concessões já efetuados.

As tentativas de melhorar a qualidade dos projetos ficaram prejudicadas pela exagerada velocidade e quantidade de editais planejados para um período curto de apenas alguns meses. Contribuiu também para dificultar a melhoria da qualidade dos projetos a anunciada saída do governo do presidente da Empresa de Planejamento e Logística (EPL), que foi o principal idealizador de muitas das ações de infraestrutura de transporte lançadas pelo governo.

Foi neste complexo e rico contexto que o livro organizado por Armando Castelar e Cláudio Frischtak veio ao mundo. O momento para seu lançamento não poderia ser mais adequado. Depois de investir dezenas de bilhões de dólares em centenas de projetos de grande porte, o governo e a sociedade estão apreensivos com o futuro de nossa infraestrutura de transporte. O atraso médio dos grandes projetos do PAC transporte é de 48 meses, e o aumento dos custos médios das maiores obras em relação ao orçado é de aproximadamente 75%. Praticamente, nenhum projeto de grande porte pertencente ao PAC transporte entrou em operação.

As medidas reativas adotadas pelo governo, embora muitas vezes rápidas e duras, não têm sido suficientes para reverter o quadro preocupante em que se encontra o programa de investimentos em infraestrutura de transporte no Brasil. Falta a utilização de conceitos e mecanismos modernos que criem um *framework* capaz de orientar os processos decisórios e de gestão, incluindo o planejamento e o acompanhamento dos projetos e obras.

Este livro que está sendo agora lançado tem todas as condições para contribuir significativamente para a montagem de um arcabouço gerencial capaz de reverter as dificuldades vivenciadas pelo programa de investimento em infraestrutura de transporte no Brasil.

Organizado em 10 capítulos, o livro trata de questões cruciais relacionadas a concessões de infraestrutura de transporte. Cada um dos modais relevantes — ou seja, rodoviário, ferroviário, hidroviário, aeroportuário e portuário — é analisado individualmente por estudiosos de cada uma das áreas.

Aspectos fundamentais para o sucesso ou fracasso de tais programas, como o financiamento público e o financiamento privado, são discutidos em profundidade, incluindo sugestões de modelagens alternativas.

Outro aspecto fundamental para o planejamento e a gestão de concessões de infraestrutura de transporte é a questão da sustentabilidade ambiental. Duas importantes questões relacionadas à sustentabilidade são analisadas neste livro. Como conciliar o desenvolvimento de projetos de infraestrutura com aspectos de sustentabilidade ambiental? Como o mercado percebe a viabilidade de projetos de infraestrutura ambientalmente sustentáveis, e quais os mecanismos financeiros para promover esses investimentos?

O custo do transporte interno, ou seja, do local de produção até a alfândega, é analisado dentro da perspectiva do comércio exterior. Baseado em levantamento de dados de tarifas do transporte interno, o capítulo que trata desta questão chama atenção para a importância do custo de transporte interno para o desempenho exportador de municípios brasileiros.

A questão dos riscos regulatórios, um dos mais importantes aspectos levados em consideração quando do processo decisório de investimentos, não poderia deixar de ser considerada. Utilizando modelos teóricos e dados empíricos, os autores deste capítulo sugerem que o risco regulatório é bastante significativo e demanda um prêmio substancial por parte daqueles que consideram a possibilidade de investir em concessões públicas no Brasil.

Por fim, este é um livro muito rico em conceitos e informações, e deveria ser uma leitura indispensável para aqueles interessados e envolvidos com o processo de concessões de infraestrutura de transporte no Brasil.

Paulo Fernando Fleury
Professor titular da UFRJ
Diretor-geral do Instituto de Logística e Supply Chain (Ilos)

Introdução

Armando Castelar Pinheiro
Cláudio Frischtak

1. Motivação

Apesar do progresso localizado em telecomunicações, o Brasil continua sofrendo com as crônicas deficiências de sua infraestrutura, bem ilustradas pelos seguidos apagões elétricos e pelos congestionamentos em aeroportos, portos, rodovias e vias urbanas. Há três décadas investimos pouco mais de 2% do PIB em infraestrutura, uma fração do que fazem alguns de nossos concorrentes diretos no mercado internacional e alguns países da América Latina (onde essa taxa está na faixa de 4% a 8% do PIB), e abaixo do mínimo necessário para repor a depreciação do capital fixo *per capita* no setor (estimado em 3% do PIB).

A falta de investimento transformou a infraestrutura em uma importante restrição ao crescimento, reduzindo a produtividade e o investimento privado, e é um fator que se subtrai da competitividade brasileira no comércio internacional e na atração de investimentos. No *The global competitiveness report* (GCR) de 2013,[1] a má qualidade da infraestrutura aparece como o segundo maior problema para as empresas no Brasil, ficando pelo segundo ano consecutivo à frente do tamanho da carga tributária. Entre os 148 países analisados, o Brasil ocupava a 114ª posição em termos da qualidade da infraestrutura, com uma situação especialmente ruim em termos da logística de transporte: 103ª posição em ferrovias, 120ª em rodovias, 123ª em aeroportos e 131ª em portos. Em contraste, o país ocupava 56ª posição em termos do indicador global de competitividade e detinha a 55ª maior renda *per capita*, mostrando que o nível de desenvolvimento da infraestrutura brasileira está bem aquém daquele do país como um todo, denotando a falta de prioridade atribuída ao setor.

1. WORLD ECONOMIC FORUM. *The global competitiveness report 2013-2014.*

A péssima qualidade da infraestrutura e certo descaso com que ela vem sendo tratada contrastam com a ampla disponibilidade de recursos com que conta o setor público, como bem caracterizado pela alta de cerca de 10% do PIB na carga tributária bruta entre meados da última década do século passado e a primeira deste. Bastaria um quinto desses recursos para dobrar o investimento em infraestrutura. Isso deixa claro que é a falta de prioridade, gestão e estratégia, e não a carência de recursos, que faz o estado da infraestrutura se encontrar na situação atual.

O governo parece estar começando a convergir para esse diagnóstico. Seu plano de ação para elevar o investimento no setor contempla três iniciativas. A primeira é avançar mais decididamente com a privatização, especialmente nos vários segmentos de transporte. Novas concessões rodoviárias, ferroviárias e para portos e aeroportos já foram anunciadas. Possivelmente, é o maior programa de privatizações atualmente em execução no mundo.

A nova rodada de privatizações vai ao encontro de outra importante iniciativa em desenvolvimento no último ano e meio: o fomento ao mercado de títulos privados de renda fixa de longo prazo. Em especial, os incentivos tributários originalmente contidos na Lei nº 12.431/2011, que foram fortalecidos com as mudanças trazidas pela Lei nº 12.715/2012, buscam atrair o financiamento estrangeiro para projetos privados de infraestrutura, eliminando vantagens tributárias de que gozavam os títulos públicos. Outras ações nessa área se voltam para dar liquidez e uma governança de qualidade para esses papéis, que também são condições para atrair o investidor estrangeiro de renda fixa privada. Já há operações realizadas ou em andamento ao amparo dessa legislação.

Por fim, o governo vem tentando baixar a taxa de retorno obtida pelos concessionários privados. Vem fazendo isso por meio da concessão de crédito farto e barato pelo BNDES; pela assunção de alguns riscos, como no caso do papel que a Valec vai desempenhar no setor ferroviário; e simplesmente pressionando os operadores a reduzirem suas tarifas.

Ainda que essas iniciativas sejam meritórias isoladamente, elas pouco contribuem para alargar horizontes e reduzir riscos. Não se deve descartar a possibilidade de que, a despeito de avanços pontuais, o investimento em infraestrutura permaneça baixo. Há quatro motivos para isso.

Primeiro, o setor público vai continuar dominando algumas das principais áreas de infraestrutura, mas se mostra incapaz de realizar os investimentos que esses setores necessitam. Burocracia, má gestão, corrupção, vários são os motivos que impedem o investimento público de deslanchar, a despeito da forte alta registrada na arrecadação pública.

Segundo, o ambiente macroeconômico permanece instável, com a inflação ainda em patamar alto, o que aumenta a incerteza de longo prazo e dificulta a obtenção de financiamento em condições adequadas. Em especial, o recurso ao financiamento externo, a que as empresas recorrem para alongar seus passivos, é arriscado para as empresas de infraestrutura, porque suas receitas são em reais. Com a dívida pública bruta em patamar preocupante, o espaço fiscal para subsidiar os investimentos em infraestrutura via BNDES se estreitou consideravelmente.

Terceiro, a desconstrução do aparato regulatório instituído até 2002 encurtou os horizontes e elevou o risco. As agências reguladoras foram enfraquecidas — ainda que não de maneira uniforme — e o tema da privatização foi politizado. Passou-se a recorrer à regulação por contrato e à busca de uma modicidade tarifária que acabaram por comprometer os investimentos e a qualidade da operação.

A própria insatisfação demonstrada pelo governo com o resultado da privatização dos aeroportos de Cumbica, Viracopos e Brasília mostra que esse vem tendo dificuldade de estabelecer prioridades. A hesitação posterior em avançar com a privatização dos demais aeroportos mostra, por outro lado, que falta uma estratégia mais ampla para a infraestrutura. Esse passo atrás parece refletir questões político-partidárias e certa frustração com o resultado das privatizações dos últimos cinco anos, esta uma consequência da busca simultânea de múltiplos objetivos, problema que também pode afetar as novas concessões.

Quarto, o governo quer garantir uma taxa de retorno para esses projetos que, especialmente para novas infraestruturas — em anteposição à concessão de infraestruturas já existentes —, parece baixa demais. Não cabe aqui entrar em detalhes técnicos, mas lembrar que dois componentes fundamentais dessa taxa de retorno, a taxa de juros "sem risco", balizada pelos títulos de 10 anos do Tesouro americano, e, possivelmente, o prêmio de risco país estão artificialmente baixos em função da política de afrouxamento quantitativo adotada pelos bancos centrais dos EUA, Europa e Japão.

Este livro apresenta uma coletânea de trabalhos que analisam essas várias questões e outros fatores que limitam o investimento em infraestrutura no Brasil, ao mesmo tempo que propõem políticas que permitam superá-los. O foco é a infraestrutura de transportes, ainda que vários dos artigos se estendam além dessa área. A opção pelo setor de transportes reflete duas preocupações. Primeira, porque é a área, das consideradas no GCR, em que o Brasil está comparativamente pior. Segunda, porque há elementos comuns no diagnóstico e propostas para os vários modais. Além disso, as agências reguladoras nos setores de transportes são mais parecidas entre si — e enfrentam problemas em comum — do que com a Anatel e a Aneel.

O livro está estruturado em duas partes, uma temática, outra setorial. Em relação às questões temáticas, o objetivo comum foi fazer um diagnóstico da situação brasileira, avaliar como outros países lidam com esses mesmos desafios e fazer propostas de mudanças nas práticas aqui adotadas.

O primeiro capítulo, de autoria de Vinicius Carrasco, Gustavo Joaquim e João Manoel Pinho de Mello, lida com o tema da regulação da infraestrutura. O Brasil tem uma experiência relativamente recente com a instituição e a operação das agências reguladoras, estabelecidas em meados da década de 1990, e tendo por motivação o imperativo de estruturar a expansão e fiscalizar a qualidade da oferta de serviços públicos privatizados (seja pela transferência de ativos ou por meio de concessões). Não por coincidência, a qualidade das agências não é indiferente à sua origem setorial: seu desempenho nos primeiros anos foi superior em segmentos com uma tradição de planejamento nos serviços públicos e institucionalidades operando em bases técnicas e meritocráticas — a exemplo do setor elétrico e de telecomunicações. Mesmo no caso do setor de petróleo, a despeito do poder político e da relevância econômica da Petrobras, a ANP foi bem-sucedida em administrar a abertura do setor.

A compreensão limitada do papel das agências e de sua eventual utilização como moeda de troca para viabilizar acordos de natureza política, com especial ênfase no setor de transportes e na própria ANP, gerou um processo de enfraquecimento progressivo dessas instituições na última década. Pinho de Mello, Gustavo Joaquim e Carrasco mostram, em especial, que a incapacidade de agências governamentais se comprometerem a não renegociar contratos eleva o risco regulatório e, consequentemente, o retorno demandado pelos investidores. Utilizando uma base de dados para o biênio 2009-10, cobrindo 1.474 empresas reguladas em 62 países, eles confirmam empiricamente esse resultado e mostram que o efeito da qualidade da regulação sobre o retorno demandado pelos investidores é mais forte em economias emergentes. O Brasil aparece mal na foto. No caso do setor de energia elétrica, por exemplo, a diferença de *yields* é estimada em 1,25 ponto percentual de retorno adicional que o investidor precisaria receber para ser compensado pelo risco regulatório no Brasil.

Nos quatro trimestres terminados em junho de 2013, a taxa de investimento no Brasil ficou em 18,3% do PIB. Uma alta de 2% no investimento anual em infraestrutura exigirá elevar essa taxa em 11%, assumindo que outros investimentos não serão reduzidos. Levando em conta que nos próximos anos o país também precisará fazer um esforço considerável de investimentos no desenvolvimento da exploração de petróleo no pré-sal, que também deve ser da ordem de 2% do PIB ao ano, uma questão que se coloca é de onde virá o financiamento para esse incremento na nossa taxa de investimento.

Essa questão se estende por duas dimensões distintas. Uma é a da melhor forma de alocar a poupança nacional: a perspectiva de que os juros básicos no Brasil vão permanecer em patamar abaixo do observado nas duas últimas décadas, mesmo que não tão baixos como atualmente, e a queda observada na dívida pública líquida, em tese, abrem o espaço para um aumento considerável da poupança pública. Esse espaço tem sido consumido na transferência de recursos para setores e empresas selecionados, por meio de reduções localizadas de tributos e um forte aumento no total de subsídios intermediados pelo BNDES. Será esse o melhor aproveitamento desses recursos? Como melhor utilizar esses recursos para elevar o investimento em infraestrutura?

A outra dimensão é mais microeconômica, relacionando-se aos instrumentos disponíveis para intermediar a poupança nacional e estrangeira para financiar o investimento privado em infraestrutura. Como outros países fizeram isso? Como a situação no Brasil se compara com a desses outros países e o que pode ser feito para melhorar o quadro brasileiro nessa área?

No segundo capítulo do livro, Cláudio Frischtak e Katharina Davies mostram que o governo, direta e indiretamente, é responsável por cerca de 79% dos financiamentos de infraestrutura; no caso de transportes, 83%. O peso desse esforço sobre as contas públicas não tem sido trivial. Entre 2009 e 2012 foram transferidos para o BNDES, CEF, Banco do Brasil (BB) e Banco do Nordeste R$ 308,1 bilhões ou 8,2% do PIB. Esse processo está chegando ao seu limite.

Quais as alternativas de financiamento para suportar o investimento privado em infraestrutura? A solução seria a utilização de estruturas de *project finance*, que no país ainda enfrenta barreiras relacionadas à ausência de um mercado segurador sofisticado e denso, capaz de prover um serviço essencial àqueles que estendem crédito aos projetos de infraestrutura: um seguro garantia ou "*performance bond*", crítico durante a fase de implantação do projeto. O trabalho argumenta que as propostas em curso de o setor público prover o seguro, as garantias e se tornar a contraparte dos contratos dos chamados "*equity support agreements*" (que reduzem a demanda de capital próprio dos investidores privados e a exposição contábil correspondente) são apenas alternativas de fôlego curto. Não apenas aumentam os passivos contingentes do governo, como dificultam — e, no limite, impedem — a reforma e a modernização do sistema de financiamento à infraestrutura no país.

No já citado *The global competitiveness resport* do World Economic Forum, o Brasil aparece na segunda pior colocação entre os 148 países pesquisados em termos do peso da regulação pública. Nos últimos anos, uma área em que esse peso tem se mostrado maior é na regulação ambiental, menos pelo conteúdo dessa regulação e mais pela lentidão na análise de projetos e pela incerteza gerada pela participação nesse processo de diversos atores, nos três níveis de governo e nas esferas judicial e do Ministério Público.

Por envolverem em geral intervenções em grandes áreas físicas, os projetos de infraestrutura são especialmente sensíveis à qualidade da regulação ambiental e à forma como ela é administrada. O terceiro capítulo do livro, de autoria de Ronaldo Seroa da Motta e Isaque Regis Ouverney, discute como conciliar a sustentabilidade ambiental com o urgente desafio de desenvolver a infraestrutura brasileira. O capítulo avalia o processo de análise ambiental no que concerne aos projetos de infraestrutura, focando, em particular, o papel do processo de licenciamento ambiental e analisando como o mercado percebe a viabilidade de projetos de infraestrutura ambientalmente sustentáveis. Discute ainda que mecanismos financeiros podem ser utilizados para promover investimentos de infraestrutura ambientalmente sustentáveis. O estudo apresenta algumas interessantes comparações do Brasil com outros países que ajudam a situar nossos desafios nessa área. Em particular, enquanto o país dispõe de uma avançada legislação ambiental, o arranjo institucional de governança ambiental no Brasil é muito complexo, inclusive por conflitos de jurisdição, e gera forte incerteza nos tempos e custos de licenciamento em infraestrutura. A dispersão destes eleva o prêmio de risco dos projetos e acaba por inibir os investimentos.

O investimento público no Brasil é baixo e assim tem permanecido desde 1995, apesar da forte alta no total de receitas do governo. Isso parece refletir uma combinação de problemas: a falta de prioridade dada ao investimento, em especial na infraestrutura; a incapacidade de selecionar, preparar e contratar bons projetos de investimento; e a baixa capacidade gerencial dos órgãos públicos encarregados da execução dos investimentos. Qual a importância de cada um desses fatores, e de outros não citados aqui? Como outros países que investem uma parcela mais alta do PIB em infraestrutura conseguem que o setor público participe ativamente dessa atividade? Como remediar esse problema no Brasil?

No capítulo quatro, Mansueto Almeida deslinda os gargalos que limitam o investimento público em infraestrutura, além de oferecer um rico conjunto de informações que permitem avaliar a questão quantitativamente. Uma interessante conclusão do trabalho é que, embora a falta de recursos possa vir a ser um limitante para que o investimento público dê um salto, ela não é igualmente restritiva para aumentos menores, mas ainda assim significativos. Isso reforça a posição de alguns autores de que os gargalos prioritários a serem eliminados para que o investimento público possa deslanchar são mais de natureza institucional e gerencial do que financeira.

A relação entre as carências de nossa infraestrutura de transportes e a competitividade de nossas exportações é o tema do quinto capítulo, de autoria de Mauricio Mesquita Moreira. O autor chama a atenção para a crescente importância dos custos de transporte na determinação do que, onde e quanto se exporta, particularmente em um mundo em que as barreiras tradicionais ao comércio exterior vão sendo reduzidas. O capítulo apresenta estimativas do impacto dos custos internos de transporte sobre as exportações dos municípios brasileiros no período 2007 a 2010, com base em dados que identificam o município de origem e os custos de transportes das exportações até a alfândega de saída. O trabalho conclui atribuindo o fato de o Brasil apresentar uma elevada concentração das exportações em poucos municípios à sua precária infraestrutura de transporte.

Em adição aos estudos temáticos, o livro apresenta um conjunto de cinco capítulos que analisam a situação da infraestrutura nos principais modais de transporte do país: aeroportos, ferrovias, hidrovias, portos e rodovias.

O governo não ficou satisfeito com os resultados da primeira rodada de privatizações de aeroportos e por um tempo buscou mudanças, ora apontando em direção ao fim das privatizações, ora falando apenas em mudanças nas exigências a serem apresentadas aos licitantes. Ao fim, acabou por desistir e seguir com o modelo original, mas ainda sem demonstrar firmeza com relação a vários dos elementos do modelo regulatório que pretende para o setor.

O capítulo seis, de autoria de Cleveland Prates Teixeira, Frederico Araujo Turolla e Alessandro Vinicius Marques de Oliveira, analisa esse modelo regulatório fazendo um amplo mergulho na teoria e na evidência internacional. O trabalho indica resultados importantes. Desmente, por exemplo, o mito de que não é possível expandir o mercado mantendo-se a qualidade do serviço prestado, e mostra que a piora de percepção de qualidade do transporte aéreo brasileiro parece ter ocorrido na contramão da tendência mundial. Sublinha ainda — no contexto das licitações em curso em 2013 — que não há uma correlação clara (e menos ainda causalidade) entre o tamanho do aeroporto e a qualidade da operação, na medida em que boa parte dos 30 melhores aeroportos do mundo não tem um nível de operação igual ou superior a 35 milhões de passageiros (além do fato de que critérios de número de passageiros desconsideram a curva de aprendizado ao longo do tempo).

No Programa de Investimentos em Logística anunciado em agosto de 2012, o governo propôs-se não apenas a realizar novas concessões, mas também a mudar radicalmente o modelo regulatório e a forma de operação do setor ferroviário, na esteira de outras alterações introduzidas nos últimos dois anos. No capítulo sete, Armando Castelar Pinheiro descreve e analisa a reforma que vem sendo implementada na regulação das ferrovias brasileiras desde 2011. O governo pretende introduzir competição entre operadores ferroviários por meio da desverticalização e da desintegração vertical entre a infraestrutura (trilhos) e o material rodante (vagões e locomotivas), entre outros objetivos. O capítulo explora os motivos por que esse tipo de política, também perseguida em outros setores como telecomunicações e eletricidade, não deverá trazer resultados positivos no setor ferroviário.

O modal hidroviário tem sido historicamente objeto de descaso por sucessivos governos. Na medida em que o orçamento é uma peça que reflete as prioridades do país, e sua execução indica a ênfase relativa dos governantes em projetos que competem por recursos e capacidade de gestão, as hidrovias podem ser caracterizadas como modal marginalizado. Os obstáculos ao rebalanceamento dos modais não são triviais, e no caso das hidrovias incluem não apenas dificuldades no plano do licenciamento ambiental, pela natureza de algumas intervenções (a exemplo de retiradas de pedras dos leitos dos rios ou a alteração de suas margens) e seus efeitos físicos (com a regularização dos fluxos), como a ausência de eclusas nas barragens para fins de geração de hidroeletricidade.

No capítulo oito, Fabiano Mezadre Pompermayer, Carlos Álvares da Silva Campos Neto e Jean Marlo Pepino de Paula fazem uma exploração original do potencial de transporte hidroviário brasileiro, definindo tipologias e analisando a competitividade desse modal em face das ferrovias, para diferentes condições de navegabilidade dos rios.

A Lei dos Portos criou a possibilidade de que os operadores portuários funcionassem com base em terminais privativos de uso misto, em que seria possível movimentar não apenas carga própria como também cargas de terceiros. Por meio de decreto e resoluções da Anaq o governo limitou a liberdade de esses operadores comporem sua movimentação com os dois tipos de carga, criando um ambiente de insegurança jurídica que restringe os investimentos no setor. Com a nova Lei dos Portos, esse quadro ficou mais bem definido, mas sem que todos os entraves regulatórios do setor tivessem sido removidos. No capítulo 9, Eduardo Augusto Guimarães faz um breve apanhado da evolução da regulação portuária no Brasil, culminando com a nova Lei dos Portos.

O Brasil é um dos países que conta com maior extensão de rodovias privatizadas, e que deve aumentar significativamente com as novas concessões anunciadas pelo governo em agosto de 2012. Em princípio, essa é uma boa nova, tendo em conta que os concessionários privados investem em média consideravelmente mais do que o setor público e as rodovias privatizadas são de muito melhor qualidade do que as públicas. Não obstante, essas concessões têm sido objeto de inúmeros questionamentos, seja pelo valor do pedágio, seja pela incapacidade de o governo garantir a realização tempestiva dos investimentos acordados no momento da concessão. Além disso, há raros exemplos de projetos rodoviários *greenfield* realizados pela iniciativa privada, o que sugere que o modelo de concessões tem folego limitado em termos de atender às necessidades de investimento do país.

Para analisar o setor e alguns de seus problemas regulatórios, incluindo o espinhoso problema das renegociações contratuais, Joísa Dutra, Flavio Menezes e Patrícia Sampaio desenvolvem no capítulo 10 deste livro uma análise da experiência do país tanto no plano econômico quanto jurídico. O foco inicial diz respeito à concentração econômica e ao padrão de concorrência que emerge pós-privatização, e as formas mais eficazes de regular o setor — tipicamente um monopólio natural. O capítulo discute alternativas nos critérios de concessão de rodovias, sugerindo a necessidade de uma análise cuidadosa à luz da evidência empírica e tendo por referência o interesse público, que não se resume a uma única dimensão, a exemplo da denominada modicidade tarifária. Ademais, ao insistir nessa dimensão, é possível que leve a um aumento da frequência de renegociações, colocando em risco a própria reputação do regulador.

Cabe uma observação final. O imperativo da modicidade tarifária, que vem informando os esforços do governo, não implica apenas um aumento da probabilidade de renegociação, ainda que esse seja um ponto de enorme relevância. Mas também, por consequência, o Tesouro — direta e indiretamente — ser chamado a assumir custos e riscos crescentes, configurando um subsídio cruzado da população no seu conjunto aos usuários de determinados ativos ou serviços de infraestrutura. É improvável que essa prática que vem se generalizando e constitui uma forma de populismo fiscal traga uma boa alocação de recursos ou contribua para uma melhora sustentada da infraestrutura do país.

Capítulo 1

Risco regulatório no Brasil: teoria e mensuração

Vinicius Carrasco
Gustavo Joaquim
João Manoel Pinho de Mello

1. Introdução

Incentivos que governos porventura tenham que renegociar termos/contratos com concessionários de serviços, em particular, ou intervir nas atividades de agentes privados, em geral, geram um componente de risco (potencialmente) não diversificável na economia. Chamamos, de uma maneira um tanto quanto imprecisa, esse risco de risco regulatório. A conjuntura da economia brasileira nos sugere que risco regulatório é uma questão de primeira ordem, que pode ser uma das fontes inibidoras dos investimentos em infraestrutura, tão necessários para que expandamos nossa capacidade de produção e crescimento.

Neste capítulo, tentamos, em primeiro lugar, dar alguns passos na direção de entendimento teórico de uma fonte geradora de risco regulatório que nos parece importante, qual seja: a incapacidade de agências governamentais se comprometerem a não renegociar contratos. Com o guia teórico em mãos, nos movemos para estimar a relação entre *proxies* de qualidade regulatória e o retorno demandado por investidores.

O modelo teórico é uma versão simplificada do modelo geral de *screening* com ausência de comprometimento de Hart e Tirole (1988) aplicado a um ambiente de *procurement* de um serviço público por parte de uma agência reguladora, *à la* Laffont e Tirole (1993). No modelo, uma agência governamental *benevolente* (isto é, que maximiza excedente total) é incapaz de não renegociar contratos. Benevolência implica que, *ex post*, qualquer renegociação é feita com o objetivo de aumentar o bem-estar. Entretanto, os agentes econômicos, antecipando a possibilidade de renegociação, exigirão prêmios pelo risco de serem expropriados de alguma forma *ex post*. A boa intenção *ex post* do governo gerará um custo *ex ante* que se expressa por meio do prêmio exigido pelo risco regulatório. Tal custo fará com que a tentativa *ex post* de aumentar o bem-estar social acabe tendo efeito inverso: o excedente total será sempre menor do que quanto a agência reguladora consegue se comprometer a não renegociar.

Na parte empírica, associamos uma medida de retorno médio (Preço/Lucro) de 1.474 empresas reguladas em 62 países durante os anos de 2009 e 2010 com uma medida de qualidade regulatória dos países. Dois principais resultados emergem. Em primeiro lugar, a qualidade regulatória sempre exerce um efeito forte sobre nossa medida de retorno: quanto melhor a qualidade da regulação, menor o retorno demandado. Em segundo lugar, o efeito da qualidade da regulação é mais forte em países emergentes.

O resto do capítulo está organizado da seguinte forma. Na seção 2, descrevemos o modelo e derivamos seus resultados sob duas hipóteses a respeito de a capacidade da autoridade regulatória se comprometer em não renegociar contratos: comprometimento pleno com contratos de longo prazo (nosso *benchmark*) e ausência completa de comprometimento com contratos de longo prazo. Na seção 3, apresentamos a parte empírica do trabalho. A seção 4 conclui com algumas possibilidades de pesquisa futura.

2. O modelo

2.1 O ambiente

O modelo é uma versão simplificada de Laffont e Tirole (1993). Uma agência governamental precisa contratar uma empresa para prover um determinado serviço de infraestrutura em cada um de dois períodos, $t = 1,2$. Se prestado, o serviço proporciona um valor S_t aos consumidores. Há uma firma que pode prover tais serviços. Para a firma, o custo de prover o serviço no período t, que supomos ser observável, é

$$c_t = \theta - e_t,$$

Onde θ é um parâmetro de custo, invariante no tempo, observado apenas pela firma. Ele parametriza a eficiência da firma na produção do serviço. e_t é uma medida não observável do esforço devotado pela firma para redução de custos no período t. Portanto, embora o custo c_t seja observável por parte da agência governamental, ela não consegue inferir seus componentes (eficiência e esforço na redução de custos).

O parâmetro θ é determinado da seguinte forma. Com probabilidade $0 < p < 1$, o parâmetro de custo da firma é $\underline{\theta}$ e, com probabilidade complementar, o custo é $\overline{\theta} > \underline{\theta}$. Em palavras, se interpretarmos o parâmetro de custo como refletindo eficiência intrínseca, a firma pode ter dois graus de eficiência e esse grau de eficiência é totalmente persistente: o parâmetro de custo da firma no período 2 é o mesmo que no período 1. Se houver produção, a firma incorre em um custo $\frac{1}{2} e^2$ para realizar o esforço e.

Ao longo do capítulo, adotamos a convenção contábil que, em cada período t, se a firma for recrutada para produzir o serviço, o custo c_t é pago pela agência governamental, que, além disso, faz uma transferência líquida de custos, p_t, para a empresa. Desse modo, supondo que a firma desconte o futuro a uma taxa $\delta > 0$ — o caso em que $\delta > 1$ pode ser interpretado como correspondendo a um caso em que o futuro é relativamente mais importante do que o presente —, o *payoff* da firma pode ser escrito como:

$$U = \sum_{t=1}^{2} \delta^{t-1} x_t \left[p_t - \frac{1}{2} e_t^2 \right] \equiv \sum_{t=1}^{2} \delta^{t-1} U_t$$

No qual $x_t \in \{0,1\}$ denota se a firma i foi selecionada para produzir no período t. Em palavras, o *payoff* da firma é simplesmente o valor presente de seus lucros. Ao longo do capítulo, suporemos que, se a firma optar por ficar fora (não entrar no contrato de prestar o serviço), seus *payoffs* serão iguais a zero em cada período. Desse modo, em qualquer contrato que venham a assinar com a agência governamental no período t, seu *payoff* no período não poderá ser menor que zero.

A agência governamental se depara com um custo $\lambda > 0$ dos fundos públicos; isto é, para transferir 1 real para a firma, o governo precisa coletar $1 + \lambda$.[1] Como consequência, o excedente líquido dos consumidores quando o bem é provido pela firma i é:

1. Uma razão óbvia é que, para transferir recursos para a firma, o governo precisa coletar recursos mediante impostos que geram distorções.

$$S_t - (1 + \lambda)[p_t + c_t]$$

Ao longo do capítulo, faremos a hipótese de que consumidores descontam o futuro à mesma taxa que as firmas. O valor presente do excedente líquido dos consumidores (doravante, o *payoff* dos consumidores) será, portanto,

$$U^C = \sum_{t=1}^{2} \delta^{t-1} x_t [S_t - (1 + \lambda)[p_t + c_t]$$

No modelo, a agência governamental é benevolente e, como consequência, desenha um mecanismo de *procurement* de modo a maximizar o excedente social total, isto é, a soma dos *payoffs* dos consumidores e das firmas.

$$\sum_{t=1}^{2} \delta^{t-1} U_t + U^C$$

2.2 O grau de comprometimento com contratos da agência governamental

Nosso objetivo é usar o modelo para nos guiar a análise de risco regulatório. Desse modo, avaliaremos duas formas pelas quais a agência governamental possa vir a se comportar, sempre supondo-a benevolente.

Em primeiro lugar, como referência, apresentaremos[2] os resultados para o caso em que a agência comportamental é capaz de se comprometer com contratos de longo prazo. Neste caso, ela não utilizará informações que porventura aprenda a respeito da firma para renegociar contratos.

Em seguida nos movemos para a discussão do caso em que a agência governamental *não* consegue se comprometer com contratos de longo prazo. De fato, fazemos uma hipótese ainda mais forte: a agência governamental só consegue se comprometer com contratos de curto prazo. Dessa forma, qualquer informação aprendida a respeito da firma no período 1 pode ser utilizada pela agência no

2. Os leitores interessados na derivação formal dos resultados podem obtê-los através dos autores. Laffont e Tirole (1998) derivam resultados análogos e é, portanto, uma excelente referência para os interessados. Outras excelentes referências são Dewatripont (1988), Dewatripont (1989) e McAfee e McMillan (1987).

período 2. Uma interpretação é que contratos de curto prazo correspondem a uma situação na qual a agência governamental pode renegar integralmente, no período 2, quaisquer acordos feitos com a firma no período 1.

A possibilidade de renegar acordos (explícitos ou implícitos) é a dimensão de risco regulatório que o modelo aborda. Certamente, em qualquer equilíbrio, a firma antecipa que em t = a a agência governamental tem incentivo de renegar o contrato escrito em t e cobra de maneira *upfront* pela expropriação (o montante associado ao renegar da agência governamental) sofrida. Ao montante cobrado *upfront*, daremos o nome de prêmio pelo risco regulatório. Algo importante a notar é que risco regulatório, como definido em nosso modelo, pode se materializar a despeito da hipótese de benevolência por parte da agência reguladora. Em outras palavras, a ausência de comprometimento com arranjos de longo prazo poderá gerar risco regulatório, prêmio de risco e distorções, *mesmo* que a agência regulatória se importe com o bem-estar social.

2.3 Solução do modelo: aspectos gerais

Para o que segue neste capítulo, será útil reescrever o excedente social total de forma a explicitar os custos econômicos com os quais a agência governamental se depara. Para tal, note que podemos expressar o valor presente líquido dos pagamentos feitos pela agência governamental à firma como

$$U + \sum_{t=1}^{2} \delta^{t-1} x_t \left(\frac{1}{2} e_t^2\right)$$

Em palavras, o valor presente dos pagamentos feitos à firma i é igual à soma do valor presente de seus custos de se esforçar e de seus lucros. Substituindo-se essa equação na expressão do valor presente do excedente social total, temos:

$$\sum_{t=1}^{2} \delta^{t-1}(x_t[S_t - (1+\lambda) \underbrace{\left[\theta - e_t + \frac{1}{2}e_t^2\right]}_{Custo\ Total\ de\ produzir\ em\ t}] - \lambda U_t).$$

Portanto, a agência governamental gostaria de conciliar dois objetivos (possivelmente conflitantes): (i) em cada instante de tempo, minimizar os custos totais, expressos por $\theta_{it} - e_{it} - \frac{1}{2}e_{it}^2$, aos quais os serviços são produzidos e (ii) minimizar o *payoff* da firma. A razão do segundo objetivo é simples. Para transferir 1 real para a firma, a agência precisa, devido aos custos dos fundos públicos, coletar 1 + λ dos consumidores via impostos.

Segue da discussão acima que uma situação na qual a firma tenha lucros altos é percebida como custosa pela agência governamental. Portanto, a falta de comprometimento com contratos de longo prazo fará com que qualquer informação obtida pela agência no período 1 seja utilizada na renegociação em t=2 com o intuito de reduzir o lucro da firma. Antecipando isso, a firma demandará termos mais favoráveis em t=1.

2.3.1 Comprometimento pleno com contratos de longo prazo

Para o caso em que a agência governamental consegue se comprometer plenamente com contratos de longo prazo, o modelo descrito apresenta o que a literatura de regulação chama de falsa dinâmica: a despeito de haver dois períodos, os menus dos contratos de longo prazo replicam os menus de contratos ótimos estáticos.

Nesses contratos, a firma que tenha custo $\bar{\theta}$ terá lucro igual à sua opção de fora (que estabelecemos como sendo zero). No entanto, por observar privativamente sua estrutura de custos e poder sempre replicar o comportamento de firma de custo $\bar{\theta}$, a firma de custo $\underline{\theta}$ obterá rendas econômicas. Mais precisamente, sendo $\bar{e}$ o montante de esforço que a firma de custo $\underline{\theta}$ exerce, as rendas da firma de custo $\underline{\theta}$ serão, em cada período: $\frac{1}{2}\bar{e}^2 - \frac{1}{2}(\bar{e} - (\bar{\theta} - \underline{\theta}))^2 > 0$

A firma de custo $\underline{\theta}$ pode sempre se fazer passar pela firma de custo $\bar{\theta}$ e entregar o bem demandado pela agência governamental ao mesmo custo ao qual esta entrega a um nível de esforço $\bar{e} - (\bar{\theta} - \underline{\theta}) < \bar{e}$. Portanto, o montante que ela pode poupar de custo de esforço por ser mais eficiente que a firma de custo $\bar{\theta}$.

Em palavras, o regulador não sabe qual é o parâmetro de custo da firma — o θ — e, portanto, não pode discriminar as firmas com base no conhecimento de θ. Sua ignorância se manifesta no fato de que ele só consegue oferecer um único menu de contratos para a firma, *i.e.*, preços ou transferências. Neste contexto, o regulador benevolente escolhe um preço tal que, quando a firma tem custo muito alto, ela estará indiferente entre produzir o bem ou não. Consequentemente, quando ela tem custos baixos, ela se apropriará de rendas — chamadas informacionais — porque tem um ganho acima daquele que conseguiria, caso não produzisse o bem (a opção de fora).

2.3.2 Ausência de comprometimento

Como discutido na seção 2.3, a agência governamental percebe como custosa a cessão de renda econômica para a firma. Conforme vimos na seção 2.3.1, contratos de longo prazo implicariam a cessão de rendas iguais a

$$\frac{1}{2}\bar{e}^2 - \frac{1}{2}(\bar{e} - (\bar{\theta} - \underline{\theta}))^2 > 0$$

para a firma de custo θ no período 2. Portanto, sem comprometimento com contratos de longo prazo $\bar{e}$ condicional a identificar, através da interação no primeiro período, o parâmetro de custos da firma, a agência reguladora terá incentivos a renegociar os contratos. Mais: seus incentivos induzirão a oferta de um novo contrato que gere lucro zero para a firma.

Antecipando tais incentivos, em qualquer equilíbrio no qual sua interação com a agência governamental revele seu parâmetro de custo (isto é, em qualquer equilíbrio separador), a firma de custo $\underline{\theta}$ exigirá, em adição a qualquer renda que obtenha no período 1, o montante

$$\delta\left[\frac{1}{2}\bar{e}^2 - \frac{1}{2}\left(\bar{e} - (\bar{\theta} - \underline{\theta})\right)^2\right] > 0$$

como recompensa pela "expropriação" esperada no período 2. Essa recompensa é um prêmio pelo risco regulatório induzido pela incapacidade de comprometimento da agência governamental.[3]

Note-se que, sendo apta a se comprometer com contratos de longo prazo, a agência governamental pode sempre replicar o que é obtenível com contratos de curto prazo. Segue daí que o bem-estar social não pode ser maior quando há renegociação. A discussão acima estabelece:

3. Cabe notar que, em qualquer situação na qual a agência governamental aprenda *algo* a respeito do parâmetro de custo da firma, haverá incentivos a renegociar e, como consequência, a firma cobrará um prêmio pela expectativa de expropriação.

Proposição 1: No modelo deste capítulo, a incapacidade de se comprometer com contratos de longo prazo gerará (i) a demanda por um prêmio de risco positivo por parte das firmas e, (ii) possivelmente, uma redução no bem-estar social.

Uma pergunta fica: como pode o regulador sinalizar que consegue comprometer-se em não renegociar? Não há uma prescrição teórica inequívoca para esse dilema de Ulisses. Muito provavelmente, a credibilidade da política regulatória é construída ao longo de anos de estabilidade nas regras. Na prática, as agências regulatórias fazem revisões periódicas e, nelas, o nome do jogo é inferir algo a respeito de θ. Isso já está contratado desde o começo. As empresas respondem a isso fazendo menos esforço no nosso modelo; na prática, esse esforço se manifesta no menor investimento em melhorias de custo, antecipando que o regulador tirará na revisão seguinte. A única maneira de comprometer-se aqui seria não fazer revisões tarifárias, por exemplo. Isso não ocorre na prática e, portanto, não consideremos que as revisões periódicas constituam risco regulatório. Para nós, risco regulatório constitui, como expresso de maneira formal pelo modelo, o risco de haver mudanças nas regras do jogo. Por exemplo, uma alteração na maneira como a agência regulatória calcula os custos que serão compensados. Portanto, uma maneira de sinalizar compromisso crível de longo prazo é manter as regras do jogo estáveis por um período longo.

3. Estimação de risco regulatório: qual o prêmio no Brasil?

3.1 Estratégia empírica

O modelo que apresentamos anteriormente sugere que, em situações nas quais a capacidade em se comprometer com contratos de longo prazo é baixa, um prêmio pelo risco regulatório implícito nessa baixa capacidade será exigido. É difícil achar contrapartes empíricas de baixa capacidade de comprometimento com contratos de longo prazo, por um lado, e medidas objetivas de fatores de risco regulatório, por outro. No que segue, e por nos depararmos com tais dificuldades, fazemos usos de *proxies* para tais variáveis e tentamos, com os dados disponíveis e tais *proxies*, identificar a relação prevista pelo modelo.

Mais precisamente, nossa ideia é verificar se a razão Preço-sobre-Lucro (doravante P/L), uma medida de retorno econômico demandado por investidores, está sistematicamente relacionada com uma medida de risco regulatório no nível do país, mesmo depois de controlarmos para: 1) heterogeneidade não observada entre países que seja constante no tempo; 2) diferenças na evolução dos riscos de bancarrota soberana — os juros dos títulos de dívida soberana —; 3) diferenças na evolução das taxas de crescimento entre países; 4) diferenças na evolução dos betas das empresas entre países. O P/L captura quanto os investidores pagam pelo lucro anual da firma. Como é uma razão, o P/L está medido em termos de número de vezes do lucro anual. É uma medida padrão de como os investidores valoram uma firma. Sua recíproca é o retorno que a firma dá no curto prazo. Por exemplo, se o P/L é 10, então um dólar de lucro anual da firma custa dez dólares. Logo, o retorno do investimento na firma é 10% ao ano em termos reais.

O P/L será maior quanto maior for seu poder de mercado no mercado, quando há muita expectativa de crescimento da empresas ou, mais importante para nossos propósitos, quanto menores forem os riscos envolvidos no negócio da firma. Risco regulatório é, potencialmente, um dos riscos que afetam o P/L da firma.

Para associar P/L ao risco regulatório construímos um painel de 1.474 empresas regulamentadas em 62 países durante os anos de 2009 a 2011.[4] A escolha da amostra se deu pela disponibilidade de dados: usamos toda informação de P/L disponível no sítio web do professor Ashwat Damodaran da Stern School of Business — New York University.[5] Descartamos empresas cujo P/Ls sejam maiores do que 150 por representarem *outliers* (tabela 2, onde fica clara a presença de

4. A definição de empresa regulamentada é arbitrária. Entre elas estão as classificadas como *Power*, como *Utilities*, as empresas de Telefonia (tanto móvel como fixa), as empresas de água (categoria *Water*), e as empresas de óleo e gás. Os setores, segundo a classificação do professor Damodaran, são Electric Utilities (central), Electric Utility (East), Electric Utility (West), Natural Gas Utility, Oil/Gas Distribution, Power, Telecom (wireless), Telecom Utility, Utility (Foreign), Utility (General), Utility (Water), Water Utility. Os países incluídos na amostra são Argentina, Bangladesh, Brasil, Chile, China, Colômbia, Egito, Hong Kong, Índia, Indonésia, Casaquistão, Quênia, Kuait, Malásia, México, Nigéria, Omã, Paquistão, Peru, Filipinas, Qatar, Rússia, Arábia Saudita, Cingapura, Coreia do Sul, Letônia, Lituânia, Sri Lanka, Taiwan, Tailândia, Tunísia, Turquia, Emirados Árabes Unidos, Vietnã (emergentes); Austrália, Áustria, Bélgica, Canadá, República Tcheca, Dinamarca, Estônia, Finlândia, França, Alemanha, Grécia, Hungria, Irlanda, Itália, Japão, Luxemburgo, Nova Zelândia, Noruega, Polônia, Portugal, Romênia, Espanha, Suíça, Suécia, Reino Unido, Estados Unidos (não emergentes). Ver planilha anexa a esta contribuição.

5. Fonte: <http://w4.stern.nyu.edu/~adamodar/New_Home_Page/data.html>. Essa amostra é viesada para empresas abertas cujas informações contábeis são publicamente observadas e para as quais há um preço cotado em bolsa. É arguível que o efeito do risco regulatório em empresas não listadas seria ainda maior, já que têm pior acesso aos mercados de crédito e normalmente são menos diversificadas.

outliers pela diferença entre a média e a mediana). Além disso, esse nível de P/L em geral indica uma situação de *distress* financeiro com o lucro muito baixo.[6]

Para nossa *proxy* de risco regulatório usamos a variável de Qualidade Regulatória (QR) construída e usada pelo Banco Mundial. A QR é um índice que colapsa em uma só dimensão vários aspectos de risco regulatório, como taxação, controle de preços, política comercial e competição.[7] Quanto maior o valor da QR do país, melhor é a qualidade da regulação. As outras variáveis utilizadas são mais comuns. Incluímos dados de crescimento do PIB porque países emergentes — onde a qualidade da regulação é mais baixa — crescem mais, o que afeta o P/L (aumentando-o).[8] Por fim, nossa estratégia de identificação do efeito do risco regulatório demanda que controlemos para o risco-país, o que faremos tanto pela inclusão de efeitos fixos de país nas regressões como pela inclusão de uma medida direta de risco, à taxa de juros paga nos títulos de dívida soberana dos países.[9]

Estimamos o seguinte modelo linear:

$$\boldsymbol{P/L_{jsit} = \gamma + \alpha QR_{it} + \gamma JUROS_{it} + \delta \nabla PIB_{it} + \Theta SETOR_s + \Lambda PA\acute{I}S_i + \Xi ANO_t + \varepsilon_{jsit}} \qquad (1)$$

onde *j* indexa a empresa (3,326 observações de empresas em 2009, 2010 e 2011 para a amostra completa), *s* indexa o setor regulamentado (12 no total), *i* indexa o país (62 na amostra completa) e, finalmente, *t* indexa o ano (2009, 2010 e 2011). $\boldsymbol{P/L_{jsit}}$ é a razão Preço-Lucro da empresa *j* que atua no setor *s* localizada no país *i* no ano *t*. $\boldsymbol{QR_{it}}$ é a qualidade regulatória do país *i* no ano *t*. $\boldsymbol{SETOR_s}$, $\boldsymbol{PA\acute{I}S_i}$ e $\boldsymbol{ANO_t}$ são, respectivamente, conjuntos de *dummies* de setor, país e ano. $\boldsymbol{JUROS_{it}}$ e $\boldsymbol{\nabla GDP_{it}}$ são, respectivamente, os juros prevalecentes na dívida soberana do país *i* no ano *t* e o crescimento de seu produto em relação ao ano anterior.

6. A escolha de 150 é arbitrária. Reflete dois objetivos, que expressam o velho dilema entre viés e precisão: retirar *outliers*, mas manter uma amostra ainda suficientemente grande para recuperar algo interessante. Cortes em 120 ou 100 não produzem resultados muito diferentes, que estão disponíveis caso haja interesse neles.

7. Os dados estão disponíveis em: <http://info.worldbank.org/governance/wgi/index.asp>. A explicação detalhada da construção da variável pode ser encontrada em Kaufmann, Kraay e Mastruzzi (2010).

8. Dados de PIB podem ser facilmente encontrados. A fonte dos dados de crescimento do PIB também é o Banco Mundial (<http://data.worldbank.org/indicator/NY.GDP.MKTP.KD.ZG>). Ver Kaufman, Kraay e Mastruzzi (2010) para a descrição metodológica.

9. A fonte é: <www.tradingeconomics.com/interest-rates-list-by-country>.

Nosso objetivo é estimar o efeito *causal* do risco regulatório sobre o P/L das empresas, que é o parâmetro α. Portanto, é preciso fazer uma série de comentários a respeito da fonte de variação usada para estimar o efeito *causal*.

A inclusão de efeitos fixos de país e ano implica que a única variação restante de *QR* para associar a P/L é como o *QR* varia de modo diferente em países diferentes. No jargão dos econometristas, usa-se apenas a variação dentro dos países, e não a variação entre países. Em outras palavras, o fato de que um país era intrinsecamente mais arriscado que outro está controlado pelo procedimento ao incluirmos os efeitos fixos de país. Mecanicamente, entende-se "intrinsecamente" como "na média dos anos 2009, 2010 e 2011". Claro que o risco do país também pode mudar durante o período 2009-11, e esta variação nos atrapalha. Por isso incluímos as variáveis $JUROS_{it}$ e ∇GDP_{it}. Ao controlar para $JUROS_{it}$, garantimos que nossa medida de risco regulatório (*QR*) captará mudanças entre países na qualidade regulatória além daquilo que representa risco agregado da economia. Ou seja, a medida não confundirá melhorias macroeconômicas, que devem afetar os P/Ls das empresas, com melhorias regulatórias, que são bastante mais específicas. Ao incluir ∇GDP_{it} estamos controlando para alterações macroeconômicas que afetam o crescimento das empresas que, por sua vez, afeta o P/L (em particular, quanto maior é a expectativa de crescimento de uma empresa maior será seu P/L, tudo o mais constante).

Adicionalmente, toda diferença sistemática entre setores está controlada pelos efeitos fixos de setor (*SETOR* em (1)). A inclusão dos efeitos fixos de ano (*ANO)* nos previne de capturar correlações espúrias de séries temporais. Por fim, como *QR* varia somente entre países e anos e o P/L varia entre empresas, é preciso agrupar as observações no nível país-ano, pois, caso contrário, subestimaremos os desvios-padrão das estimativas (e o conservadorismo impõe que não o façamos).

Dados a estrutura de painel e os nossos controles, é muito improvável que estejamos a capturar alguma correlação espúria. Ou seja, nossa estimativa de α é causal.

3.2 Resultados

A tabela 1 mostra algumas estatísticas descritivas de nossa amostra. Separamos a amostra em dois conjuntos: países emergentes e não emergentes. A classificação, descrita na nota de rodapé 4, contém, é claro, alguma arbitrariedade, mas poucos discordariam da maioria das escolhas.

Vários fatos interessantes emergem da tabela 1. Não surpreendentemente, os países emergentes: 1) crescem mais do que os países desenvolvidos; 2) têm taxas de juros mais altas (risco mais alto); e 3) tiram notas mais baixas em qualidade de regulação. Os P/Ls das empresas em todos os setores regulados e das empresas do setor elétrico são parecidos. Os P/Ls nos países emergentes são um pouco maiores do que na amostra geral, provavelmente refletindo maior crescimento do PIB nesses países. Por isso é muito importante estimar um modelo bem especificado: correlações simples provavelmente confundirão crescimento (ΔPIB), risco-país (*JUROS*) e risco regulatório (*QR*). Por fim, é digno de nota que a qualidade regulatória seja baixa, mesmo quando comparada com a qualidade média dos emergentes. Talvez por isso o P/L médio das empresas brasileiras na amostra seja mais baixo: os investidores têm de ser remunerados pelo risco regulatório excessivamente alto no Brasil.

Tabela 1
Estatísticas descritivas

	Mean	**Std Deviation**	**Median**	**Obs**
		Painel A: Todos os Países		
Qualidade Regulatória	0,74	0,78	0,85	60 (168)
Crescimento do PIB (%)	2,21	5,13	2,73	60 (168)
Juros nos Títulos Públicos	3,43	3,05	2,31	60 (168)
Razão Preço-Lucro	22,34	21,83	15,82	3326
Razão Preço-Lucro, Setores Regulados	22,2	21,41	15,95	2020
		Painel B: Emergentes		
Qualidade Regulatória	0,33	0,69	0,26	36 (104)
Crescimento do PIB (%)	3,73	5,44	4,59	36 (104)
Juros nos Títulos Públicos	4,75	3,09	4,44	36 (104)
Razão Preço-Lucro	23,8	23,31	15,9	1701
Razão Preço-Lucro, Setor Elétrico	24,36	23,99	15,9	1071
		Painel C: Brasil		
Qualidade Regulatória	0,15	0,02	0,17	1 (3)
Crescimento do PIB (%)	3,31	3,96	2,73	1 (3)
Juros nos Títulos Públicos	10,40	1,51	10,75	1 (3)

(continua)

(continuação)

	Mean	Std Deviation	Median	Obs
Razão Preço-Lucro	17.04	15.46	11.93	107
Razão Preço-Lucro, Setores Regulados	15.48	15.50	11.06	91

Fonte: Damodaran (2009) e Banco Mundial. Todas as categorias de setores regulamentados incluídas. Para crescimento do PIB, *yields* dos títulos públicos e Qualidade Regulatória usamos obervações no nível do país; para os P-Ls usamos informações no nível da empresa. Por isso a grande diferença de número de observaçãoes. Emergentes são: Bangladesh, Brasil, Chile, China, Colômbia, Egito, Estônia, Hong Kong, Índia, Indonésia, Casaquistão, Quênia, Malásia, México, Marrocos, Nigéria, Paquistão, Peru, Polônia, Filipinas, Qatar, Rússia, Arábia Saudita, Cingapura, Coreia do Sul, Letônia, Lituânia, Romênia, Sri Lanka, Tailândia, Tunísia, Turquia, Emirados Árabes Unidos, Vietnã. Restante da amostra: Austrália, Áustria, Bélgica, Canadá, República Tcheca, Dinamarca, Finlândia, França, Alemanha, Grécia, Hungria, Irlanda, Itália, Japão, Luxemburgo, Nova Zelândia, Noruega, Portugal, Espanha, Suíça, Suécia, Reino Unido, Estados Unidos.

A tabela 2 mostra os resultados. Apresentamos os resultados para quatro diferentes subamostras: 1) todas as empresas em países emergentes; 2) todas as empresas em todos os países.; 3) apenas empresas regulamentadas em todos os países; 4) apenas empresas regulamentadas em países emergentes.

Vários fatos importantes emergem da tabela 2. Primeiro, a qualidade regulatória sempre exerce um efeito forte sobre o P/L em todas as duas amostras. O sinal do efeito é exatamente o esperado: quanto melhor a qualidade da regulação, maior o P/L, ou seja, mais os investidores estão dispostos a pagar pelo lucro da firma. Em outras palavras, *os investidores descontam as empresas em países cuja regulamentação é de baixa qualidade.* Se o risco-país capturasse o risco regulatório (ou se esse fosse diversificável), o coeficiente estimado $\hat{\gamma}$ deveria ser zero. Ironicamente, o risco-país não tem efeito estatisticamente significativo no P/L. Não se deve inferir daí, porém, que os investidores não apreçam o risco agregado das economias. A ausência de efeito separado provavelmente reflete o fato de que o risco-país é algo que varia pouco no tempo e, portanto, deve estar capturado nos efeitos fixos de país.[10] Por outro lado, há mais variação.

Igualmente interessantes são as diferenças das estimativas entre as amostras. O efeito da qualidade da regulação é mais forte em países emergentes, como seria de se esperar. De fato, como sugerido por nosso modelo, só haverá risco regulatório e, portanto, prêmio por tal risco em instâncias nas quais o arcabouço institucional permitir que agências regulatórias implantem renegociações (amplamente definidas) *ex post.* Em princípio, isso nos parece mais verossímil em países emergentes. As estimativas parecem confirmar nossa visão.

10. Em outras palavras, a maior parte da variação no risco-país é entre países, e não dentro do mesmo país. Já no que se refere à qualidade da regulação, há suficiente variação dentro dos países.

Tabela 2

O efeito do risco regulatório sobre o P/L

	Variável dependente: Razão Preço-Lucro (P/L)			
	(1)	**(2)**	**(3)**	**(4)**
Variáveis Independentes	Todos os Países: **Todos os Setores**	*Todos os Países:* **Setores Regulados**	*Emergentes:* **Todos os Setores**	*Emergentes:* **Setores Regulados**
QR	13,70** (6,506)	16,35*** (8,072)	17,69** (8,592)	22.41** (8,572)
JUROS	-1,039 (0,821)	-1,369 (0,959)	0,0252 (0,886)	-0,0682 (0,984)
Δ*PIB*	0,0823 (0,271)	-0.1336 (0,275)	0,0199 (0,266)	-0,161 (0,250)
Nº de Observações	3.326	2.020	1,701	1,071
R^2	0,119	0,171	0,172	0,224

Fonte: Damodaran (2009) e Banco Mundial. Desvios-padrão robustos a *clustering* no nível país-ano entre chaves. *** p-valor ←0.01, ** p-valor ← 0.05, * p-valor ← 0.10. Todas as especificações incluem efeitos fixos de setor, efeitos fixos de país e efeitos fixos de ano. As colunas (1) e (2) contêm observações de 60 países em 16 categorias de setores (descritos mais adiante) durante os anos 2009-11. A amostra de emergentes (colunas 3 e 4) inclui observações de empresas em 36 países nas mesmas categorias de setores. Para a realização desta tabela, são classificadas como reguladas empresas nos seguintes setores (entre parênteses estão as classificações de Damodaran (2009)); elétrico (Electric Utilities (central), Electric Utility (East), Electric Utility (West e Power)); fornecimento de água (Utility (Water), Water Utility; comunicação (Telecom (wireless), Telecom Utility e Broadcasting); transporte (Railroad, Transportation e Air Transport); meio ambiente e lixo (Environmental and Waste Management); energia não elétrica (Natural Gas Utility, Oil/Gas Distribution); utilities em geral (Utility (Foreign) e Utility (General)). As colunas (1) e (3) incluem todos os setores. As colunas (2) e (4) incluem os de Energia (elétrica ou não), Fornecimento de Água, Utilities e Comunicação a menos de *broadcasting*. Emergentes definidos conforme a tabela 1. Ver também planilha anexa a esta contribuição.

Um esclarecimento é necessário. É razoável esperar que o *nível* de P/L seja diferente entre países emergentes e maduros; afinal, há diferenças de perspectiva de crescimento e de risco entre os dois grupos (essas diferenças aparentemente se anulam, como sugere a tabela 1). A diferença entre os coeficientes estimados mede a diferença de intensidade do efeito da *qualidade regulatória*. É possível, e de fato as estimativas assim sugerem, que o efeito da qualidade regulatória sobre o P/L seja sistematicamente diferente entre os dois grupos. Por exemplo, uma mesma melhoria na qualidade regulatória pode ter um efeito muito maior em um país relativamente desorganizado, porque pequenas melhorias afetam muito o lucro da empresas. Já na Suécia, uma melhoria regulatória grande pode ter efeito pequeno, porque já há uma percepção geral de que não haverá expropriação.

Por fim, a qualidade regulatória tem impacto mais forte sobre o P/L de empresas regulamentadas, como seria de se esperar se a medida de qualidade regulatória de fato captura algo além daquilo contido nos juros dos títulos soberanos.

O Brasil teve, entre 2009-11, índice de qualidade regulatória igual a 0,15, abaixo do nível médio dos países emergentes. Para chegar ao nível da média da amostra de países emergentes, a qualidade deveria subir 0,18 (para 0,33). A estimativa do efeito do *QR* sobre o P/L de empresas regulamentadas em países emergentes é 22,41 (tabela 2). Multiplicando 0,18 por 22,41, temos que diferença de qualidade regulatória no Brasil em relação à média dos países emergentes representa para o investidor uma diferença de 4,03 no P/L.

Qual implicação disso para o prêmio de risco? Em uma indústria regulada no Brasil, a média dos P/Ls das empresas em setores regulamentados entre os anos de 2009-11 foi 15,48. Ou seja, uma empresa regulamentada no Brasil deu, em média entre os anos 2009-11, um retorno de curto prazo de 6,46% (15,48). Adicionando-se o aumento em P/L que haveria caso nos movêssemos para o nível médio de QR, o P/L seria 19,51 (15,48 + 4,03). Nesse caso, o retorno de curto prazo seria 5,12% (100/. *Portanto, o risco regulatório comanda um prêmio de 1,34 ponto percentual (6,46 – 5,12) em relação aos países emergentes.*

Se considerarmos todos os países e todos os setores, a diferença de risco regulatório entre Brasil e a média é 0,59 (0,74 – 15). Para a amostra de todos os países e todos os setores, o efeito estimado da qualidade regulatória sobre o P/L é 13,70 (tabela 2, painel A, coluna 1). Nesse caso, o aumento de P/L, caso o Brasil passasse a ser como a média mundial, seria 0,59 × 13,70 = 8,08. Neste caso, o P/L das empresas (todos os setores) passaria de 17,04 para 25,12 (17,04 + 8,08). Em termos de retorno, as empresas brasileiras teriam retorno de 3,98% (100/25,12) contra os atuais 5,87% (100/17,04). Portanto, calculado desta forma, o prêmio de risco seria 1,89% (5,87 – 3,98). *Neste caso, o risco regulatório comandaria prêmio de 1,89 (5,87 – 3,98) ponto percentual no Brasil.*

Em suma, o risco regulatório comanda um prêmio entre 1,34 e 1,89 ponto percentual de retorno anual.

4. Conclusões

Ao longo do capítulo, apresentamos (i) um modelo que nos permitiu discutir diferentes aspectos (que nos parecem ser) de primeira ordem quanto a risco regulatório, em geral, e com aplicações a questões de infraestrutura, em particular, e (ii) uma estimativa do retorno adicional requerido por investidores devido ao risco regulatório no Brasil.

Em vez de reapresentar os resultados (que foram extensivamente discutidos ao longo do capítulo), sugeriremos outros dois aspectos desconsiderados no trabalho que nos parecem merecer futuros estudos e que são interligados. Embora um tanto quanto gerais, pesquisa futura que considere tais aspectos será de utilidade para os interessados em infraestrutura.

Em primeiro lugar, é desejável que se incorpore risco regulatório a modelos-padrão de apreçamento e que, portanto, se compute seu prêmio da mesma forma para a qual prêmios para fatores-padrão são computados: o prêmio de risco deve ser expresso como a covariância entre os *payoffs* dos ativos sujeitos ao risco regulatório e uma medida do fator estocástico de desconto dos agentes da economia. Para tal, pensar exatamente a razão pela qual, do ponto de vista teórico, risco regulatório é um risco não diversificável é mister. Em outras palavras, por que o acionista (ou qualquer outro *stakeholder*) de uma empresa não pode se segurar contra o risco relativo a renegociações (amplamente definidas) impostas por governos? É tal impossibilidade de seguro que gerará a covariância entre os *payoffs* dos ativos sujeitos ao risco regulatório e o fator estocástico de desconto e, portanto, prêmio de risco.

Em segundo lugar, e relacionado ao primeiro ponto, idealmente, a estimação do prêmio associado a risco regulatório deve ser feita de forma análoga à que a literatura em finanças estima prêmios para fatores de risco padrão. Para tal, além de um modelo teórico de apreçamento, serão necessárias variáveis que, quando comparadas às que utilizamos neste capítulo, reflitam de maneira mais precisa o risco regulatório.

Referências

DAMODARAN, A. 2009. Disponível em: <http://pages.stern.nyu.edu/~ADAMODAR/>.

DEWATRIPONT, M. Commitment through renegotiation-proof contracts with third parties. *Review of Economic Studies*, v. 55, p. 337-390, 1988.

____. Renegotiation and information revelation over time: the case of optimal labor contracts. *Quarterly Journal of Economics*, v. 104, p. 589-619, 1989.

HART, O.; TIROLE, J. Contract renegotiation and coasian dynamics. *Review of Economic Studies*, v. 55, p. 509-540, 1988.

KAUFMANN, D.; KRAAY, A.; MASTRUZZI, M. The worldwide governance indicators: methodology and analytical issues. *World Bank Policy Research Working Paper No. 5430*, 2010. Disponível em: <http://ssrn.com/abstract=1682130>.

LAFFONT, Jean-Jacques; TIROLE, Jean. *Theory of incentives in regulation and procurement*. Cambridge: MIT Press, 1993.

MCAFEE, Preston; MCMILLAN, John. Competition for agency contracts. *The Rand Journal of Economics*, v. 18, edição 2, p. 296-307, 1987.

Capítulo 2

O investimento privado em infraestrutura e seu financiamento

Cláudio Frischtak
Katharina Davies

1. Introdução

O país convive há muitos anos com um processo de progressiva deterioração da infraestrutura, fundamentalmente por uma combinação de baixos investimentos, escolhas por vezes errôneas em que investir, e problemas de integridade na execução dos projetos, gerando comumente dilação nos custos e prazos.

Em 2012, a taxa de investimentos no país recuou para 18,1% do PIB, enquanto o componente de infraestrutura se expandiu levemente para 2,3%. Pode-se argumentar que esta combinação é capaz de sustentar um crescimento do PIB da ordem de 2% a 3% a.a. A ampliação dos investimentos no país não se dará, contudo, por mera vontade dos governantes, mas por mudanças profundas nas políticas de governo e na melhoria da qualidade das instituições. Este certamente parece ser o caso em infraestrutura.

Como poderá ser visto na seção 2 deste trabalho, o país investe há alguns anos cerca de 2% do PIB em infraestrutura, sendo pouco menos da metade de responsabilidade do setor público. Diante desta taxa, para compensar a depreciação do capital fixo *per capita*, há uma brecha de cerca de 1% do PIB; para se aproximar dos seus pares, o país deveria investir adicionalmente algo em torno de 2% a 4% do PIB. Essa é uma defasagem significativa. Superá-la irá demandar mudanças que vão além da decisão do governo de ter o setor privado como protagonista desse processo. Envolve, no plano fiscal, o aumento decisivo da poupança pública e maior disciplina nas contas públicas; na dimensão regulatória, a despartidarização das agências e sua maior autonomia; e no âmbito do financiamento, o deslocamento progressivo dos bancos públicos e um papel central do mercado de capitais e de instituições seguradoras, dentre outros.

A seção 3 deste capítulo examina a origem dos recursos investidos em infraestrutura, mais além do "*equity* do governo", isto é, dos aportes orçamentários. O trabalho discrimina as fontes tanto no plano agregado como especificamente para o setor de transportes, e seus principais segmentos e modais. Para o conjunto dos setores, o esforço do governo, representado pelos aportes orçamentários (seu "*equity*"), fundos de investimentos patrocinados por instituições públicas (a exemplo do FI-FGTS) e financiamento, chega a 64% do total dos investimentos de infraestrutura e 78% no caso do setor de transportes. Em particular, o governo participa de 79% dos financiamentos em infraestrutura, por meio do BNDES, da Caixa Econômica Federal (CEF) e dos recursos garantidos pelo Tesouro (a exemplo do Banco Mundial e do BID, no caso de empréstimos para entidades subnacionais). No caso do setor de transportes, a participação do governo chega a 83% dos financiamentos.

O peso desse esforço sobre as contas públicas não foi trivial. Entre 2009 e 2012 foram transferidos para o BNDES, CEF, Banco do Brasil (BB) e Banco do Nordeste R$ 308,1 bilhões ou 8,2% do PIB (anexo quadro 1). Esse processo está chegando ao seu limite.[1] A seção 4 examina alternativas de financiamento e alguns instrumentos disponíveis de intermediação da poupança nacional e estrangeira para suportar o investimento privado em infraestrutura. Do ponto de vista do provedor de recursos, as barreiras mais relevantes são o risco de *default* durante a construção e a falta de liquidez do instrumento com o maior potencial de crescimento — as debêntures incentivadas de infraestrutura.

Já do ponto de vista do tomador, o problema central é a criação de estruturas de financiamento que minimizem a demanda de *equity* e garantias. A solução seria a utilização de estruturas de *project finance*, que no país ainda enfrenta barreiras relacionadas à ausência de um mercado segurador sofisticado e

1. No ano de 2013, o Tesouro deve fazer um aporte total de R$ 35 bilhões para o BNDES (R$ 15 bilhões realizados em julho). Para a CEF, foi feito um aporte de R$ 8 bilhões no primeiro semestre.

denso, capaz de prover um serviço essencial àqueles que estendem crédito aos projetos de infraestrutura: um seguro garantia ou "*performance bond*", crítico durante a fase de implantação do projeto. De forma complementar, estruturas de "*equity support agreement*" (ESAs) podem reduzir a demanda de capital próprio e a exposição contábil correspondente dos "*sponsors*" dos projetos na sua fase de implantação.

Este capítulo conclui argumentando a importância do desenvolvimento do mercado segurador voltado para a implantação de projetos de infraestrutura. Do ponto de vista do interesse público, seria um grande passo se o setor privado "supervisionasse" sob a égide de empresas seguradoras a qualidade dos projetos e a integridade de sua execução. E num processo de seleção positiva, as empresas idôneas e competentes — seja de construção ou operação — seriam identificadas, sua credibilidade reforçada, e a informação disseminada pelo mercado. Inversamente, o setor público, ao prover o seguro, as garantias e se tornar a contraparte dos contratos de ESAs, não apenas aumentaria ainda mais a exposição ao risco de projetos, como dificultaria — e, no limite, impediria — a reforma do sistema de financiamento à infraestrutura no país.

2. Os investimentos de infraestrutura no Brasil

É inquestionável que se investe pouco em infraestrutura no Brasil.[2] No período 2001-12, a média dos investimentos foi de 2,16% do PIB, dos quais 0,73% em transporte, nos seus diferentes modais e pontos de articulação (portos e aeroportos). Mesmo para uma economia madura e um sistema de infraestrutura relativamente denso, com necessidades atendidas, esses seriam percentuais reduzidos, pois se calcula que o investimento total em infraestrutura para compensar a depreciação do capital fixo *per capita* é da ordem de 3% do PIB.

2. Para uma discussão detalhada sobre os investimentos em infraestrutura no Brasil, ver: Giambagi (2013), Pinheiro e Giambagi (2012) e Ferreira e Malliagros (1997).

Quadro 1

Brasil — investimento em infraestrutura por setor
∑ 2001-12, em R$ bilhões correntes

Segmento	R$ bilhões	% PIB[1]
Energia Elétrica	201,7	0,63
Telecomunicações	195,8	0,61
Saneamento	60,4	0,19
Transportes	234,8	0,73
Rodoviário	136,6	0,42
Ferroviário	41,1	0,13
Metroviário	20,8	0,06
Aeroportuário	9,4	0,03
Portuário	23,9	0,07
Hidroviário	3,1	0,01
Total	**692,8**	**2,16**

[1] O somatório do PIB nominal no período 2001-12 foi de R$ 32.183 bilhões.
Fonte: Empresas abertas (públicas e privadas); Siafi; CNI; Ipeadata; Portal Transparência; Banco Central; e cálculos e estimativas próprias.

No período mais recente (2007-12), os investimentos se elevaram de forma substancial (quadro 2). No setor de transportes houve um aumento nominal de 125% (*vs.* 118% para o conjunto da infraestrutura), e real de 76% (deflacionado pelo custo do m^2 de construção). A expansão dos investimentos foi significativa em praticamente todos os segmentos e modais, com a exceção do hidroviário, que contraiu em termos nominais absolutos.

Quadro 2

Investimento em infraestrutura por setor 2007-12, em R$ bilhões correntes

Segmento	2007	2008	2009	2010	2011	2012
Energia Elétrica	13,9	18,2	19,4	24,0	28,1	31,1
Telecomunicações	12,4	24,3	18,2	15,7	20,9	24,5
Saneamento	3,4	6,5	7,6	7,8	7,2	8,6
Transportes	18,0	26,3	33,4	40,9	37,1	40,5
Rodoviário	9,5	12,5	17,9	22,5	19,7	18,7
Ferroviário	3,1	5,1	3,6	5,6	6,4	6,2
Metroviário	1,4	2,7	5,4	3,4	2,5	3,9
Aeroportuário	0,6	0,4	0,4	0,6	1,1	2,4
Portuário	2,3	1,9	1,5	4,7	3,6	7,0
Hidroviário	0,3	0,4	0,5	0,3	0,1	0,1
Inv. Infra. Total	47,0	71,9	74,5	84,7	89,7	102,5

(continua)

(continuação)

Segmento	2007	2008	2009	2010	2011	2012
PIB Nominal	2.661	3.032	3.239	3.770	4.143	4.403
Invest. /PIB (%)	1,77	2,37	2,30	2,25	2,16	2,33

Fonte: Ver quadro 1.

Como proporção do PIB, os ganhos observados se concentram no setor de transportes: no período, houve uma elevação de 0,25%, em contraposição a 0,19% em energia elétrica, 0,09% em telecomunicações e 0,07% em saneamento (quadro 3). O fato de os investimentos terem aumentado não necessariamente significa a constituição de ativos de melhor qualidade, seja porque os projetos são escolhidos com base em critérios não relacionados aos ganhos de bem-estar, seja pela falta de integridade e falhas na execução, elementos que notoriamente afetaram obras do PAC transportes.

Quadro 3

Investimento em infraestrutura por setor 2007-12, em % do PIB

Segmento	2007	2008	2009	2010	2011	2012
Energia Elétrica	0,52	0,60	0,60	0,64	0,68	0,71
Telecomunicações	0,47	0,80	0,56	0,42	0,50	0,56
Saneamento	0,13	0,21	0,23	0,21	0,17	0,20
Transportes	0,67	0,87	1,03	1,08	0,89	0,92
Rodoviário	0,36	0,41	0,55	0,60	0,47	0,43
Ferroviário	0,12	0,17	0,11	0,15	0,15	0,14
Metroviário	0,05	0,09	0,17	0,09	0,06	0,09
Aeroportuário	0,02	0,01	0,01	0,02	0,03	0,05
Portuário	0,09	0,08	0,06	0,13	0,11	0,16
Hidroviário	0,01	0,01	0,02	0,01	0,00	0,00
Invest. /PIB (%)	1,77	2,37	2,30	2,25	2,16	2,33

Fonte: Ver quadro 1.

Igualmente relevante, o aumento dos investimentos no período não aparenta ter se traduzido numa melhor oferta de serviços de infraestrutura. Mais uma vez, no caso de transportes, o volume investido foi incapaz de responder tanto à demanda represada quanto à sua expansão em anos recentes. Esse fato se expressa na forma de uma crise de mobilidade urbana, aeroportos congestionados, aumento dos fretes por conta da piora da qualidade das estradas e da acessibilidade aos portos e pontos de transbordo, assim como escassez de alternativas econômicas, entre outros sinais.

Uma comparação com os investimentos realizados em décadas passadas oferece uma perspectiva quanto à distância que o país se encontra para reduzir a brecha nos serviços de infraestrutura e o esforço necessário para se modernizar essa matriz. No caso de transportes, por exemplo, se na década de 1970 a média investida foi de 2,03% do PIB, na década de 1980, essa média era de 1,47% e, na seguinte, de 0,63%. Mais recentemente, ampliaram-se os recursos alocados ao setor e chegou-se a 0,73% (quadro 4). Da mesma forma, os investimentos como percentual do PIB em eletricidade, telecomunicações e saneamento também apresentaram uma queda significativa — ainda que não monotônica — no período analisado no quadro 4.

Quadro 4

Brasil — Investimentos em infraestrutura por setor em % do PIB, média de períodos decenais. Redução proporcional entre o primeiro e último período (em %)

Período	1971-80 (A)	1981-89	1990-2000	2001-12 (B)	(A-B)/A
Total (% do PIB)	5,42	3,62	2,29	2,16	**60,7**
Eletricidade	2,13	1,47	0,76	0,63	**71,4**
Telecomunicações	0,80	0,43	0,73	0,61	**12,5**
Água e Saneamento	0,46	0,24	0,15	0,19	**60,9**
Transportes	2,03	1,48	0,63	0,73	**68,5**

Fontes: Castelar Pinheiro e Giambiagi (2012) e quadro 1.

Na realidade, há um padrão bastante elucidativo dessa contração interdecenal. Se na década de 1980 houve uma contração generalizada por conta das dificuldades fiscais de o setor público financiar novos investimentos, agravada com as reformas instituídas pela Constituição de 1988, na seguinte observa-se uma recuperação do único setor privatizado em sua integralidade — telecomunicações. As entrantes, sejam aquelas que compraram os ativos da Telebras, sejam ainda as que obtiveram faixas no espectro, se obrigaram a — e tinham um forte incentivo econômico para — investir. O resultado foi uma expansão interdécadas de 0,3% do PIB.

Nos demais setores, a entrada de empresas privadas foi menos abrangente, e os incentivos para competir, menores. No setor elétrico, a Eletrobras permaneceu como ator dominante e com responsabilidades múltiplas, inclusive sobre distribuidoras com problemas financeiros graves. Em transportes, o programa de concessões perdeu impulso, após os leilões de 1996-98 (Primeira Etapa do Programa Federal de Concessões Rodoviárias). O setor de água e esgoto ainda é amplamente dominado por empresas estaduais, e poucas — a exemplo da Sabesp — têm capacidade de ampliar a cobertura e melhorar de forma substancial a qualidade dos serviços. Uma combinação de posição monopolista, constrangimentos políticos e regulatórios, e fragilidade de gestão impediu uma reação mais determinada nos investimentos.

O PAC foi uma tentativa de o governo impulsionar os investimentos em infraestrutura, tendo por premissa que caberia ao Estado liderar esse processo por meio de uma rápida ampliação dos investimentos públicos. De fato, os investimentos federais dão um salto de 0,21% do PIB entre 2007 e 2010, para, contudo, voltarem a se contrair em termos relativos nos anos seguintes (quadro 5). Já as empresas privadas, após a queda de 2009, apresentam uma recuperação consistente, apoiadas pela considerável ampliação do financiamento disponibilizado pelo BNDES (e, em menor escala, por outros bancos públicos).

Quadro 5
Investimento em infraestrutura por instância pública e privada 2007-12, em R$ bilhões e % do PIB

Setor		2007	2008	2009	2010	2011	2012
Governo Federal (OGU)	*R$ bi*	6,6	9,0	12,3	17,3	14,4	12,5
	% PIB	*0,25*	*0,30*	*0,38*	*0,46*	*0,35*	*0,28*
Empresas Estatais Federais	*R$ bi*	4,2	5,6	8,0	8,1	11,7	12,3
	% PIB	0,16	0,18	0,25	0,22	0,28	0,28
Empresas Estaduais e Autarquias	*R$ bi*	10,1	15,0	21,1	21,3	18,3	20,9
	% PIB	*0,38*	*0,50*	*0,65*	*0,56*	*0,44*	*0,47*
Empresas Privadas	*R$ bi*	26,2	43,0	33,8	38,9	46,1	57,7
	% PIB	*0,98*	*1,42*	*1,04*	*1,03*	*1,11*	*1,31*
Investimento Total	*R$ bi*	47,0	71,9	74,5	84,7	89,7	102,5
	% PIB	*1,77*	*2,37*	*2,30*	*2,25*	*2,16*	*2,33*

Fonte: Ver quadro 1.

Utilizando a folga fiscal propiciada pela disciplina imposta pela Lei de Responsabilidade Fiscal (maio de 2000), pelas reformas dos anos 1990-2005 e por um superciclo de *commodities* que inverteu os termos de troca e ampliou as receitas do governo, o PAC foi pensado inicialmente como um instrumento para ampliar a taxa de investimento. Ao final de 2008, e tendo por referência o conceito de política fiscal anticíclica, adicionou-se uma nova função ao PAC: impulsionar a demanda agregada.

O fato de o Programa não ter sido bem-sucedido não tem a ver com problemas de financiamento, mas sim de planejamento e execução, em que o setor público tem um déficit considerável de competência. Em particular, a escassez de projetos executivos (de boa qualidade) e falhas na gestão dos investimentos geraram custos elevados, atrasos consideráveis e abriram espaço para corrupção e outras práticas condenáveis, algo amplamente noticiado. Levaram ainda a atrasos sistemáticos, renegociações contratuais em série e aumentos desmesurados de custos. Já em 2011, o novo governo faz uma inflexão relevante e, por motivos pragmáticos, coloca a empresa privada no fulcro da execução dos investimentos, o que pode ser mais claramente observado no caso de transportes (quadro 6). Enquanto os investimentos federais (OGU) e dos estados (empresas e autarquias) descrevem uma parábola, e das empresas estatais federais se elevam de forma marginal, os investimentos privados se ampliam de maneira sistemática no pós-crise. Ainda assim, o total de investimentos permanece abaixo de 1% do PIB, menos da metade do observado na década de 1970, e claramente insuficiente para reposicionar o Brasil no que diz respeito à densidade e à qualidade dos serviços de transporte.

Quadro 6

Investimento em infraestrutura de transportes por instância pública e privada 2007-2012, em R$ bilhões e % do PIB

Setor		2007	2008	2009	2010	2011	2012
Governo Federal (OGU)	*R$ bi*	6,6	7,4	10,7	15,7	13,3	10,9
	% PIB	*0,25*	*0,25*	*0,33*	*0,42*	*0,32*	*0,25*
Empresas Estatais Federais	*R$ bi*	0,6	0,4	0,4	0,6	1,1	1,7
	% PIB	*0,02*	*0,01*	*0,01*	*0,02*	*0,03*	*0,04*
Empresas Estaduais e Autarquias	*R$ bi*	4,3	7,2	11,9	10,8	7,4	8,4
	% PIB	*0,16*	*0,24*	*0,37*	*0,29*	*0,18*	*0,19*
Empresas Privadas	*R$ bi*	5,8	7,9	6,3	10,1	11,6	17,4
	% PIB	*0,22*	*0,26*	*0,19*	*0,27*	*0,28*	*0,39*
Investimento Total	*R$ bi*	17,3	23,0	29,3	37,1	33,4	38,4
	% PIB	*0,65*	*0,76*	*0,90*	*0,99*	*0,81*	*0,87*

Fonte: Ver quadro 1.

De modo mais geral, há um imperativo de expandir os investimentos, dada a brecha entre os desembolsos atuais e os requisitos de modernização da infraestrutura, qualidade de serviços e competitividade da economia brasileira. Nesse sentido, calcula-se que a relação investimento em infraestrutura/ PIB deveria, ao menos, duplicar no médio prazo e, possivelmente, triplicar a prazo mais longo, dada experiência contemporânea internacional (figura 1).

Figura 1
Evolução dos investimentos em infraestrutura
Países selecionados, vários anos, % do PIB

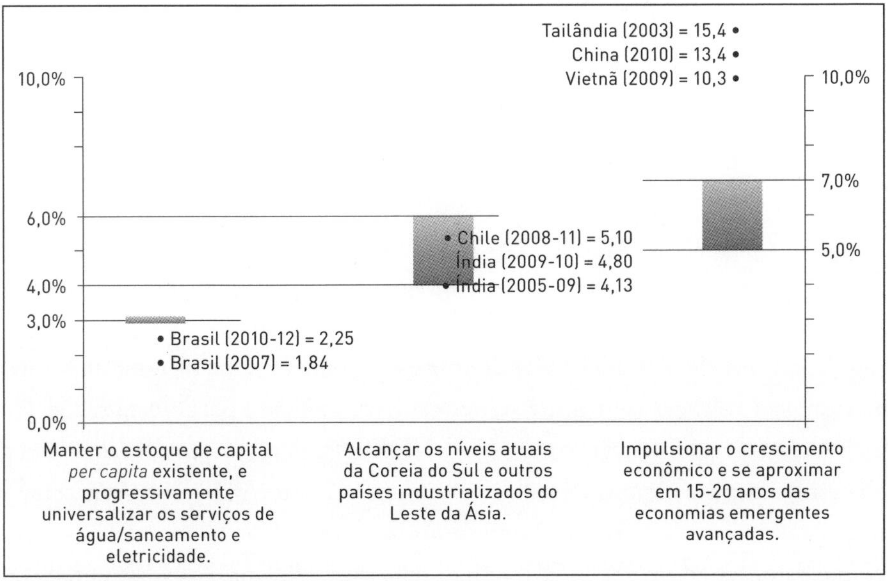

Fonte: Ver Frischtak (2012) e cálculos próprios.

O problema, portanto, pode ser recolocado da seguinte maneira: as dificuldades de planejamento e execução dos investimentos em infraestrutura pelo setor público e, por consequência, os frágeis resultados — tanto quantitativos quanto qualitativos — levaram o governo a reconsiderar o papel do setor privado, particularmente a importância de seu protagonismo. Este movimento teve um impulso adicional por conta ainda das significativas restrições fiscais que o país enfrenta em face das múltiplas demandas de ampliação e melhoria da qualidade dos serviços públicos, a exemplo de saúde, educação e segurança. Estas competem com os escassos recursos do governo, que são mobilizados num quadro de elevadíssima carga tributária para um país de renda média (em torno de 36% do PIB, comparado com 20% a 25%, para as economias mais relevantes com nível comparado de renda *per capita*).

O imperativo do investimento privado enfrenta dificuldades não triviais. Em poucos países — a exemplo do Chile e da Grã-Bretanha — o setor privado tem um papel dominante nos investimentos setoriais, seja por questões históricas, dificuldades políticas, falhas regulatórias, ou ainda pela baixa atratividade econômica, dada a natureza capital intensiva e retorno longo de parte considerável dos investimentos em infraestrutura. Exatamente por essas características, a participação privada depende não apenas de um ambiente regulatório razoavelmente estável e transparente e de um sistema de justiça que prevê as garantias do devido processo legal (fundamentalmente contra expropriação). Depende igualmente de mecanismos eficazes de financiamento, seja com base em recursos mobilizados pelo Estado, ou intermediados por bancos comerciais ou pelo mercado de capitais.

Em 2012, a participação privada nos investimentos de infraestrutura no Brasil chegou a 56,3%, após atingir um nadir de pouco menos de 46% em 2009-10, como foi visto no quadro 5. Aquela não é uma participação baixa e sugere, na realidade, que, apesar de fragilidades institucionais e regulatórias, o setor atrai volumes significativos de recursos, inclusive pela oferta razoavelmente elástica de financiamento pelo BNDES. A questão central é que esses recursos são insuficientes: ampliar em cerca de 2% do PIB os investimentos em infraestrutura irá requerer um compromisso adicional privado possivelmente da ordem de 1,5% do PIB anualmente, ou seja, aproximadamente US$ 22,5 B (com a brecha de cerca de US$ 7,5 B preenchida pelos estados mais bem estruturados no plano financeiro e de gestão — a exemplo de São Paulo e Minas Gerais).

Como, portanto, impulsionar o investimento privado? Há na realidade três questões distintas: primeiro, a existência de oportunidades estruturadas de forma que sejam factíveis como objeto de investimento privado; segundo, o balanço de risco-retorno e seu grau de atratividade; e, terceiro, a disponibilidade de financiamento.

Não há dúvidas de que o subinvestimento em infraestrutura e o excesso de demanda por serviços se traduzem no mais das vezes em oportunidades economicamente atraentes. E estas em anos recentes se concentram no setor de transportes e logística: aeroportos, portos, rodovias e — em menor escala — novas ferrovias e hidrovias, além de centros concentradores e distribuidores de carga, e serviços integrados de logística.

Oportunidades em si não implicam decisões de investimento, que dependem fundamentalmente do balanço de risco-retorno, ou da taxa de retorno ajustada ao risco — seja político (encapsulado na quebra ou "*breach*" contratual), de expropriação regulatória, de mercado ou de execução do projeto. Evidentemente que, quanto maior o risco, maior o retorno demandado pelo investidor. No limite, e principalmente quando o elemento não mensurável do risco — isto é, a incerteza — se torna dominante, os projetos podem simplesmente não serem viáveis, apesar de sua importância econômica. Nesta perspectiva, o financiamento — discutido a seguir — deve ser visto não apenas como um instrumento de viabilização dos projetos, mas como um filtro, um elemento que potencialmente introjeta disciplina e garante uma alocação de riscos sustentável.

3. O financiamento da infraestrutura no país

No plano macroeconômico, os recursos para investimento no país são escassos. Uma baixa taxa de poupança e limitações no financiamento externo dificultam o salto necessário para sustentar um crescimento do PIB em torno de 4%, o que pressupõe uma taxa de investimento certamente superior a 18,1% do PIB (primeiro trimestre de 2013). Ainda que se possa discutir qual a brecha na taxa de investimento que, coberta, possibilitaria um não inflacionário, é improvável que o incremento seja inferior a 3,5-4% do PIB. A esse movimento corresponderia um aumento na taxa de poupança doméstica (possivelmente por um processo de consolidação fiscal) de forma que o esforço de investimento não viesse a colocar as contas externas do país numa posição insustentável (pelo rápido aumento do déficit em conta corrente).

Conforme visto, em 2012 a taxa de investimento em infraestrutura foi de 2,33% do PIB. Estimativas em Estache (2012) para a América Latina indicam investimentos no intervalo de 4% a 6% do PIB para sustentar o crescimento da região. Ainda que esses números sofram de certa falta de precisão, o déficit de infraestrutura no Brasil sugere que, nesse caso, a demanda de investimentos seria mais próxima ao limite superior do intervalo.

Não é possível o país alcançar uma taxa de investimento em infraestrutura de 6% do PIB nos próximos dois ou três anos — e não apenas por restrições macroeconômicas, mas pela ausência de projetos de qualidade.

Contudo, um aumento desta taxa para cerca de 4% do PIB seria possivelmente factível e impulsionaria a taxa agregada de investimento para acima de 20% do PIB, condicionada a uma melhora substancial no plano fiscal, a um aumento da poupança do setor público e à mobilização de recursos domésticos e externos.

O quadro 7 identifica a origem dos investimentos setoriais em infraestrutura no Brasil em 2012. Os dois setores com maior volume de investimentos, transportes e eletricidade, são um híbrido público-privado. As alocações no setor de telecomunicações são basicamente privadas; inversamente no setor de saneamento, em que as empresas privadas ainda têm um papel secundário. O novo programa de concessões no setor de transportes sinaliza uma participação crescente do setor privado; em eletricidade, a fragilidade financeira da Eletrobras — a menos que compensada por recursos do Tesouro Nacional — deve implicar um maior envolvimento de atores privados no setor, começando pela venda das distribuidoras federalizadas e avançando no sentido de uma menor participação das subsidiárias da Eletrobras em novos projetos. Finalmente, em saneamento, as empresas estaduais — com a possível exceção da Sabesp e da Copasa, além da Sanepar — terão dificuldades crescentes de responder ao aumento da cobertura e qualidade dos serviços nos próximos anos; o maior envolvimento do setor privado, diretamente por meio de (sub)concessões ou PPPs, será um imperativo. Em síntese, na margem, o setor privado terá de assumir um maior protagonismo, e em alguns casos — a exemplo de transportes — se tornará amplamente dominante nos próximos anos.

Quadro 7

Investimento em infraestrutura por setor e instância pública e privada 2012, em R$ bilhões

Setor	Governo Federal	Empresas Estatais	Empresas Estaduais	Empresas Privadas	Total
Energia Elétrica	-	10,5	5,9	14,7	**31,1**
Telecomunicações	-	0,1	-	24,4	**24,5**
Saneamento	1,6	-	6,6	0,4	**8,6**
Transportes	10,9	1,7	8,3	17,3	**38,4**
Total	**12,5**	**12,3**	**20,8**	**56,7**	**102,5**

Fonte: Ver quadro 1.

Ao mesmo tempo, e apesar da expansão projetada dos investimentos privados e das restrições fiscais e de gestão do setor público — conforme já assinalado —, não há paradoxalmente como prescindir de um envolvimento possivelmente em maior escala do próprio setor público. Primeiro, pela natureza complementar de uma ampla gama de investimentos públicos e privados. Segundo, pela dificuldade de os bancos privados e de o mercado de capitais (sob a forma de ações e debêntures) substituírem o *funding* altamente competitivo do setor público, ao menos num horizonte previsível.

Assim, a posição do BNDES como principal fonte de financiamento para projetos de infraestrutura se torna um dado não apenas por uma questão de inércia. Mesmo que o mercado de capitais (sob a forma de ações e principalmente debêntures) e outros mecanismos privados de financiamento adquiram importância crescente, não se vislumbra uma quebra de paradigma, no sentido de fontes privadas de financiamento virem a adquirir uma posição dominante em relativamente pouco tempo. Contudo, sem uma racionalização radical e melhora na qualidade dos gastos públicos, não se vislumbra igualmente uma expansão do balanço do BNDES (e outros bancos públicos) consistente com as demandas de financiamento de longo prazo, principalmente dos programas de concessão. Em síntese, esse o dilema dos próximos anos.

Em 2012, um levantamento discriminando as fontes de recursos dos investimentos em infraestrutura no Brasil confirma a dominância do setor público. A soma do "*equity* do governo" — federal e estadual —, dos fundos de investimentos públicos e dos empréstimos do BNDES e CEF contribui com um pouco mais de 61% dos recursos. Considerando os empréstimos do Banco Mundial e do BID com garantia do Tesouro, pode-se afirmar que mais de 64% dos recursos investidos em infraestrutura no Brasil se originam diretamente do orçamento dos governos, ou são financiados por instituições financeiras do governo, ou ainda têm garantia do Tesouro Nacional. Quanto à participação de instituições do governo no total de empréstimos ao setor — incluindo aqueles com garantias do Tesouro —, o quadro de fontes de recursos a seguir sugere uma contribuição acima de 79%. O complemento privado se concentra em debêntures de infraestrutura — na sua maior parte não incentivadas (quadro 8). Os bancos comerciais, que em outras jurisdições têm um papel determinante, no Brasil ainda se concentram em operações mais curtas, inclusive empréstimos pontes e voltados para pagamento de outorgas, não cobertos pelo BNDES.

Quadro 8
Origem dos recursos dos investimentos em infraestrutura 2012, em R$ bilhões

Origem dos Recursos	OGU[1]	Estados[2]	BNDES[3]	CEF[4]	FIs[5]	Empréstimos[6]	Debêntures para Inv.[7]	FIP[8]	Capital Próprio[9]	Outros[10]	Total
R$ bi	12,5	6,8	33,2	6,5	3,7	2,7	8,4	0,8	25,6	2,3	**102,5**
% do PIB	*0,28*	*0,15*	*0,75*	*0,15*	*0,08*	*0,06*	*0,20*	*0,02*	*0,58*	*0,05*	*2,33*

Fonte: Cálculos próprios com base nas seguintes fontes: [1] Informações disponibilizadas no Portal Transparência do governo. Representam as despesas de investimento do governo em cada modalidade; [2] Informações disponibilizadas nos portais transparências dos estados: SP, MG, RJ, PR, PE, CE, ES, SC, PA e RS. Os demais estados relevantes não possuíam uma discriminação de despesas por setor; [3] <www.bndes.gov.br> e entrevistas; [4] Valores disponibilizados no Portal Transparência da Copa 2014; [5] Valor desembolsado pelo FI-FGTS; [6] Empréstimos do BID e Banco Mundial; [7] Banco de dados Anbima e verificado prospecto a prospecto para confirmar que a destinação dos recursos captados foram direcionados para investimento. Incluem também as debêntures incentivadas, de acordo com a Lei nº 12.431/2011; [8] Valores disponibilizados pelo banco de dados da Anbima, considerando os 14 FIPs mais importantes na área de infraestrutura; [9] O capital próprio foi estimado baseado na premissa de que 70% do total investido em infraestrutura por empresas (excluindo o governo federal e estados) são financiados, enquanto 30% é de capital próprio; [10] Diferença entre o valor dos investimentos e o valor dos recursos desembolsados, e podem representar aportes sem discriminação setorial de Fundos de Investimento e Participações (FIPs), Fundos de Infraestrutura, ou estruturas de *project finance* não contabilizados nos desembolsos/empréstimos em infraestrutura.

O quadro no setor de transportes não difere muito da alocação de recursos em infraestrutura no seu agregado: os investimentos públicos no caso são levemente dominantes no seu conjunto, mas de forma bastante diferenciada entre modais (quadro 9). Em ferrovias e portos, se tornaram secundários; em aeroportos, deverão assumir um papel menos relevante à medida que o programa de concessões avança da mesma forma que em rodovias; e finalmente em hidrovias, o pequeno investimento tem origem no governo federal. O que talvez seja o específico do setor transportes é o aspecto possivelmente transitório da dominância do setor público, na medida em que avançam as privatizações, os programas de concessões, as parcerias público-privadas (PPPs) em rodovias, portos, aeroportos, ferrovias (inclusive os trens regionais, como no caso do estado de São Paulo).

O avanço dos investimentos privados em transportes — da mesma forma como nos demais setores — vem sendo financiado basicamente com recursos públicos (quadro 10). O *equity* ou contribuição direta dos governos corresponde a 48% dos investimentos. Excluindo esta parcela, os recursos alocados a transporte somam R$ 20 bilhões, dos quais cerca de R$ 6 bilhões são de capital próprio dos estruturadores dos negócios ("*sponsors*"). Nesse sentido, a

Quadro 9

Investimento em infraestrutura de transportes por modal e instância pública e privada 2012, em R$ bilhões

Modalidade	Governo Federal	Empresas Estatais	Empresas e Autarquias Estaduais	Empresas Privadas	Total
Rodoviário	9,3	-	4,8	4,6	**18,7**
Ferroviário	1,1	-	-	5,1	**6,2**
Mobilidade Urbana	0,4	-	3,5	-	**3,9**
Aeroportos	-	1,7	-	0,7	**2,4**
Portos	0,1	-	-	6,9	**7,0**
Hidroviário	0,1	-	-	-	**0,1**
Total	10,9	1,7	8,3	17,3	**38,4**

Fonte: Ver quadro 1 e cálculos próprios.

Quadro 10

Origem dos recursos de investimento em infraestrutura de transportes por segmento 2012, em R$ bilhões

Modalidade	Fonte de Financiamento									
	OGU[1]	Estados[2]	BNDES[3]	CEF	FIs	Emprés-timos[4]	Debêntures Destinadas a Investimentos[5]	Capital Próprio[6]	Outros[7]	Total
Rodoviário	9,3	5	2,1	-	0,5	0,6	1,2	0,2	-	**18,7**
Ferroviário	1,1	0,2	2,0	-	0,3	-	0,1	2,2	0,2	**6,2**
Mobilidade Urbana	0,4	-	2,0	0,6	--	0,8	0,1	-	-	**3,8**
Aeroportos	-	0,4	0,5	-	-	-	-	1,5	-	**2,5**
Portos	0,1	0,2	3	-	0,8	-	0,8	2,2	-	**7**
Hidroviário	0,1	-	-	-	-	-	-	-	-	**0,1**
Total	10,9	5,8	9,6	0,6	1,6	1,4	2,3	6	0,2	**38,4**

Fontes e notas: Ver quadro 8 e cálculos próprios.

parcela financiada com recursos de terceiros (excluindo o orçamento dos governos) seria de R$ 14 bilhões. Destes, o BNDES e a CEF são responsáveis por cerca de 73% dos recursos; os empréstimos do Banco Mundial e do BID, de modo geral com garantias soberanas, 10%; as debêntures de infraestrutura, 16%; e "outros" — uma categoria que engloba um *mix* de FIPs, Fundos de Infraestrutura, recursos oriundos de estruturas de *project finance* —, o restante.

Na medida em que avança o processo de concessão (inclusive PPPs), privatização e outros formatos que irão levar a um maior envolvimento do setor privado, as restrições de financiamento devem progressivamente se tornar mais vinculantes, e basicamente por duas razões: os limites impostos ao BNDES (e a outros bancos públicos) por conta das restrições fiscais, e as dificuldades de se estruturar o financiamento de mercado em escala, de modo a reduzir progressivamente o peso do BNDES (dentre outros) nos aportes de recursos aos projetos de infraestrutura. Não se vislumbra um cenário de dependência crescente dos bancos públicos em relação ao Tesouro Nacional, e em simultâneo também não se espera uma redução da demanda de financiamento para investimentos em infraestrutura. A questão central se torna, portanto, como e com que instrumentos superar a barreira do financiamento aos investimentos privados? Este é o objeto da próxima seção.

4. A ampliação do financiamento à infraestrutura: limitações e respostas de política pública

Não há duvida que o Brasil esteja experimentando uma tentativa em larga escala de ampliar o envolvimento do setor privado na matriz de infraestrutura. Esse movimento está centrado em transportes — com o programa de concessões em rodovias, ferrovias, aeroportos e portos —, ainda que haja amplo espaço para fazê-lo em saneamento, principalmente, e energia elétrica. Do ponto de vista do financiamento a novos investimentos, já há alguns anos que o BNDES tem sido a principal fonte de financiamento à infraestrutura, impulsionado pela expansão da demanda, por um lado, e pelas condições bastante vantajosas em termos de taxas e prazos, por outro. Mais recentemente, a CEF ampliou sobremaneira seu envolvimento, não apenas em saneamento, mas ainda em mobilidade urbana, entre outros.

De fato, os desembolsos do BNDES e da CEF ao longo do período 2010-12 atingiram 47% dos investimentos totais em infraestrutura, excluindo-se os aportes orçamentários diretos dos governos (quadro 11). Esses recursos foram ofertados no contexto de uma rápida expansão dos balanços do BNDES (e da CEF, além do Banco do Brasil) com base nos aportes do Tesouro Nacional (sob a forma de empréstimos, basicamente). Em paralelo, o governo lançou uma série de iniciativas para prover recursos de fontes alternativas, com a constituição de Fundos de Investimento em Infraestrutura (a exemplo do FI — FGTS), e o incentivo à emissão e compra por investidores nacionais e estrangeiros das chamadas "debêntures de infraestrutura" (Lei nº 12.431/2011).

Do ponto de vista da oferta de recursos públicos, as restrições à sua contínua ampliação são de natureza macroeconômica e fiscal, conforme já notado acima. Uma baixa taxa de poupança privada e um déficit nominal do setor público (ou seja, uma poupança negativa do governo) limitam uma rápida expansão dos investimentos e seu financiamento. As transferências do governo sob a forma de empréstimos do Tesouro ao BNDES (R$ 280 bilhões entre 2009 e 2012) e aos bancos públicos implicam um aumento da dívida bruta do setor público. Ademais, são questionadas como práticas que sinalizam irresponsabilidade fiscal o uso dessas operações para reforçar o resultado primário do governo federal por meio de transferências reversas sob a forma de dividendos dessas instituições. Nesse sentido, não se projeta uma trajetória de expansão contínua do crédito do BNDES e/ou dos bancos públicos nos próximos anos, e capaz de dar suporte ao investimento privado, sem concomitantemente ameaçar a estabilidade macroeconômica.

Quadro 11

Desembolsos do BNDES e saldo das operações de crédito da Caixa Econômica Federal, em R$ bilhões correntes e como % do total de investimento em infraestrutura* 2010-12

Setores	2010	2011	2012
BNDES			
Energia Elétrica	11,9	14,1	17,2
Transportes	3,4	4,7	7,3
Telecomunicações	2,1	3,1	4,8
Mobilidade Urbana e Outros Setores de Infra	3,2	2,5	2,9
Subtotal	20,6	24,4	32,2
CEF			
Saneamento, Mobilidade Urbana e Outros Setores de Infra	3,09	5,4	6,5
Total BNDES + CEF	**23,69**	**29,8**	**38,7**
Investimento em Infra*	**59**	**68,9**	**82,4**
Total/Investimento	**40,1%**	**45,9%**	**47%**
Total/Investimento Financiado	**60,1**	**61**	**69,7%**

Fontes: BNDES e CEF.
Nota: * Investimento agregado excetuando recursos dos orçamentos federal e estaduais (SP, MG, RJ, ES, PR, PE, BA).

Ao mesmo tempo, é improvável que as instituições que tradicionalmente têm capacidade de investir em instrumentos de dívida (e outros) com horizontes longos, pois não são acossadas pelo descasamento temporal entre ativos e passivos (a exemplo de fundos de pensão ou mesmo seguradoras), estariam posicionadas para ampliar em grande escala sua exposição a papéis de infraestrutura. Estas instituições têm de fato sido demandadas, mas já há algumas indicações de que o espaço para ampliar suas posições de forma significativa enfrenta limitações, de modo que somente uma realocação do seu *portfolio* faria uma diferença material no plano agregado.[3] E tal realocação não é possivelmente factível ou mesmo desejável, ainda mais num contexto de crescentes déficits atuariais, que irão requerer maior — e não menor — flexibilidade de alocação de recursos.

Então, como ir além do atual quadro e fomentar alternativas viáveis, capazes de sustentar o novo protagonismo privado? Que instrumentos seriam os mais adequados? Pode-se dividir esta questão em duas: do ponto de vista do fornecedor (privado) de recursos — seja um indivíduo ou uma instituição intermediária — e do ponto de vista do tomador, tipicamente o "*sponsor*" do projeto.

É importante estabelecer uma preliminar: o que tipifica a escassez de recursos para financiamento de investimentos em infraestrutura do ponto de vista econômico-institucional é o limitado desenvolvimento do mercado de capitais e de seguros. Há poucas estruturas financeiras e de garantias capazes de suportar investimentos elevados, que irão constituir ativos de longa duração e cujos retornos tendem a ser moderados, ainda que relativamente estáveis. Esses investimentos são, via de regra, capital intensivos, com um prazo de maturação estendido (três a cinco anos normalmente antes de gerar um fluxo de caixa positivo, e por vezes mais, por conta das dificuldades na implantação dos projetos) e cujo financiamento necessita, portanto, de um prazo significativo de duração — certamente além do que os investidores no Brasil estão acostumados (isto é, dois anos).

O país está dotado de um conjunto de instituições financeiras sofisticadas e — no caso dos bancos comerciais — com grande capilaridade, capazes

3. Apenas a título de ilustração, a constituição de uma empresa para retirar do balanço da Petrobras FPSOs — plataformas de produção de petróleo (a exemplo da Sete Brasil) estaria encontrando escassez de opções domésticas. Dado que a Sete Brasil "teria secado as opções de *equity* no país", inclusive de fundos de pensão, a opção seria usar capital externo e ter como acionistas *tradings* estrangeiras, capazes de suportar um aporte estimado em US$ 10 bilhões. Ver *Brasil Energia, Petróleo & Gás*, n. 392, p. 33-34, jul. 2013.

de vender produtos para um público amplo, desde que esse papel tenha determinadas características: uma relação risco-retorno competitiva (em face de outros possíveis investimentos) e aderência aos objetivos do investidor — geralmente de reduzir a volatilidade de sua carteira. De modo geral, o grau de liquidez do papel é muito relevante — ainda que para certos investidores seja racional levar o papel à maturidade ou ao menos até a implantação do projeto, para ser posteriormente vendido.

As debêntures incentivadas de infraestrutura (Lei nº 12.431/2011) foram pensadas como um papel dessa natureza — uma rentabilidade atraente, refletindo do ponto de vista econômico a relativa escassez de ativos de infraestrutura — e razoavelmente segura, pois teria subjacentes investimentos geradores de caixa.[4] A resposta dos emissores e investidores tem sido lenta, não apenas pela incerteza quanto à trajetória futura da economia brasileira, mas por duas questões não resolvidas. Uma inerente ao fato de que o risco dos debenturistas é significativo durante o período de implantação ou construção do projeto, principalmente pelas dificuldades conhecidas de licenciamento ambiental e desapropriação fundiária. E ainda pela baixa liquidez no mercado secundário, incompatível com a preferência dominante dos investidores por papéis curtos. Ainda que esses obstáculos reduzam a atratividade do papel, não são instransponíveis no médio prazo.[5]

4. Na Europa, os bancos comerciais têm sido tradicionais financiadores de infraestrutura. Diante da necessidade de enxugar seus balanços e reforçar sua base de capital (dados os requisitos de Basileia 3), os bancos comerciais vêm reduzindo seus financiamentos e encurtando a duração de seus ativos, mesmo para projetos com risco relativamente baixo, e de modo geral reduzindo sua exposição pela venda de créditos no setor. Em alguns casos, as instituições vêm funcionando simplesmente como um mecanismo de originação e distribuição de papéis. O crédito bancário vem sendo substituído pela emissão de bônus de infraestrutura que vêm se expandindo rapidamente em 2013. Ver *Financial Times*, 7 ago. 2013.

5. O BNDES, por exemplo, está examinando a possibilidade de garantir a compra das debêntures no período de construção, de modo que a qualquer momento nesse intervalo o investidor teria um *put* (opção de venda) contra a instituição (*Valor*, 4 jul. 2013). É claro que este tipo de solução tem limitações, na medida em que são garantias firmes de recompra que poderiam afetar a capacidade de empréstimo do BNDES. Quanto à formação e à constituição de um mercado secundário, há alguns anos que os agentes e as instituições de mercado debatem com o governo a forma mais eficiente de fazê-lo, e permanece o paradoxo de que as emissões de longo prazo são limitadas por falta de liquidez, e esta por sua vez é limitada exatamente por escassez de emissões. De qualquer forma, a própria alocação de risco necessita ser repensada no contexto de uma mudança do modelo de financiamento aqui discutida, e tendo por referência a experiência de outros países e economias mais maduras, em que o setor privado assume riscos possivelmente maiores (ver anexo tabela 2 para o caso de rodovias), porém compartilhados com instituições financeiras privadas.

Talvez a restrição efetivamente vinculante — do ponto de vista do emissor (e eventualmente das instituições intervenientes) — é a dificuldade de acomodar as garantias necessárias aos financiamentos do projeto no balanço corporativo do *sponsor*. Nesse sentido, só existiria uma única forma efetivamente transformadora de financiar a infraestrutura do país num contexto de mudança de um modelo calcado tanto no *equity* quanto no financiamento do governo, isto é, estruturar o financiamento sob a forma de *project finance*. Neste caso, o fluxo de caixa do projeto paga o financiamento, cujas garantias são os próprios ativos do projeto. Na prática, contudo, não apenas os balanços dos *sponsors* — construtoras e outros — se tornaram uma potencial restrição a uma rápida expansão dos investimentos, como há limitações crescentes do ponto de vista do capital próprio, porque raras vezes um projeto prescinde de capital do investidor.

Atualmente no país poucas são efetivamente as estruturas que funcionam como um *project finance* estrito senso (*non-recourse*), e a razão é fundamentalmente a mesma que foi apontada no caso das debêntures: a incerteza quanto à conclusão do projeto e o início da geração de caixa. Consequentemente, a ausência de garantias corporativas inviabilizaria o financiamento no período crítico de construção.[6]

Nos países cujos mercados de projetos são mais maduros, essa garantia de execução é provida por seguradoras privadas, sob a denominação de "*performance bond*".[7] No caso do Brasil, o mercado nesse aspecto ainda não é desenvolvido o suficiente para que as seguradoras funcionem com uma efetiva garantidora da implantação do projeto nos termos contratados. Em muitos países essa função se torna crítica, pois dadas as restrições no âmbito do crédito público, o financiamento privado se torna de fato a única alternativa. Mas estender o crédito privado só se torna exequível com o selo de garantia das seguradoras, que necessitam não apenas fazer diligências depuradas para estabelecer que o projeto seja financiável ("*bankable*"), mas, igualmente im-

6. O BNDES, o maior financiador de infraestrutura, ainda é fundamentalmente um banco de *funding*, e cuja análise de risco permanece limitada. O *sponsor* do projeto se compromete a, e necessita estar pronto para aumentar seu capital na sociedade de propósito específico responsável pelo projeto caso haja algum desbalanceamento no financiamento do projeto (em particular durante sua implantação).

7. Nos EUA, o Miller Act de 1932 obriga que todos os contratos de construção do governo federal sejam suportados por um Seguro Garantia e de Pagamentos (das obrigações do contratado perante terceiros). Os estados aprovaram então legislações semelhantes para projetos financiados pelos governos correspondentes.

portante, monitorariam de perto a sua execução para assegurar que ao final o ativo terá condições de gerar o caixa necessário para servir a dívida.

Um substituto imperfeito é a mão do governo. O país se encontra numa conjuntura bastante complexa e se defronta com escolhas subótimas. O caso em discussão — do financiamento à infraestrutura — ilustra o dilema de como instituir reformas no sistema de financiamento quando os agentes se veem pressionados para investir num contexto de escassez de capital próprio e financiamento privado ainda incipiente.

O caminho mais difícil de trilhar — porém, com toda a probabilidade mais sustentável — seria construir um arcabouço de políticas que incentivem as seguradoras a assumirem um papel ativo no processo de financiamento, constituindo mesmo o seu fulcro. Ao fazê-lo, assegurariam — ou maximizariam a probabilidade de — uma melhor qualidade dos projetos e uma execução com aderência aos parâmetros de custo e prazos. O adensamento desse mercado (de seguros) iria gerar ao longo do tempo mais informação sobre o desempenho das construtoras e *sponsors*, refletido ou sintetizado nos prêmios de risco dos seguros de execução, entre outros.

No desenho acordado recentemente para o leilão de concessão de rodovias, a Agência Brasileira Gestora de Fundos Garantidores e Garantias (ABGF) — criada em 2012 e constituída em agosto de 2013 para gerenciar todos os fundos de garantia da União — assumiria os riscos "não seguráveis" ou "não gerenciáveis" do projeto, em complemento às seguradoras privadas, e cujo desenho ainda não se conhece em detalhe. Ademais, uma estrutura de compromisso de aumento de capital em até 20% do valor das obras para cobrir eventualidades no período de construção (o chamado *Equity Support Agreement* — ESA), tendo o próprio governo como contraparte, deve ser vista na melhor das hipóteses como uma solução temporária e incompleta.[8]

Apesar da escassez de informações, o governo parece assumir compromissos que deveriam progressivamente ser deslocados para entes privados, não sendo óbvio que a solução encampada pelo governo atenda ao interesse público, na medida em que, em última instância, aumenta o passivo contingente do governo numa situação de fragilidade fiscal. Mais importante seria a busca de soluções que tivessem o efeito de reduzir as distorções na alocação e no uso

8. *Valor*, p. A2, 29 jul. 2013. A vantagem do ESA, conforme já mencionado, é que este compromisso não se reflete no balanço do *sponsor* na fase crítica de implantação ou pré-operacional do projeto.

de recursos em infraestrutura. É possível que a presença de um número crescente de seguradoras e resseguradoras privadas — e a ampliação do mercado de seguro garantia — crie as condições para que essas instituições tenham um papel de efetivo filtro na qualidade dos projetos, promova uma melhor distribuição dos riscos e estabeleça uma sinalização clara quanto à capacidade de execução dos *sponsors* e construtoras. Inversamente, o governo necessita cuidar para que suas ações não venham a inibir o desenvolvimento do mercado privado de seguros que deem suporte às estruturas de *project finance*.

Admite-se que seja muito difícil assegurar a inexistência de "elefantes brancos", projetos dispendiosos, e cujo impacto no bem-estar da população é marginal ou negativo. Ao mesmo tempo, a constituição de uma estrutura privada, em que o risco do projeto é efetivamente partilhado entre *sponsor* e seguradora em sua fase crítica, com um mínimo de interferência do governo, seria uma mudança de paradigma da forma como os projetos de infraestrutura são conduzidos no país. A combinação de restrição fiscal, e falhas, incorreções e desperdício associados à dificuldade de o governo monitorar o uso dos recursos públicos utilizados, num contexto de uma demanda potencialmente "explosiva" de novos investimentos, sugere a importância de se repensar o atual modelo de financiamento, e o imperativo de se criar alternativas que melhorem a qualidade dos projetos, sua execução e resultados.

5. Conclusão

Após as dificuldades de execução pelo setor público das obras do PAC, o governo atual fez uma mudança bastante significativa no modelo de investimento em infraestrutura, voltando-se o protagonismo para o setor privado. A expectativa é de que o país amplie de forma relativamente rápida os investimentos em infraestrutura, que em 2012 somaram 2,33% do PIB.

O setor de transportes em seus diversos segmentos é possivelmente o mais frágil e o que apresenta maior potencial de recuperação num horizonte de cinco a 10 anos, e foi o escolhido para liderar, por assim dizer, o processo de transformação. O envolvimento dos investidores privados se dá, de modo geral, por meio de concessões e autorizações, sendo os *sponsors* dos projetos tipicamente construtoras em associação com operadores e instituições financeiras.

O *funding* dos projetos tem sido uma questão resolvida fundamentalmente por meio da oferta de crédito e infusão de *equity* (sob diferentes mantos) pelo governo (ver anexo tabela 3 para uma simulação potencialmente aplicável à 3ª Etapa das Concessões Rodoviárias). O fato de os bancos públicos enfrentarem barreiras para ampliar ainda mais seus balanços e suportar as demandas de investimento levou o governo no segundo semestre de 2013 a negociar a inserção dos bancos privados, enquanto repassadores de recursos do BNDES. Contudo, esses recursos provêm do Tesouro, e nesse sentido há claras limitações, na medida em que a restrição fiscal com toda a probabilidade se tornará mais dura nos próximos anos, após o uso quase que indiscriminado de recursos do Tesouro na tentativa de estimular o crescimento. Ao mesmo tempo, os investidores ou *sponsors* dos projetos têm igualmente limitações em seus balanços para oferecer garantias reais ou fianças bancárias, ou até mesmo para se comprometer com os ESAs, inclusive porque uma eventual mudança nas regras contábeis pode forçar as empresas a reconhecerem os contratos de ESAs como passivos contingentes em seus balanços.

O programa de investimentos em infraestrutura irá demandar soluções de natureza perene, inclusive e particularmente no plano da mobilização de recursos. Apesar dos passos já tomados — a exemplo da legislação que possibilitou a criação das debêntures incentivadas de infraestrutura, papéis que poderão ser instrumentais no financiamento de projetos de boa qualidade —, o setor ainda enfrenta um gargalo sob a forma da dificuldade de estabelecer estruturas de *project finance*.

Sob essas estruturas, o *sponsor* não necessita oferecer garantias (dadas pelo próprio projeto), o que amplia — e muito — o âmbito e a magnitude potencial dos investimentos. O seu revés é a oportunidade de se mudar a forma de desenhar os projetos e executá-los — com maior integridade, probidade, e no interior dos limites de tempo e custo de execução. Nesta perspectiva, soluções temporárias, ou que aprofundem o envolvimento do setor público, deveriam ser vistas como oportunidades perdidas de reforma do sistema não apenas de financiamento, como de melhoria substancial da qualidade e da integridade dos projetos de infraestrutura no Brasil.

Referências

BRUNO, L.; SARAIVA, A. BNDES pretende garantir recompra para debêntures. *Valor Econômico*, 4 jul. 2013. Finanças, p. C1.

CAMPOS, E. Tesouro fará aporte tortuoso em BB e Caixa. *Valor Econômico*, Brasília, 27 set. 2012. Disponível em: <www.valor.com.br/financas/2846028/tesouro-fara-aporte-tortuoso-em-bb-e-caixa>. Acesso em: 10 jul. 2013.

FERREIRA, P.; MALLIAGROS, T. *Investimentos, fontes de financiamento e evolução do setor de infraestrutura no Brasil: 1950-1996*. Escola de Pós-Graduação em Economia, Fundação Getulio Vargas, 1997.

FRISCHTAK, C. Infraestrutura e desenvolvimento no Brasil. In: VELOSO, F. et al. (Org.). *Desenvolvimento econômico*: uma perspectiva brasileira. Rio de Janeiro: Elsevier, 2013. p. 322-346.

GIAMBIAGI, F.; PINHEIRO, A. *Além da euforia*: riscos e lacunas do modelo brasileiro de desenvolvimento. Rio de Janeiro: Elsevier, 2012. cap. 5.

PERES, L. Aumento de capital será usado como garantia de crédito em leilões de rodovias. *Valor Econômico*, 29 jul. 2013. Brasil, p. A2.

RITNER, D.; BORGES, A. 'Fundo noiva' vai suprir até 49% do capital da concessão. *Valor Econômico*. Disponível em: <www.valor.com.br/empresas/3258148/fundo-noiva-vai-suprir-ate-49-do-capital-de-concessao>. Acesso em: 10 out. 2013.

ROSAS, R. BNDES financiará até 70% de projetos de concessionárias de rodovias. *Valor Econômico*. Disponível em: <www.valor.com.br/brasil/3260834/bndes-financiara-ate-70-de-projetos-de-concessionarias-de-rodovias>. Acesso em: 10 out. 2013.

SIQUEIRA, C. "Oito Brasil"? Petrobrás estuda criar nova empresa para suas unidades de produção, seguindo o modelo da Sete Brasil. *Brasil Energia, Petróleo & Gás*, n. 392, p. 33-34, jul. 2013.

THOMPSON, C. Lack of projects holding back infrastructure investment. *Financial Times*, Londres, 6 ago. 2013. Disponível em: <www.ft.com/intl/cms/s/0/bc946fa8-fe90-11e2-b9b0-00144feabdc0.html#axzz2bmLpzYls>. Acesso em: 10 ago. 2013.

Anexo

Tabela 1
Aportes do Tesouro Nacional nos bancos públicos
Em bilhões de reais correntes (2009-12)

<table>
<tr><th></th><th>2009</th><th>2010</th><th>2011</th><th>2012</th><th>Total</th></tr>
<tr><td>BNDES</td><td>100,0</td><td>80,0</td><td>55</td><td>45</td><td>280</td></tr>
<tr><td>CEF*</td><td rowspan="2">2</td><td rowspan="2">4</td><td>0</td><td>13</td><td>15</td></tr>
<tr><td>BB*</td><td>0</td><td>8,1</td><td>10,1</td></tr>
<tr><td>Banco do Nordeste</td><td>0</td><td>1</td><td>0</td><td>0</td><td>1</td></tr>
<tr><td>Total</td><td>102</td><td>85</td><td>55</td><td>66,1</td><td>308,1</td></tr>
<tr><td>% do PIB</td><td>3,1</td><td>2,3</td><td>1,3</td><td>1,5</td><td>8,2</td></tr>
</table>

Fonte: Ministério da Fazenda e *Valor* (27 set. 2012, "Tesouro fará aporte tortuoso em BB e Caixa").
Nota: * Em 2009 e 2010, as emissões do Tesouro Nacional a bancos públicos mostram valor consolidado para o Banco do Brasil e a Caixa Econômica Federal.

Tabela 2
Alocação de risco em países selecionados

Natureza do Risco	Portugal		Reino Unido		Espanha		Austrália	
	Público	**Privado**	**Público**	**Privado**	**Público**	**Privado**	**Público**	**Privado**
Desenho do Projeto		○		○		○		○
Aquisição das áreas de implantação		○	○		○		○	
Licenciamento ambiental	○			○		○		○
Construção		○		○		○		○
Geotécnico				○		○		○
Realocação de infraestrutura[7]				○		○		○
Operação e manutenção		○		○		○		○
Mercado/Demanda	○[1]	○[2]			○[1]	○[2]		○
Apropriação de recursos públicos[8]				○				
Defeitos latentes		○	○[4]			○		○
Mudanças na legislação		○		○	○		○	
Força maior	○		○		○		○	
Ativos concorrentes		○[3]		○[5]		○[6]		○[5]

Notas: [1] Tarifa sombra; [2] Tarifa real; [3] Setor público pode proceder com estabelecimento planejado; [4] Depende do contrato; [5] Restrições limitadas ao setor público; [6] Impactos materiais podem requerer compensação pelo setor público. [7] É considerada aqui infraestrutura de telecomunicações e energia elétrica, como torres, postes, cabos etc. que necessitam ser realocados para implantação da estrada. [8] Assume modelo de *funding* por pagamento direto.

Tabela 3

A origem dos recursos em projetos
3ª etapa das concessões rodoviárias federais

<table>
<tr><th rowspan="4">Investimento Total</th><th rowspan="4">Financiamento com Recursos do Tesouro — BNDES e Bancos Públicos: TJLP + 2% a.a.</th><th colspan="2">Capital Próprio</th></tr>
<tr><td colspan="2">30</td></tr>
<tr><td>"Fundo Noiva" (e outras modalidades de participação)</td><td>Capital Privado</td></tr>
<tr><td>14,7</td><td>15,3</td></tr>
<tr><td>100</td><td>70</td><td></td><td></td></tr>
</table>

Fonte: Valor Econômico ("'Fundo Noiva' vai suprir até 49% do capital da concessão" e "BNDES financiará até 70% de projetos de concessionárias de rodovias"). Elaboração própria.

Capítulo 3

Infraestrutura e sustentabilidade ambiental

Ronaldo Seroa da Motta
Isaque Regis Ouverney

1. Introdução

Embora existam inúmeras formas de conceituar infraestrutura econômica, aqui adotamos o conceito utilizado em Ipea (2010), que compreende o conjunto de atividades que condicionam o nível de produtividade e competitividade de uma economia, fornecendo, simultaneamente, suporte para os setores produtivos e bem-estar para a sociedade. Dentro desse escopo, por exemplo, incluem-se os setores de transporte (rodovias, ferrovias, portos e aeroportos), energia, saneamento e telecomunicações.

Nos países desenvolvidos, os investimentos em infraestrutura normalmente destinam-se à renovação e ao aperfeiçoamento da estrutura vigente. Já nos países em desenvolvimento, existe ainda uma grande lacuna a ser preenchida, por isso a maior parte dos investimentos nesta área é destinada à ampliação da infraestrutura existente.

Uma característica dos projetos de infraestrutura é que eles apresentam custos afundados (*sunk costs*) elevados que exigem longos períodos de retorno financeiro ao capital investido.[1] Esses projetos, embora acarretem grandes ganhos sociais e financeiros, são, por outro lado, responsáveis por custos externos ambientais geralmente significativos no espaço e no tempo. Portanto, essas externalidades colocam quase sempre os investimentos em infraestrutura em contraposição aos objetivos de sustentabilidade ambiental. Isto porque, uma vez definidos localização, quantidade de recursos e tipo de tecnologia, haverá impactos ao meio

1. Quando associados à propriedade de subaditividade dos custos marginais se tornam monopólios naturais.

ambiente (Corfee-Morlot et al., 2012), inclusive com efeitos duradouros e rígidos (*lock-in effects*).

Adicionalmente observa-se que esses efeitos tendem a afetar de forma mais intensa os estratos mais pobres da população (ver, por exemplo, World Bank, 2007a e Dell, Jones e Olken, 2009). Logo, a viabilidade dos projetos de infraestrutura dependerá, assim, da incorporação adequada desses impactos em planejamento, desenho e execução.

Esses impactos podem ser de cunho direto ou indireto. Os efeitos ambientais diretos são aqueles relacionados apenas com o projeto (*within the fence*) e são usualmente de curto prazo e associados à construção. A mensuração e o controle desses impactos diretos podem ser feitos, em grande medida, por meio da instituição de políticas de salvaguarda e de avaliações de impacto ambiental (World Bank, 2007) que, conforme veremos, criam incertezas e, portanto, ineficiências alocativas.

Já os impactos indiretos são decorrentes da interação dos projetos de infraestrutura no espaço e no tempo e, portanto, requerem analisar os impactos da sua operação no desenvolvimento da base de recursos ambientais. E, para tal, há que se uniformizar os procedimentos de avaliação ambiental de projetos de investimento dentro de um contexto integrado e não setorial.

Este capítulo discute como conciliar o desenvolvimento de projetos de infraestrutura com aspectos de sustentabilidade ambiental. Inicialmente fazemos uma breve avaliação do processo de análise ambiental de projetos de infraestrutura no Brasil, em particular quanto ao papel do processo de licenciamento ambiental. Na seção seguinte abordamos como o mercado percebe a viabilidade de projetos de infraestrutura ambientalmente sustentáveis e quais são os mecanismos financeiros para promover esses investimentos. A última seção conclui.

2. Infraestrutura e meio ambiente no Brasil

O Brasil tem sido reconhecido por seu sucesso em manter estabilidade econômica com melhoria do nível e da distribuição da renda. Nos últimos 10 anos é inegável que o crescimento da renda e as políticas sociais associadas a uma taxa de câmbio favorável induziram uma ampliação de consumo, em particular dos mais pobres (Neri, 2012; SAE, 2012).

O país também tem sido reconhecido por seu desempenho ambiental no uso de energias renováveis, como hidroeletricidade e etanol, a criação de unidades de conservação, que já ocupam 8,8% do território, e, mais recentemente, a drástica redução da taxa do desmatamento na Amazônia.

Carraro e colaboradores (2012) estimam para diversos países um índice de sustentabilidade que agrega indicadores econômicos, sociais e ambientais. O Brasil aparece na 13ª colocação de acordo com esse índice, enquanto está classificado em 30º lugar se o critério for apenas renda *per capita*. Rússia, África do Sul, China e Índia aparecem, respectivamente, no índice de sustentabilidade em 21º, 30º, 39º e 40º lugar, em posições muito próximas às que teriam em termos de renda *per capita*. Ou seja, entre os Brics, o Brasil é o país que apresenta o melhor desempenho em termos de sustentabilidade, em grande parte devido às conquistas sociais e ambientais.

No entanto, para garantir a continuidade desse desempenho, há inúmeras questões a serem resolvidas: por exemplo, aprimorar o sistema educacional e o ambiente de negócios (Giambiagi e Castelar, 2012). Já a garantia de sustentabilidade ambiental de um crescimento caracterizado pela contínua expansão do consumo vai requerer um maior esforço de controle ambiental. E esse esforço certamente afetará custos e preços da economia. Essa é uma realidade que o Brasil terá de considerar no desenho e na execução de suas políticas públicas de forma que a necessidade de conciliação entre crescimento e meio ambiente não crie perda de eficiência e acentue a desigualdade social.[2]

O Brasil já dispõe de uma avançada legislação ambiental. Essa legislação se estabeleceu, de forma sistêmica, em 1981, com a Política Nacional do Meio Ambiente (PNMA — Lei nº 6.938/1981), que adotou os instrumentos de licenciamento e zoneamento e o princípio do poluidor pagador.

O licenciamento é o processo em que o órgão ambiental autoriza a operação de atividades com impacto ambiental relevante e, portanto, é o instrumento mais forte de controle ambiental. Por causa disso, esse instrumento teve sua implementação mais rápida e ampla, apesar de ter sido objeto de constante debate, e muitas vezes de revisão, nas últimas décadas.

O zoneamento foi muito efetivo em relocalizar as atividades industriais, que, hoje, no país inteiro, estão afastadas dos centros urbanos residenciais. Só recentemente, porém, o zoneamento tem sido adotado para determinar a locali-

2. Ver uma discussão mais ampla do padrão ambiental da economia brasileira em Seroa da Motta (2013).

zação de atividades agropecuárias, o que se fez necessário em vista do esforço de controlar o desmatamento.

O princípio do poluidor pagador avançou mais em sua concepção "*ex post*" de indenização por danos ambientais, inclusive com a lei de crime ambiental. No entanto, a adoção desse princípio para a criação de pagamentos pelo uso dos bens e serviços ambientais só avançou recentemente no caso dos recursos hídricos e resíduos sólidos. Essa legislação define penas de reclusão aos infratores das normas ambientais, estendendo inclusive essa responsabilização aos gestores públicos. Com base nessa legislação, se tem observado uma atuação muito forte do Ministério Público junto aos gestores públicos e privados, com embargo de obras e aplicação de multas e ações indenizatórias, muitas vezes em contraposição às decisões dos órgãos ambientais ou mesmo questionando estas judicialmente.

A PNMA criou também o Conselho Nacional de Meio Ambiente que tem sido o grande fórum da política ambiental no país. Neste estão representados todos os níveis de governo e entidades da sociedade civil, sendo o objetivo do Conselho definir a normatização ambiental ou apreciar essa normatização antes de essa se tornar lei. Já o Sistema Nacional de Informação Ambiental, também criado pelo PNMA, avançou pouco, comprometendo a efetividade do monitoramento da qualidade ambiental no país, o que em muitos casos prejudica a responsabilização por danos ambientais.

O arranjo institucional de governança ambiental no Brasil é, assim, muito complexo, pois, além de abrigar várias esferas de governo, também se articula com aqueles que regulam atividades ambientalmente impactantes, tais como saneamento e energia, e com o Poder Judiciário. Nota-se que uma execução descentralizada, em que os estados e municípios compartilham responsabilidades com a União sobre as questões ambientais no seu território, embora conceitualmente desejável, muitas vezes gera conflitos de jurisdição.

Exceto no controle do desmatamento e na consequente mitigação de emissões de gases de efeito estufa, os instrumentos econômicos e de governança adotados nas políticas ambientais ainda não conseguiram ser implementados de forma a alcançar os objetivos de controle ambiental (Seroa da Motta, 2013). Ao contrário, há indicações de que os efeitos da degradação somados às fontes associadas ao consumo de energia estão se acentuando. Ademais, as restrições ambientais aos projetos de infraestrutura têm sido compreendidas como uma grande fonte de incerteza regulatória e, portanto, de ineficiência alocativa.

Em que pese o anúncio de programas ambiciosos, a economia brasileira não consegue avançar na expansão de serviços de infraestrutura modernos e eficientes, devido a vários problemas regulatórios, tais como, as incertezas quanto ao papel do setor privado e dos instrumentos de precificação e alocação de riscos. Há, inclusive, um debate sobre os atrasos observados nos empreendimentos de infraestrutura serem devidos, em parte, à incerteza regulatória do processo de licenciamento ambiental.

A participação dos atores econômicos e sociais no processo de licenciamento é realizada via as Audiências Públicas. Em qualquer fase do processo, porém, entidades civis, o Ministério Público ou um grupo de no mínimo 50 cidadãos podem interferir com questionamentos e solicitações. Esse processo participativo, contudo, não tem sido efetivo na resolução de conflitos, com resultados quase sempre contestados judicialmente.

Enquanto o processo de licenciamento para atividades industriais foi bastante simplificado ao final dos anos 1990, o oposto se observou para obras de infraestrutura. Nesses casos, os efeitos são tão variados que a análise do licenciamento acaba envolvendo um conjunto amplo de leis de proteção ambiental (biodiversidade, água etc.) e de instituições (ambientais, patrimônio, indígenas etc.) as quais podem interferir no processo em qualquer fase do licenciamento e, portanto, tudo isso resultando em um processo complexo e demorado. Além disso, existem também conflitos de competência ambiental entre União e estados federados. Isso tudo cria um ambiente do qual resultam soluções negociadas que incluem investimentos não ambientais na forma de compensações (construção de estradas, escolas, hospitais etc.) e, portanto, gastos que, não estando relacionados diretamente com o impacto ambiental, acabam por criar incerteza no valor total da obra e atraso em sua execução.

Estudo do Banco Mundial (2008) estimou que, para projetos de usinas hidroelétricas no Brasil, o empreendedor gasta em média 5% do custo total para adequá-lo às exigências do licenciamento. Já o tempo médio total de licenciamento é de 6,5 anos. Embora próximo daquele observado, por exemplo, nos EUA e Noruega, esse tempo apresenta uma alta variância, nem sempre associada ao grau de impacto ambiental do empreendimento.

Esse estudo também mostra que os agentes públicos responsáveis pela concessão das licenças vivem sob a ameaça de sofrer processos administrativos com base nas Leis de Crimes Ambientais (Lei Federal nº 9.605/1998) e Improbidade Administrativa (Lei Federal nº 8.429/1992), que atribuem responsabilidade penal ao agente público, mesmo quando este age de boa-fé em circunstâncias complexas. Este tipo de temor faz com que o processo de licenciamento seja mais demorado, uma vez que há grande insegurança por parte dos agentes na concessão de pareceres e na requisição de informações complementares.

CNI (2012) aponta que no caso dos empreendimentos no setor de óleo e gás a maior parte dos problemas e atrasos no licenciamento ambiental é decorrente da legislação falha, entraves burocráticos e problemas administrativos que nada têm a ver com a efetiva proteção ao meio ambiente. Este estudo também argumenta que a legislação que trata do processo de licenciamento ambiental do setor foi editada em 1994 e, portanto, não atende à dinâmica e ao padrão tecnológico atuais. O estudo também aponta, como o do Banco Mundial (2008), os conflitos de competência entre a União, estados e municípios e a atuação do Ministério Público pautada nas lacunas de legislação ou regulamentação.

Assim, os dois estudos citados indicam que a principal reforma no processo de licenciamento seria a unificação e a coordenação dos termos de referência que definem os estudos e projetos ambientais a serem apresentados pelo empreendedor para o início do processo de licenciamento ambiental. A proposta é que esses termos não sejam mais dispostos de forma unilateral pelo órgão ambiental e passem a ser elaborados em conjunto com o empreendedor. Além disso, durante o licenciamento, todas as instituições devem manifestar-se de forma definitiva, e as intervenções ao longo do processo devem ser regulamentadas com critérios de excepcionalidade.

Há também uma proposta de criação de mecanismos de resolução de conflitos entre os atores do processo de licenciamento, que possam ser acionados antes de o conflito ser transferido para o Poder Judiciário, além da sugestão de constituição de um painel consultivo independente e de reputação internacional, para atuar em projetos de alto risco social e/ou ambiental. De acordo com o Banco Mundial (2008), o processo de licenciamento oferece poucas oportunidades para a resolução de conflitos, o que em parte explica a tendência de judicialização do processo. Em suma, se transferem para o Poder Judiciário as indefinições do processo administrativo.

De acordo com este estudo, uma alternativa seria a especialização no Poder Judiciário para conflitos em licenciamento ambiental. Essa especialização pode adotar formatos de varas ou mesmo de painel, tal como se realizou no Tribunal de Justiça do Estado de São Paulo com a criação da Câmara Especial de Meio

Ambiente, composta por desembargadores especialistas na área que colaboram para decisões adequadas de segunda instância no estado.

Outra sugestão fora do âmbito do Judiciário, segundo o Banco Mundial (2008), seria a utilização de painéis com especialistas técnicos. Nos Estados Unidos se criou tal instância e encontra-se regulamentado na legislação do licenciamento ambiental daquele país.

Em face da urgência de investimentos, o licenciamento ambiental é geralmente tratado como um impedimento adicional. Logo, o atual cenário brasileiro de investimentos em infraestrutura requer o enfrentamento do desafio da incorporação dos aspectos da sustentabilidade ambiental. Esse desajuste na integração entre meio ambiente e infraestrutura no Brasil tende a se agravar, caso o processo não seja aprimorado.

As portarias de outubro de 2011 que alteraram normas no procedimento de licenciamento ambiental nas áreas de infraestrutura criam mecanismos de consolidação e centralização dos termos de referência e disciplinamento nas participações das instituições públicas. Todavia, ainda não foi possível observar uma alteração substancial no processo.[3]

Isso porque é de se esperar um alto grau de diferenciação no licenciamento ambiental que será inevitavelmente lento e controverso e, portanto, exigirá um enfrentamento sistemático com melhor governança e instrumentos mais compatíveis, e que se inicie antes do processo de licenciamento. O processo de licenciamento deveria ser a etapa de ajuste e não de concepção.

Logo, para avançar ainda mais na efetividade do processo de licenciamento há que se reduzir sua importância no processo de inserção da variável ambiental dentro do planejamento da infraestrutura. Ou seja, trazer essa preocupação ambiental para etapas anteriores de planejamento e reduzir as necessidades de ajustes quando da implementação dos projetos.

Para tal, podemos indicar um receituário que podemos resumir nas seguintes etapas:

(i) Estabelecer procedimentos uniformes para identificação e mensuração dos custos ambientais, diretos e indiretos, no processo de formulação e avaliação de projetos para todas as esferas de planejamento;

---

3. Das sete portarias publicadas, quatro são exclusivas do Ministério do Meio Ambiente e três são deste ministério em conjunto com outros. Destacam-se a Portaria Interministerial nº 423/2011, que institui o Programa de Rodovias Federais Ambientalmente Sustentáveis para a regularização ambiental das rodovias federais, a Portaria Interministerial nº 425/2011, que cria o Programa Federal de Apoio à Regularização e Gestão Ambiental Portuária (PRGAP).

(ii) Elencar as principais preocupações ambientais de curto e longo prazos a serem traduzidas em políticas de salvaguarda ambiental para as quais os processos de licenciamento seriam balizados;

(iii) Definir mecanismos de tarifação que precifiquem o custo social do serviço de infraestrutura, incluindo as externalidades ambientais, para gestão da demanda, incluindo a possibilidade de subsídios cruzados, para medidas compensatórias;

(iv) Criar mecanismos de financiamento com forte componente de incentivo ao desempenho ambiental e à pesquisa e ao desenvolvimento de tecnologias ambientalmente mais sustentáveis, além de incorporar formas eficientes de mitigação de riscos;

(v) Ampliar as instâncias judiciais especializadas no processo de licenciamento e os espaços extrajudiciais de resolução de conflitos, inclusive com a adoção de painéis de especialistas; e

(vi) Promover debates, tanto para investidores quanto para os consumidores, sobre os nexos entre infraestrutura e preservação ambiental.

Em suma, para garantir a eficiência alocativa dos projetos de infraestrutura há que se ir além do processo de licenciamento ambiental e considerar os impactos desses investimentos além do escopo do projeto em si. Entretanto, essa mudança exigirá também uma contrapartida nas estratégias corporativas dos empreendedores e dos mecanismos de financiamento, tal como analisamos a seguir.

3. Investimentos verdes

Existem várias definições possíveis sobre o conceito de "verde", dependendo do grau de internalização dos aspectos de sustentabilidade ambiental, por exemplo, uso dos recursos hídricos, eficiência energética, emissões atmosféricas e proteção à biodiversidade. Logo, a caraterização de um investimento verde pode variar com cada aspecto de sustentabilidade ambiental e a métrica adotada para medi-lo.

O nexo entre infraestrutura e meio ambiente pode ser, então, entendido como o desafio de prover a infraestrutura demandada por determinada região ocasionando o menor impacto ambiental possível, promovendo, assim, um maior nível de bem-estar social. Segundo o World Bank (2007b), em resposta ao nexo definido acima, existe uma gama de investimentos em infraestrutura que conseguem prover serviços essenciais ao crescimento econômico, sem, contudo, causar impactos negativos ao meio ambiente. Estes são os denominados "investimentos verdes" *(green investments)*. Conforme descrito por Kennedy e Corfee-Morlot (2012), esta categoria de investimento refere-se tanto a projetos de renovação da infraestrutura existente (*brownfield investments*) quanto a investimentos na ampliação da infraestrutura (*greenfield investments*).

Por conta de sua essencialidade para o desenvolvimento econômico e dos custos ambientais ocasionados, os investimentos em infraestrutura despontam como de suma importância para a preservação do meio ambiente e da qualidade de vida da população no futuro. As decisões de investimento em infraestrutura que forem tomadas hoje terão como consequência a definição de limites para a capacidade de preservação do meio ambiente em determinada sociedade, uma vez que, como Hallegatte (2009) explicita, esses investimentos exigem grandes montantes de capital e possuem longa vida útil, sendo altamente custosa a alteração dos empreendimentos já realizados. Esta limitação (*lock-in*) ocasionada pela infraestrutura pode ser mitigada quando os impactos ambientais decorrentes de tais investimentos são considerados na definição dos projetos a serem implementados.

O investimento pode ser entendido como o comprometimento de uma determinada quantidade de capital por determinado período de tempo, a fim de que se obtenha algum retorno. Já o conceito de "investimentos verdes" é mais amplo e, assim, além da obtenção de retorno financeiro, considera fatores de degradação ambiental (Inderst, Kaminker e Stewart, 2012).

A preocupação adicional com o meio ambiente trazida pelos "investimentos verdes" em infraestrutura é muitas vezes considerada um custo adicional e, de certo modo, desnecessário, sendo avaliado como melhor opção ampliar a infraestrutura convencional do que construí-la de maneira mais adequada às necessidades ambientais.

No entanto, a OECD (2012) postula que projetos "verdes", quando bem estruturados e implementados, possuem um bom desempenho tanto no aspecto econômico quanto no aspecto ambiental.

Por exemplo, a construção do parque eólico *offshore* de Walney, no Reino Unido. Hervé-Mignucci (2012) aponta que este projeto seria capaz de gerar 362,2 megawatts ao custo de 2,1 bilhões de dólares, tornando-se o maior parque eólico *offshore* do mundo. A principal barreira enfrentada pelo projeto consistiu na dificuldade de captação de recursos, por conta dos inúmeros riscos relacionados ao projeto (associados, fundamentalmente, à construção, operação e manutenção do projeto), decorrentes da pouca experiência com este tipo de tecnologia. Através de acordos de construção e manutenção do projeto e de compra antecipada da energia produzida na usina por parte dos investidores e da emissão de certificados de energia verde (que respondem por 60% do lucro total do projeto), o projeto conseguiu angariar exclusivamente com o setor privado o montante de recursos necessário para sua construção. O World Economic Forum (2013) afirma que, além do custo de construção do projeto (US$ 2,1 bi), entre 2,1 e 2,5 bilhões de dólares serão pagos durante a vida útil do projeto por empresas fornecedoras de energia, em decorrência da exigência governamental de certificados de energia verde.

Outro exemplo bem-sucedido de projetos de infraestrutura ambiental é o projeto de construção do parque florestal nacional do Reino Unido, descrito por Naumann e colaboradores (2005). O projeto iniciado em 1987 tinha como objetivo a revitalização da área florestal da região das terras baixas da Grã-Bretanha, que havia sido devastada em virtude da atividade mineradora na região. A região do projeto possui cerca de 518 quilômetros quadrados de área, sendo 190 de áreas replantadas com 7,8 milhões de árvores, garantindo a preservação de nove espécies de animais. O projeto gerou um custo de implantação de mais de 34 milhões de euros, com custos de operação estimados em, aproximadamente, 4 milhões de euros por ano. A avaliação da relação benefício/custo foi feita para o período de 1990 a 2100, obtendo-se 210 milhões de euros de valor presente dos custos do projeto. Já os benefícios foram estimados[4] em mais de um bilhão de euros, gerando uma taxa de benefício/custo de 4,8 para 1.

Em suma, há exemplos onde a relação entre custo e benefício dos investimentos verdes é bastante favorável quando se observa uma convergência entre os objetivos de desenvolvimento econômico e os de conservação ambiental.

3.1 Selecionando investimentos verdes

Além das barreiras comuns enfrentadas por qualquer projeto de infraestrutura, os investimentos verdes ainda têm que mitigar os riscos regulatórios ambientais, riscos dos desastres ambientais (inundações, secas) e riscos tecnológicos.

Segundo World Bank (2007b), a seleção de investimentos verdes teria duas etapas. Uma, na qual se colocam critérios restritivos de salvaguarda, e outra, na qual os impactos remanescentes são analisados.

4. Para mais detalhes, ver Naumann et al. (2005:86-88).

A primeira delas corresponde às medidas necessárias para o bom desempenho de cada projeto de investimento individualmente, considerando-se as preocupações financeiras e ambientais que caracterizam os "investimentos verdes". Cabe ao regulador estabelecer quais são as preocupações ambientais mínimas que os projetos de infraestrutura deverão respeitar para poderem ser implantados (políticas de salvaguarda).

Muito embora a instituição de políticas de salvaguarda constitua um importante passo em direção à melhoria da qualidade dos projetos, em muitos casos a avaliação da relação entre custos e benefícios precisa considerar os contextos espacial e temporal. Ou seja, estimar os custos e benefícios sociais e ambientais da fase de construção[5] e, portanto, analisar seus efeitos ambientais ao longo tempo.

Faz-se assim necessária uma segunda etapa que considere a integração dos projetos de infraestrutura ao longo de sua vida útil, não ficando restrita apenas ao escopo do projeto, mas incluindo também seus custos externos visando à máxima eficiência em termos de localização e de redução dos comprometimentos futuros (efeitos *lock-in*).

É importante ressaltar ainda que esse tipo de análise pode resultar em medidas que influenciem não só a oferta de infraestrutura (desenho, tecnologia e localização), como também deslocadores de demanda pelos serviços de infraestrutura (tarifação com preços relativos mais próximos ao custo social e padrões de uso eficiente).[6]

O arranjo de governança para a implementação dessas etapas é crucial e dependerá do fortalecimento das instituições responsáveis pela regulação do mercado com maior transparência, autonomia e incentivos à participação do setor privado (Corfee-Morlot et al., 2012). Em complemento ao processo de avaliação se faz necessário um acompanhamento do desempenho dos resultados ambientais dos investimentos selecionados e, para tal, há que se desenvolver um sistema de monitoramento.

3.2 Promovendo investimentos verdes

O objetivo desta subseção reside em explicitar os principais instrumentos financeiros usados para canalizar recursos para projetos verdes, independentemente de qual

5. Já há uma extensa literatura na valoração econômica de impactos ambientais. Ver, por exemplo, Seroa da Motta (2006).
6. Ver, por exemplo, World Bank (2007b) e PRI (2011).

conceito de "verde" seja empregado. Ressaltando-se que tais instrumentos financeiros não são verdes *per se*, mas ganham este rótulo por conta da forma como são utilizados, conforme destacado pela OCDE (Inderst, Kaminker e Stewart, 2012).

Usualmente, os projetos que detinham preocupações ambientais eram financiados pelo setor privado por meio de fundos de investimento destinados especificamente ao tema com o qual o projeto era relacionado (por exemplo: energia limpa, conservação florestal, tratamento de água e aquecimento global). Contudo, Inderst, Kaminker e Stewart (2012) destacam que nos últimos anos a criação de ativos financeiros exclusivamente voltados para o investimento verde tem se intensificado, muito por conta das novas oportunidades de ganho vinculadas à transição para uma economia mais verde.

A abordagem por meio da alocação de ativos pode direcionar um grande volume de recursos para projetos verdes; contudo, deve-se avaliar se esse tipo de abordagem consegue fornecer benefícios ambientais em paralelo com retornos financeiros. O grande problema destes novos instrumentos financeiros reside na questão do quão "verde" são os projetos aos quais serão destinados os recursos arrecadados por esses instrumentos, visto que o conceito de verde pode ser tomado de maneira bem ampla.

Entre as classes de ativos verdes, o investimento em ações de empresas consideradas verdes desponta como a classe mais pujante. O Deutsche Bank Climate Change Advisors (2011) destaca que dentro do selo de verde se encontram empresas atuantes em diversos ramos, condensados em três grandes grupos (energia limpa, eficiência energética e de materiais e recursos ambientais), conforme mostra a tabela 1.

Como forma de balizar as decisões de investimento, foram desenvolvidos índices que facilitam o acompanhamento das ações verdes, servindo-se de diferentes metodologias e composições, muito ligadas aos diferentes conceitos de "verde" que são empregados. Como resultado disto têm-se índices que possuem uma visão mais restrita (setorial ou climática) acerca do que seriam empresas verdes, podendo até mesmo focar em um único fator relativo à conservação ambiental (normalmente as emissões de carbono). Outros índices possuem uma visão mais ampla sobre atividades verdes, compreendendo um maior número de empresas. A tabela 2 mostra os principais índices verdes utilizados no mundo.

Tabela 1
Tipologia das ações verdes

Energias Limpas	Eficiência Energética e de Materiais	Recursos Ambientais
Geração Energética	**Eficiência de Construção**	**Agricultura**
Solar	Eficiência da iluminação	Maquinário inteligente
Eólica	Sistemas de aquecimento/ refrigeração	Irrigação inteligente
Outras fontes limpas (geotérmica, hidroelétrica)	Materiais de construção	Tecnologias de plantio e criação de animais
Troca de combustíveis (Ex.: carvão para gás natural)	Gerenciamento doméstico (Ex.: reaproveitamento de água)	Fertilizantes
Fissão Nuclear	**Eficiência da Rede de Energia**	**Água**
Células de Combustível	Sistemas de gerenciamento energético	Tecnologias de filtragem
Novas tecnologias Inovadoras (Ex.: fusão nuclear)	Smart Grid	Dessalinização
Transportes	Segurança da rede	Equipamentos (Ex.: canos, válvulas)
Veículos de alta eficiência energética/baixa emissão	Armazenamento Energético (Ex.: baterias)	Distribuição e gerenciamento
Biocombustíveis	**Eficiência Industrial**	Tratamento de resíduos
Motores Multicombustível (Flex)	Reciclagem de materiais	**Gerenciamento de Lixo**
Híbridos	Cimento de baixo carbono	Reciclagem
Veículos Elétricos	Produção Eficiente	Digestores anaeróbicos
Tecnologia de Baterias	Produtos de tecnologias eficientes	Tratamento de resíduos
Veículos movidos a Célula de Hidrogênio	Reaproveitamento Energético	Produção energética (Ex.: produção de metano)
	Eficiência de materiais (Ex.: válvulas, membranas, materiais isolantes)	Recuperação de aterros
		Armazenagem de lixo

Fonte: Deutsche Bank Climate Change Advisors, 2011 (adaptado).

Tabela 2
Principais índices verdes

Índices/Foco:	RI/SRI/ESG/SI	Temática Verde	Setorial	Emissão de Carbono
FTSE	FTSE4Good Series	FTSE Environmental Market Series		FTSE CDP Carbon Strategy Index Series
Dow Jones	DJ Sustainability			
S&P		S&P Eco	The S&P Global Alternative Energy; Clean Energy	S&P Carbon Efficient
MCSI	MSCI ESG/SRI	MSCI Climate; Environmental		
HSBC		HSBC Climate change		
Bloomberg			Bloomberg Clean Energy	
Wilderhill			Wilderhill New Energy Global Innovation Index (NEX)	
Nasdaq		Nasdaq OMX		
Markit				Markit Carbon Disclosure

Fonte: Inderst, Kaminker e Stewart (2012; adaptado).
Notas:
- RI: "responsible investing": Investimento Responsável
- SRI: "socially or sustainable responsible investing": Investimento socialmente responsável ou sustentável
- ESG: "environmental, social and governance": Preocupações ambientais, sociais e de governança
- SI: "sustainable investing": Investimento sustentável

Uma consequência da falta de uniformização conceitual e metodológica entre os índices verdes é a inconsistência dos resultados apresentados, quando observamos o conjunto de índices existentes, detectando-se a existência de vieses com relação ao setor, país de origem e tamanho da firma. Muitos índices têm como destaques empresas de grande porte que nem possuem como preocupação principal questões ambientais, como, por exemplo: o DJ Sustainability, o FTSE4Good Series, o MSCI ESG/SRI e o Markit Carbon Disclosure.

Já outros apontam para empresas de pequeno porte e altamente especializadas, como os índices FTSE Environmental Market Series, S&P Eco e o MSCI Climate; Environmental.

Além da utilização de índices, Inderst, Kaminker e Stewart (2012) apontam que outra forma de investimento em ações verdes encontra-se no investimento em fundos de ações verdes. O grande problema relacionado a essa classe de investimento encontra-se mais uma vez relacionado com a ampla gama de definições possíveis para o conceito de verde. Novethic (2012) destaca que a falta de uma definição clara leva os gestores desses fundos a investirem em projetos não diretamente preocupados com a preservação ambiental. Um exemplo disso reside no fato de alguns fundos de investimento em tecnologias limpas investirem em projetos de energia nuclear que, a despeito dos problemas ambientais que podem ser desencadeados por conta dos resíduos gerados por tal atividade, pode ser considerada uma energia "limpa", na medida em que emite menor quantidade de gases responsáveis pelo efeito estufa do que usinas termoelétricas movidas a combustível fóssil.

Outro instrumento financeiro que vem tendo seu uso ampliado nos últimos tempos é o denominado título verde (*green bond*). Este é definido como um ativo que é emitido por uma empresa a fim de financiar projetos que tenham preocupações ambientais, oferecendo como retorno uma renda fixa por período. Esse tipo de ativo normalmente é dividido em quatro categorias.

A primeira delas diz respeito aos títulos que são emitidos para financiar um projeto específico (*asset backed*), como projetos de infraestrutura. A segunda categoria refere-se aos títulos emitidos por empresas verdes (*corporate bonds*), que não estão vinculados a nenhum projeto de maneira específica, mas a todas as atividades da empresa. Os títulos verdes podem ainda ser emitidos por instituições financeiras com o intuito específico de canalizar recursos para projetos verdes ou ainda podem ser emitidos pelo governo para fins de preservação ambiental (Della Croce, Kaminker e Stewart, 2011).

Um problema percebido por investidores refere-se ao fato de que os títulos verdes ainda possuem baixa liquidez, pequeno volume e prazos muito curtos, dificultando a realização de investimentos a partir de tal instrumento. Além disso, por conta do uso de uma ampla definição do conceito de "verde" para a atração de um maior volume de investimentos, não se tem uma clara ideia se os recursos canalizados através desses títulos resultam em efetivas melhorias ambientais. Uma saída para esse problema foi o desenvolvimento de títulos voltados especificamente para o financiamento de projetos de combate às mudanças climáticas (*climate bonds*). Devido à sua padronização, esse título conseguiu angariar um expressivo montante de recursos, principalmente voltados para o setor de transporte, onde a redução de emissões é um desafio de menor complexidade.

Existem ainda vários tipos de mecanismos de injeção de capital em empresas verdes. Kalamova, Kaminker e Johnstone (2011) destacam como os mais importantes o *private equity*, voltado ao investimento em projetos de infraestrutura verde, principalmente em empresas dedicadas ao desenvolvimento de tecnologias limpas, onde esse tipo de investimento é considerado como o ponto de partida usual para seu desenvolvimento.

Com relação aos fundos de *private equity*, Inderst, Kaminker e Stewart (2012) chamam a atenção para o fato de que os investimentos realizados em empresas verdes têm sido realizados não só por fundos de *private equity* especializados em investimentos verdes, como também por fundos não especializados.

Outra forma de financiamento de projetos de infraestrutura verde que vem crescendo muito nos últimos anos é a construção de Parcerias Público-Privadas (PPP). A OCDE (2008) define esse instrumento como um acordo entre o governo e parceiros privados, onde estes se comprometem à prestação de um serviço que esteja alinhado tanto com os objetivos sociais do governo, quanto com os objetivos de retorno financeiro dos parceiros privados. Em troca da prestação de tal serviço, os parceiros privados recebem um fluxo de renda que deve cobrir o custo de implantação e operação do projeto. O sucesso do acordo entre o governo e seus parceiros depende, fundamentalmente, da capacidade de alocação dos riscos envolvidos no projeto a quem melhor pode gerenciá-los.

A constituição de parcerias público-privadas possui importantes vantagens em relação à promoção de infraestrutura verde. Em primeiro lugar, a PPP promove a alocação eficiente dos riscos relativos ao projeto, aumentando sua viabilidade. Isto é particularmente importante em projetos de infraestrutura, que possuem como característica os altos custos de implantação e o longo *payback*, o que Kaminker e Stewart (2012) afirmam ser um grande fator de desestímulo aos investidores. Em segundo lugar, a associação do governo com o setor privado permite o financiamento de projetos que não poderiam ser atendidos apenas pelo setor público em virtude da limitação de seu orçamento; sendo fundamental para ajudar a atender a demanda por infraestrutura (Hodge, Greve e Boardmann, 2010).

No Brasil, o uso de parcerias público-privadas foi regulamentado pela Lei nº 11.079, em 2004, e hoje se constitui como, ao lado das concessões, a mais importante forma de entrada de investidores privados em projetos de infraestrutura no Plano Nacional de Logística Integrada (PNLI), lançado em agosto de 2012.[7] Não obstante sua priorização como modelo de contratação, Turolla (2010) ressalta que alguns projetos baseados em contratos de PPP não conseguem ser viabilizados por conta de dificuldades de concessão de garantias para o setor privado, em virtude de restrições impostas pela Lei nº 11.079 à assunção de riscos por parte do poder público.

É importante que se destaque que a PPP deve ser implantada mediante a observância de alguns fatores ressaltados por Kennedy e Corfee-Morlot (2012). Primeiramente deve-se observar se a tecnologia em que se baseia o projeto é uma tecnologia em desenvolvimento ou já utilizada pelo mercado, pois o uso de novas tecnologias pode aumentar significativamente o risco do projeto, tornando a PPP inviável. Também deve ser avaliado o efeito *lock-in* que será gerado pelo projeto, observando-se se este está de acordo com os objetivos ambientais pretendidos pelo governo. Além disso, deve ser verificado se o projeto atende às necessidades de seus parceiros privados no que diz respeito ao retorno do montante investido e se existe um aparato legal que sustente os contratos de PPP.

Apesar da existência desses inúmeros mecanismos financeiros, ainda existe um grande hiato entre a quantidade de recursos investida e a demanda por financiamento de tais projetos. E, apesar do alto crescimento dos títulos verdes, estes ainda representam uma ínfima parcela do mercado mundial de títulos, estando muito aquém de sua demanda.[8]

Segundo Kaminker e Stewart (2012), são dois os motivos para tal situação. O primeiro deles diz respeito às barreiras existentes ao investimento no setor de infraestrutura como um todo (e não apenas aos projetos verdes). Estes, por sua vez, podem se divididos em (i) problemas de apoio governamental a projetos de infraestrutura com a ausência de uma visão de longo prazo por parte do governo e coordenação, e de transparência nos órgãos governamentais; (ii) falta de capacidade dos potenciais investidores devida à complexidade e à magnitude dos investimentos em infraestrutura e (iii) falta de condições apropriadas para a realização dos investimentos pela insuficiência de aparatos legais que ofereçam

7. Para mais detalhes, ver Turolla (2010).

8. Segundo Della Croce, Kaminker e Stewart (2011), até 2011, o volume de títulos verdes em circulação girava em torno de 15,6 bilhões de dólares; representando apenas 0,017% do mercado global de títulos. No entanto, os autores destacam que essa mensuração do mercado de títulos verdes compreende apenas empresas dedicadas exclusivamente a atividades verdes. A agência Bloomberg (BNEF, 2011) afirma que, numa compreensão mais ampla, o volume de recursos em circulação aumentaria na ordem de 230 bilhões de dólares.

segurança aos investimentos e ausência de instrumentos financeiros que possibilitem remediar esses riscos.

Além das barreiras pertinentes aos projetos de infraestrutura como um todo, há barreiras específicas aos investimentos verdes resultantes dos riscos regulatórios devido à existência de incentivos adversos à preservação ambiental (por exemplo: políticas de incentivo ao consumo de combustíveis fósseis) e à falta de direitos de propriedade e riscos ambientais em virtude de possíveis prejuízos causados por desastres ambientais (inundações, secas) e riscos tecnológicos (deseconomia de rede e obsolescência).

4. Conclusões finais

O crescimento econômico do país exige uma ampla e rápida expansão da sua infraestrutura. Por exemplo, na área de energia, a construção de hidrelétricas ainda continua crucial para expansão da oferta, assim como projetos de vulto na área de transmissão. As recentes alterações nos marcos regulatórios na área de transporte visam ampliar as concessões em portos marítimos, aeroportos, ferrovias e rodovias aeroportuária, ferroviária e rodoviária e, portanto, se espera uma resposta do setor privado com uma diversidade de projetos. Esses projetos serão distribuídos em todo o território nacional interagindo com distintos sistemas naturais e, consequentemente, cada um resultando em impactos ambientais diferenciados em escopo e magnitude.

Nesse contexto, como discutimos, o processo de licenciamento ambiental será inevitavelmente diferenciado com maturação variável e alto custo de transação e, consequentemente, gerando controvérsia.

Logo, numa revisão desse processo é crucial a adoção de novos instrumentos de governança que mitiguem os conflitos. Porém, o processo a ser revisado deve se estender além do de licenciamento e considerar os impactos desses investimentos além do escopo do projeto em si. Isto é, ampliar a inserção da variável ambiental em todas as etapas do planejamento e reduzir os ajustes na fase final de implementação quando se inicia o licenciamento.

Essa abordagem requer muito mais do que agilizar ou simplificar o processo de licenciamento. Por exemplo, exige a adoção de procedimentos uniformes para identificação e mensuração dos custos ambientais no processo de formulação e avaliação de projetos para todas as esferas de planejamento com base numa priorização das principais preocupações ambientais. Entretanto, essa mudança exigirá também uma contrapartida nas estratégias corporativas dos empreendedores, reduzindo as barreiras de acesso a tecnologias menos impactantes. Há que se avançar também na criação de mecanismos de tarifação que precifiquem o custo social do serviço de infraestrutura e outros de financiamento que incentivem o desempenho ambiental e a inovação tecnológica no desenho dos projetos. Tudo isso requer oportunidades cada vez mais amplas e participativas de resolução de conflitos e de debate sobre os nexos entre infraestrutura e preservação ambiental.

Nesse novo quadro regulatório, a sustentabilidade ambiental dos projetos de infraestrutura, ao invés de entrave, poderá passar a ser entendida como um instrumento de aumento do bem-estar social e não de restrição ao crescimento econômico.

Referências

BANCO MUNDIAL. Licenciamento ambiental de empreendimentos hidrelétricos no Brasil: uma contribuição para o debate. *Relatório nº 40995-BR*. Brasília, 2008.

BNEF. *Bond, green bond — licensed to thrill investors?* The Bloomberg New Energy Finance, Clean Energy Research Note 2. Nova York, 2011.

CARRARO, C. et al. Quantifying sustainability: a new approach and world ranking. *Nota di Lavoro 94*. Veneza: Feem, 2012.

CHEN, Y.-H.; TIMILSINA, G. Economic implications of reducing carbon emissions from energy use and industrial processes in Brazil. *Policy Research Working Paper 6135*, World Bank, July 2012. Disponível em: <http://elibrary.worldbank.org/doi/pdf/10.1596/1813-9450-6135>.

CNI. A contribuição do setor brasileiro de petróleo, gás e biocombustíveis para o desenvolvimento sustentável no país. Confederação Nacional da Indústria/Instituto Brasileiro de Petróleo, Gás e Biocombustíveis. *Cadernos Setoriais Rio + 20*, Brasília, 2012.

CORFEE-MORLOT, J. et al. Towards a green investment policy framework: the case of low-carbon, climate-resilient infrastructure. *OECD Environment Working Papers nº 48*. Paris: OECD Publishing, 2012.

DELL, M.; JONES, B. F.; OLKEN, B. A. Temperature and income: reconciling new cross-sectional and panel estimates. *NBER Working Paper 14680*. Cambridge, Jan. 2009.

DELLA CROCE, R.; KAMINKER, C.; STEWART, F. The role of pension funds in financing green growth initiatives. *OECD Working Papers on Finance, Insurance and Private Pensions nº 10*. Paris: OECD Publishing, 2011.

____; STEWART, F.; YERMO, J. Promoting long-term investments by institutional investors: selected issues and poilicies. *OECD Journal of Financial Market Trends*, v. 1, p. 1-20, 2011a.

DEUTSCHE BANK CLIMATE CHANGE ADVISORS. *Investing in climate change 2011, the mega-trend continues*: exploring risk and return. Nova York, 2011. Disponível em: <www.db.com/cr/en/docs/Inv_in_CC_2011_Final.pdf>.

GIAMBIAGI, F.; CASTELAR, A. *Além da euforia*: riscos e lacunas do modelo brasileiro de desenvolvimento. São Paulo: Elsevier, 2012.

HALLEGATTE, S. Strategies to adapt to an uncertain climate change. *Global Environmental Change*, v. 9, n. 2, p. 240-247, 2009.

HERVÉ-MIGNUCCI, M. *San Giorgio Group case study*: Walney offshore windfarms. Veneza: Climate Policy Initiative, 2012. Disponível em: <http://climatepolicyinitiative.org/publication/san-giorgio-group-case-studies/>.

HODGE, G. A.; GREVE, C.; BOARDMANN, A. E. *International handbook of public private partnerships*. Cheltenham, UK: Edward Elgar Publishing, 2010.

INDERST, G.; KAMINKER, C.; STEWART, F. Defining and measuring green investments: implications for institutional investors' asset allocations. *OECD Working Papers on Finance, Insurance and Private Pensions nº 24*. Paris: OECD Publishing, 2012.

IPEA. *Infraestrutura econômica no Brasil*: diagnósticos e perspectivas para 2025. Brasília: Ipea, 2010.

KALAMOVA, M.; KAMINKER, C.; JOHNSTONE, N. Sources of finance, investment policies and plant entry in the renewable energy sector. *OECD Environment Working Papers nº 37*. Paris: OECD Publishing, 2011.

KAMINKER, C.; STEWART, F. The role of institutional investors in financing clean energy. *OECD Working Papers on Finance, Insurance and Private Pensions nº 23*. Paris: OECD Publishing, 2012.

KENNEDY, C.; CORFEE-MORLOT, J. Mobilising investment in low-carbon, climate-resilient — brownfield - greenfield infrastructure. *OECD Environment Working Papers nº 46*. Paris: OECD Publishing, 2012.

NAUMANN, S. et al. *Design, implementation and cost elements of green infrastructure projects*. Final report to the European Commission, DG Environment, Contract nº 070307/2010/577182/ETU/F.1, Ecologic institute and GHK Consulting, 2005.

NERI, M. *A nova classe média*: o lado brilhante da base da pirâmide. Rio de Janeiro: Saraiva, 2012.

NOVETHIC. *Green funds. A sluggish market*. Novetthic Research, abr. 2012. Disponível em: <www.novethic.com/novethic/v3_uk/upload/2011_Green_Funds_Study.pdf>.

OECD. *Public-private partnerships*. Paris: Oecd, 2008.

OECD. *Incorporating green growth and sustainable development policies into structural reform agendas*: a report by the OECD, the World Bank and the United Nations prepared for the g20 summit. Paris, 2012. Disponível em: <http://www.oecd.org/eco/greeneco/G20_report_on_GG_and_SD_final.pdf>.

PRI. *Responsible investment in infrastructure*. A compendium of case studies. Principles Responsible Investment, Bath, 2011.

SAE. *A nova classe média brasileira*: desafios que representa para a formulação de políticas públicas. Brasília: SAE — Secretaria de Assuntos Estratégicos, 2012.

SEROA DA MOTTA, R. *Economia ambiental*. Rio de Janeiro: Editora FGV, 2006.

____. Public policy: environmental degradation and economic growth in Brazil. In: VELOSO, F.; VALS, L.; BINGWEN, Z. *Surmounting the middle income trap*: the main issues in Brazil. Rio de Janeiro: FGV/IBRE, 2013.

TUROLLA, F. A. Financiamento e garantias. *Conjuntura da Infraestrutura*, São Paulo, p. 11-13, mar. 2010.

WORLD BANK. *Poverty and environment*: understanding linkages at the household level. Washington, DC: World Bank, 2007a.

____ *The Nexus Between Infrastructure and Environment*. Washington, DC: World Bank, 2007.

____. The nexus between infrastructure and environment, From the Evaluation Cooperation Group of the International Financial Institutions, *Evaluation Brief 5*, Washington, 2007b.

WORLD ECONOMIC FORUM. *The green investment report, the ways and means to unlock private finance for green growth*, a report of the Green Growth Action Alliance. Geneva, 2013.

Capítulo 4

O que limita o investimento público no Brasil?

Mansueto Almeida

1. Introdução

Entre 1991 e 2012, o gasto primário do governo federal[1] (exclusive transferências a estados e municípios) passou de 11,1% para 18,3% do Produto Interno Bruto (PIB).[2] Apesar desse aumento do gasto de 7,2 pontos percentuais do PIB em pouco mais de duas décadas, a partir de 1999 o país passou a sistematicamente gerar superávits primários para pagar os juros da dívida interna e externa, refletindo o esforço de equilíbrio fiscal desde então. Isso foi possível graças à expansão da carga tributária de 10 pontos do PIB, ao mesmo tempo que o investimento público federal e o investimento público do setor público não aumentaram como percentual do PIB.

O que aconteceu? Qual a dificuldade do governo federal em executar o orçamento do investimento programado? Em particular, o Programa de Aceleração do Crescimento (PAC) permitiu o aumento do investimento? Este texto procura responder essas questões, a partir de uma análise da execução orçamentária do governo federal, com ênfase na dinâmica da execução (pagamento) do seu orçamento de investimento.

Além desta introdução, o capítulo está dividido em cinco seções. A segunda seção analisa o crescimento da despesa primária desde 1999, com o objetivo de identificar quais os tipos de gasto público federal não financeiro que aumentaram como porcentagem do PIB. Na seção seguinte faz-se um novo

1. Neste capítulo, optou-se por utilizar o termo governo federal para as contas públicas do Executivo, Legislativo e Judiciário, inclusive Banco Central. Assim, o termo governo federal deve ser interpretado nesse sentido mais amplo, semelhante ao conceito de governo central.
2. Se computarmos as transferências para estados e municípios, o total do gasto nesse período foi de 13,7% para 22,4% do PIB, um aumento de 8,7 pontos do PIB.

exercício para o período mais recente, subdividindo a análise da despesa dos ministérios para o período pré-crise (2004-08) e para o pós-crise (2008-12). A ideia é investigar se o padrão de crescimento do gasto mudou e se a execução da despesa dos ministérios ligados à infraestrutura passou a ser prioritária no período pós-crise.

A quarta seção concentra-se na análise do processo orçamentário do investimento público. O discurso a favor do aumento do investimento público aparece nos valores crescentes aprovados no orçamento. Na prática, porém, os gastos são orçados mas não executados, de forma que a priorização é menos óbvia do que pode parecer à primeira vista. Em tese, o volume crescente do saldo inscrito em restos a pagar para investimento deveria facilitar a execução de investimento no exercício fiscal seguinte, mas isso não aconteceu.

A quinta seção faz uma rápida análise das projeções do gasto público em face do cenário de menor crescimento do PIB. É possível que em 2011-14 o gasto público não financeiro do governo federal, como porcentagem do PIB, cresça a taxa próxima à verificada nos 12 anos anteriores, ou seja, nos três governos que exerceram o poder desde 1999. Por fim, na última seção faz-se um resumo dos principiais pontos abordados ao longo do capítulo.

2. Evolução do gasto primário do governo federal: 1999-2012[3]

De 1970 a 1992, a carga tributária no Brasil flutuou em torno de 25% do PIB, alcançando 36,3% do PIB em 2012, segundo estimativa do Instituto Brasileiro de Planejamento Tributário (IBPT) (gráfico 1). Ao mesmo tempo, o Estado brasileiro diminuiu o investimento público. Em especial, desde o início da década de 1990, nenhum governo conseguiu reduzir a despesa primária como proporção do PIB ao longo de seu mandato. Dadas as regras de indexação do gasto e vinculação constitucional para algumas despesas, é improvável que haja alguma economia substancial pelo lado da despesa ao longo dos próximos anos. Assim, antes de propor redução da carga tributária ou novos programas, é importante que a sociedade brasileira tenha conhecimento do padrão do gasto público federal e dos dilemas envolvidos em seu controle.

3. Esta seção é baseada no capítulo "A política fiscal no Brasil e perspectivas para 2015/2018" de autoria de Mansueto Almeida no livro *Propostas para 2015*, organizado por Fábio Giambiagi e Cláudio Porto com lançamento previsto para novembro de 2013.

Gráfico 1

Carga tributária no Brasil — 1947-2012 (% do PIB)

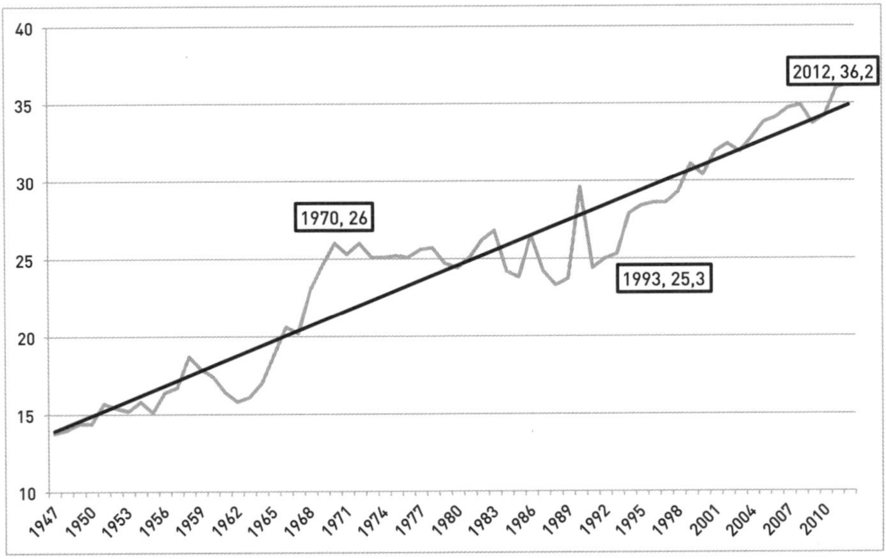

Fonte: IBGE (1947-2009) e IBPT (2010, 2011 e 2012).

Em geral, políticos, profissionais liberais e imprensa destacam o crescimento das despesas de custeio como o principal fator que explicaria o aumento do gasto público não financeiro do governo federal. É comum escutar que o governo é "perdulário" e que "gasta muito e mal". Apesar de esse diagnóstico de certa forma não ser equivocado, insinuar que um "choque de gestão" resolveria todos os problemas de controle da expansão do gasto público não parece correto no caso do governo federal, pois o forte crescimento da despesa primária do governo federal está ligado, sobretudo, a políticas de transferência de renda, inclusive previdência.

Para entender a razão disso, nesta seção analisa-se a despesa primária do governo federal. As despesas de custeio (sem o INSS) são subdivididas em três grupos: (i) o custeio com saúde e educação; (ii) programas sociais;[4] e (iii) um resíduo que aqui se denomina "custeio administrativo". Além dessa classificação das despesas de custeio (sem INSS), os dados incluem também

4. As despesas de custeio dos programas sociais englobam o benefício mensal ao deficiente e ao idoso, outros benefícios assistenciais, as despesas financiadas pelo Fundo de Amparo ao Trabalhador (seguro-desemprego e abono salarial) e outros auxílios financeiros a pessoas físicas, como o programa Bolsa Família.

as despesas com investimento, pessoal (servidores civis e militares, ativos e inativos), INSS (aposentadorias, pensões, auxílios-doença etc.) e uma coluna "outros" das despesas do Banco Central e transferências do Tesouro Nacional ao Banco Central. Os dados dessa classificação como percentual do PIB são mostrados na tabela 1.[5]

Tabela 1

Gastos não financeiros do governo federal (% do PIB) — 1999-2012

	Pessoal	INSS	Custeio Adminis-trativo	Custeio Saúde e Educ.	Custeio Programas Sociais	Investi-mento	Outros	Total
1999	4,5%	5,5%	1,6%	1,8%	0,6%	0,5%	0,1%	14,5%
2000	4,6%	5,6%	1,5%	1,8%	0,6%	0,7%	0,1%	14,7%
2001	4,8%	5,8%	1,0%	1,8%	0,9%	1,2%	0,1%	15,6%
2002	4,8%	6,0%	1,1%	1,8%	1,0%	1,0%	0,1%	15,7%
2003	4,5%	6,3%	1,2%	1,7%	1,0%	0,4%	0,1%	15,1%
2004	4,3%	6,5%	1,2%	1,7%	1,2%	0,6%	0,1%	15,6%
2005	4,3%	6,8%	1,5%	1,8%	1,3%	0,6%	0,1%	16,4%
2006	4,5%	7,0%	1,4%	1,7%	1,6%	0,7%	0,1%	17,0%
2007	4,4%	7,0%	1,5%	1,8%	1,6%	0,8%	0,1%	17,1%
2008	4,3%	6,6%	1,1%	1,8%	1,6%	0,9%	0,1%	16,4%
2009	4,7%	6,9%	1,1%	1,9%	1,9%	1,1%	0,1%	17,7%
2010	4,4%	6,8%	1,1%	2,0%	1,8%	1,2%	0,1%	17,4%
2011	4,3%	6,8%	1,1%	2,0%	1,9%	1,1%	0,1%	17,5%
2012	4,2%	7,2%	1,3%	2,2%	2,1%	1,1%	0,1%	18,2%
1999-2012*	**-0,3%**	**1,7%**	**-0,2%**	**0,5%**	**1,5%**	**0,6%**	**0,1%**	**3,7%**

Fonte: Tesouro Nacional e Siafi. Elaboração do autor.
* Crescimento em pontos percentuais do PIB.
Obs.: 1. Exclui capitalização da Petrobras em 2010.
2. A coluna "outros" representa as transferências do Tesouro ao Banco Central e despesas do Banco Central.
3. As despesas com o programa Minha Casa Minha Vida aparecem no custeio administrativo.

Podem-se destacar três pontos importantes a partir das informações da tabela 1. *Primeiro*, de 1999 a 2012, a despesa primária aumentou 3,7 pontos percentuais do PIB, o que corrobora a observação do início deste texto, de que o maior esforço de economia do governo federal, a partir de 1999, não resultou da redução da despesa primária — muito pelo contrário. Esse padrão

5. Ver Almeida (2013).

de expansão do gasto continuou nos dois primeiros anos do governo Dilma, quando a despesa primária cresceu 0,8 ponto percentual do PIB, apesar da pequena queda do investimento público, em relação a 2010.[6]

Segundo, para explicar o crescimento da despesa primária de 1999 a 2012 é suficiente olhar para a despesa do INSS e para o custeio dos programas sociais (seguro-desemprego e abono salarial, Bolsa Família e o benefício assistencial da Lei Orgânica da Assistência Social — Loas). Essas duas contas explicam 84% do crescimento da despesa em termos de PIB de 1999 a 2012. Não por acaso, essas são as rubricas mais afetadas pelo crescimento do salário mínimo, o que sinaliza a dificuldade de se controlar o crescimento da despesa primária com a regra atual de reajuste real dessa variável.[7]

Terceiro, apesar de o investimento público ter aumentado no período de 1999 a 2012, isso se deve em parte ao fato de a base inicial de comparação ser muito baixa. O investimento público pouco cresceu desde 2001-02, apesar da expansão da despesa primária. Em especial, é importante destacar que, nos anos recentes, caracterizados por baixo crescimento do PIB, em particular, 2009 e 2012, não se observa forte crescimento absoluto como porcentagem do PIB do investimento público. Isso significa que a expansão mais forte da despesa primária do governo federal nesses anos não é temporária (não pode ser reduzida no pós-crise) e, assim, não poderia ser caracterizada como uma política anticíclica (a próxima seção aborda essa dinâmica com mais detalhe).

Outra forma de olhar o crescimento da despesa primária é pela classificação funcional do gasto: educação, saúde, saneamento, previdência etc. Neste caso, todas essas despesas (pessoal, custeio e investimento) são analisadas conjuntamente e divididas em 28 funções. A análise das contas públicas do governo federal por essa ótica, entre 2002 e 2011,[8] retirando da comparação a Função 28 — Encargos Especiais (uma conta na qual aparecem as despesas com sentenças judiciais, juros e amortização da dívida), mostra que o cresci-

---

6. A partir de 2011, o Tesouro Nacional passou a considerar os subsídios ao programa Minha Casa Minha Vida como uma despesa de investimento. Neste capítulo, porém, esses subsídios são classificados como despesa de custeio e, assim, a despesa de investimento da tabela 1 será um pouco menor que o dado publicado pelo Tesouro Nacional.
7. Giambiagi e Barbosa (2011) parecem compartilhar desse mesmo diagnóstico. Nas simulações dos autores, uma regra de reajuste real do salário mínimo limitada a 1% ao ano é importante para controlar a expansão dos benefícios previdenciários e aumentar a poupança pública para aumentar o investimento.
8. A fonte de dados para esse tipo de classificação é o Balanço do Setor Público Nacional. Optou-se por trabalhar com os dados a partir de 2002 porque a classificação funcional anterior a essa data é diferente da atual.

mento da despesa primária do governo federal concentrou-se em apenas quatro funções: (i) previdência (pública e privada); (ii) assistência social (que inclui o Loas e o Bolsa Família); (iii) trabalho (seguro-desemprego e abono salarial); e (iv) educação (anexo 1).

O destaque na análise da despesa por essa ótica é a forte alta na despesa com educação, que fica "escondida" quando se analisa a evolução do gasto usando a separação da despesa entre pessoal, custeio e investimento, como feito na tabela 1. Observe-se que o crescimento na despesa com educação ocorreu de forma mais intensa a partir de 2008 (gráfico 2).

Gráfico 2

Despesa primária do governo federal com a função educação — 2002-12 (% do PIB)

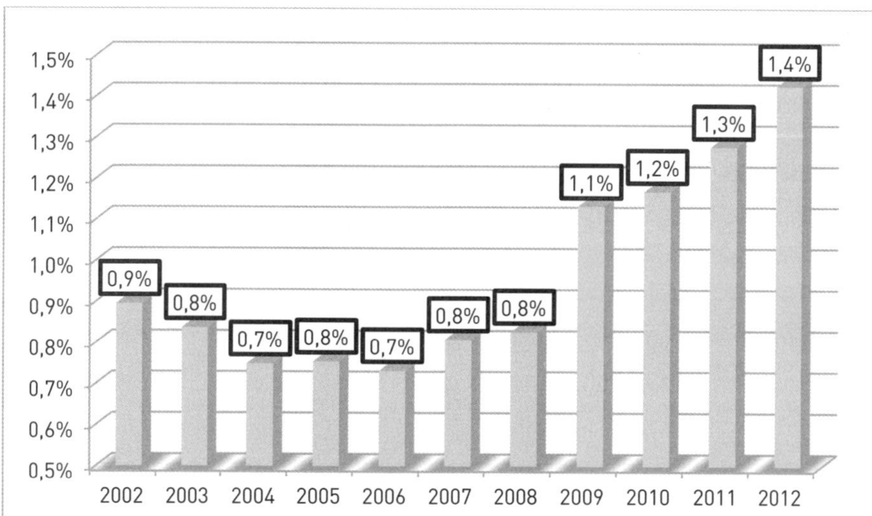

Fonte: Balanço Geral da União e Siafi.

De 2008 a 2012, a despesa do governo federal com a função educação passou de 0,8% para 1,4% do PIB.[9] Esse forte crescimento pode ser explicado por três fatores: (i) a eliminação da incidência da Desvinculação das Receitas da União (DRU) sobre os recursos destinados à educação; (ii) a Lei nº 11.494/2007, que limitou em 30% as transferências que o governo federal faz para o Fundeb

9. O mesmo diagnóstico do forte crescimento das despesas com educação quando se olha os dados de execução fiscal do governo federal é destacado pelo TCU, que mostra que a despesa com educação (pessoal, custeio e investimento) foi aquela com maior crescimento real (93%) nos últimos cinco exercícios fiscais (2008-12). Ver Tribunal de Contas da União (2012).

e que poderia considerar como gasto com educação para o cumprimento da vinculação constitucional de 18% da receita corrente líquida. Antes dessa medida, todas as transferências do governo federal para o Fundeb eram consideradas gasto do governo federal. Assim, esse limite significou, na prática, que o governo federal teve de destinar mais recursos para essa rubrica; e (iii) aumento da arrecadação de impostos[10] para compensar o fim da Contribuição Provisória sobre a Movimentação ou Transmissão de Valores e de Créditos e Direitos de Natureza Financeira (CPMF), que não foi renovada, em 2007.

A principal mensagem desta seção é que, apesar da importância de melhorar a gestão do setor público, ela deve ter impacto reduzido sobre o volume de gastos. Em especial, o forte crescimento da despesa primária observada desde 1999, no âmbito do governo federal, não reflete apenas problemas de gestão, mas está antes ligado a gastos diretamente afetados pelo crescimento do salário mínimo, expansão dos programas sociais ou por regras de vinculação à arrecadação de impostos.[11] Apesar de a regra atual de reajuste do salário mínimo — inflação do ano anterior mais crescimento real do PIB de dois anos anteriores — ter sido implementada em 2007, a correção do salário mínimo real antecede essa regra e, assim, a recuperação real do salário mínimo com a expansão dos programas sociais explicam o forte crescimento do gasto social e INSS. Com a nova regra de reajuste do salário mínimo introduzida em 2007, no entanto, qualquer que seja o crescimento do PIB, os gastos do INSS e algumas despesas sociais continuarão a crescer como proporção do PIB.

Em resumo, o governo federal aumentou seu gasto desde 1999, apesar do maior esforço de economia (superávit primário) para pagar juros e amortizar parcela da dívida. O que surpreende é que, apesar de todo o aumento do gasto primário, o investimento público do governo federal ainda está no patamar observado em 2001-02. Adicionalmente, nos anos de 1999 e 2003, anos em que a meta de superávit primário foi elevada, o valor do investimento público foi excessivamente baixo (média de 0,5% do PIB), o que mostra também que esse é talvez o único gasto passível de corte no curto prazo quando há a necessidade de um forte ajuste fiscal.

10. De acordo com a Constituição Federal, 18% da arrecadação de impostos do governo federal, líquida de transferências, têm que ser aplicados na manutenção e no desenvolvimento do ensino.

11. Rezende, Oliveira e Araújo (2007) mostram de que forma o crescimento dos impostos e contribuições sociais, no Brasil, afeta o crescimento do gasto público. Segundo os autores, receitas vinculadas têm o efeito adverso de contribuir para expansão do gasto.

A conclusão que se tira ao analisar o padrão de crescimento do gasto público no Brasil, em especial o gasto do governo federal, que foi objeto desta seção, é que a sociedade, conscientemente ou não, optou por um padrão de crescimento do gasto cuja prioridade não foi aumentar o investimento público. A carga tributária no Brasil aumentou muito desde o Plano Real, mas essa alta na arrecadação foi direcionada para (i) cobrir despesas que antes eram financiadas pelo imposto inflacionário;[12] (ii) aumentar a economia do governo federal para pagar o serviço da dívida (superávit primário); e (iii) aumentar os gastos sociais, principalmente, programas de transferência de renda para as famílias (inclusive previdência).

3. Evolução do gasto primário do governo federal por ministério antes da crise (2004-08) e no pós-crise (2008-12)

Uma pergunta adicional que se poderia fazer é se, no período recente, seria possível identificar, na margem, uma preocupação maior com o investimento ou com a execução orçamentária dos ministérios ligados à área de infraestrutura. Ou seja, dado que a economia brasileira foi fortemente afetada pela crise econômica mundial no último trimestre de 2008, é possível identificar uma mudança no padrão do gasto público mais pró-investimento nos anos pós-crise (2009-12)?

Esta seção procura responder essa questão. Em especial, se analisa o comportamento da despesa do governo federal no período pré-crise (2004-08), comparando-o com o observado no pós-crise (2008-12). No exercício feito aqui, agrupam-se os gastos com pessoal, custeio e investimento por ministério para, em seguida, dividir a despesa total não financeira em quatro grandes grupos: (i) infraestrutura; (ii) política social; (iii) produção; (iv) poderes de estado e administração.

Essa subdivisão é a mesma sugerida pela Secretaria de Orçamento Federal (SOF), mas com duas modificações. Primeiro, no grupo "poderes de estado

12. Os dados das contas nacionais mostram que o crescimento do consumo do governo (que exclui transferências para famílias) ocorreu entre 1985 e 1995, quando passou de 10% para 21% do PIB. De 1995 até 2011, os dados das contas nacionais compilados pelo Banco Mundial mostram que o consumo do governo no Brasil flutuou entre 19% e 21% do PIB. Assim, parte do aumento da carga tributária pós-Plano Real deve ter ocorrido para cobrir a forte expansão do consumo do governo que se seguiu à redemocratização do Brasil, além do crescimento das transferências de renda para as famílias (que não entra na estatística de consumo do governo) e do crescimento do superávit primário.

e administração", não se computam como gasto as despesas financeiras nem as transferências constitucionais para estados e municípios. Segundo, incluem-se no item "outros" no grupo "poderes de estado e administração" as despesas dos Poderes Legislativo, Judiciário (justiça federal, militar, do trabalho e dos ex-territórios), despesas do Tribunal de Contas da União (TCU) e Ministério Público da União (MPU).[13]

As duas tabelas anexas a este capítulo (anexo II e III) detalham a divisão do gasto por essa metodologia de execução por ministério, agrupando-se estes em quatro grupos para os anos de 2004, 2008 e 2012 em valores reais e como porcentagem do PIB. O aumento do gasto de 2004 a 2008 caracteriza como este variou no período pré-crise, enquanto a variação de 2008 a 2012 reflete o crescimento do gasto nos anos pós-crise. As variações detalhadas nos anexos podem ser mais facilmente visualizadas nos gráficos 3 e 4.

Gráfico 3

Crescimento da despesa primária real — 2004-08 *versus* 2008-12 — R$ bilhões de 2013

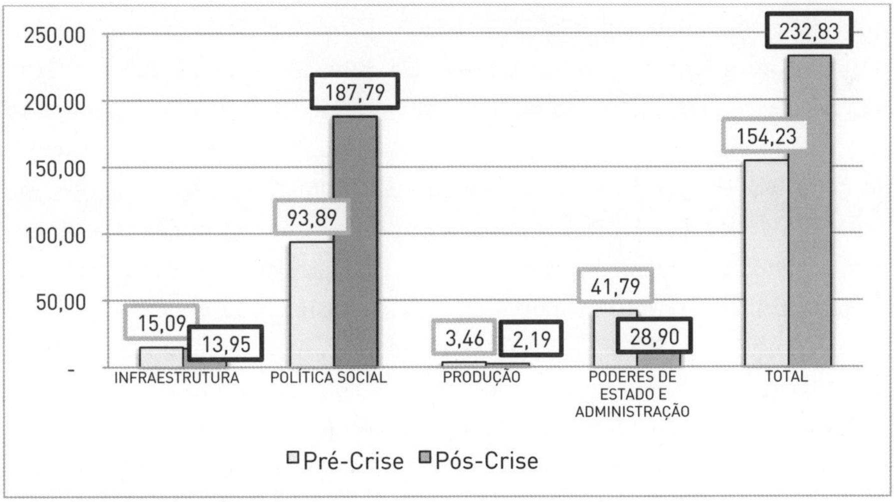

Fonte: Siafi. Elaboração do autor.

13. Os números do gasto não financeiro do governo federal e seu crescimento apresentados nesta seção são um pouco diferentes daqueles mostrados na seção anterior pela diferença entre a tabela da despesa primária do Tesouro Nacional e os dados do Siafi. Essa diferença é basicamente decorrente da forma de contabilizar a última folha do ano da previdência que, a partir de 2009, passou a ser considerada no Siafi uma despesa que impacta as contas do ano seguinte, restos a pagar processados, enquanto essa mudança não ocorreu na metodologia de apuração do Tesouro Nacional.

Gráfico 4

Variação da Despesa Primária, em percentual do PIB — 2004-08 *versus* 2008-12

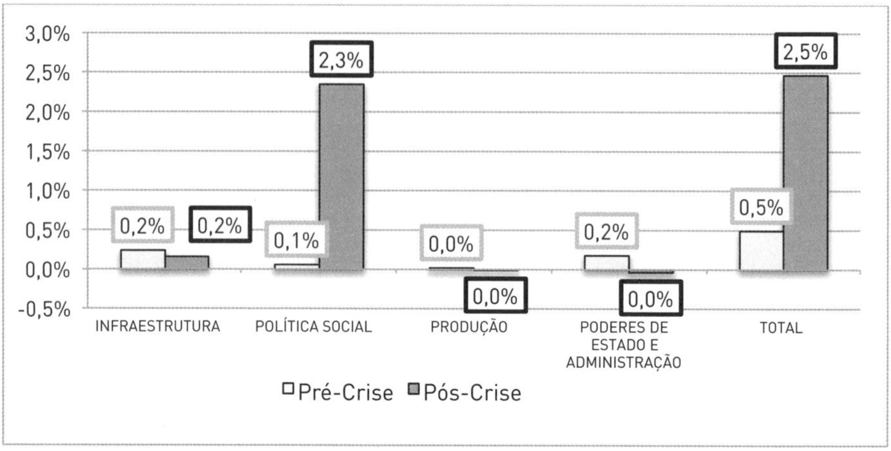

Fonte: Siafi. Elaboração do autor.

A partir dos gráficos 3 e 4 e dos anexos a este capítulo, podem-se destacar alguns pontos relevantes quanto ao padrão do gasto público dos ministérios nesses dois períodos analisados. *Primeiro*, observa-se que, tanto no pré-crise quanto nos anos de pós-crise, a despesa primária do governo federal cresceu em um ritmo muito forte: alta média de R$ 38,5 bilhões ao ano nos quatro anos até 2008, totalizando R$ 154 bilhões de crescimento de 2004 a 2008, e R$ 58 bilhões ao ano de 2008 a 2012, totalizando uma expansão de R$ 232,8 bilhões nesse segundo período. O maior crescimento do gasto, com a menor expansão do PIB, acelerou o crescimento da despesa primária como proporção do PIB. Assim, esta cresceu 2,5 pontos percentuais do PIB no período pós-crise, ante 0,5 ponto do PIB de 2004-08 (pré-crise).

Segundo, nota-se claramente que o aumento do gasto ao longo desses oito anos é puxado pelos ministérios ligados à política social, mas que há uma mudança na composição do gasto no pós-crise *versus* o pré-crise. De 2004 a 2008, a expansão do gasto como porcentual do PIB foi mais dispersa e, apesar do forte crescimento do gasto real dos ministérios vinculados à política social, esse grupo apenas manteve sua participação na despesa pública total. Neste período pré-crise, o gasto do Ministério da Previdência diminui como porcentagem do PIB e a alta do gasto social se concentra no Ministério do Trabalho e Emprego e no Ministério da Educação.

Terceiro, no pós-crise (2008-12), como se observa nos gráficos 3 e 4, quase todo o crescimento da despesa primária do governo federal, totalizando 2,5 pontos percentuais do PIB, decorreu da forte expansão do gasto dos ministérios identificados com a política social, em especial, o Ministério da Previdência Social, que respondeu sozinho por mais da metade da alta do gasto nessa categoria. A despesa dos ministérios ligados à área de infraestrutura aumentou, mas muito pouco como porcentual do PIB: apenas 0,2 ponto percentual, ou R$ 14 bilhões em um período de quatro anos (em R$ constantes de 2013). Assim, a forte expansão do gasto não financeiro do governo federal no pós-crise não decorreu da uma política anticíclica.

Quarto, os dados deste exercício mostram que o crescimento da execução orçamentária dos ministérios ligados à área de produção foi ainda mais baixo. Em 2012, a despesa primária desses cinco ministérios representava apenas 0,3% do PIB, de um total da despesa primária de mais de 18% do PIB. Do ponto de vista de tamanho do gasto público, esses ministérios não são importantes na execução do orçamento. No entanto, no caso desse grupo, o maior poder de execução pode ocorrer de forma indireta, via influência em órgãos subordinados. Esse seria o caso do Ministério do Desenvolvimento, Indústria e Comércio Exterior (MDIC), que, apesar da baixa execução do gasto público, tem o controle de vários órgãos importantes no fomento a setores produtivos, como BNDES, ABDI, Sebrae e Apex.

No caso do BNDES, o seu fortalecimento no período recente tem sido uma das maiores razões para o forte crescimento da Dívida Bruta. Por exemplo, como se pode observar do gráfico 5, até o final de 2007 o total de empréstimos do Tesouro Nacional para bancos públicos era de R$ 14 bilhões (valor corrente), ou 0,5% do PIB. No final de 2012 esse volume havia subido para R$ 406 bilhões, equivalente a 9,2% do PIB.

Isso sugere que olhar a atuação do governo federal na área de "produção" e de "infraestrutura" apenas pelo orçamento fiscal e da seguridade social pode dar uma ideia equivocada do ritmo de expansão do gasto público nessas áreas. Enquanto o crescimento da política social aparece de forma clara no orçamento, o fomento do governo federal nas áreas de infraestrutura e produção aparece na expansão da dívida e nas operações de crédito subsidiadas, cujo custo nem sempre é explícito no orçamento.

Na verdade, se computarmos a expansão da dívida pós-2008 para fortalecer os bancos públicos, a atuação do governo no fomento à produção e à

Gráfico 5

Estoque dos empréstimos do Tesouro Nacional a bancos públicos — R$ bilhões e % do PIB

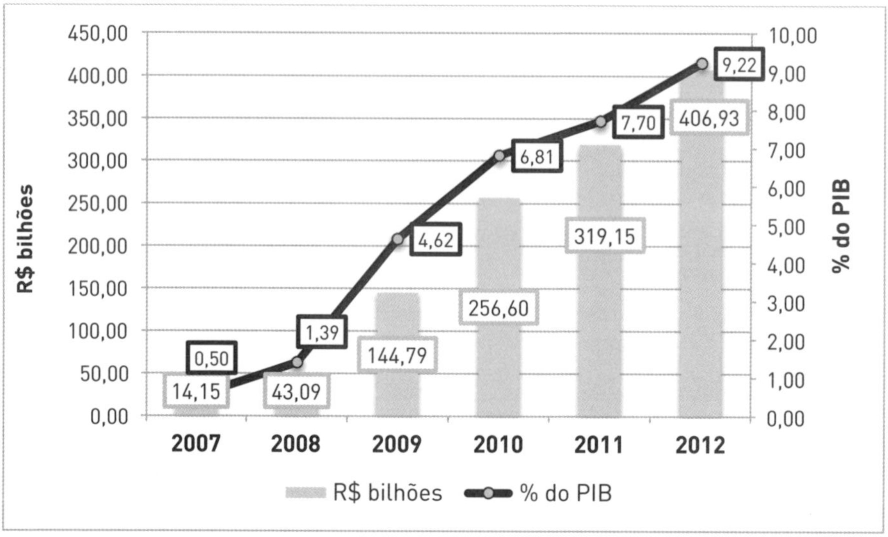

Fonte: Banco Central.

infraestrutura parece ter sido muito mais intensa — crescimento de quase 8 pontos do PIB — do que a expansão observada no gasto com política social, que foi de 2,3 pontos do PIB. O crescimento da dívida tem ainda o agravante de que, no caso de algumas operações cujos juros de empréstimo são tabelados pelo Tesouro Nacional, há a criação de uma nova despesa primária, "equalização de taxa de juros", que terá impacto na despesa primária em períodos futuros. Além disso, a alta da dívida pública bruta irá aumentar, *ceteris paribus*, a conta de juros do setor público, penalizando as gerações futuras.

Ao que parece, a opção recente por ampliar o programa de concessões para o setor privado pode ser resultado de dois diagnósticos por parte do setor público. Primeiro, a constatação de que, mesmo em projetos tidos como prioritários, o governo federal tem dificuldades para aumentar o investimento. Segundo, como abordado nesta seção, a necessidade de investimento em infraestrutura do Brasil "não cabe no orçamento". O problema é que a estratégia de concessões, como já anunciado, será acompanhada por um papel mais ativo do BNDES como financiador desses novos projetos, sem que se tenha definido uma fonte de financiamento sustentável para tanto.

4. O paradoxo do investimento público: por que a disponibilidade de recursos autorizados não se transforma em investimento público[14]

Aqueles acostumados a acompanhar os gastos de investimento no Brasil sempre se deparam com um fato corriqueiro: o baixo nível de execução do investimento público (liquidado e pago), apesar da disponibilidade de recursos para investimento. Por exemplo, em 2012, a dotação autorizada para investimento do orçamento geral da União foi de R$ 114,5 bilhões. Desse total, ao longo de 2012, o governo federal executou investimentos (investimento pago) somando menos de R$ 50,2 bilhões sem contabilizar o programa Minha Casa Minha Vida, ou seja, menos de 50% dos valores autorizados pela Lei Orçamentária Anual (LOA) de 2012.

Infelizmente, mais do que exceção, o comportamento da execução do investimento público em 2012 se repete nos demais anos. Desde 2004, em nenhum ano fiscal o governo federal conseguiu executar metade dos recursos para investimento previstos na Lei Orçamentária Anual (LOA), apesar de o investimento público sempre aparecer como um gasto prioritário nos discursos oficiais. Do ponto de vista da Lei Orçamentária Anual, parece que há "excesso" de recursos disponíveis para investimento. Mas, nas seções anteriores, mostrou-se que, pelo acompanhamento da execução do orçamento (gastos pagos, inclusive restos a pagar), o investimento público não é prioritário *vis-à-vis* o gasto social. Mas, se isso é verdade, por que se aprova todos os anos um orçamento do investimento muito maior do que a real capacidade do setor público de executar o investimento? Adicionalmente, por que o governo federal tem dificuldade de investir mesmo em obras para as quais há recursos disponíveis, como é o caso da transposição do rio São Francisco, por exemplo, a obra de maior orçamento do Plano de Aceleração do Crescimento (PAC) que teve início em 2007? Esta seção tenta responder essas perguntas.

---

14. Esta seção baseia-se no capítulo "O paradoxo do investimento público no Brasil" do autor, no livro *Parcerias público-privadas*: experiências, desafios e propostas (2013).

4.1 *Investimento público: orçamento* versus *execução*

No caso do investimento público, todos os anos os valores executados são relativamente pequenos diante do orçamento aprovado devido a dois motivos. *Primeiro*, para poder acomodar as emendas de deputados e senadores. Como se observa na tabela 2, de 2004 a 2012, o ano de maior execução do orçamento do investimento público (pagamento em relação à dotação inicial autorizada) foi 2010, mas neste essa taxa não passou de 48,3%, mesmo incluindo nessa conta o pagamento de investimento de anos anteriores (restos a pagar). Assim, como a baixa execução do investimento público aprovado é algo recorrente, pode-se inferir que todos os anos esse suposto "erro" de excesso de recursos para investimento é intencional e faz parte do jogo político, como será discutido.

Tabela 2
Execução do investimento público do governo federal — 2004-11 — R$ bilhões correntes

	Dotação Inicial (1)	Pagamento (2)	(2)/(1) %
2004	45,62	11,99	26,30%
2005	55,12	13,70	24,80%
2006	52,00	18,16	34,90%
2007	59,78	22,88	38,30%
2008	74,86	29,53	39,40%
2009	89,58	36,68	40,90%
2010	99,20	47,92	48,30%
2011	107,40	46,52	43,30%
2012	114,58	50,27	43,87%

Fonte: Siga Brasil e Siafi. GND-4 e GND-5 menos empréstimos.
Pagamento = restos a pagar pagos + orçamento do ano pago.

A *segunda* razão do baixo investimento público são os contingenciamentos recorrentes do orçamento aprovado. Vale lembrar que 90% das despesas primárias são obrigatórias e, assim, a "tesoura do contingenciamento" recai nas despesas discricionárias, entre as quais se destacam as despesas de investimento. Todos os anos, o orçamento do investimento público é contingenciado nos primeiros meses do ano, sob a alegação de que o Legislativo superestimou a arrecadação federal esperada para o ano fiscal.[15] A sua liberação depende do

15. Apesar do contingenciamento do investimento ser algo corriqueiro na gestão fiscal do governo federal, sua legitimidade é baseada na frustração esperada da receita, algo que,

comportamento da arrecadação federal, que tem sido a variável-chave para o alcance da meta do primário.

Em anos de boa arrecadação, que tem sido o padrão na economia brasileira, o orçamento contingenciado do investimento é liberado, mas uma parcela grande dessas liberações ocorre apenas ao longo dos dois últimos meses do ano, quando já é muito tarde para executar o investimento. Os recursos liberados terminam se transformando em restos a pagar nos exercícios fiscais seguintes.

Os dados da tabela 3 deixam claro dois pontos interessantes. Primeiro, o saldo dos restos a pagar inscritos como investimento tem como fonte não apenas o orçamento para investimento do ano que deixa de ser executado, mas também um volume crescente de restos a pagar que são reinscritos, ou seja, restos a pagar de anos anteriores, que são novamente inscritos em restos a pagar. Em 2012, por exemplo, do saldo de restos a pagar para investimento no início do ano (R$ 59 bilhões), 35% desse valor (R$ 20,7 bilhões) são de orçamentos anteriores a 2011. Um segundo ponto interessante da tabela 3 refere-se ao baixo nível de cancelamento dos restos a pagar. Da série considerada, o ano de maior cancelamento de restos a pagar foi 2011, quando R$ 6,5 bilhões foram cancelados.

Tabela 3

Inscrição e cancelamento de restos a pagar para investimento — R$ bilhões correntes (2007-13)

	RAP Processados	RAP Não Processados	RAP Reinscritos	TOTAL - (1)	RAP Cancelados - (2)	(2) /(1) - %
2007	2,70	14,20	1,80	18,70	(1,40)	7,40%
2008	3,70	25,10	3,50	32,30	(0,70)	2,20%
2009	4,50	26,70	9,40	40,60	(2,90)	7,10%
2010	5,50	32,50	14,80	52,80	(2,50)	4,80%
2011	9,00	30,70	19,80	59,40	(6,50)	10,90%
2012	6,20	32,30	20,70	59,20	(5,30)	8,95%
2013*	5,40	47,20	22,90	75,50	(2,05)	2,71%

Fonte: Siafi.

Obs.: * Valores cancelados até agosto de 2013.

a prática, é mais exceção do que regra. Normalmente, o governo federal subestima sua a recadação. Ver Almeida, Rebouças e Manoel (2012).

O problema com esse procedimento de liberação de empenho, criação de restos a pagar e baixo cancelamento no ano seguinte é que esses empenhos de orçamentos antigos se tornaram uma espécie de "bola de neve". Com isso, os pagamentos de restos a pagar do investimento passaram a ser mais importantes do que a execução do orçamento do investimento público aprovado no ano, como se observa a partir de 2008, quando mais da metade do pagamento de investimento se dá via pagamento de orçamentos de anos anteriores. Ou seja, de pagamento de restos a pagar.

Gráfico 6

Execução do orçamento do investimento — Restos a Pagar pagos (RAP) e orçamento do ano pago — 2003-12 — R$ bilhões de 2013

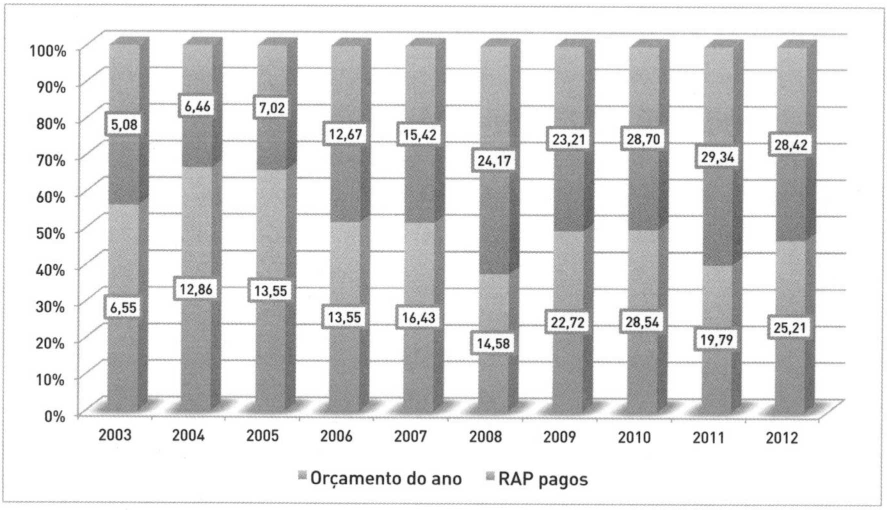

Fonte: Siafi e Siga Brasil.

Há duas formas de olhar o comportamento dos restos a pagar ligados à conta Investimento. *Primeiro*, poder-se-ia argumentar que os mesmos facilitam o investimento, ao permitir que o governo inicie o ano com os recursos financeiros para investimento já empenhados. Mas essa explicação não leva em conta o fato de que o atraso no empenho do orçamento do ano decorre de contingenciamentos planejados pelo próprio governo federal, que deixa o orçamento do investimento sair "inchado" do Congresso Nacional. O mais provável é que, do ponto de vista econômico, o contingenciamento do investimento tenha se tornado disfuncional, sendo causa e consequência do acúmulo de restos a pagar. Em especial, note-se que essa prática não levou a um aumento do investimento público em 2011 e 2012 como porcentagem do PIB, como mostram o gráfico 6 e a tabela 1.

Segundo, o crescente saldo de restos a pagar pode ser usado como instrumento de negociação entre a base de apoio parlamentar e o Executivo, deslocando o espaço de negociação e de formação da fidelidade de base partidária da discussão do orçamento para o "varejo das votações" importantes para o Executivo. No entanto, a importância crescente do saldo de restos a pagar como fonte de financiamento do investimento adia a execução de parte do orçamento do ano, que passa a ser postergado para anos subsequentes.

A tabela 4 mostra os 10 ministérios com maior inscrição de restos a pagar na rubrica investimento público, em 2012.[16] Esses 10 ministérios representaram 90% (R$ 52,7 bilhões) do total de restos a pagar que havia sido inscrito no início de 2012 para investimento (R$ 59 bilhões). Mas a característica interessante da tabela 4 é a relação entre restos a pagar inscritos, em 2012, e o investimento executado (pago), em 2011. Por exemplo, no caso do Ministério dos Transportes, o empenho decorrente de orçamentos anteriores a 2012 (saldo de restos a pagar) era de R$ 10,6 bilhões, mas o investimento desse ministério em 2011 superou esse valor, montando a R$ 12,9 bilhões.

Tabela 4

Restos a pagar inscritos em 2012 *vs.* investimentos pagos em 2011 — R$ bilhões

	Ministério	Restos a Pagar 2012 - (a)	Investimento em 2011- (b)	(a) / (b)
1	Cidades	10,9	3,5	3,1
2	Transportes	10,6	13,0	0,8
3	Saúde	8,1	2,5	3,2
4	Educação	6,5	6,1	1,1
5	Integração Nacional	5,6	2,7	2,1
6	Defesa	3,6	7,1	0,5
7	Turismo	3,3	0,6	6,0
8	Esporte	1,4	0,3	5,2
9	Agricultura, PEC e Abastecimento	1,4	2,0	0,7
10	Ciência e Tecnologia	1,2	0,8	1,6
	TOTAL	**52,7**	**38,6**	**1,4**

Fonte: Siafi.

16. Essa mesma análise para os restos a pagar inscritos em 2013 em relação ao investimento executado em 2012 não sofre alteração. A dinâmica é semelhante, e os ministérios de maior relação restos a pagar/investimento executado são os mesmos.

Já nos casos dos Ministérios das Cidades, da Saúde, da Integração Nacional, do Turismo e dos Esportes o oposto ocorreu. Nesses cinco ministérios, que responderam por R$ 29 bilhões do volume empenhado como restos a pagar em 2012, o volume de investimentos em 2011 ficou aquém dos saldos de restos a pagar. Isso sugere que houve algo "anormal", como um valor excessivo inscrito em restos a pagar. O caso do Ministério das Cidades é emblemático. Esse ministério teve o maior volume inscrito de restos a pagar (R$ 10,9 bilhões) em 2012, que foi mais de três vezes o total investido em 2011.

Uma investigação mais cuidadosa dos dados no Siafi para descobrir a modalidade de aplicação (investimento feito diretamente pelo governo federal ou indiretamente via transferências a estados e municípios) mostra que os ministérios com a maior relação entre restos a pagar inscritos (2012) e investimento executado (2011) são justamente aqueles nos quais o investimento se dá, preponderantemente, via transferências voluntárias a estados e municípios. No caso do Ministério das Cidades, por exemplo, 81,8% da execução do investimento público em 2011 ocorreram por meio dessas transferências.

Tabela 5
RAP inscrito/investimento e % da execução do investimento federal via estados e municípios

	Ministério	RAP inscrito / investimento	% - Execução via estados e municípios
1	Cidades	3,1	81,8%
2	Transportes	0,8	14,4%
3	Saúde	3,2	70,6%
4	Educação	1,1	55,0%
5	Integração Nacional	2,1	55,3%
6	Defesa	0,5	0,2%
7	Turismo	6,0	100,0%
8	Esporte	5,2	82,8%
9	Agricultura, PEC e Abastecimento	0,7	38,3%
10	Ciência e Tecnologia	1,6	9,2%

Fonte: Siafi.

Apesar de não ser possível avançar nas conclusões baseando-se apenas nas tabelas anteriores, estas sugerem que o maior volume inscrito de restos a pagar ocorre não apenas nos ministérios de maior execução do investimento — como Transportes, Educação e Defesa —, mas também naqueles nos quais o investimento público federal ocorre principalmente via transferências voluntárias para estados e municípios, apesar do baixo volume de investimento *vis-à-vis* o volume inscrito em restos a pagar.

Adicionalmente, nos cinco ministérios identificados acima (Cidades, Saúde, Integração Nacional, Turismo e Esporte) é possível que o volume desproporcional de restos a pagar — mais de duas vezes o investimento do ano anterior — esteja relacionado ao jogo de emendas. No caso desses ministérios, deputados e senadores se interessam em fazer um maior número de emendas e, por sua vez, é também do interesse do governo federal aprovar essas emendas e negociá-las caso a caso antes de votações importantes, pois uma das formas de o Executivo garantir a fidelidade de sua base de coalização se dá por meio da negociação individual de emendas por ocasião de votações importantes ao longo do ano. Assim, o excesso de restos a pagar na rubrica investimento, que poderia sinalizar maior disponibilidade de recursos, reflete também o "jogo político", em vez de uma expansão real do orçamento para aumentar o investimento público.

Em resumo, analisar a prioridade do orçamento de investimento baseado no orçamento aprovado é um equívoco por dois motivos. Primeiro, aprova-se todos os anos valores para investimento muito acima da real capacidade de execução do governo federal, o que gera um saldo elevado que deixa de ser executado e se transforma em restos a pagar. Segundo, o elevado saldo inscrito de restos a pagar para investimento (de R$ 59 bilhões, em 2011 e 2012, e de R$ 75,5 bilhões, em 2013) supera o investimento executado no ano anterior para alguns ministérios, o que sugere que o crescimento do saldo de restos a pagar pode ser um reflexo do jogo político via aprovação de emendas de deputados e senadores, e não o reflexo de uma priorização dos investimentos nessas áreas.

4.2 Avaliação das restrições ao investimento público no Brasil em 2008

Como já destacado, ao se analisar os valores aprovados no orçamento do ano e o saldo de recursos empenhados em anos anteriores para investimento (restos a pagar), tem-se a impressão de que há excesso de recursos para investimento. No entanto, mesmo quando se retira a parcela de recursos do orçamento correspondente ao excesso de empenhos nos Ministérios das Cidades, Saúde,

Integração Nacional, Esportes e Turismo, o investimento público fica muito aquém do que poderia se esperar.

Algumas das causas mais divulgadas para as restrições ao investimento são as dificuldades com a burocracia decorrentes das amarras excessivas da Lei nº 8.666; a morosidade dos estudos de impacto ambientais; os atrasos na liberação de licenças ambientais por parte do Ibama; e a atuação do Ministério Público questionando as licenças ambientais. Muito se fala das "amarras institucionais" ao investimento público e pouco da questão relativa à gestão pública. Mas será que isso é de fato verdade? Será que as maiores restrições ao investimento público no Brasil são de ordem regulatória, e não de problemas de gestão do próprio governo?

Como é de conhecimento público, todos os novos governos têm de elaborar, para um período de quatro anos, o Plano Plurianual de Investimento (PPA) e todos os investimentos públicos que entram no Projeto de Lei Orçamentário Anual têm de estar previstos no PPA. O PPA inclui também as ações de financiamento com recursos orçamentários da União, como o Programa de Financiamento às Exportações (Proex) e o Programa de Fortalecimento da Agricultura Familiar (Pronaf).

Cada programa do PPA tem um gerente, que é o gestor público responsável por acompanhar o funcionamento do programa e ver se as metas financeiras e físicas estabelecidas estão sendo cumpridas. Todos os anos, os gerentes de cada programa são obrigados a fazer uma avaliação dos mesmos, mostrando se as metas físicas e financeiras foram cumpridas, e identificar as dificuldades envolvidas na execução das ações programadas.

Essa avaliação anual do PPA está disponível para técnicos do governo por meio do Sistema de Informações Gerenciais e de Planejamento (Sigplan). No caso específico da avaliação do PPA de 2008, o Sigplan fez uma pergunta (questão 6), que não foi repetida nas avaliações posteriores, formulada da seguinte forma: "Assinale as restrições que interferiram no desempenho das ações de maior impacto, e consequentemente, no alcance do objetivo do programa. Comente sobre as restrições e providências adotadas". As alternativas dadas aos gerentes dos programas foram: a) Orçamentárias, b) Financeiras, c) Judiciais, d) Administrativas, e) Ambientais, f) Gerenciais, g) Políticas, h) Institucionais, i) Tecnológicas, j) Licitações, k) Auditoria, l) Outras, e m) Não houve restrições (ver no anexo IV a descrição completa dessas alternativas).

Com base nas respostas é possível entender quais foram as principais restrições à execução do investimento público nos programas sob sua responsabilidade. No universo de programas, 36 deles tiveram uma execução do gasto muito baixa — pagamentos ficaram abaixo de 55% do que havia sido programado para 2008. Esses programas tinham planejado investir, em 2008, o equivalente a R$ 25,19 bilhões, mas só conseguiram investir R$ 11,08 bilhões devido a problemas de natureza administrativa, orçamentária, financeira e gerencial (tabela 6).

Tabela 6
Principais restrições ao investimento, segundo os gestores dos programas — Sigplan (Avaliação 2008)

Ranking	Restrições	Número de vezes citadas
1	Administrativas	21
2	Orçamentárias	20
3	Financeiras	12
4	Gerenciais	11
5	Políticas	8
6	Licitações	8
7	Tecnológicas	7
8	Auditorias	7
9	Judiciais	5
10	Outras	5
11	Ambientais	4
12	Institucionais	4

Fonte: Sigplan, avaliação 2008. Ver anexo IV. Elaboração do autor.
Obs.: Cada gestor público pode citar mais de um problema. Por isso, a soma das linhas ultrapassa o número 36, correspondente ao número de programas analisados.

A questão ambiental é citada como uma restrição ao investimento apenas pelos gestores de quatro programas: (i) programa de assentamentos para trabalhadores rurais do Ministério de Desenvolvimento Agrário (MDA); (ii) o vetor logístico do Nordeste Meridional do Ministério do Transporte; e (iii) os dois programas do Ministério da Defesa: Desenvolvimento da Infraestrutura Aeroportuária e Assistência e Cooperação das Forças Armadas à Sociedade. Assim, pelo menos do ponto de vista dos gestores públicos e da avaliação dos 36 programas de menor execução, em 2008, a questão ambiental não apareceu como um problema significativo.

Isso não significa que dificuldades relacionadas à obtenção de licenças ambientais não sejam importantes. No entanto, para o conjunto de projetos analisados, é possível que problemas ambientais já tenham sido resolvidos ou que a questão ambiental seja um obstáculo ao início de programas de investimento, perdendo a importância uma vez obtida a licença ambiental.

Os principais gargalos ao investimento identificados na avaliação do PPA de 2008 foram problemas administrativos, orçamentários, financeiros e gerenciais. No caso orçamentário e financeiro, em especial, o problema está ligado à questão do contingenciamento, já explicada na seção anterior, pois os recursos são liberados apenas no segundo semestre do ano, em especial, em novembro e dezembro. No entanto, o contingenciamento não afeta igualmente os diversos ministérios, porque o elevado saldo de restos a pagar disponível para investimento diminui, em alguns casos, a dependência de algumas obras do orçamento aprovado do ano. Assim, a pergunta pertinente é se a questão orçamentária é de fato um problema generalizado ou está restrito a alguns programas.

A lista dos 36 programas de menor execução na qual se baseou o diagnóstico da tabela 6 envolve programas com um orçamento de menos de R$ 5 milhões e outros com orçamento autorizado superior a R$ 1 bilhão. É possível refazer esse diagnóstico apenas para o subconjunto de programas que tiveram uma execução (pagamento) inferior a 55% do programado e, simultaneamente, tinham um orçamento previsto para o ano de 2008 superior a R$ 1 bilhão. De acordo com a tabela 7, para esse grupo de grandes programas, as principais restrições ao investimento identificadas pelos gestores foram relacionadas a administração, a licitações e a auditorias.

Em resumo, baseado na análise dos programas de maior orçamento (acima de R$ 1 bilhão), a falta de recursos orçamentários não parece ser um fator importante para explicar a frustração do investimento programado. Nesses casos, os problemas que se destacam são aqueles ligados ao processo de licitação e a questões administrativas (falta de pessoal qualificado, entraves burocráticos, insuficiência de infraestrutura física e de equipamentos etc.), que são problemas tipicamente ligados à eficiência da máquina pública. Um processo de licitação mal planejado, por exemplo, facilita as contestações judiciais, e a falta de pessoal qualificado aumenta a possibilidade de licitações mal desenhadas. O resultado de tudo isso leva a maiores contestações dos órgãos de controle como o TCU, que é o outro fator (auditorias) identificado como obstáculo por quatro dos seis programas de maior orçamento e de baixa execução (inferior a 55% do valor programado), em 2008.

Tabela 7

Principais restrições ao investimento — programas com orçamento superiores a R$ 1 bilhão

Ranking	Restrições	Número de vezes citadas
1	*Administrativas*	*4*
2	*Licitações*	*4*
3	*Auditorias*	*4*
4	Judiciais	3
5	Financeiras	2
6	Gerenciais	2
7	Tecnológicas	2
8	Ambientais	2
9	Orçamentárias	1
10	Institucionais	1
11	Políticas	0
12	Outras	0

Fonte: Sigplan, avaliação 2008. Elaboração do autor.

Assim, embora seja difícil apontar uma única causa que dificulta o investimento público no Brasil, é fato que não há espaço fiscal para que o governo federal passe a investir, por exemplo, 3% do PIB. No entanto, o governo federal não consegue investir nem mesmo naqueles programas em que os recursos orçamentários estão disponibilizados, em decorrência de planejamento malfeito e de falta de pessoal qualificado, seja para administrar o andamento dos projetos, seja para responder aos questionamentos do TCU. Um bom exemplo desse problema de planejamento do governo federal que decorre de anos de descaso com o investimento em infraestrutura é a obra de transposição do rio São Francisco, o programa 1036 do PPA.

Essa obra teve início em 2007 como a mais cara do Programa de Aceleração do Crescimento (PAC), a ser paga com recursos do orçamento fiscal e da seguridade social. Atualmente, o custo total da obra pulou de R$ 4,8 bilhões para R$ 8,2 bilhões, com um atraso de 45 meses em relação ao cronograma inicial. Adicionalmente, os atrasos na obra danificaram cerca de 900 metros de canais de concreto que precisarão passar por novas obras.

Na avaliação do PPA de 2008, o gestor do programa já havia identificado uma série de problemas a exemplo de judiciais, administrativos e gerenciais, nenhum dos quais ligados à falta de recursos (ver anexo V). Na verdade, como se observa na tabela 8, em todos os anos do período 2007-11, a execução do orçamento ficou muito aquém do autorizado, o que significa sobra de recursos. Adicionalmente, mesmo considerando o pagamento dos restos a pagar na execução do orçamento, o investimento total ficou abaixo do autorizado nos anos observados. Esse é um bom exemplo de uma obra tida como prioritária na qual a falta de recursos não foi o motivo para seu atraso de quatro anos.

Tabela 8

Execução do Programa 1036 — Integração de Bacias Hidrográficas — R$ milhões correntes — 2007-2011

	Dotação Inicial (a)	Autorizado (b)	Restos a Pagar Pagos (d)	Pago do Orçamento do Ano (c)	TOTAL e = (c + d)	e / b
2007	20,50	464,17	170,92	21,58	192,49	41,5%
2008	1.125,10	1.009,58	159,85	68,68	228,53	22,6%
2009	1.325,52	1.266,53	678,42	222,00	900,42	71,1%
2010	1.352,31	1.259,96	898,68	173,65	1.072,33	85,1%
2011	1.331,41	1.382,04	584,68	108,05	692,72	50,1%
TOTAL	**5.154,84**	**5.382,28**	**2.492,54**	**593,96**	**3.086,51**	**57,3%**

Fonte: Siafi. Elaboração do autor.

5. Espaço fiscal para o crescimento do investimento público do governo federal

Ao que tudo indica, dado o baixo crescimento do PIB, há um risco de um forte crescimento da despesa primária (despesa não financeira do governo federal) em relação ao PIB, entre 2011 e 2014, em uma alta que poderá se aproximar de 2 pontos percentuais do PIB. Basta observar que desde 2000 a despesa não financeira do governo federal cresce acima de 10% ao ano e em anos eleitorais (2002, 2006 e 2010) aumentou entre 14% e 15%.[17] Suponhamos que, em 2013, o crescimento da despesa primária seja de 11%, igual ao de 2012, e de 14% em 2014, ou seja, ligeiramente abaixo do verificado nas três últimas eleições. Confirmadas essas projeções, a despesa primária nominal no final do governo da presidente Dilma Rousseff seria superior a R$ 1 trilhão, equivalente a R$ 945 bilhões em valores de 2013.

17. A única exceção nesse padrão de crescimento do gasto público foi o ano de 2008, quando a despesa primária cresceu 9,8% (em termos nominais).

Tabela 9

Despesa primária do governo federal — 1998-2014 — R$ milhões

	R$ milhões correntes	R$ milhões de 2013*	Crescimento Real
1998	147.249,66	367.071,68	
1999	**154.317,49**	**365.791,86**	**-1.279,80**
2000	173.786,65	385.049,83	19.258,00
2001	202.679,24	420.064,48	35.014,60
2002	232.339,50	443.245,41	23.180,90
2003	**257.350,26**	**428.999,85**	**-14.245,60**
2004	302.716,52	473.132,06	44.132,20
2005	351.765,14	514.927,63	41.795,60
2006	401.977,20	565.387,82	50.460,20
2007	455.617,80	617.806,88	52.419,10
2008	497.900,52	638.807,51	21.000,60
2009	572.184,28	700.490,07	61.682,60
2010	657.119,71	766.299,67	65.809,60
2011	724.403,12	791.810,42	25.510,70
2012	804.700,65	834.901,59	43.091,20
*2013**	*893.217,72*	*876.433,48*	*41.531,90*
*2014**	*1.018.268,21*	*944.897,07*	*68.463,60*

Fonte: Tesouro Nacional. Valores atualizados pelo IPCA.
* 2013 e 2014: projeções do autor.
Obs.: Valor de 2010 exclui capitalização da Petrobras.

Adicionalmente, utilizando as projeções de crescimento do PIB e de inflação do relatório Focus de 19 de agosto de 2013 e os dados da tabela 9, o aumento da despesa primária nos quatro anos do governo Dilma Rousseff, quando comparada à do final do governo Lula, será de 2,3 pontos do PIB, uma alta muito próxima à verificada nos 12 anos de 1999 a 2010.

Dado esse cenário, é importante destacar três pontos. Primeiro, as projeções de crescimento do gasto podem ser um pouco menores se houver uma aceleração da inflação — ou seja, uma alta maior do deflator do PIB — ou um crescimento real maior do PIB.

Segundo, essa forte expansão da despesa primária do governo federal deve se traduzir em uma forte queda do superávit primário em relação ao início do governo em 2011. Se a receita não aumentar como percentual do PIB, em

Tabela 10

Despesa primária do governo federal — 1998-2014*

	Despesa - R$ milhões correntes	PIB - R$ milhões correntes	% do PIB
1998	**147.249,66**	**939.146,62**	**15,04%**
1999	154.317,49	1.064.999,71	14,49%
2000	173.786,65	1.179.482,00	14,73%
2001	202.679,24	1.302.136,00	15,57%
2002	**232.339,50**	**1.477.822,00**	**15,72%**
2003	257.350,26	1.699.948,00	15,14%
2004	302.716,52	1.941.498,00	15,59%
2005	351.765,14	2.147.239,00	16,38%
2006	**401.977,20**	**2.369.484,00**	**16,96%**
2007	455.617,80	2.661.344,00	17,12%
2008	497.900,52	3.032.203,00	16,42%
2009	572.184,28	3.239.404,00	17,66%
2010	**657.119,71**	**3.770.084,87**	**17,43%**
2011	724.403,12	4.134.607,14	17,52%
2012	804.700,65	4.402.537,11	18,28%
2013*	893.217,72	4.758.123,60	18,77%
2014*	**1.018.268,21**	**5.159.947,14**	**19,73%**

Fonte: Tesouro Nacional e IBGE.
* 2013 e 2014: projeções do autor.
IPCA 2013 = 5,74%, IPCA 2014 = 5,80%; PIB 2013 = 2,21% e PIB 2014 = 2,50%.

Gráfico 7

Crescimento da despesa primária do governo federal — 1999-2014 — % do PIB

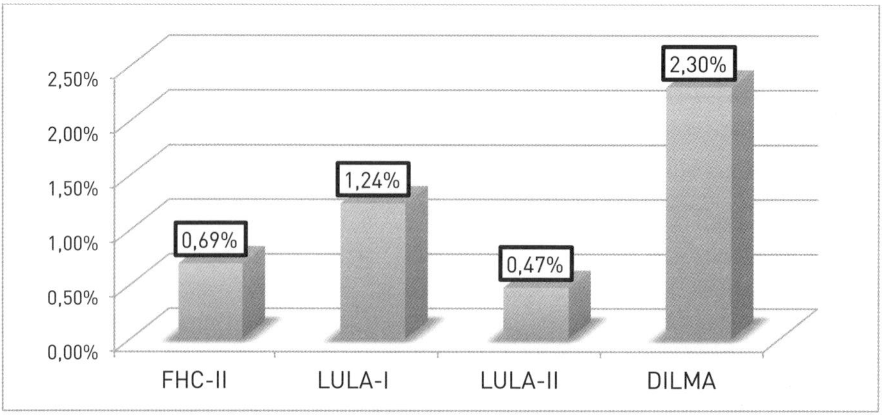

Fonte: Tesouro Nacional, IBGE e projeções do autor.

decorrência da reversão das desonerações que foram concedidas nos últimos dois anos, é possível que estejamos caminhando para um superávit primário próximo a 1,5% do PIB em 2014, o que significa, do ponto de vista fiscal, um menor espaço para o crescimento do investimento público do governo federal financiado diretamente pelo orçamento fiscal e da seguridade social.

Terceiro, o próximo governo começará sem nenhum espaço para corte de receita e com restrição para o crescimento do investimento público. Vale lembrar que, para uma despesa primária do governo federal de 18,3% do PIB, em 2012, o investimento público do governo federal foi de apenas 1,1% do PIB (sem o Minha Casa Minha Vida — MCMV). Da mesma forma, na comparação de janeiro a junho de 2013 com o mesmo período um ano antes constata-se uma alta do investimento (inclusive com o MCMV) de apenas R$ 333 milhões, em face de um aumento da despesa primária de R$ 49 bilhões.

Em resumo, está se delineando, no Brasil, um cenário de forte redução do superávit primário e de forte crescimento do gasto não financeiro do governo federal, o que dificulta achar espaço fiscal para recuperação do investimento público e redução da carga tributária. Cada vez menos, portanto, o padrão de crescimento da despesa do governo federal não cabe no PIB, *i.e.*, não é compatível com uma economia que cresce a 2% ao ano.

Assim, dada a impossibilidade política de controlar o gasto para criar espaço para o aumento do investimento público, não sobrou alternativa ao setor público que não transferir para o setor privado, via concessões, a tarefa de aumentar o investimento em infraestrutura, com a ajuda do BNDES, por meio de créditos subsidiados e de participação direta em alguns projetos (via BNDESPar). No entanto, não existe também espaço fiscal para aumento de recursos para o BNDES, o que significa que essa maior atuação do banco será financiada da mesma forma que foi sua expansão desde 2008: via aumento da dívida bruta do governo federal.

6. Considerações finais

Uma rápida análise feita ao longo desta nota sobre a dinâmica do gasto público e os problemas que afetam o investimento público nos permite destacar sete pontos importantes. Primeiro, o Brasil está na lista de países com um sistema de planejamento e orçamento que, no papel, é muito próximo ao ideal. Infelizmente, o que está no papel não corresponde à realidade quando se analisa a função do orçamento na definição de gastos prioritários e no controle da despesa. Apesar de todo o ritual no processo orçamentário brasileiro, com o Plano Plurianual (PPA), Lei de Diretrizes Orçamentárias (LDO) e Lei Orçamentária Anual (LOA), não se criou espaço fiscal para aumentar o investimento público e melhorar seu planejamento.

Segundo, há um debate em curso no Brasil sobre a adoção de um orçamento impositivo, mas, como mostrado ao longo deste capítulo, a maior parte do gasto público está ligada a apenas cinco funções (assistência social, trabalho, previdência, saúde e educação) e a maior parcela dessas despesas é obrigatória — apenas 10% do total de despesa não financeira são considerados discricionários. Assim, a adoção de um orçamento impositivo não parece ser a solução para aumentar a execução do investimento público.

Terceiro, o forte crescimento do gasto público não financeiro do governo federal no período pós-crise (2008-12) ocorreu nos ministérios ligados à execução da política social, cujas despesas são afetadas pela regra de reajuste anual do salário mínimo. A única forma de o governo arrecadar menos e aumentar o investimento público é controlando o crescimento da despesa primária, e isso significa controlar o crescimento das despesas sociais e priorizar aqueles programas mais baratos e mais eficazes no combate à extrema pobreza. Criar a viabilidade política para essa agenda é um desafio ainda em aberto.

Quarto, há um grande descompasso entre os valores aprovados para investimento no Orçamento da União e os valores efetivamente pagos. Na média do período 2004-12, menos de 50% dos valores autorizados para investimento foram efetivamente pagos, inclusive restos a pagar. Adicionalmente, mostrou-se que, desde 2008, mais da metade dos valores executados (pagos) do investimento público do orçamento fiscal e da seguridade social são de orçamentos de anos anteriores (restos a pagar). Em princípio, a existência de restos a pagar até facilitaria o aumento do investimento público, mas não foi isso o que ocorreu, pois o saldo crescente de restos a pagar "expulsou" a execução do orçamento do ano.

Quinto, baseado em uma avaliação dos programas de investimento do governo federal em 2008, mostrou-se que, ao contrário do senso comum, a questão ambiental não parece ser o principal gargalo ao aumento do investimento público. Isso vale tanto para o universo dos programas que tiveram baixa execução naquele ano, como para o subconjunto dos seis programas nesse grupo com orçamento superior a R$ 1 bilhão. No entanto, é possível que a questão ambiental seja mais importante na fase anterior ao início da execução de uma obra pública.

Sexto, a baixa execução do investimento público está ligada não a um ou dois problemas, mas a um conjunto de obstáculos. Assim, de nada adianta querer flexibilizar as exigências de licitação da Lei nº 8.666/1993, como feito recentemente com o Regime Diferenciado de Contratação (Lei nº 12.462/2011), sem que antes, ou simultaneamente, haja um esforço maior para melhorar a organização da máquina pública; em especial, a coordenação nos convênios do governo federal com estados e municípios e o planejamento do processo de licitação e a necessidade de elaboração de bons projetos executivos.

Por fim, além de o investimento público não ter crescido de forma significativa nos últimos anos, a partir de 2005 ele se concentrou em poucos ministérios: (i) Transportes; (2) Defesa e (3) Educação. Esses três ministérios responderam por cerca de 63% do crescimento nominal das despesas de investimento de 2005 a 2011. Em geral, o ministério com maior execução do investimento público é o dos Transportes, seguido pelo Ministério da Defesa. Mas em 2011 e 2012, com a troca de ministro dos Transportes e os problemas no Departamento Nacional de Infraestrutura de Transportes (Dnit), este ministério apresentou forte retração do investimento.

Apesar de o crescimento do investimento em educação ser positivo, esse tipo de investimento não reduz de imediato o custo Brasil. Seu impacto será sentido ao longo do tempo e exigirá crescimento das despesas de custeio. No caso do Ministério da Defesa, os projetos que se destacam são aqueles ligados às subfunções defesa aérea e defesa naval — em especial, os projetos de construção de submarinos e os projetos de compra de helicópteros, aeronaves e peças de reposição para aeronaves. Apesar de esses programas serem positivos do ponto de vista da soberania de um país, eles não ajudam na redução do custo Brasil, como ocorreria caso houvesse um *boom* do investimento do Ministério dos Transportes.

Assim, além de o investimento público não ter crescido de forma significativa de 2002 a 2012, sua composição foi afetada pelo crescimento de programas com o Minha Casa Minha Vida e pela queda da participação dos investimentos do Ministério dos Transportes — os quais seriam mais importantes para a saída da crise e reduziriam o custo Brasil. Em resumo, a recuperação esperada do investimento público ainda não ocorreu e, dadas a queda já verificada do superávit primário do governo federal e as projeções de aumento do gasto feitas ao longo deste capítulo, não se enxerga espaço fiscal para um forte aumento do investimento público com recursos do orçamento fiscal e da seguridade social ao longo dos próximos anos.

Referências

ALMEIDA, M. Estrutura do gasto público no Brasil: evolução histórica e desafios. In: CUNHA, A.; REZENDE, F. (Org.). *Gestão pública e desenvolvimento — a reforma esquecida*: subsídios para o aperfeiçoamento do processo orçamentário. Rio de Janeiro: FGV, 2013.

____. A política fiscal no Brasil e perspectivas para 2015/2018. In: GIAMBIAGI, F.; PORTO, C. *Propostas para 2015*. Rio de Janeiro, 2013.

____. O paradoxo do investimento público no Brasil. In: OLIVEIRA, G.; OLIVEIRA FILHO, L. C. de (Org.). *Parcerias público-privadas*: experiências, desafios e propostas. Rio de Janeiro, 2013.

____; REBOUÇAS, H.; MANOEL, A. Os impasses do contingenciamento. *Valor Econômico*, 2 mar. 2012.

BLYDE, J. et al. What is impeding growth in Brazil?" In: AGOSIN, M.; FERNÁNDEZ-ARIAS, E.; JARAMISSLO, F. (Org.). *Growing pains*: binding constraints to productive investment in Latin America. Washington, D.C, IDB: 2009. Ch. 3, p. 111-164.

CONGRESSO NACIONAL. *Nota técnica conjunta nº 8*: subsídios à apreciação do Projeto de Lei Orçamentária para 2013. Consultoria de Orçamentos, Fiscalização e Controle do Senado Federal e Consultoria de Orçamento e Fiscalização Financeira da Câmara dos Deputados. Brasília, 2012. Mimeografado.

GIAMBIAGI, F.; BARBOSA, F. H. Qual deve ser a meta fiscal de longo prazo? In: GIAMBIAGI, F.; PORTO, C. (Org.). *2022: propostas para um Brasil melhor no ano do bicentenário*. Rio de Janeiro: Campus, 2011. cap. 8, p. 119-134.

REZENDE, F.; OLIVEIRA, F.; ARAÚJO, E. *O dilema fiscal*: remendar ou reformar? Rio de Janeiro: FGV, 2007.

SISTEMA DE INFORMAÇÕES GERENCIAIS E DE PLANEJAMENTO. *Avaliação do PPA exercício de 2009*: ano base 2008. Ministério do Planejamento, 2008.

TESOURO NACIONAL. Resultado do Tesouro Nacional. Brasília. Vários números.

TRIBUNAL DE CONTAS DA UNIÃO. *Relatório e parecer prévio sobre as contas do governo da República*: exercício de 2012. Brasília, DF: 2012.

Anexo I

Gasto não financeiro do governo federal por função — 2002-11 — % do PIB

	Função	2002	2011	Crescimento
1	Legislativa	0,17%	0,13%	-0,04%
2	Judiciária	0,55%	0,48%	-0,07%
3	Essencial à Justiça	0,07%	0,12%	0,05%
4	Administração	0,56%	0,41%	-0,15%
5	Defesa Nacional	0,85%	0,77%	-0,08%
6	Seguranca Pública	0,15%	0,17%	0,02%
7	Relações Exteriores	0,09%	0,04%	-0,05%
8	**Assistência Social**	**0,44%**	**1,10%**	**0,66%**
9	**Previdência Social**	**8,34%**	**8,67%**	**0,33%**
10	Saúde	1,72%	1,71%	-0,01%
11	**Trabalho**	**0,57%**	**0,87%**	**0,30%**
12	**Educação**	**0,89%**	**1,28%**	**0,38%**
13	Cultura	0,02%	0,03%	0,02%
14	Direitos da Cidadania	0,03%	0,03%	0,00%
15	Urbanismo	0,03%	0,10%	0,07%
16	Habitação	0,01%	0,01%	0,00%
17	Saneamento	0,01%	0,04%	0,03%
18	Gestão Ambiental	0,09%	0,09%	0,00%
19	Ciência e Tecnologia	0,10%	0,16%	0,06%
20	Agricultura	0,37%	0,37%	-0,01%
21	Organ. Agrária	0,09%	0,10%	0,01%
22	Indústria	0,03%	0,04%	0,01%
23	Comércio e Serviços	0,12%	0,09%	-0,03%
24	Comunicações	0,04%	0,02%	-0,02%
25	Energia	0,53%	0,01%	-0,52%
26	Transporte	0,35%	0,46%	0,11%
27	Desporto e Lazer	0,02%	0,03%	0,01%
		16,20%	**17,30%**	**1,10%**

Fonte: Balanço do Setor Público Nacional.
Obs.: Despesa liquidada.
Exclui Função 28: encargos especiais onde entram pagamento de sentenças judiciais e subsídios. Assim, os dados dessa tabela não incluem a totalidade do gasto público não financeiro do governo federal.

Anexo II

Despesa primária (pessoal, custeio e investimento) por ministério — R$ milhões de 2013 — 2004-08-12

	2004	2008	2012
INFRAESTRUTURA	**20.578,7**	**35.668,1**	**49.618,7**
Ministério da Ciência e Tecnologia	4.502,10	6.378,35	7.479,81
Ministério de Minas e Energia	1.085,11	1.507,80	1.999,95
Ministério dos Transportes	7.367,81	11.774,91	16.210,70
Ministério das Comunicações	1.634,35	2.028,51	1.743,98
Ministério do Meio Ambiente	1.517,22	1.906,76	2.262,34
Ministério da Integração Nacional	1.931,62	4.288,84	5.518,77
Ministério das Cidades	2.540,51	7.782,91	14.403,18
POLÍTICA SOCIAL	**335.807,4**	**429.695,8**	**617.487,5**
Ministério da Educação	29.254,32	43.612,64	78.580,02
Ministério da Previdência Social	221.390,77	268.670,26	375.786,96
Ministério da Saúde	53.526,44	66.055,97	88.149,54
Ministério do Trabalho e Emprego	20.874,75	32.668,51	46.313,38
Ministério da Cultura	557,80	1.121,06	1.479,70
Ministério do Esporte	543,62	819,35	1.063,72
Mini. do Desenvolvimento Social e Combate à Fome	9.659,72	16.748,00	26.114,24
PRODUÇÃO	**9.883,8**	**13.340,7**	**15.528,9**
Ministério da Agricultura, Pecuária e Abastecimento	5.272,42	6.910,66	9.113,74
Ministério do Desenvolvimento, Indústria e Comércio Exterior	1.035,53	1.200,30	1.673,89
Ministério do Desenvolvimento Agrário	3.093,32	3.398,76	3.106,60
Ministério do Turismo	482,58	1.830,94	1.465,18
Ministério da Pesca e Aquicultura	-	-	169,53
PODERES DE ESTADO E ADMINISTRAÇÃO	**127.643,7**	**169.436,9**	**198.340,3**
Presidência da República	4.237,26	5.762,68	7.135,30
Min. do Planejamento, Orçamento e Gestão	2.465,16	4.240,43	4.840,64
Ministério da Fazenda	28.329,46	34.001,29	44.974,44
Ministério da Justiça	6.726,72	10.144,97	10.096,24
Ministério das Relações Exteriores	2.240,33	2.702,13	2.716,40
Ministério da Defesa	44.206,34	57.020,69	68.285,95
Outros (Justiça, Legislativo, MPU, TCU)	39.438,47	55.564,74	60.291,31
TOTAL	**493.913,7**	**648.141,5**	**880.975,5**

Fonte: Siafi e Siga Brasil. Elaboração do autor.

Anexo III

Despesa primária (pessoal, custeio e investimento) por ministério — % do PIB — 2004-08-12

	2004	2008	2012
INFRAESTRUTURA	**0,66%**	**0,90%**	**1,06%**
Ministério da Ciência e Tecnologia	0,14%	0,16%	0,16%
Ministério de Minas e Energia	0,03%	0,04%	0,04%
Ministério dos Transportes	0,24%	0,30%	0,35%
Ministério das Comunicações	0,05%	0,05%	0,04%
Ministério do Meio Ambiente	0,05%	0,05%	0,05%
Ministério da Integração Nacional	0,06%	0,11%	0,12%
Ministério das Cidades	0,08%	0,20%	0,31%
POLÍTICA SOCIAL	**10,74%**	**10,80%**	**13,15%**
Ministério da Educação	0,94%	1,10%	1,67%
Ministério da Previdência Social	7,08%	6,75%	8,00%
Ministério da Saúde	1,71%	1,66%	1,88%
Ministério do Trabalho e Emprego	0,67%	0,82%	0,99%
Ministério da Cultura	0,02%	0,03%	0,03%
Ministério do Esporte	0,02%	0,02%	0,02%
Ministério do Desenvolvimento Social e Combate à Fome	0,31%	0,42%	0,56%
PRODUÇÃO	**0,32%**	**0,34%**	**0,33%**
Ministério da Agricultura, Pecuária e Abastecimento	0,17%	0,17%	0,19%
Ministério do Desenvolvimento, Indústria e Comércio Exterior	0,03%	0,03%	0,04%
Ministério do Desenvolvimento Agrário	0,10%	0,09%	0,07%
Ministério do Turismo	0,02%	0,05%	0,03%
Ministério da Pesca e Aquicultura	0,00%	0,00%	0,00%
PODERES DE ESTADO E ADMINISTRAÇÃO	**4,08%**	**4,26%**	**4,22%**
Presidência da República	0,14%	0,14%	0,15%
Ministério do Planejamento, Orçamento e Gestão	0,08%	0,11%	0,10%
Ministério da Fazenda	0,91%	0,85%	0,96%
Ministério da Justiça	0,22%	0,25%	0,21%
Ministério das Relações Exteriores	0,07%	0,07%	0,06%
Ministério da Defesa	1,41%	1,43%	1,45%
Outros (Justiça, Legislativo, MPU, TCU)	1,26%	1,40%	1,28%
TOTAL	**15,8%**	**16,3%**	**18,8%**

Fonte: Siafi e Siga Brasil. Elaboração do autor.

Anexo IV
Questão 6 da Avaliação do PPA — Sigplan (2008)

Questão 6: Assinale as restrições que interferiram no desempenho das ações de maior impacto e, consequentemente, no alcance do objetivo do programa. Comente sobre as restrições e providências adotadas. O Sigplan informará sobre restrições que porventura tenham sido incluídas no módulo de monitoramento no ano de 2008.

a. Orçamentárias (atraso na aprovação da LOA; competição de recursos por parte de vários órgãos que executam uma mesma política; contingenciamento orçamentário; demora na tramitação de crédito adicional; insuficiência de recursos alocados na Lei Orçamentária; outros);
b. Financeiras (não houve disponibilização de recursos financeiros; problemas financeiros de outros entes envolvidos na execução; problemas relativos ao fluxo de liberação dos recursos; recursos financeiros comprometidos com restos a pagar; outros);
c. Judiciais (ações judiciais; legislação eleitoral; outros);
d. Administrativas (atividades dependentes de articulação com outras unidades administrativas; atraso na prestação de contas; captação de recursos humanos; dificuldade para celebrar contrato/convênio; entraves nos procedimentos burocráticos; insuficiência de recursos humanos; insuficiência/inadequação de infraestrutura física e de equipamentos);
e. Ambientais (desconhecimento da política ambiental; objeção do Ministério Público ou organizações ambientais; obtenção de licença; outros);
f. Gerenciais (dificuldade de controle sobre execução da contratada; inexistência de instrumento e de procedimentos técnico-operacionais de monitoramento; insuficiência de recursos humanos em cargos gerenciais; mudança na equipe gerencial; outros);
g. Políticas (alteração/adequação de legislação regulamentadora; conflitos decorrentes de outras políticas setoriais; desinteresse político de outro ente em aderir a determinada política; inexistência de legislação regulamentadora; outros);
h. Institucionais (ausência de planejamento de priorização; dificuldade na comunicação com público externo; dificuldade no relacionamento interinsti-

tucional; inadequação organizacional; problema na coordenação da gestão da informação; outros);

i. Tecnológicas (ausência de integração entre sistemas; obsolescência e/ou escassez de equipamento/ferramentas tecnológicas; outros);
j. Licitações (apresentação de recurso ou impugnação do certame; atraso na entrega de documentação; ausência de licitantes; procedimento licitatório burocrático; processo licitatório condicionado a limites orçamentários; outros);
k. Auditoria (recomendações e instruções da auditoria interna; recomendações e instruções da CGU; recomendações e instruções do TCU);
l. Outras;
m. Não houve restrições.

Anexo V

Respostas da Questão 6 da Avaliação do PPA — Sigplan (2008) para o Programa 1036 — Integração de Bacias Hidrográficas

Questão 6: Assinale as restrições que interferiram no desempenho das ações de maior impacto e, consequentemente, no alcance do objetivo do programa. Comente sobre as restrições e providências adotadas. O Sigplan informará sobre restrições que porventura tenham sido incluídas no módulo de monitoramento no ano de 2008.

Obs.: As questões marcadas abaixo em itálico são as identificadas pelos gestores como aquelas que atrapalharam no início o investimento. Como se constata de forma clara, o problema com esse programa não estava ligado à falta de recursos, mas sim a problemas judiciais, administrativos, ambientais, gerenciais, institucionais, tecnológicos e de licitação (ver as justificativas abaixo).

a) ( ) Orçamentárias (atraso na aprovação da LOA; competição de recursos por parte de vários órgãos que executam uma mesma política; contingenciamento orçamentário; demora na tramitação de crédito adicional; insuficiência de recursos alocados na Lei Orçamentária; outros)

b) ( ) Financeiras (não houve disponibilização de recursos financeiros; problemas financeiros de outros entes envolvidos na execução; problemas relativos ao fluxo de liberação dos recursos; recursos financeiros comprometidos com restos a pagar; outros)

c) (X) Judiciais (ações judiciais; legislação eleitoral; outros)

Justificativa: Ações judiciais nas licitações dos lotes 1 e 10 atrasaram o cronograma das licitações.

d) (X) Administrativas (atividades dependentes de articulação com outras unidades administrativas; atraso na prestação de contas; captação de recursos humanos; dificuldade para celebrar contrato/convênio; entraves nos procedimentos burocráticos; insuficiência de recursos humanos; insuficiência/inadequação de infraestrutura física e de equipamentos)

Justificativa: — A infraestrutura física e de equipamentos é insuficiente e inadequada para a Coordenação do Projeto de forma desejável; — Atraso na disponibilização de técnicos e falta da estrutura organizacional do ***Departamento de Projetos Estratégicos*** *que seria atendido com a disponibilização dos cargos DAS previstos. — Dificuldade em contratar serviços e adquirir equipamentos e suprimentos necessários ao bom andamento dos trabalhos no DPE.*

e) (X) Ambientais (desconhecimento da política ambiental; objeção do Ministério Público ou organizações ambientais; obtenção de licença; outros)

Justificativa: Processo moroso para a obtenção de autorizações complementares de supressão vegetal, que não acompanhou o avanço exigido para liberação das obras.

f) (X) Gerenciais (dificuldade de controle sobre execução da contratada; inexistência de instrumento e de procedimentos técnico-operacionais de monitoramento; insuficiência de recursos humanos em cargos gerenciais; mudança na equipe gerencial; outros)

Justificativa: — Falta de normas e procedimentos para guiar os trabalhos de Gestão do Programa; — Insuficiência de recursos humanos (não disponibilização dos DAS).

g) ( ) Políticas (alteração/adequação de legislação regulamentadora; conflitos decorrentes de outras políticas setoriais; desinteresse político de outro ente em aderir a determinada política; inexistência de legislação regulamentadora; outros)

h) (X) Institucionais (ausência de planejamento de priorização; dificuldade na comunicação com público externo; dificuldade no relacionamento interinstitucional; inadequação organizacional; problema na coordenação da gestão da informação; outros)

Justificativa: atraso na disponibilização de técnicos e falta da estrutura organizacional do Departamento de Projetos Estratégicos, que seria atendido com a disponibilização dos cargos DAS previstos.

i) (X) Tecnológicas (ausência de integração entre sistemas; obsolescência e/ou escassez de equipamento/ferramentas tecnológicas; outros)

Justificativa: Falta de sistemas específicos e ausência de integração entre os existentes; Equipamentos e ferramentas tecnológicas insuficientes (computadores, videoconferência etc.).

j) (X) Licitações (apresentação de recurso ou impugnação do certame; atraso entrega documentação; ausência de licitantes; procedimento licitatório burocrático; processo licitatório condicionado a limites orçamentários; outros)

Justificativa: Nos lotes 1 e 10 do Edital 02/07 — Obras Civis do Pisf. Houve duas ações judiciais julgadas pelo STJ a favor do MI.

k) Auditoria (recomendações e instruções da auditoria interna; recomendações e instruções da CGU; recomendações e instruções do TCU)

l) Outras

m) Não houve restrições

Capítulo 5

O óbvio ignorado: custos internos de transporte e a geografia das exportações no Brasil*

Mauricio Mesquita Moreira

1. Introdução

O debate sobre política comercial no Brasil e na América Latina tem sido historicamente dominado pelas chamadas barreiras tradicionais ao comércio exterior. Fala-se sempre muito em tarifas, barreiras não tarifárias, OMC, acordos de livre comércio etc. Isso não chega a ser uma surpresa, haja vista nosso passado protecionista, mas o fato é que a realidade mudou.

Esse tipo de ênfase fazia sentido quando as tarifas proibitivas eram a regra, assim como as lendárias "gavetas" das licenças não automáticas de importação. Depois de um longo, sofrido e, na sua maior parte, bem-sucedido processo de liberalização e integração comercial, a importância desses tipos de barreiras caiu drasticamente em toda a região. Isso não quer dizer que elas se tornaram irrelevantes. O Brasil, por exemplo, é parte de um grupo de países em que a liberalização comercial ainda é uma obra inacabada e tem passado por importantes retrocessos.[1] Ainda assim, estamos muito distantes da situação que prevalecia no final dos anos 1980.

Ao mesmo tempo que as barreiras tradicionais minguaram, outros obstáculos, como custos de transporte e travas administrativas nas fronteiras, cresceram rapidamente em importância. Os custos de transporte merecem particular atenção em função da complexidade e do alcance do seu impacto,

* Este capítulo é uma versão reduzida e modificada do capítulo 2 de Mesquita Moreira et al. (2013). Agradeço os valiosos comentários dos editores desse volume.

1. Ver Frischtak e Mesquita Moreira (2013).

tanto no nível da produção e da comercialização das exportações quanto no de sua distribuição regional. Sua importância crescente reflete, por um lado, um desenvolvimento precário e regionalmente desbalanceado da infraestrutura de transporte e, por outro, a crescente especialização da América Latina em bens intensivos em transporte, sejam *commodities* ou bens manufaturados "pesados" ou de rápida entrega, reflexo da emergência asiática na economia mundial (Mesquita Moreira, Volpe e Blyde, 2008).

Apesar da sua importância, são raros os estudos que procuram quantificar os impactos dos custos de transporte sobre os fluxos de comércio na região. Hummels (2001) e Clark e colaboradores (2004) fizeram um esforço pioneiro nesse sentido, seguido depois por Mesquita Moreira, Volpe e Blyde (2008). Esses estudos mostraram, em particular, que para a maioria dos países na América Latina, inclusive o Brasil, os ganhos de exportação gerados por uma redução nos fretes internacionais podem ser várias vezes superiores a uma redução equivalente nas barreiras tarifárias.

Embora esclarecedoras, ao focarem exclusivamente nos fretes internacionais, essas contribuições deixaram de lado uma parte importante do problema: os custos internos de transporte, ou seja, os custos de enviar a mercadoria do local de produção à alfândega. Esses custos são particularmente importantes para países continentais como o Brasil e o México, onde a dispersão de recursos naturais e humanos sobre um vasto território dá ao transporte um papel fundamental na distribuição espacial dos ganhos do comércio exterior. O fato de que ambos os países apresentam uma elevada concentração das exportações em poucos municípios, aliado a uma infraestrutura de transporte precária e regionalmente desequilibrada, não parece ser uma mera coincidência.

A contribuição da literatura ao entendimento dessa dimensão interna dos custos de transporte é ainda mais limitada. Os poucos bons estudos empíricos existentes ou não analisam os impactos sobre o comércio exterior ou, se o fazem, se concentram em poucos produtos e países, e não raro medem os custos de transporte de forma muito aproximada, usando variáveis como distância.[2]

Este artigo procura avançar sobre essa lacuna de conhecimento, tendo o Brasil como referência. O objetivo é estimar o impacto dos custos internos de transporte sobre as exportações dos municípios no período 2007 a 2010 a par-

2. Ver, por exemplo, Matthee e Naudé (2008) para o caso da África do Sul, Donaldson (2010) para a Índia e Castro, Carris e Rodrigues (1999), Haddad, Domingues e Perobelli (2002), Banco Mundial (2008, cap. 3) e Fally, Paillacar e Terra (2010) para o caso do Brasil.

tir da construção de uma base de dados que identifica o município de origem e os custos de transportes das exportações até a alfândega de saída.

O artigo está dividido em seis seções, incluindo esta introdução. Na seção seguinte discutimos como enfrentamos o desafio de construir uma base de dados que permitisse avaliar o impacto dos custos de transporte domésticos sobre as exportações. Na terceira seção, descrevemos as principais características da distribuição regional das exportações e dos custos internos de transporte a ela associados. Na quarta seção, estimamos o impacto desses custos sobre as exportações municipais. Os resultados sugerem que esse impacto é tanto econômica como estatisticamente significativo — com elasticidades que variam entre 1, na mineração, e 5, na agricultura. Na seção 5 aproveitamos os resultados das estimações para fazermos uma série de simulações usando o *portfolio* dos principais projetos do Plano Nacional de Logística. Os resultados não deixam dúvidas quanto à importância da dimensão subnacional dos custos de transporte. Os municípios localizados nas regiões mais remotas, com uma maior especialização agrícola e que, em geral, pouco exportam, são os mais penalizados pela precária infraestrutura de transporte do país.

2. O desafio empírico

Um dos maiores desafios de qualquer análise séria das consequências dos custos internos de transporte é empírico e está relacionado às dificuldades de identificar a origem das exportações e determinar seu custo de transporte até a alfândega. No Brasil, como na maioria dos países, as empresas frequentemente listam seu domicílio fiscal como o local de origem das exportações, sem que este seja necessariamente o local de produção. Esta prática acaba por superestimar a participação das grandes cidades, distorcendo o cálculo dos custos de transporte. Além disso, com algumas poucas exceções, não existe no país um levantamento sistemático dos fretes internos, o que deixa o pesquisador sem uma base confiável de dados de transporte com a qual trabalhar.

Para buscar reduzir o viés das grandes cidades, combinamos os dados de exportação da Receita Federal com as informações do Cadastro Central de Empresas do IBGE, com objetivo de assegurar que o município informado como origem da exportação tem realmente atividade produtiva no setor em questão. Com relação aos custos de transporte, seguimos Castro (2002) e

Combes e Lafourcade (2005) usando dados georreferenciados sobre as despesas operacionais de veículos de carga por toda a rede multimodal. A fonte dos dados é o Plano Nacional de Logística e Transportes (PNLT). Com a ajuda de um software de sistema de informação geográfica, usamos esses dados para identificar as rotas de exportação de menor custo entre o município de origem e a alfândega de saída, cujos custos de transporte usamos como *proxy* das despesas efetivamente ocorridas.

A base de dados que resulta deste esforço contém informações georreferenciadas sobre os custos de transporte *ad valorem* das exportações de todo o Brasil por município, produto (seis dígitos do Sistema Harmonizado) e alfândega de saída para o período de 2007-10. Os detalhes da construção dessa base se encontram no Apêndice Técnico.

3. Navegando pelos dados

As figuras de 1 a 3 apresentam os principais fatos revelados pelos dados. Na figura 1 fica evidente o elevado nível de concentração espacial das exportações. Dos 5.563 municípios, apenas 23% (1.284) exportaram entre 2007-10. Os 10 principais municípios exportadores foram responsáveis por cerca de 46% das exportações totais, embora representassem apenas 0,2% do território nacional. Sete desses municípios estão localizados no Sudeste, onde está concentrada a maior parte da rede de transporte. A figura 2 mostra que os municípios com as exportações mais diversificadas também estão no Sudeste; São Paulo, com 3.611 produtos de exportação, está classificado no topo, enquanto a média é de 57 produtos. A maioria dos municípios nas regiões menos desenvolvidas produz entre um e 50 produtos de exportação; os do Centro-Oeste, em média, 24; os do Norte, 16; e os do Nordeste, 20 produtos.

A figura 3, por sua vez, sugere que a desigual distribuição espacial das exportações está negativamente correlacionada com os custos internos de transporte para exportação, cuja variância entre os municípios é significativa. Esses custos refletem diferenças nas distâncias até as alfândegas, nos modos de transporte, na qualidade da infraestrutura ao longo da rota de exportação e no tipo de produto que está sendo exportado (valor, tamanho e peso). Como se pode observar, os custos de transporte dos municípios no Centro-Oeste, Norte e, em menor medida, Nordeste — as regiões com menor atividade ex-

Figura 1
Participação municipal na exportação e rede de transporte 2007-2010

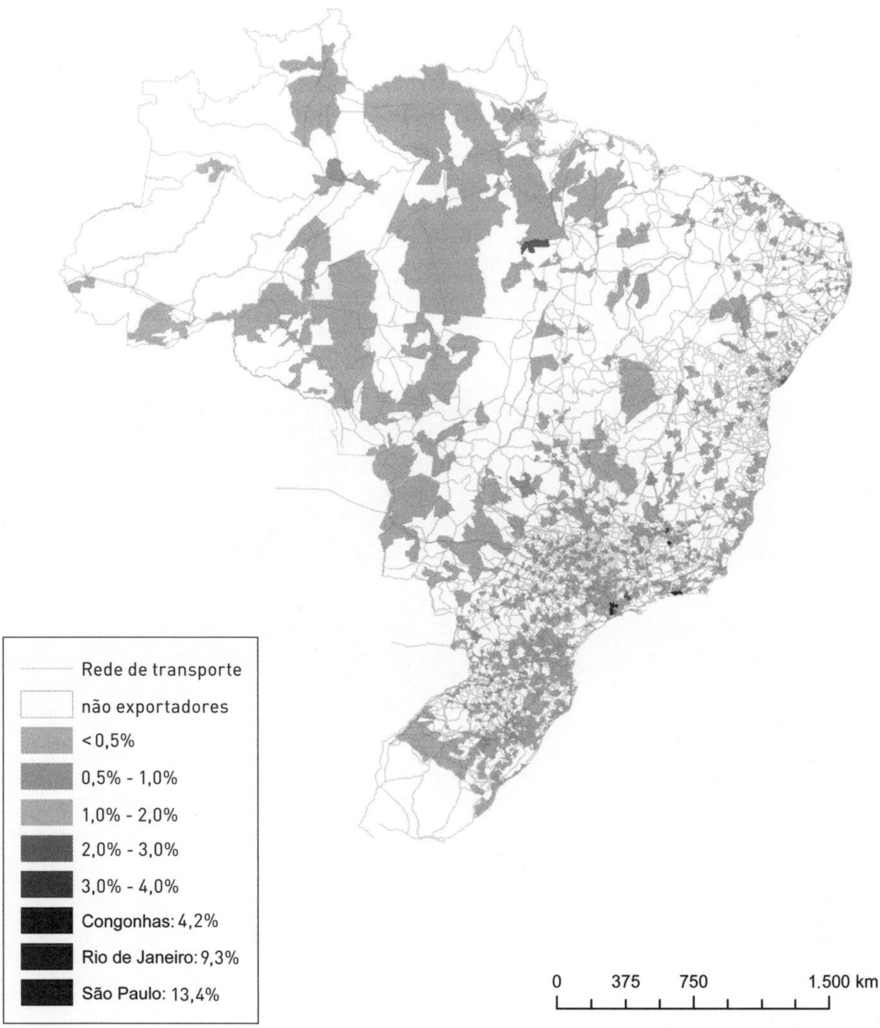

Fonte: Elaboração própria.

Figura 2
Números de produtos exportados por municipalidade 2007-2010

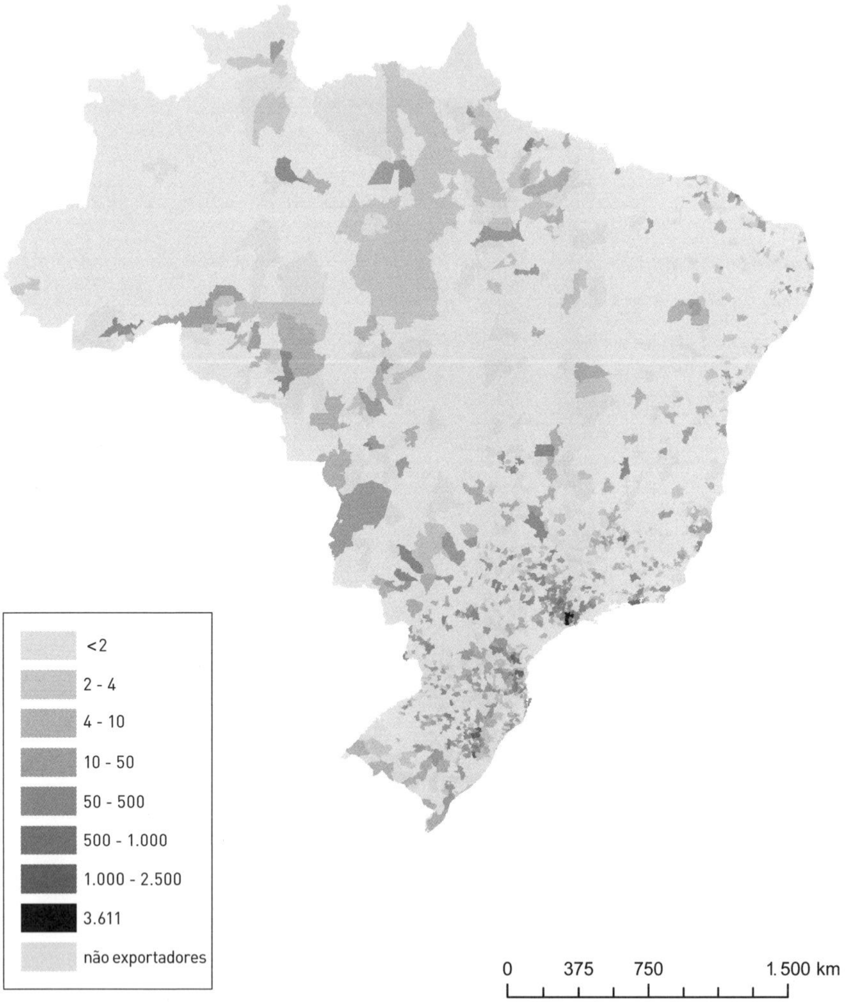

Nota: Produtos correspondem aos seis dígitos do Sistema Harmonizado.
Fonte: Elaboração própria.

Figura 3

Custos internos de transporte *ad valorem* para exportar. Média municipal 2007-2010 (%)

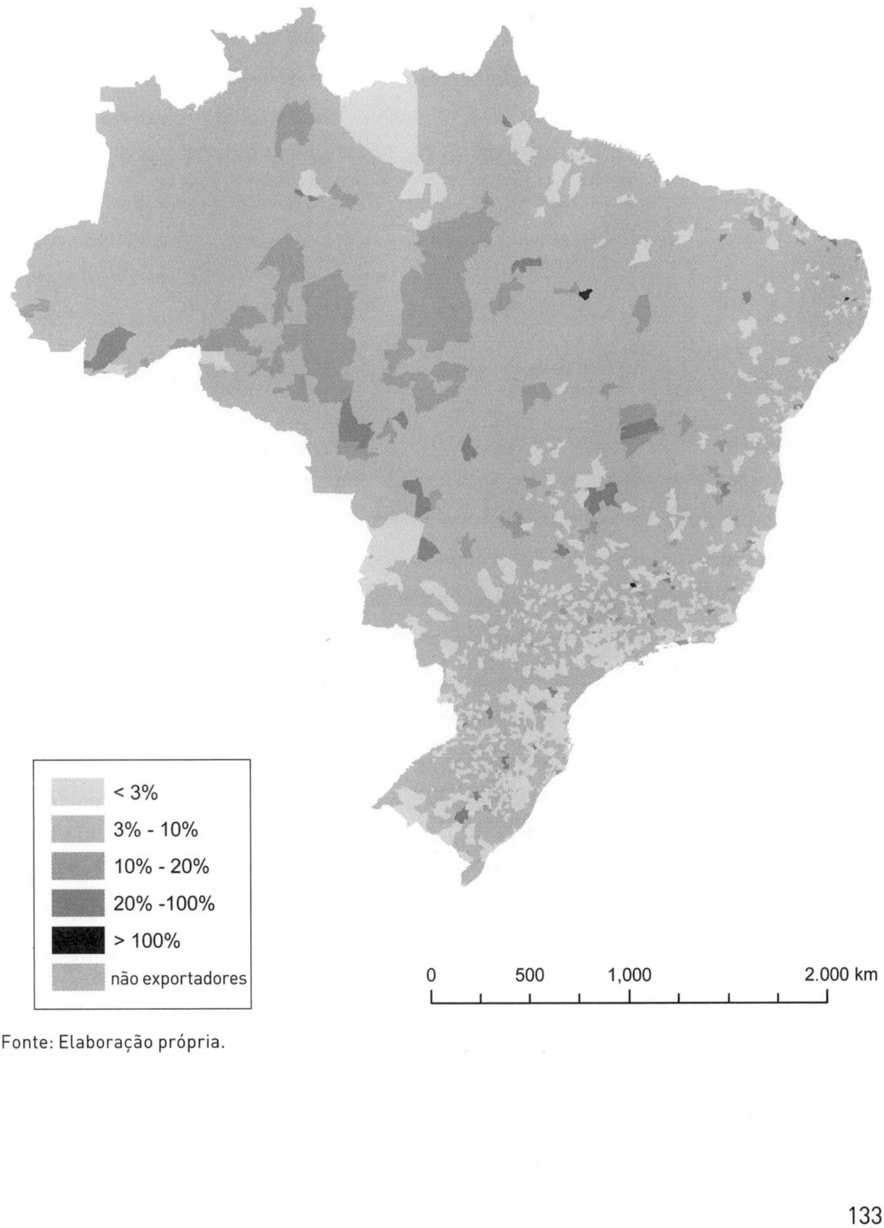

Fonte: Elaboração própria.

portadora — estão muito acima da média do país, devido a uma combinação de exportação de recursos naturais com alta relação peso-valor, longas distâncias até as alfândegas e infraestrutura de transporte de baixa qualidade e densidade.[3]

Esses fatos levantam a questão sobre quanto dessa variação no desempenho exportador pode ser explicado por diferenças nos custos internos de transporte. A mera descrição dos dados já sugere que o papel desempenhado por esses custos deve ser significativo, mas essa evidência pode ser simplesmente uma correlação espúria. A capacidade de exportação dos municípios é também determinada por diversos outros fatores, entre eles vantagens comparativas, economias de aglomeração, intervenção governamental e acidentes históricos.

4. Qual é o impacto dos custos de transportes?

Para melhor entender o papel desses custos, recorremos à econometria para estimar seu impacto tanto no nível quanto na diversificação das exportações, filtrando a influência de outros possíveis determinantes. Estimamos uma equação que relaciona exportações municipais no nível de produto com seus custos de transporte *ad valorem* até a alfândega e com outras características permanentes dos municípios (vantagens comparativas e instituições), dos produtos (dimensão e transportabilidade) e das alfândegas (especialização portuária capaz de afetar as exportações). Eventos extraordinários específicos ao período de análise também entram na equação para minimizar um possível viés nos resultados. Como os impactos dos custos de transporte estão sujeitos a variações substantivas em função de diferenças na transportabilidade dos produtos exportados (Hummels, 2001), estimamos equações distintas para indústria, agricultura e mineração, combinando dados de 2007 a 2010.

Os resultados, ilustrados na figura 4 e discutidos em mais detalhes no Apêndice Técnico, confirmam a correlação inversa entre custos de transporte

3. A média municipal é de 4,3%; o Norte apresenta a média mais alta (9,8%), seguido do Centro-Oeste (8,1%), Nordeste (6,2%), Sudeste (3,6%) e Sul (2,4%). Observe-se que apenas os custos de transporte estão cobertos, os quais, segundo uma estimativa para o caso do Brasil, respondem por apenas uma média de 40% de todos os custos logísticos, que também incluem despesas de armazenamento, taxas portuárias e aeroportuárias, pedágios e outros gastos administrativos (Resende et al., 2012).

e nível de exportação. De fato, o impacto é significativo: uma redução de 1% nos custos de transporte *ad valorem* aumenta, em média, as exportações agrícolas em 5%, as manufatureiras em 4% e as minerais em 1%.

Embora sejam reveladores, esses números devem ser vistos como uma primeira aproximação pelo menos por três motivos. Primeiro, eles não captam os efeitos indiretos dos custos de transporte na produção. Estimativas desses efeitos são difíceis de encontrar na literatura. Atack e colaboradores (2010), por exemplo, sugerem que os custos mais baixos do transporte ferroviário na segunda metade do século XIX responderam por quase um terço do aumento no número de estabelecimentos industriais nas regiões dos Estados Unidos que se beneficiaram desses investimentos.

Figura 4

O impacto sobre as exportações municipais dos custos de transporte

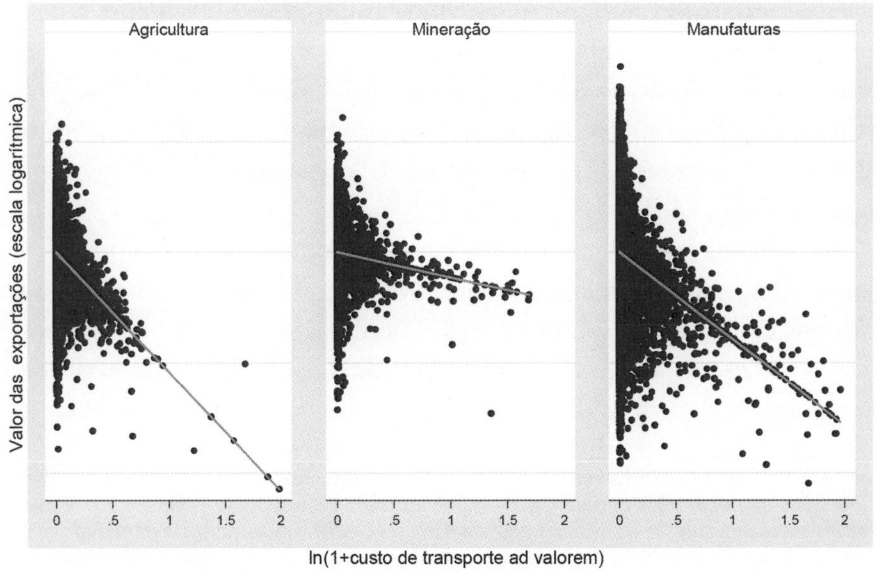

Nota: Gráficos baseados nos resultados de uma regessão de mínimos quadrados com efeitos fixos por município-alfândega-produto e efeitos fixos por anos. Ver Apêndice para detalhes.
Fonte: Elaboração própria.

Segundo, nossas estimações ignoram o impacto dos custos de transporte nos municípios que não exportam, porque, por definição, não podemos observar suas exportações ou alfândegas de saída. Isso é particularmente preocupante porque provavelmente esses são os municípios com os custos de transporte mais altos. A importância desse viés, porém, pode ser avaliada com base no impacto dos custos de transporte na probabilidade de exportar, e nossas estimações a esse respeito sugerem na realidade um impacto muito pequeno.[4] A terceira razão para preocupação é a questão da causalidade reversa. Níveis altos de exportação tendem a diminuir os custos de transporte devido a economias de escala e a incentivos para melhorar a infraestrutura.[5] Se esses efeitos forem suficientemente fortes, nossas estimativas poderiam exagerar o impacto dos custos de transporte sobre as exportações. Para avaliar a extensão desse viés potencial, substituímos a variável custo de transporte por outra variável correlata, mas que não é afetada pelo nível de exportações, como a distância em linha reta até a alfândega de saída. Os resultados não sugerem que estejamos superestimando o papel dos custos de transporte sobre a exportação.[6]

Além de estimar o impacto sobre o valor de cada produto, avaliamos também os efeitos sobre o número de produtos exportados; isto é, sobre a diversificação das exportações dos municípios. A estratégia empírica é muito semelhante à que foi usada acima, exceto que nesse caso: (a) a variável dependente é o número de produtos exportados por município; e (b) eliminamos os dados relativos à alfândega escolhida, ou seja, concentramo-nos no desempenho do município como um todo e não no número de produtos que ele exporta por alfândega.

Conforme esperado, os resultados sugerem que os custos de transporte têm um impacto estatisticamente negativo e significativo. Uma redução de 10% nos custos de transporte aumentaria o número de produtos exportados entre 4% a 7%, dependendo da variável escolhida para representar o custo de transporte do município.[7] De modo geral, mesmo se considerarmos os limites

4. Ver Helpman, Melitz e Rubenstein (2008). Estimamos o impacto dos custos de transporte sobre a probabilidade dos municípios de exportar usando um modelo Probit, tendo a média ponderada dos custos de transporte por tonelada do município como variável independente (já que não se observa nem o produto nem aduana dos municípios que não exportam), e usando efeitos fixos por estado e ano. Os resultados da regressão sugerem um impacto muito pequeno. Por exemplo, em média, uma redução de 10% nos custos de transporte aumentaria a probabilidade de exportar em 0,2 ponto percentual em mineração, 0,1 na indústria e 0,09 na agricultura. Esse resultado pode estar relacionado ao pequeno número de exportadores no universo total dos municípios, além, é claro, da importância dos outros determinantes da exportação. Ver Mesquita Moreira et al. (2013) para os detalhes da regressão.

5. Kleinert e Spies (2011).

6. Ver Apêndice Técnico.

7. Uma vez que nesse caso não utilizamos a informação sobre a alfândega, resta-nos a decisão, em larga medida arbitrária, sobre como representar os custos de transporte do município. O fato de que as exportações de um determinado município geralmente se concentrarem em uns

superiores dessas estimativas, o impacto parece ser significativamente menor do que o incidente sobre o valor das exportações, discutido anteriormente. Em outras palavras, os custos de transporte parecem ser uma restrição mais importante aos ganhos de escala das exportações do que aos ganhos de diversificação que parecem estar mais diretamente associados aos outros determinantes das exportações.

5. Quais são as implicações para as políticas públicas?

A fim de trazer a discussão mais para perto da arena de políticas públicas, usamos as estimações e nossa base de dados georreferenciados sobre exportações e custos de transporte para dar uma primeira olhada no provável impacto de melhorias na qualidade e extensão da rede de transportes do país. Concentramo-nos em duas melhorias:[8]

Elevação de todas as estradas ao melhor padrão de pavimentação, conforme definição do Ministério dos Transportes. Em 2007, nosso ano de referência, 26% das estradas tinham pavimentação considerada boa, 54% regular, 16% ruim e 4% péssima.

Expansão da rede multimodal para incluir todos os projetos de ferrovias e hidrovias que constam do Plano Nacional de Logística e Transportes (PNLT), cujo principal objetivo é conectar as remotas regiões agropecuárias e de mineração do Norte, Centro-Oeste e Nordeste aos portos do país.[9] As ferrovias que respondem pela maior parte da expansão planejada são a Norte-Sul, a Oeste-Leste (Fiol), a Nova Transnordestina e a Ferrovia Transcontinental. Os projetos hidroviários que se destacam são as hidrovias do Tocantins e Tapajós-Tele Pires no Norte e Centro-Oeste (figura 11).

---

poucos escritórios alfandegários desencoraja o uso de médias simples. Experimentamos então com médias ponderadas, custo mínimo, modal, mediano e custo pela principal alfândega em termos de volume.

8. Ver detalhes do exercício Apêndice Técnico.

9. O PNLT, introduzido pela primeira vez em 2007 e revisado em 2009 e 2011, é uma ferramenta usada para apoiar o planejamento de investimentos público-privados em infraestrutura de transporte. Esse plano produziu uma base de dados georreferenciados da rede de transporte do Brasil e uma carteira de projetos de transporte que no início abrangia de 2007 a 2023 e foi recentemente ampliada até 2031. A revisão de 2011 continha investimentos de RS$ 423 bilhões distribuídos entre 1.167 projetos. PNLT (2009, 2012).

Embora estilizado, esse cenário se ajusta muito bem aos objetivos do PNLT, em que as ferrovias e, em menor medida, as hidrovias respondem por quase todas as extensões projetadas da rede multimodal. Os investimentos em rodovias limitam-se em grande parte a melhorias na qualidade e na capacidade. Quando incorporadas à nossa rede digital, essas melhorias se traduziriam em uma redução média de 12% nos custos de transporte nas rotas municipais de exportações entre 2007 e 2010. O impacto estimado dessa redução nas exportações é apresentado na figura 5. Apesar das limitações metodológicas já mencionadas, os resultados proporcionam uma ilustração eloquente do papel dos custos internos de transporte na explicação das disparidades regionais de exportação do Brasil. Fica imediatamente evidente que a maioria dos ganhos significativos decorrentes das melhorias se concentraria nos municípios do Norte e Centro-Oeste, onde as exportações aumentariam, em média, 13% e 12%, respectivamente. O impacto seria significativamente menor no Nordeste, Sul e Sudeste, onde as exportações aumentariam 2%, 1% e 0,5%, respectivamente.

Muitos desses resultados seriam esperados, já que os principais projetos de transporte na simulação se destinam a regiões menos desenvolvidas. Ainda assim, mesmo se os investimentos se distribuíssem igualmente pelo país, regiões como o Norte e o Centro-Oeste se beneficiariam de modo desproporcional, simplesmente porque: (a) é nelas que a infraestrutura é de pior qualidade e menos densa; e (b) essas regiões produzem principalmente bens primários "pesados", estão localizadas longe dos principais portos e, portanto, seriam mais beneficiadas com os projetos de ferrovias e hidrovias. O Nordeste também apresenta algumas dessas características, mas não todas. Sua proximidade da costa e a produção incipiente de produtos agrícolas reduzem os benefícios imediatos.

No caso do Sudeste, os maiores benefícios viriam de uma redução do congestionamento do tráfego, fator que não está incluído em nossa simulação. Muito embora as melhorias na pavimentação afetem o tempo de deslocamento das mercadorias e, portanto, os custos de transporte no nosso modelo (Apêndice Técnico), nossa rede estilizada não capta em absoluto o impacto dos graves congestionamentos que afetam a rede do Sudeste, particularmente no acesso aos portos.

Avaliamos também o impacto desses investimentos em termos do número de produtos exportados por município, pressupondo que todos eles se deslocam pela rota de menor custo. Como mostra a figura 6, a baixa densidade da infraestrutura de transporte, as longas distâncias da costa e a especialização em um reduzido número de produtos primários resultam nos ganhos mais significativos para o Norte e Centro-Oeste. Os municípios nessas regiões, que atualmente exportam em média três ou quatro produtos, veriam esses números aumentar, em média, 23% e 13%, respectivamente. O Nordeste, onde o nível de diversificação é comparável ao de outras regiões menos desenvolvidas (dois produtos de exportação em média), teria um ganho mais limitado de 7%, porque, como mencionamos antes, a proximidade da costa provavelmente reduziria o impacto relativo dos investimentos. O Sul e Sudeste, que são bem mais diversificados, teriam aumentos médios de 8% e 5%, respectivamente.[10]

6. Por que tão devagar?

A mensagem que esses dados e estimações trazem é muito clara: com a melhoria de sua infraestrutura de transporte, o Brasil pode não apenas aumentar o volume e a diversificação de suas exportações, mas também distribuir os benefícios do comércio exterior de modo mais uniforme no plano territorial. Esse benefício duplo não pode ser ignorado por um país que ainda não alcançou uma participação no mercado mundial coerente com seu tamanho e enfrenta disparidades regionais agudas. As perguntas que se colocam então são: por que o Brasil não está reduzindo o seu déficit em infraestrutura mais rapidamente? Por que não investe mais em uma atividade que parece oferecer retornos tão significativos? Por que não amplia sua agenda comercial para incorporar os temas de infraestrutura?

Um rápido exame dos planos de investimento recentes mostra que a lenta resposta não se deve à falta de diagnóstico adequado. O PNLT, cujos dados e projetos foram usados em nossas simulações, claramente identifica as principais falhas da rede de transporte brasileira vistas acima: as assimetrias regionais, a inadequação da composição modal e as precárias condições gerais da rede existente. O PNLT apresenta também uma carteira de projetos que corresponde às prioridades da maioria dos analistas e das associações empresariais.[11]

10. A magnitude dos ganhos varia significativamente dependendo da variável *proxy* usada para os custos de transporte do município, como mencionado. A distribuição espacial do impacto, porém, muda pouco.
11. Ver, por exemplo, Ipea (2010), CNT (2011) e CNI (2012).

Apesar da precisão do diagnóstico, os sintomas de subinvestimento parecem persistir. Por um lado, estima-se que os investimentos em transporte se situam abaixo de 1% do PIB.[12] Essa porcentagem é muito inferior ao pico de 2% dos anos 1970, que já não foi suficiente para dar ao país uma rede de transporte comparável à dos países desenvolvidos. Por outro, os investimentos têm se situado muito aquém das metas estabelecidas pelos próprios planos do governo.

Por exemplo, apenas 34% da carteira de investimentos de US$ 208 bilhões do PNLT (cerca de 8% do PIB) foram incluídos no Programa de Aceleração do Crescimento (PAC), lançado em 2007, cujos projetos têm garantia de recursos governamentais. Mas mesmo esses projetos têm enfrentado atrasos significativos em sua execução. Em 2011 — três anos antes do término oficial do programa —, apenas 8% dos projetos de transporte haviam sido concluídos.[13] O nível de investimento em infraestrutura de transporte também parece modesto em comparação com o de outros países emergentes, notadamente o da China, que, segundo uma estimativa, investiu no setor uma média anual de 4,5% de seu PIB entre 1992 e 2011.[14]

Se parece claro que um nível baixo de investimento é uma peça-chave do quebra-cabeça, por que ele tem sido tão baixo? Restrições orçamentárias normalmente aparecem no topo da lista de suspeitos, mas a explicação parece ir além dessas restrições e envolver prioridades e problemas de execução.[15]

No que diz respeito a prioridades, mesmo uma análise superficial da composição dos gastos públicos do país nas últimas décadas revela que poderia ter havido um progresso substantivo se os enormes recursos investidos em iniciativas arriscadas e de baixo retorno tivessem sido alocados em investimentos na infraestrutura de transporte. Os empréstimos do Banco Nacional de Desenvolvimento Econômico e Social (BNDES) são um exemplo. O banco desembolsou US$ 186 bilhões em empréstimos subsidiados para a indústria em 2003-12, 70% deles para empresas de grande porte com acesso direto a mercados de capital locais e internacionais. Esses empréstimos se aproximam do valor de toda a carteira de projetos do PNLT.[16]

---

12. Ver o capítulo de Cláudio Frischtak e Katharina Davies neste livro.
13. Ver PNLT (2012) e <www.pac.gov.br/sobre-o-pac>.
14. Ver McKinsey (2013:12).
15. Sobre essa questão, ver o capítulo de Mansueto Almeida neste volume.
16. Disponível em: <www.bndes.gov.br/SiteBNDES/bndes/bndes_pt/Institucional/BNDES_Transparente>.

Figura 5

O impacto sobre as exportações de melhorias selecionadas na rede multimodal

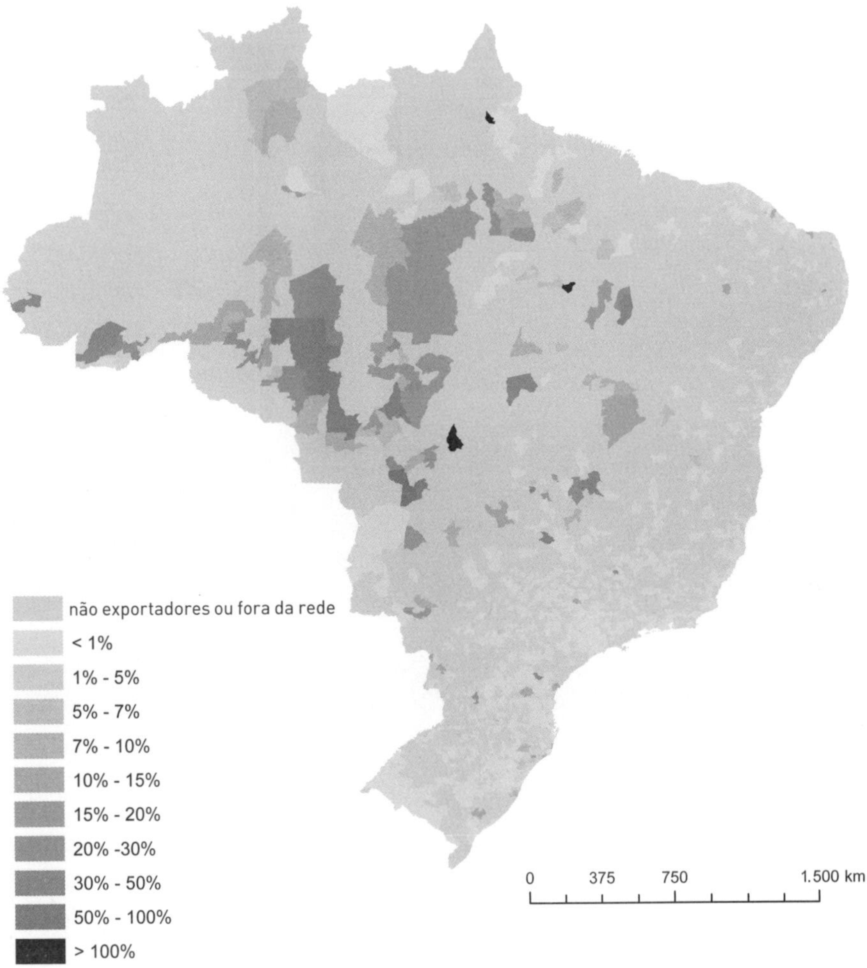

Nota: Predições de um modelo de mínimos quadrados com efeitos fixos de origem-destino-produto e feitos fixos por ano. Este caso mostra impacto médio com dados de 2007-2010. Ver Apêndice.
Fonte: Elaboração própria.

Figura 6
O impacto de melhorias selecionadas na rede multimodal no número de produtos exportados

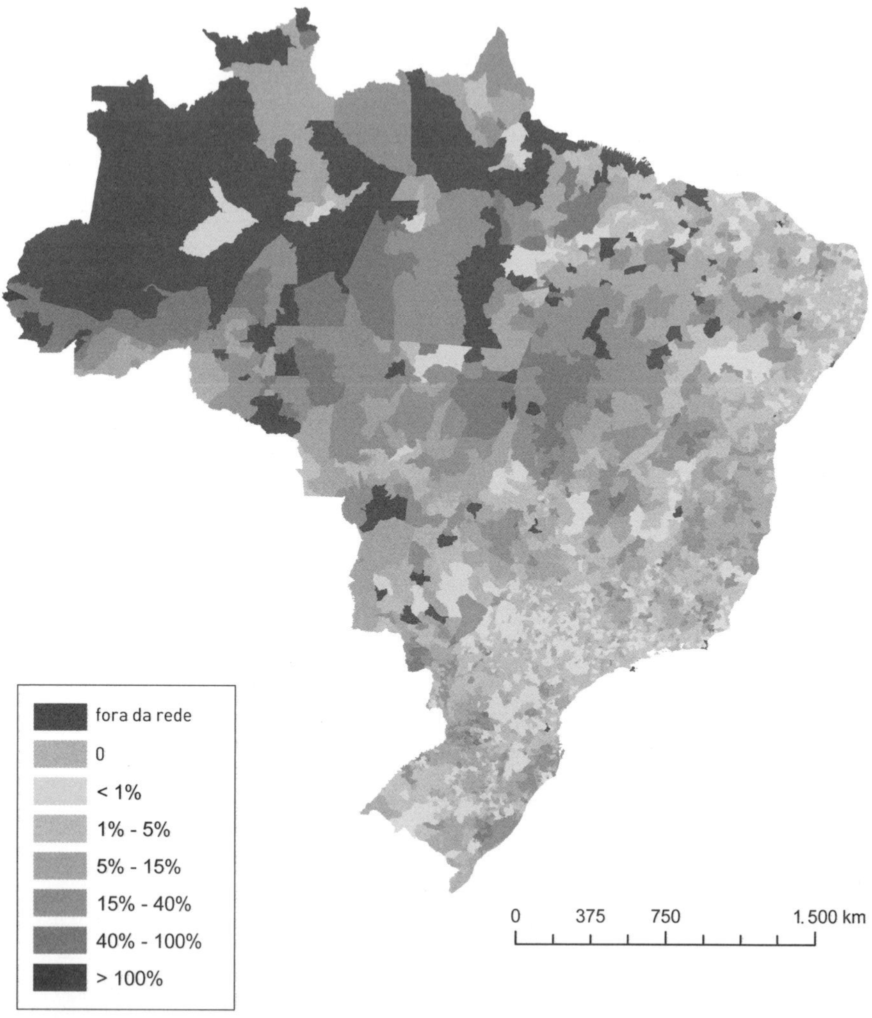

Nota: Predições de um modelo Poisson com efeitos fixos por estado e ano. Opção custo mínimo para a alfândega. Ver Apêndice.
Fonte: Elaboração própria.

Quanto à execução, debilidades institucionais e regulatórias parecem ter enfraquecido a capacidade do setor público de selecionar e executar projetos de transporte e alavancar contribuições do setor privado. O Ministério dos Transportes emergiu da crise fiscal das décadas de 1980 e 1990 com escassez de quadros qualificados; mesmo depois de empreender uma série de reformas, ainda não conseguiu recuperar sua capacidade de formulação e planejamento de políticas. As duas agências reguladoras de transporte terrestre e aquático, a ANTT e a Antaq, criadas em 2001 para regulamentar e supervisar concessões e outras formas de parcerias público-privadas (PPP), são em geral vistas como carentes de pessoal técnico e vulneráveis a pressões políticas e de interesses especiais.[17]

Essas debilidades institucionais têm sido agravadas por hesitações em recorrer aos recursos e à gestão do setor privado. Embora tenham sido feitos progressos importantes em rodovias e ferrovias, o ritmo e o escopo desses avanços não têm sido consistentes com a urgência nem com os ganhos potenciais que a redução dos custos de transporte poderia trazer. Em 2012, 15.473 km de estradas estavam sob concessão privada, o que coloca o Brasil atrás apenas da China nesse tipo de concessão (Véron e Cellier, 2010). Mas a maior parte dessas iniciativas foi empreendida no nível estadual, particularmente em São Paulo, com as importantes rodovias interestaduais sob administração federal representando somente 31% das concessões (menos de 1% da rede pavimentada federal).[18]

Os avanços feitos no caso das ferrovias foram mais significativos, mas continuam longe de esgotar o potencial do setor. Praticamente toda a rede existente foi transferida para o setor privado na segunda metade dos anos 1990, o que levou a aumentos significativos de investimento e tráfego (ANTT, 2012). No entanto, as concessões não trataram das necessidades prementes de expansão da rede (Ipea, 2010b). Na prática, essa tarefa foi deixada à companhia estatal Valec, cujos problemas de governança — não muito diferentes dos que afligiram a RFFSA, companhia estatal que administrou desastrosamente

17. A ANTT e a Antaq ocupavam as últimas posições no *ranking* das instituições federais em Correa e colaboradores (2006), que avaliaram os órgãos reguladores do Brasil. Véron e Cellier (2010:38), por sua vez, analisando o caso da ANTT, dizem o seguinte: "Para fortalecer a governança, o governo deve assegurar que os diretores e administradores sejam consistentemente selecionados com base em suas qualificações técnicas e de gestão, independentemente de interesses políticos e privados".

18. Para detalhes sobre o programa de concessões, ver ABCR em: <www.abcr.org.br/Conteudo/Secao/43/estatisticas.aspx> e ANTT em: <www.antt.gov.br/index.php/content/view/4978/Historico.html>.

a rede ferroviária do país até o final dos anos 1990 — levaram a atrasos e aumentos de custos expressivos na execução dos novos projetos.[19]

Entre outras modalidades de transporte, a cabotagem seria uma opção de baixo custo importante em um país com 7.408 km de costa. No entanto, um nacionalismo equivocado parece estar dificultando seu desenvolvimento. A competição nos serviços de transporte marítimo tem sido limitada por regulamentos que na prática inviabilizam a compra de navios estrangeiros, cujos custos são significativamente inferiores aos correspondentes locais. Poder-se-ia também acrescentar que este modo, assim como o ferroviário, compete de maneira desigual com o transporte rodoviário que se beneficia da falta de fiscalização nas rodovias e dos subsídios ao óleo diesel e ao pedágio de carga. Devido a esses entraves, além dos conhecidos problemas de congestionamento dos portos brasileiros, a participação da cabotagem nos fretes internos continua bem abaixo de 1%.[20]

Esta breve análise está longe de esgotar a amplitude e complexidade dos desafios institucionais e de política que afetam o transporte no Brasil. Mas, apesar dos problemas óbvios, há razões para um cauteloso otimismo. Em agosto de 2012, o governo anunciou um pacote de investimentos no total de aproximadamente US$ 66 bilhões nos próximos 25 anos (57% dos quais seriam feitos nos próximos cinco anos) para duplicar 7.500 km de rodovias e construir 10 mil km de novas ferrovias, o que representaria um aumento de 35% em relação à rede existente. Mais importante do que os montantes envolvidos é a decisão de executar a maior parte desses investimentos mediante concessões e parcerias público-privadas e, ao mesmo tempo, procurar tratar das questões regulatórias que aumentaram custos e restringiram a concorrência nas rodadas de concessão anteriores.[21]

O anúncio do pacote de investimento foi seguido de medidas para aumentar a participação do setor privado na gestão e expansão de portos e aeroportos mediante a renovação de um quadro institucional e regulador que há décadas tem retardado os investimentos nesses setores.[22]

---

19. Criada em 1989 para executar a construção das ferrovias Norte-Sul, a Valec tem a concessão dos já mencionados projetos de expansão mais significativos no país: as ferrovias Norte-Sul, Oeste-Leste e Transcontinental. Ver Ipea (2010b) e <www.valec.gov.br/index.php>.

20. Antaq (2012). Para uma análise mais detalhada dos problemas enfrentados pela cabotagem no Brasil, ver Dias (2009).

21. Ver: <www.transportes.gov.br/public/arquivo/arq1345056805.pdf>.

22. As medidas propostas para os portos podem ser vistas em: <www.planalto.gov.br/ccivil_03/_Ato2011-2014/2012/Mpv/595.htm>. As medidas para os aeroportos estão

Embora os detalhes ainda tenham de ser definidos, e apesar de importantes oportunidades em hidrovias e cabotagem terem sido ignoradas, essas iniciativas claramente sinalizam um rompimento com a inércia do passado, criando a expectativa de que o país esteja finalmente no rumo para corrigir séculos de negligência da infraestrutura de transporte.

Como a análise deste artigo procurou demonstrar, as implicações tanto para o volume como para a distribuição regional das exportações tendem a ser significativas, com retornos que prometem superar em muito qualquer iniciativa tradicional, seja de política comercial ou industrial.

Referências

ANTAQ. *Panorama da navegação marítima e de apoio. 2011*. Brasília: Agência Nacional de Transportes Aquaviários, maio 2012.

ANTT. *Evolução do transporte ferroviário*. Brasília: Agência Nacional de Transportes Terrestres, 2012.

ATACK, Jeremy et al. Did railroads induce or follow economic growth? Urbanization and population growth in the American Midwest, 1850-60. *NBER Working Paper nº 14640*, Cambridge, mar. 2010.

BANCO MUNDIAL. Brazil: evaluating the macroeconomic and distributional impacts of lowering transportation costs. *Relatório do Banco Mundial 40020-BR*, Washington, DC, 2008.

BANERJEE, Abhijit; DUFLO, Esther; QIAN, Nancy. On the road: access to transportation infrastructure and economic growth in China. *NBER Working Paper nº 17897*, Cambridge, mar. 2004.

BARBOSA, Murilo de M. R. C. *Hidrovia Tapajós-Teles Pires*: a hidrovia do agronegócio. Apresentação do diretor da Antaq. Brasília: Antaq, Transpoquip, set. 2008.

BIELSCHOWSKY, Ricardo et al. *Investimento e reformas no Brasil*. Indústria e infraestrutura nos anos 1990. Brasília: Ipea, 2002.

CASTRO, Newton. 2002. "Expansão Rodoviária e Desenvolvimento Agrícola dos Cerrados." Mimeografado. Disponível em SSRN: <http://ssrn.com/abstract=326680> ou <http://dx.doi.org/10.2139/ssrn.326680>.

resumidas em: <www.aviacaocivil.gov.br/noticias/2012/12/governo-anuncia-programa-de-investimento-em-aeroportos>. Ver também os capítulos de Eduardo Augusto Guimarães e de Teixeira, Turolla e Oliveira neste livro.

CASTRO, Newton; CARRIS, Larry; RODRIGUES, Bruno. Custos de transporte e a estrutura espacial do comércio interestadual brasileiro. *Pesquisa e Planejamento Econômico*, Rio de Janeiro, v. 29, n. 3, dez. 1999.

CLARK, Ximena; DOLLAR, David; MICCO, Alejandro. Port efficiency, maritime transport costs, and bilateral trade. *Journal of Development Economics*, v. 75, p. 417-450, 2004.

CNI. *Estudos regionais competitivos*: Norte, Nordeste e Sul. Confederação Nacional da Indústria, 2012.

CNT. *Plano CNT de transporte e logística 2011*. Brasília: Confederação Nacional do Transporte. 2011.

____. *Pesquisa de rodovias 2012*. Brasília: Confederação Nacional do Transporte, 2012. Disponível em: <http://pesquisarodovias.cnt.org.br/Paginas/Inicio.aspx>.

COMBES, Pierre-Philippe; LAFOURCADE, Miren. Transport costs: measures, determinants, and regional policy. Implications for France. *Journal of Economic Geography*, v. 5, p. 319-349, 2005.

CORREA, Paulo et al. Regulatory governance in infrastructure industries. Assessment and measurement of Brazilian regulators. *Trend and Policy Options nº 3*. Washington, DC: Banco Mundial, PPIAF, 2006.

DIAS, José R. M. Fatores que inibem o desenvolvimento da cabotagem no Brasil — visão do usuário. Apresentação feita no seminário sobre cabotagem da Antaq, ago. 2009, Brasília. Disponível em: <www.antaq.gov.br/portal/pdf/palestras/SeminarioCabotagem/Palestra4.pdf>.

DONALDSON, Dave. Railroads of the raj: estimating the impact of transportation infrastructure. *NBER Working Paper nº 16487*. Issued in Oct. 2010.

FALLY, Thibault; PAILLACAR, Rodrigo; TERRA, Cristina. Economic geography and wages in Brazil: evidence from micro-data. *Journal of Development Economics*, v. 91, p. 155-168, 2010.

FRISCHTACK, Cláudio; MOREIRA, Mauricio Mesquita. Política industrial e comercial para um mundo em transformação: uma agenda para 2015. In: GIAMBIAGI, Fabio; PORTO, Cláudio (Ed.). *Propostas para o governo 2015-2018*. Rio de Janeiro: Elsevier, 2013.

HADDAD, Eduardo A.; DOMINGUES, Edson P.; PEROBELLI, Fernando S. Regional effects of economic integration: the case of Brazil. *Journal of Policy Modeling*, v. 24, p. 453-482, 2002.

HELPMAN, Elhanan; MELITZ, Marc; RUBENSTEIN, Yona. Estimating trade flows: trading partners and trading volumes. *The Quarterly Journal of Economics*, v. 123, n. 2, p. 441-487, 2008.

HUMMELS, David. Toward a geography of trade costs. *Documento de Trabalho GTAP 17*. Purdue University, 2001. Disponível em: <http://docs.lib.purdue.edu/cgi/viewcontent.cgi?article=1017&context=gtapwp>.

IPEA. Rodovias brasileiras: gargalos, investimentos, concessões e preocupações com o futuro. *Comunicados do IPEA*, Brasília, n. 52, maio 2010.

____. Transporte ferroviário de cargas no Brasil: gargalos e perspectivas para o desenvolvimento econômico e regional. *Comunicados do IPEA*, Brasília, n. 50, maio 2010b.

KLEINERT, Julia; SPIES, Joern. Endogenous transport costs in international trade. *Documento para debate n. 74*, Institut für Angewandte Wirtschaftsforschung (IAW), jul. 2011.

MATTHEE, Marianne; NAUDÉ, Win. The determinants of regional manufactured exports from a developing country. *International Regional Science Review*, v. 31, p. 343-358, 2008.

MCKINSEY & Company. *Infrastructure productivity*: how to save $1 trillion a year. McKinsey Global Institute, 2013.

MESQUITA MOREIRA, Mauricio et al. *Muito longe para exportar*: custos internos de transporte e disparidades regionais das exportações. Estudo Especial sobre Integração e Comércio. Washington, DC: BID, 2013.

____; VOLPE, Christian; BLYDE, Juan. *Unclogging the arteries*: the impact of transport costs on Latin American and Caribbean trade. Estudo Especial sobre Integração e Comércio. Washington, DC: BID, 2008.

PNLT. *Plano Nacional de Logística e Transporte*. Brasília: Ministério do Transporte, 2007. v. 3, t. 3.

PNLT. *Plano Nacional de Logística e Transporte*. Relatório final. Brasília: Ministério do Transporte, set. 2012.

____. *Plano Nacional de Logística e Transporte*. Sumário executivo. Brasília: Ministério do Transporte, nov. 2009.

RESENDE, Paulo et al. *Pesquisa de custos logísticos no Brasil*. Relatório de pesquisa. Belo Horizonte: Fundação Dom Cabral, 2012.

VERON, Adrien; CELLIER, Jacques. Private participation in road sector in Brazil: recent evolution and next steps. *Transport Papers nº 30*. Washington, DC: Banco Mundial, 2010.

Apêndice técnico

A. A base de dados de exportações e custos internos de transporte

Ao construir essa base de dados, enfrentamos dois desafios: identificar a origem (município) das exportações e determinar o custo de seu transporte até a alfândega de saída. Analisaremos cada um deles separadamente.

Origem das exportações: Nossos dados primários de exportação provêm da Secretaria da Receita Federal (SRF) e contêm informações no nível de oito dígitos da Nomenclatura Comum do Mercosul (NCM) sobre a data (mês e ano, de janeiro de 2007 até dezembro de 2010), valor (em US$), peso (kg), o estado e o município em que a declaração alfandegária foi apresentada, o estado em que o bem foi produzido e a alfândega usada para cada transação. Apesar de abrangentes, os dados de origem apresentam um viés de grandes cidades, porque as empresas tendem a usar as sedes para declarar suas exportações.

Buscamos minimizar o viés por meio da combinação dos dados primários de exportação com os dados de 2008 do Cadastro Central de Empresas do IBGE (Cempre-IBGE) usando uma concordância do IBGE entre a NCM e a Classificação Nacional de Atividades Econômicas (Cnae). O Cempre dispõe de informações sobre as atividades econômicas (quatro dígitos da Cnae), número de empresas, emprego e salários dos municípios. No caso da agricultura, usamos também uma base de dados do IBGE sobre produção agrícola municipal quando as informações do Cempre não eram suficientemente detalhadas.

Usando essa base de dados combinada, aplicamos um algoritmo para ajustar os dados municipais de exportação. O algoritmo seguiu dois princípios básicos: (i) os dados da SRF permaneciam inalterados sempre que o estado do município em que a informação foi submetida era o mesmo estado de produção informado, e o município aparecia no Cempre como produtor do bem em questão; e (ii) sempre que se observava uma divergência entre o estado do município e o estado de produção informado, a origem da exportação era redirecionada para o município do mesmo estado de produção que exportasse o mesmo produto pela mesma alfândega a partir das observações consistentes com (iii) ou utilizando os dados do Cempre, se nenhuma correspondência fosse encontrada. Quando mais de uma correspondência era encontrada, usávamos um critério de desempate baseado sequencialmente no município com os maiores gastos salariais, emprego, número de estabelecimentos e exportações do produto em questão. Cerca de 45% das observações não foram alteradas (ou seja, mostraram-se coerentes com o primeiro princípio). Uma descrição detalhada do algoritmo pode ser obtida mediante pedido.

Cálculo dos custos de transporte: Ao calcular os custos de transporte ao longo das rotas de exportação do município até a alfândega, seguimos Castro (2002) e Combes e Lafourcade (2005), usando dados georreferenciados sobre as despesas operacionais de veículos de carga em toda a rede multimodal brasileira. A fonte dos dados é o Plano Nacional de Logística e Transportes (PNLT), que foi publicado pela primeira vez em 2007 e revisto depois em 2009 e 2011.

O primeiro passo foi identificar a localização geográfica da nossa amostra de municípios exportadores e alfândegas de saída usando mapas do PNLT da rede multimodal. As capitais dos municípios foram usadas como origem e as alfândegas, designadas conforme a localização dos portos, portos secos e aeroportos correspondentes.

A maioria dos municípios e alfândegas de saída não tinha um local exato na rede utilizada porque ela não inclui todas as rodovias existentes, especialmente as estradas locais. A fim de evitar perda de dados, estabelecemos para a rede um limite de tolerância de 40 km da alocação. Em outras palavras, as exportações provenientes de pontos localizados a mais de 40 km de distância da rede ou a eles destinadas foram excluídas da amostra, enquanto todas as que tinham origem-destino dentro desse limite de tolerância foram designadas para o ponto mais próximo da rede.

O segundo passo implicou calcular os custos operacionais para cada parte da rede multimodal, o que foi feito da seguinte forma:

Para as estradas: Os dados de despesas operacionais do PNLT incluem seis variáveis de custo (depreciação de veículos e pneus, combustível, lubrificantes, manutenção, salários e despesas administrativas) que abrangem três dimensões de qualidade de estrada e três tipos de caminhão. As dimensões de qualidade da estrada incluem: tipo (pavimentada ou não, com uma pista ou duas pistas), relevo (montanhoso, ondulado e plano) e pavimentação (péssima, ruim, regular e boa). Essas dimensões estão associadas a três tipos de caminhão com diferente capacidade de carga (dois eixos, três eixos e caminhões articulados) e formam uma matriz de custo operacional.[23]

23. PNLT (2007, v. 3, t. 3).

Essa matriz foi então aplicada a cerca de 22 mil segmentos de estradas (*links*), seguindo a formulação de custo com base em distância e tempo, de Combes e Lafourcade (2005).[24]

Custos de transporte = custos relativos à distância + custos relativos ao tempo

$$\textit{Custos relativos à distância} = \frac{(\textit{combustível} + \textit{lubrificante} + \textit{pneus} + \textit{peças}) * \textit{distância do link}}{1000 * \textit{capacidade do caminhão em toneladas}}$$

$$\textit{Custos relativos ao tempo} = \frac{(\textit{manutenção} + \textit{capital} + \textit{pessoal}) * \textit{distância do link}}{1000 * \textit{capacidade do caminhão em toneladas}}$$

As variáveis resultantes são depois expressas em reais por tonelada e por veículo. Vale notar que não se incluiu uma variável *proxy* de velocidade em nosso cálculo dos custos relativos ao tempo, porque esse fator já está implícito nas variáveis de manutenção, capital e equipe de trabalho.

Para as hidrovias: Foram usados os custos por tonelada e km que constam do PNLT de 2010.

Para as ferrovias: Foram usados os custos por tonelada e km que constam do PNLT de 2010.

Como tínhamos disponível apenas a matriz de custo operacional de 2006, usamos índices de preço específicos de custo (os componentes do IBGE-IPCA para materiais, o IBGE-PME para rendas do trabalho e o levantamento de preço de veículo Fipe para depreciação) a fim de construir uma série temporal compatível com os dados de exportação de 2007-10. O pressuposto implícito nesse caso era que não houve mudanças tecnológicas/de produtividade significativas durante esse período. Para os custos operacionais de hidrovias e ferrovias, foi usado o IBGE-IPCA geral para deflacionar a série.

Com as origens e os destinos inseridos na rede e os custos operacionais de cada seção/modalidade disponíveis, usamos o software ArcGis para encontrar

24. Nossos dados originais de custo são expressos em custos incorridos por 1.000 km viajados, daí o ajustamento ao denominador. Os custos totais foram calculados para três tipos de veículo com diferentes capacidades, mas os resultados da estimação correspondem ao veículo 5 (capacidade: 13,2 toneladas).

a rota de custo ótimo ou mínimo para cada conjunto de município-alfândega no período da análise. Os custos ótimos dessas rotas foram convertidos em US$, usando-se a taxa de câmbio média anual do Banco Central do Brasil, e foram divididos pelo valor em US$ das exportações anuais de cada produto-município-alfândega para produzir estimativas de seus custos de transporte *ad valorem*. Mais especificamente:

$$ad\_val\_cost_{m,c,p,y} = TC_{m,c,p,y} \cdot \frac{w_{m,c,p,y}}{x_{m,c,p,y}}$$

onde $ad\_val\_cost_{m,c,p,y}$ é o custo do transporte *ad valorem* do produto p que é transportado do município m à alfândega c no ano y; $TC_{m,c,p,y}$ é o custo do transporte para expedir 1 tonelada de mercadoria genérica do município m à alfândega c no ano y, $w_{m,c,p,y}$ é o peso (expresso em toneladas) do produto p, e $x_{m,c,p,y}$ é seu valor de exportação.

Como teste de robustez para o exercício de regressão, calculamos também diferentes conjuntos de custos operacionais e *ad valorem* com base em uma rede somente rodoviária e em estimativas alternadas para os custos operacionais de ferrovias e hidrovias extraídas de Barbosa (2008).

B. A estimação do impacto dos custos internos de transporte no valor das exportações

Nossa estratégia empírica baseia-se na seguinte especificação básica de Mínimos Quadrados Ordinários (MQO) inspirada por Hummels (2001):

$$\ln(exports_{m,c,p,y}) = \alpha_j + \beta_j \cdot \ln(1 + ad\_val\_cost_{m,c,p,y}) + fx_{m,c,p} + fx_y + \varepsilon_{m,c,p,y}, \quad (1)$$

com $p \in j$,

onde $(exports_{m,c,p,y})$ são as exportações do município m à alfândega c do produto p (seis dígitos do SH) da categoria j (agricultura, mineração, indústria e outros produtos) no ano y, *ad_val_cost* são os custos de transporte *ad valorem* (ver definição e fontes de dados Apêndice A) do transporte do produto p do município m para a alfândega c no ano y, α_j é uma constante, $fx_{m,c,p}$ é um efeito fixo município-alfândega-produto, fx_y é um efeito fixo de ano e $\varepsilon_{m,c,p,y}$

é o termo de erro. β_j é nossa variável de interesse. A equação é estimada separadamente para os três grupos de produtos: agrícolas, industriais e de mineração. Os grupos de produtos são definidos segundo a classificação da OMC, que por sua vez define os bens segundo a SITC Ver 3. A Tabela A1 mostra o resultado das estimações.

Tabela A1
O impacto dos custos internos de transporte no valor das exportações, MQO, 2007-10

	Agricultura	Mineração	Indústria	Outros
ln(1+custo ad val)	-5,412***	-1,144***	-3,933***	7,874
	(1,041)	(0,420)	(0,420)	(941,3)
R-quadrado	0,0107	0,0166	0,0138	0,552
Observações	43.325	10.418	462.755	360

*** p<0,01, ** p<0,05, * p<0,1. Erros-padrão robustos entre parênteses.

Como teste de robustez, usamos uma especificação alternativa sem a dimensão de alfândega, empregando o mais baixo custo *ad valorem* observável para cada conjunto de município-produto em cada ano. Os resultados não mudaram de modo significativo no caso das categorias principais de produto.

Para lidar com os problemas de causalidade reversa entre exportações e custos de transporte, usamos, como em Banerjee e colaboradores (2004), a distância do grande círculo (GC) ("linha direta" até a alfândega) como variável alternativa aos custos de transporte *ad valorem* em regressões usando MQO e variáveis instrumentais (VI).

Primeiro, recalculamos os custos operacionais *ad valorem*, substituindo as distâncias reais por distâncias de GC, e usamos esses novos custos para correr a especificação básica (1). Como a localização das exportações pode também ser afetada pelos custos de transporte, corremos essa mesma regressão limitando a amostra a municípios históricos (excluindo aqueles não inseridos nos registros de população entre 1907 e 1912) e portos (fundados antes do século XX). Os resultados para as principais categorias, apresentados na tabela A2, foram na maioria da mesma ordem de magnitude das obtidas em nossa especificação básica. A exceção é o coeficiente da mineração na regressão da amostra histórica, que é consideravelmente mais alto.

Tabela A2

O impacto dos custos internos de transporte no valor das exportações MQO combinado 2007-10 com custos de GC

Amostra original	Agricultura	Indústria	Mineração	Outros
ln(1+custos *ad valorem*)	-5,171***	-3,874***	-1,142***	58,149
	(1,156)	(0,412)	(0,414)	(593,252)
R-quadrado	0,01	0,01	0,02	0,6
Observações	41,453	438,030	9,866	338
Amostra histórica	Agricultura	Indústria	Mineração	Outros
Ln (1+custos *ad valorem*)	-3,276**	-4,343***	-6,546***	-2.543,409
	(1,367)	(0,556)	(1,318)	(6.902,838)
R-quadrado	0,007	0,02	0,05	0,8
Observações	10.570	87.908	2.743	97

*** p<0,01, ** p<0,05, * p<0,1. Erros-padrão robustos entre parênteses.

Segundo, usamos as distâncias do GC como instrumento dos custos *ad valorem* em uma regressão em dois estágios, como se segue:

Primeiro estágio:

$$\ln(1 + ad\_val\_cost_{m,c,p,y}) = \gamma + \gamma_j \cdot \ln(great\_circle\_distance_{m,c}) + fx_{m.y} + fx_{c,y} + fx_{p,y} + \mu_{m.c.p,y} \text{ (2) com } p \in j$$

Segundo estágio:

$$\ln(exports_{m,c,p,y}) = \propto + \beta_j \cdot \ln\left(1 + \widehat{ad_{val_{cost}}}_{m,c,p,y}\right) + fx_{m.y} + fx_{c,y} + fx_{p,y} + \varepsilon_{m.c.p,y} \text{ (3) com } p \in j$$

Vale notar que os efeitos fixos usados — município-ano $fx_{m.y}$, alfândega-ano $fx_{c,y}$ e produto-ano $fx_{p,y}$ — são diferentes daqueles usados na especificação básica. Isso tinha que ser assim, já que o efeito fixo de município-produto-alfândega seria colinear com a distância do grande círculo, que não varia no tempo, mas apenas na dimensão origem-destino. Os resultados, com a amostra original e a histórica, são apresentados na tabela A3. Eles sugerem que a especificação básica está subestimando o impacto dos custos de transporte, mas os coeficientes são altos demais para serem confiáveis. Além disso, o fato de que as especificações de VI e MQO não são estritamente comparáveis complica a interpretação. Outra preocupação potencial nesse contexto é saber se a distância é um instrumento fraco.

Tabela A3

O impacto dos custos internos de transporte no valor das exportações. Especificação IV, 2007-10

	Amostra completa			
1º estágio:	**Agricultura**	**Indústria**	**Mineração**	**Outros**
ln (distância grande círculo)	0,008***	0,003***	0,012***	0,002**
	(0,000)	(0,000)	(0,001)	(0,002)
R quadrado	0,4	0,05	0,4	0,7
2º estágio:	**Agricultura**	**Indústria**	**Mineração**	**Outros**
ln (custos *ad valorem*)	-17,402***	-93,626***	--25,017***	-206,215**
	(1,532)	(1,412)	(2,286)	(77,214)
Observações	42.916	460.132	10.302	354
R quadrado	0,3	0,1	0,3	0,5
	Amostra histórica			
1º estágio:	**Agricultura**	**Indústria**	**Mineração**	**Outros**
ln(distância grande círculo)	0,008***	0,004***	0,017***	0,005**
	(0,001)	(0,000)	(0,002)	(0,002)
2º estágio:	**Agricultura**	**Indústria**	**Mineração**	**Outros**
ln (custos *ad valorem*)	-68,275***	-130,247***	-38,558***	-136,360**
	(3,790)	(2,279)	(3,461)	(61,223)
Observações	10.507	87.905	2.740	97
R quadrado	0,2	0,1	0,3	0,5

*** p<0,01, ** p<0,05, * p<0,1. Erros-padrão robustos entre parênteses.

C. Estimação do impacto dos custos internos de transporte no número de bens exportados

Nossa estratégia empírica baseia-se na seguinte especificação Poisson:

$$E(nro\_prods_{m,y,j}/\boldsymbol{X}) = e^{\alpha_j+\beta_j \cdot \ln(cost_{m,y})+fx_s+fx_y} \quad (4),$$

onde *nro_prods* é uma variável de contagem do número de produtos no nível de seis dígitos do SH na categoria j (agricultura, mineração, indústria e outros) exportados pelo município m no ano y. *ln(custo)* é o logaritmo da média ponderada dos custos de transporte por tonelada de m para todas as alfândegas usadas (ou todas as alfândegas na amostra no caso de não exportadores), ou a média simples, a mínima, a modal e a mediana desses custos, bem como os custos até a alfândega principal (definida pelo valor de exportação). fx_s são os efeitos fixos de estado e fx_y, efeitos fixos de ano. Como no caso do Probit, um modelo com efeitos fixos de município não pôde ser estimado devido ao tamanho da amostra. Os resultados da regressão com efeitos fixos por estado são apresentados na tabela A4.

Tabela A4

A estimação do impacto dos custos de transporte no número de bens exportados. Poisson, 2007-10

ln(custo)	Agricultura	Indústria	Mineração	Outros
média ponderada	-0,422***	-0,420***	-0,485***	-0,510***
	(0,0366)	(0,0362)	(0,0483)	(0,145)
Pseudo R quadrado	0,104	0,176	0,110	0,191
média simples	-7,747***	-16,55***	-12,17***	-17,43***
	(0,731)	(1,020)	(1,396)	(4,206)
Pseudo R quadrado	0,107	0,228	0,122	0,215
custo mínimo	-0,557***	-0,625***	-0,702***	-0,923***
	(0,0311)	(0,0223)	(0,0320)	(0,0902)
Pseudo R quadrado	0,314	0,464	0,426	0,571
custo modal	-0,413***	-0,472***	-0,528***	-0,554***
	(0,0308)	(0,0310)	(0,0339)	(0,0963)
Pseudo R quadrado	0,125	0,213	0,153	0,226
custo mediano	-0,556***	-0,553***	-0,576***	-0,476***
	(0,0256)	(0,0274)	(0,0303)	(0,0642)
Pseudo R quadrado	0,144	0,216	0,139	0,185
custo principal	-0,424***	-0,485***	-0,527***	-0,531***
	(0,0217)	(0,0227)	(0,0264)	(0,0789)
Pseudo R quadrado	0,145	0,235	0,173	0,232
Observações	21.448	21.448	21.448	21.448

*** p<0,01, ** p<0,05, * p<0,1. Erros-padrão robustos entre parênteses.

D. Simulações de políticas públicas

As figuras 5 e 6 são computadas usando-se a base de dados georreferenciados de custos de exportação-transporte descrita no Apêndice A e os resultados da estimação das equações 1 e 4, respectivamente (com a especificação de alfândega de custo mínimo). As figuras mostram o impacto da redução dos custos de transporte, produzida pelos investimentos descritos no texto, sobre o valor e o número de bens exportados preditos, respectivamente.

A fim de incluir as ferrovias projetadas do PNLT em nossa rede multimodal, tivemos de fazer duas fortes suposições sobre a localização das estações de trem e sua ligação com a rede de estradas:

Primeiro, como não havia informações sobre a localização das estações de trem projetadas, elas foram designadas à rede, ou em intervalos de 50 km ou usando-se a localização das estações existentes, sempre que uma seção das ferrovias projetadas correspondesse de perto a uma seção existente. Das 513 estações designadas, 238 tiveram sua localização definida pela rede original, e 275 foram colocadas segundo a regra dos 50 km.

Segundo, as estações designadas foram conectadas ao ponto mais próximo da malha rodoviária mediante a atribuição de uma estrada. Os custos atribuídos a essas vias correspondiam aos das estradas a que estavam ligadas.

Capítulo 6

As mudanças recentes e as perspectivas para o setor aeroportuário

Cleveland Prates Teixeira
Frederico Araujo Turolla
Alessandro Vinicius Marques de Oliveira

1. Introdução

A demanda por serviços aeroportuários nos países emergentes experimentou um forte crescimento na última década. Em alguns países, como a China, a Índia, a Turquia e a Ucrânia, o salto da demanda foi realmente espetacular, chegando a multiplicar o número de passageiros por mais de quatro. Em outros, como no Brasil, o deslocamento foi menos exuberante, mas ainda assim bastante significativo; algo em torno do dobro do número de passageiros.

Esse forte crescimento trouxe, para os países beneficiados, oportunidades singulares para a melhoria da qualidade dos serviços em seus principais aeroportos. Para esses, o salto de demanda pode ser saudado como uma verdadeira bênção, gerando as receitas e os recebíveis futuros, além de produzir economias de densidade e de escala, que viabilizam uma expansão sustentada da oferta, com eventual melhoria da qualidade percebida.

Entretanto, no Brasil, como em alguns outros países, o crescimento da demanda foi interpretado, por muitos, como uma verdadeira "maldição". Longe de entender as razões das restrições observadas pelo lado da oferta, o país preferiu optar por um modelo de oferta de infraestrutura aeroportuária que já há muito estava fadado ao fracasso. É nesse contexto que encaminhamos a discussão deste capítulo, cujo objetivo é levantar as principais questões que deverão ser enfrentadas pelo setor nos próximos anos.

Assim, reservamos a segunda seção para uma breve apresentação de indicadores referentes ao setor no Brasil, isoladamente, e de forma comparada. A intenção nesta parte foi a de contextualizar o leitor para facilitar o entendimento dos problemas hoje enfrentados.

Na seção 3 fazemos um breve relato das políticas públicas que foram apresentadas como resposta à década perdida dos aeroportos brasileiros. Inicialmente foram voltadas para a insistência no modelo de operação pela Infraero, conjugada a programas que visam incentivar investimentos em aeroportos regionais. De maneira complementar, houve a introdução de um novo marco regulatório setorial (Lei nº 11.182, de 2005), cujo objetivo foi redefinir as competências de gestão e regulação do setor no governo federal, particularmente com o fortalecimento da Secretaria de Aviação Civil e, mais recentemente, com a opção pelo processo de concessões de aeroportos.

A seção 4 mostra as formas pelas quais os serviços aeroportuários podem ser prestados e os aspectos que devem ser considerados no momento da escolha. Introduzimos também uma breve discussão sobre problemas relacionados a governança corporativa e tendo ainda por referência alguns casos internacionais.

A quinta seção foi destinada ao âmbito regulatório e seus efeitos sobre os incentivos ao investimento no setor e a segmentos ancilares, como o do próprio transporte aéreo. Mais precisamente, discutimos na esfera da "economia dos aeroportos", modelos de regulação (sejam eles tarifários ou não) e de concorrência. Particularmente, neste último ponto introduzimos uma discussão sobre concorrência no mercado e concorrência pelo mercado, e finalizamos a seção com uma exposição sobre regulação de entrada em aeroportos congestionados.

Na sexta parte deste capítulo realizamos uma análise sobre o novo modelo proposto pelo governo, que envolve não só uma mudança da forma como os aeroportos serão operacionalizados, mas também as escolhas referentes à escolha dos novos *players*. Nesse aspecto, vale ressaltar também a nova proposta do governo para estimular o desenvolvimento da aviação regional por meio de recursos públicos destinados a investimentos em aeroportos menores. De maneira complementar, analisamos de que modo a nova estrutura institucional poderá gerar os incentivos adequados para a atuação eficiente dos órgãos responsáveis pelo planejamento, gestão e regulação do setor. Finalmente, na última seção apresentamos algumas observações sobre o contexto geral da definição de políticas públicas para o setor.

2. Uma década perdida de oportunidades nos aeroportos brasileiros

A posição relativa do Brasil nos *rankings* internacionais de competitividade, no quesito do transporte aéreo, é francamente desfavorável. Em particular, o *ranking* do *World Economic Forum* aponta que, no que se refere à percepção de qualidade da infraestrutura do transporte aéreo, o Brasil está em 123º lugar em um universo representativo de 148 nações, conforme se observa no quadro 1.

Dois fatos relevantes sobre a percepção da qualidade da infraestrutura brasileira chamam a atenção. Em primeiro lugar, a posição relativa do Brasil nos setores de energia elétrica e de telefonia, embora não seja confortável em ambos os casos, é melhor que a infraestrutura de transportes em geral.[1]

Quadro 1
Posição do Brasil em quatro edições do *The global competitiveness report*

	2010-11 (139 nações)	2011-12 (142 nações)	2012-13 (144 nações)	2013-14 (148 nações)
BRASIL — Qualidade da INFRAESTRUTURA geral	84º	104º	107º	114º
Qualidade das rodovias	105º	118º	123º	120º
Qualidade da infraestrutura ferroviária	87º	91º	100º	103º
Qualidade da infraestrutura portuária	123º	130º	135º	131º
Qualidade da infraestrutura de transporte aéreo	93º	122º	134º	123º
Aviação — assentos disponíveis × km por semana	9º	9º	7º	9º
Qualidade da oferta de eletricidade	63º	69º	68º	76º
Linhas telefônicas fixas por 100 habitantes	62º	57º	55º	52º
Linhas telefônicas móveis por 100 habitantes	76º	66º	41º	45º

Fonte: *The global competitiveness report* (2013-2014, 2012-2013, 2011-2012, 2010-2011).

1. Ressalvado o quesito de assentos disponíveis na aviação, um indicador de oferta em que o Brasil obtém bom posicionamento relativo, mais por suas vantagens de tamanho populacional e geográfico do que por sua estratégia e gestão do setor.

Tornou-se comum, no Brasil, apontar o forte crescimento da demanda como o responsável direto pela severa deterioração da qualidade no sistema aeroportuário, uma evolução que, apesar de evidente aos usuários frequentes do sistema, é também detectada pelos relatórios internacionais de competitividade. Entretanto, a experiência mundial desmente essa associação entre crescimento e piora da qualidade. Há um bom número de países, grandes e pequenos, que experimentaram explosão de crescimento da sua demanda aérea nos últimos anos e, ao mesmo tempo, conseguiram entregar mais qualidade.

O crescimento relativo do transporte aéreo brasileiro foi bastante significativo, tomando por base a última década. No começo dos anos 2000, o número de passageiros transportados no Brasil era semelhante, em ordem de grandeza, ao de países como a Itália, Austrália e Coreia. No fim da mesma década, já transportávamos pelo menos o dobro do que qualquer um desses países, com um crescimento acumulado de 125% no período. Entretanto, há um conjunto de países que mostraram taxas de crescimento ainda mais impressionantes, como Índia e China, que entre 2001 e 2011 tiveram mais de 300% de aumento no número de passageiros transportados pelas principais companhias aéreas. O Peru experimentou crescimento de quase 200%, a Turquia, de 342%, e a Indonésia, de 398%, no mesmo período.

Um indicador da relação entre melhora/piora da qualidade e o crescimento dos serviços pode ser obtido no relatório de competitividade do *World competitiveness yearbook* do Institute for Management Development, sumariado no diagrama de dispersão exposto na figura 1. O diâmetro das esferas representa a população do país, em 2010. Note-se que o indicador se refere ao transporte aéreo, do qual os aeroportos são um componente fundamental e determinante em vários aspectos.

O eixo horizontal indica o crescimento do mercado de transporte aéreo, medido pela variação percentual no número de passageiros transportados pelas principais companhias, no período entre 2001 e 2011. Quanto mais à direita, maior o crescimento no período. É fácil ver que, embora a expansão do número de passageiros transportados no Brasil seja significativa, há muitos países mais à direita do que o Brasil, que, portanto, tiveram maior crescimento.

Já no eixo vertical, os dados do IMD indicam a melhoria da percepção de qualidade sobre o transporte aéreo de cada país, avaliada entre os executivos. Quanto mais acima estiver o país, maior será a percepção de melhoria de qua-

Figura 1
Melhoria da qualidade e crescimento do mercado em países selecionados

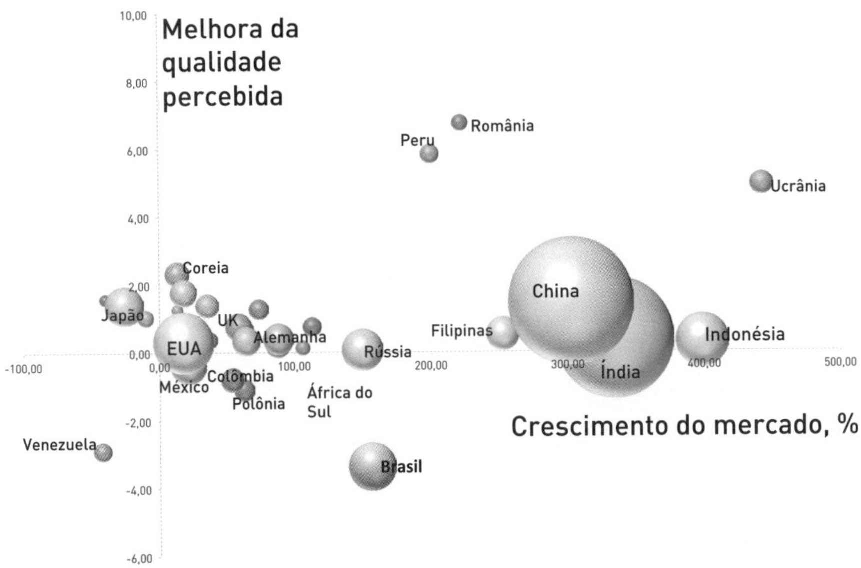

Fonte: Dados obtidos no *World competitiveness yearbook* (IMD).

lidade, que foi medida pelas notas do relatório *World competitiveness yearbook*, entre os anos de 2002 e 2012.[2]

O resultado desmente o mito de que não é possível expandir o mercado, mantendo-se a qualidade do serviço prestado. Conforme se observa na figura 1, o Brasil foi o país que teve a mais marcante piora na qualidade percebida de seu transporte aéreo no período. A nossa nota, em 2013, foi de apenas 3,8 (em uma escala de 0 a 10), enquanto em 2002 havíamos obtido nota 7. Países próximos à avaliação brasileira incluem a Venezuela, que é a pior colocada no *ranking* de 59 países, com nota 2,5; e a Argentina, que obteve 4,4. A média desse grupo é de 7,05 e a mediana, de 7,65. Em síntese, o Brasil constitui caso particular, discrepante do padrão dos demais países no período, um resultado significativo que não é óbvio para a maior parte das pessoas.[3]

2. Em função da disponibilidade de dados, apresentamos a variação no número de passageiros entre 2001 e 2011, enquanto a variação da qualidade foi avaliada no período 2002-12. Como havia dados disponíveis para a qualidade no ano de 2013, os parágrafos seguintes comentam a questão da qualidade com base nesse dado mais recente.
3. Este comentário se deve a um revisor da obra, a quem agradecemos.

Gráfico 1

Notas de qualidade do transporte aéreo

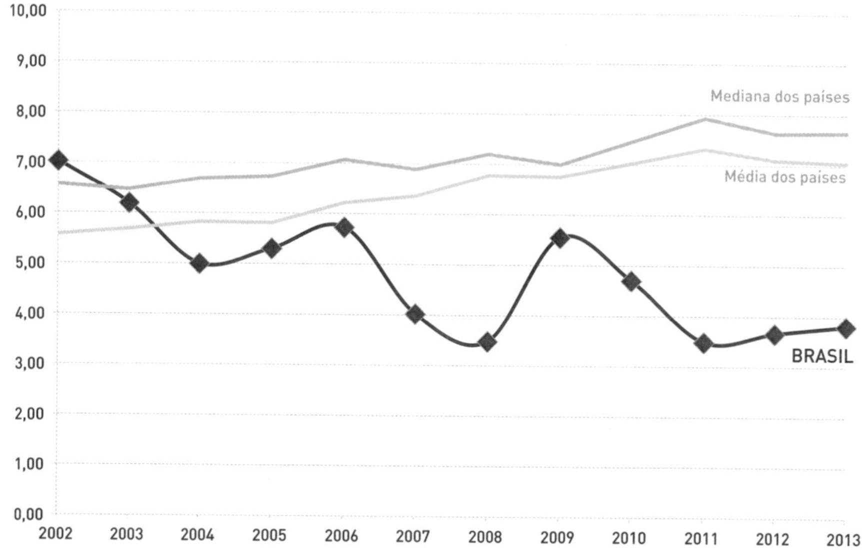

Fonte: *World competitiveness yearbook* (IMD).

Outra constatação importante desta pesquisa é a de que a piora de percepção de qualidade do transporte aéreo brasileiro parece ter ocorrido na contramão da tendência mundial. Isso está ilustrado no gráfico 1, que mostra a evolução das notas do Brasil ao longo da última década. No mesmo período, o México melhorou ligeiramente, de 6,2 para 6,4, em meio a um crescimento relativamente pequeno no número de passageiros. A China, que experimentou uma explosão de demanda, aumentou sua nota de 5,5 para 6,6, aproximando-se da nota que o Brasil tinha em 2002. Até mesmo a Grécia melhorou, em meio à severa crise que vem experimentando: passou de 6,1 para 6,7. Países desenvolvidos, também em crise, melhoraram sua nota no período, como: os Estados Unidos (de 8,0 para 8,2); o Reino Unido (de 7,2 para 7,8); e a Alemanha, que praticamente manteve sua nota, próxima de 8,6. O país mais bem colocado nesse *ranking* é Cingapura, com nota 9,4 — cuja posição mereceria estudos comparativos.

É necessário ressaltar que o crescimento da demanda por transporte aéreo no Brasil pode ter diversos componentes. Em parte, pode ter havido um choque de demanda, relacionado à expansão da renda e à inclusão de segmentos mais amplos da população nos mercados de consumo. Outro fator importante, mais ligado à regulação da aviação, é, possivelmente, a entrada de novos agentes nos mercados aéreos, notadamente a Gol no começo da década passada e a Azul no fim da década. Houve claramente uma redução de tarifas, a partir de 2009, com a entrada da Azul. Assim, associou-se a entrada da classe média baixa (choque de demanda) com uma queda de tarifas, que é endógena e propiciada pelo marco regulatório. Esses desdobramentos positivos na aviação, entretanto, não encontraram correspondência no avanço da infraestrutura aeroportuária que, se tivesse ocorrido a contento, poderia ter potencializado esse crescimento, em bases mais sustentáveis e com menor sacrifício da qualidade percebida.

De uma maneira resumida, a principal conclusão desta análise preliminar é bastante direta: o crescimento da demanda não serve como justificativa para os problemas dos aeroportos brasileiros. Antes, o aumento da demanda deveria ser visto como uma oportunidade para a realização de novas inversões em um setor que tem forte impacto sobre outros segmentos da economia, como o de turismo e de negócios. Ao contrário, a ausência de um planejamento adequado no segmento de infraestrutura aeroportuária, a falta de celeridade nos processos decisórios, tanto em termos de investimento como em termos regulatórios na área de infraestrutura, mesmo diante de avanços na aviação (oferta de assentos e aumento da densidade das linhas), mergulharam o país em um ambiente pouco alentador para o setor nos próximos anos.

3. A resposta do governo durante a última década

De maneira geral, podemos dividir a atuação do governo ao longo desta última década em quatro grandes linhas. A primeira delas envolve a insistência em manter a Infraero como empresa-chave no setor, seja administrando diretamente aeroportos, seja como acionista das concessionárias aeroportuárias. A segunda diz respeito à criação da Agência Nacional de Aviação Civil (Anac) e à implementação de políticas regulatórias, particularmente aos avanços importantes registrados no segmento da aviação. A terceira é a tentativa de centralizar o planejamento, com a passagem de algumas competências, anteriormente alocadas no Ministério da Defesa, para a Secretaria de Aviação Civil (SAC). Finalmente, a quarta linha envolve a decisão de conceder parte dos aeroportos que até então estavam sob a administração da Infraero. Tratamos dos três primeiros nesta seção. Já em relação ao quarto, dado o momento vivenciado, entendemos como fundamental reservar uma seção específica mais à frente.

3.1 O modelo de expansão e operação baseado na Infraero

Inicialmente, o governo insistiu no reforço do modelo de operação baseado exclusivamente na Infraero, aumentando os investimentos nesse sistema e propondo melhorias pontuais, como a restruturação societária e a abertura de capital da empresa, de forma a melhorar sua governança. Os investimentos da Infraero aumentaram sensivelmente a partir de meados dos anos 2000, conforme mostra o gráfico 2. Este aumento dos investimentos deve ser considerado uma das reações, ainda que insuficientes, ao forte crescimento da demanda.

Gráfico 2
Investimentos da Infraero, 2000-12

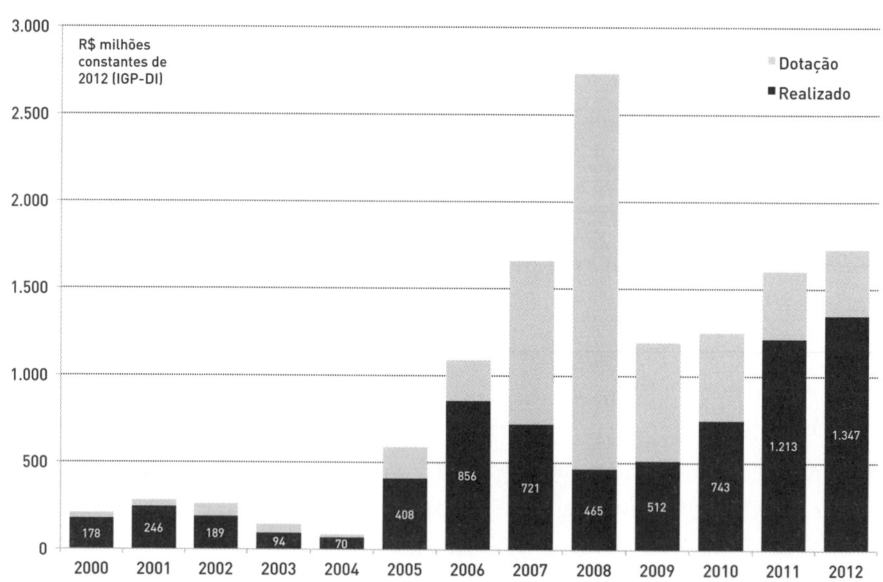

Fonte: Contas Abertas (2013).

Vale notar que o valor investido nos últimos anos está provavelmente aquém das necessidades de atualização e expansão do sistema operado pela Infraero. Uma das evidências nesse sentido vem da própria estimativa do Programa de Investimento em Aeroportos, que previu R$ 7,3 bilhões para a primeira etapa do programa de aviação regional; R$ 650 milhões somente em São Gonçalo do Amarante; R$ 16,1 bilhões para os aeroportos da primeira rodada de concessões (Guarulhos, Brasília e Viracopos); e R$ 11,4 bilhões para os aeroportos de Galeão e Confins após as respectivas concessões. Ainda que esses valores, previstos pelo governo, se restrinjam a cinco dos principais aeroportos e ao conjunto dos regionais, sem contemplar outros aeroportos importantes, e mesmo estando distribuídos ao longo de vários anos, um cálculo de rateio anual possivelmente resultaria em investimentos previstos sensivelmente superiores aos recentemente realizados. Adicionalmente, uma parte dos investimentos foi direcionada a Módulos Operacionais (MOPs), uma solução provisória que, apesar de comumente adotada em aeroportos diante de pressões temporárias de demanda, pode revelar falta de planejamento adequado diante da magnitude da expansão verificada no mercado brasileiro.

Note-se que a operação direta dos aeroportos pelo Estado é uma alternativa que tem sido defendida por questões estratégicas, que extrapolam a argumentação técnica — às vezes, desconsiderando os aspectos econômicos envolvidos. Há que se destacar que esta estatal não era o único operador de aeroportos no país. O país já contava com um parque de pequenos aeroportos operados pelo setor privado e por outros entes públicos subnacionais; mas a importância dessas unidades era relativamente marginal no sistema até o programa de concessão dos principais aeroportos, conforme trataremos.

Mais precisamente, já havia aeroportos sob operação pública, mas fora do sistema Infraero, sendo um importante grupo aquele vinculado à autarquia Departamento Aeroviário do Estado de São Paulo (Daesp). São 31 aeroportos que movimentaram, em seu conjunto, cerca de 2,8 milhões de passageiros em 2012. Os principais são Ribeirão Preto (um milhão de passageiros) e São José do Rio Preto (800 mil passageiros). Somente sete desses aeroportos apresentam movimentação relevante de carga, sendo os principais nesse segmento Bauru e Marília, com respectivamente 2 mil toneladas e mil toneladas de carga.[4] Em meados de 2013, o governo do estado de São Paulo anunciou a

4. Para uma comparação, no mesmo período GRU e VCP movimentaram cerca de 215 mil ton cada um.

privatização dos aeroportos do Daesp, com projeto de concessão. Os primeiros aeroportos escolhidos foram Campos dos Amarais (Campinas), Comandante Rolim Adolfo Amaro (Jundiaí), Artur Siqueira (Bragança Paulista), Gastão Madeira (Ubatuba) e Antônio Ribeiro Nogueira Jr. (Itanhaém).

Paralelamente, foram incrementados programas voltados para os aeroportos regionais, como o Programa Federal de Auxílio a Aeroportos (Profaa), destinado ao melhoramento, reaparelhamento, reforma e expansão de aeroportos e aeródromos de interesse estadual ou regional.[5] De maneira complementar, a Lei nº 12.379/2011, em seu art. 37, permitiu à União transferir para estados, Distrito Federal e municípios, mediante convênio, a implantação, administração, operação, manutenção e exploração de aeródromos públicos.[6]

Recentemente, a presidenta Dilma anunciou um amplo programa de apoio à construção de aeroportos regionais, com previsão de aporte de 7,3 bilhões de reais em recursos do Fundo Nacional de Aviação Civil (Fnac) para investimento em 270 aeroportos de pequeno porte, em cidades com população inferior a um milhão de habitantes. A experiência com esse tipo de iniciativa encontra, no entanto, perigosos precedentes, como o caso espanhol: o aeroporto de Valencia, por exemplo, foi um dos aeroportos construídos com base em um programa de aviação regional, mas que não recebe voos comerciais.

De toda forma, o que se percebe é que a maior parte das propostas ainda não saiu do papel e que, até segunda ordem, a Infraero continuará responsável por uma parte significativa da infraestrutura aeroportuária a ser ampliada.

3.2 Alteração das entidades de regulação e de políticas públicas

A criação da Anac, por meio da Lei nº 11.182, de 2005, em substituição ao Departamento de Aviação Civil (DAC), representou um marco no setor aeroportuário brasileiro, estabelecendo as bases para novas iniciativas regulatórias. A agência assumiu funções de regulação e de fiscalização do setor, tanto nos segmentos de aviação quanto nos de infraestrutura. Entretanto, a agência não atua no controle do espaço aéreo e na prevenção de acidentes, que são atribuições, respectivamente, do Departamento de Controle do Espaço Aéreo (Decea), ligado ao Ministério da Defesa e também subordinado ao Comando da

5. Para mais detalhes, ver: <www.aviacaocivil.gov.br/profaa>.
6. Ver: <www.planalto.gov.br/ccivil_03/_Ato2011-2014/2011/Lei/L12379.htm>.

Aeronáutica, e do Centro de Investigação e Prevenção de Acidentes (Cenipa), subordinado ao Comando da Aeronáutica.

Em 2011 houve uma mudança da esfera de políticas públicas federais para o setor, com a criação da Secretaria de Aviação Civil (SAC/PR), vinculada diretamente à Presidência da República. A SAC/PR foi criada pela Medida Provisória nº 527, de 2011, convertida na Lei nº 12.462. Suas três principais atribuições dizem respeito: às políticas públicas e ao planejamento da aviação civil; à coordenação e articulação governamental, inclusive com outras esferas de governo; e aos planos de outorgas e execução de convênios. Com o novo modelo, a Anac e a Infraero, antes vinculadas ao Ministério da Defesa, passaram a se vincular à nova Secretaria.

Há que se ressaltar que a mudança trouxe um novo ator que, ao invés de se concentrar na área de planejamento, como se esperaria de um braço do Executivo encarregado de políticas públicas, se sobrepôs em alguma medida à Anac. Por exemplo, o art. 1º, inciso IX, da Lei nº 12.462 especifica que compete àquela Secretaria, dentre outras coisas, promover a concorrência e garantir a modicidade tarifária.

Há que se destacar ainda que uma peça central do planejamento para o setor é o Plano Geral de Outorgas (PGO), editado por meio da Portaria nº 110, de julho de 2013. É ele que especifica as diretrizes gerais que o governo espera sejam seguidas nos próximos anos. Com base no PGO, os planos de outorga específicos de cada aeródromo público podem prever a exploração pela Infraero, Comaer ou mediante processo de concessão ou autorização conduzido pela Anac, ou por convênio com ente da federação.

4. Formas de prestação do serviço aeroportuário

É fundamental reconhecer que nem todos os mercados que envolvem o transporte aéreo são plenamente contestáveis, e que uma das barreiras mais importantes para a competição no setor é justamente a capacidade da infraestrutura aeroportuária. A partir dessa constatação, vem uma pergunta-chave: como organizar o setor aeroportuário de forma a suprir adequadamente a infraestrutura necessária e, ao mesmo tempo, obter ganhos de eficiência e de produtividade que sejam repassados à sociedade? Do ponto de vista da política pública, responder essa pergunta envolve também: (i) identificar a maneira como o serviço será provido, seja por meio de inversões públicas, privadas ou com participação mista; e (ii) criar mecanismos contratuais eficientes que possam reger, quando for o caso, a relação entre o poder concedente e os operadores, sob um marco regulatório adequado. São essas questões que nos propomos a tratar nesta seção.

4.1 Questões preliminares

A prestação de serviços públicos pode ser feita de diferentes maneiras, incluindo via empresa pública, privada, de capital misto ou até eventualmente por intermédio de uma autarquia. Seguindo essa linha, podemos refletir sobre diferentes arranjos contratuais de prestação do serviço. Para fins da discussão que realizamos a seguir, um quadro mais geral, e não rigoroso, de opções para a provisão e operação de infraestrutura está apresentado na figura 2.

Figura 2

Opções para provisão e operação de infraestrutura

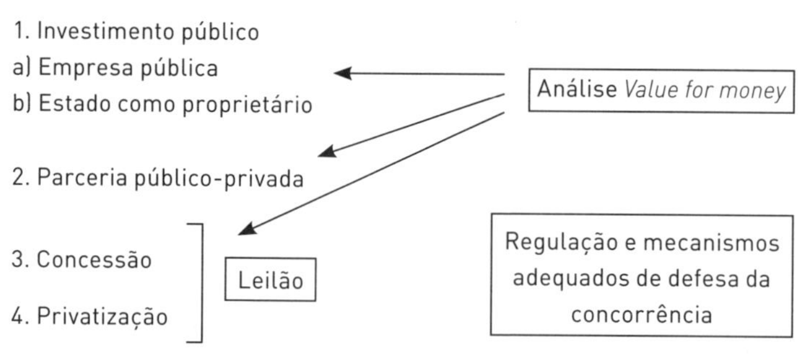

A prestação do serviço via investimento público, como o próprio nome já indica, é aquela situação em que o Estado utiliza um órgão, autarquia ou uma empresa (pública ou de economia mista) para constituir e gerir a infraestrutura. Há que se ressaltar que essa escolha implica necessariamente o custo de oportunidade de se abrir mão de alocar recursos públicos escassos em outras áreas, inclusive algumas que possam ser mais meritórias sob o ponto de vista de alocação de recursos (como educação e saúde). Não por outra razão, muitos países caminham no sentido oposto, o de privatizar via transferência de ativos ou, pelo menos, de criar espaços para a participação privada através da cessão do direito de uso de ativos constituídos pelo governo, ou mesmo por investidores privados sob regime público. Note-se que a participação privada pode se dar tanto na constituição do ativo (tipicamente via investimento em capital físico) quanto na prestação do serviço, que implica um importante elemento de capital intangível.[7]

O termo concessão tem um caráter mais peculiar e geralmente está relacionado a algum tipo de serviço de caráter público a ser prestado pela iniciativa privada. Mais precisamente, quando o poder público outorga a uma empresa, privada ou pública, o direito de executar, em seu nome, e mediante certos encargos e obrigações, uma obra, ou a exploração de serviço público ou de certos bens, como recursos minerais, por exemplo, por um tempo determinado e especificado em contrato.

O Brasil possui um marco legal bem desenvolvido para dar conta das concessões, estabelecido na Ordem Econômica da Constituição Federal de 1988, assim como na legislação mais recente. As concessões comuns, que apareceram sob a Lei nº 8.987, de 1995, consistem em um instrumento legal de base, posteriormente complementado e aperfeiçoado. Em 2004, apareceram as concessões administrativas e patrocinadas, genericamente chamadas de parcerias público-privadas (PPP), que permitiram, entre outras coisas, a possibilidade de contraprestações pecuniárias pagas pelo poder concedente ao parceiro privado, que constituem um subsídio. Na modalidade Administrativa, esse subsídio é integral, enquanto na modalidade Patrocinada há um subsídio parcial que complementa as receitas do projeto de forma a torná-lo viável em condições semelhantes à de mercado. Pode-se dizer que esse quadro constitucional e seus desdobramentos normativos — notadamente a Lei das Concessões e a Lei das Parcerias Público-Privadas — constituem o marco mais geral dentro do qual o Brasil vem procurando, nas últimas décadas, responder à questão de *como manter e operar uma infraestrutura*, particularmente utilizando a sinergia ou a complementaridade entre os setores público e privado. Enquanto as concessões são utilizadas em vários casos importantes no setor aeroportuário, as PPPs poderiam ser uma alternativa razoável para aeroportos menores, de caráter mais regional.

A escolha do modelo constitui um grande desafio. Ela deve levar em conta os objetivos e o tipo de regulação que será definido e adotado durante

7. Agradecemos às sugestões de Claudio Frischtak e Armando Castelar Pinheiro neste ponto e utilizamos parte do texto por eles sugerido.

a vigência do modelo. Neste contexto, a análise de *Value-for-Money* (VfM), também denominada Comparador do Setor Público (CSP), tem como objetivo avaliar a melhor opção, sob a ótica do setor público, para a execução de um projeto de investimento público e a operação dos bens de capital destinados à prestação de um serviço público. O cardápio de opções é amplo, e os detalhes de modelagem, tipicamente, importam no resultado do processo.

Um importante aspecto que deveria compor a análise de *Value for Money* da parceria público-privada em projetos de transporte[8] nos países emergentes é que eles podem oferecer vantagens que não são tão evidentes nos países desenvolvidos (Freemark, 2012:87). Em particular, a velocidade de implementação do projeto comparativamente à alternativa de provisão pública tende a ter um impacto elevado no resultado social do projeto — considerando que cada dia que se passa sem o investimento chegar à fase operacional tem um custo de oportunidade não desprezível. Adicionalmente, a participação privada oferece vantagens de eficiência dinâmica, introduzindo conhecimento técnico novo, enquanto as estruturas públicas são tipicamente mais lentas na inovação e no avanço tecnológico.

Note-se que, mesmo no caso de privatização ou concessão de infraestrutura, a regulação é indispensável, em função das falhas de mercado presentes e do caráter contingente dos contratos de operação. Ou seja, mesmo os ativos privados que eventualmente existam não deveriam estar excluídos do alcance dos dispositivos do marco regulatório setorial, assunto a ser tratado mais adiante.

4.2 A experiência de governança internacional

Como em outros setores, a governança em aeroportos é fortemente relacionada à forma de propriedade (Gillen, 2008), com alta relevância à natureza institucional do operador. Há extensa literatura sobre os resultados das diferentes escolhas de modelo de propriedade e de gestão, passando necessariamente por modelos de agente-principal e pelos incentivos gerados no processo de construção e gerenciamento da infraestrutura. No fundo, tudo se resume à análise das condições da prestação do serviço, que deve necessariamente considerar:

8. No caso, o autor discute os projetos ferroviários, mas o ponto é válido para aeroportos.

(i) a forma como se estrutura o capital da empresa; (ii) as definições contratuais existentes; (iii) o poder de mercado das empresas; e (iv) a existência de regulação efetiva, quando necessária.

No que diz respeito à propriedade da infraestrutura aeroportuária, não há como se afirmar que exista um consenso sobre qual a forma mais eficiente de propriedade ou de governança. Como se observa no quadro 2, no mundo os modelos são os mais díspares possíveis.

Quadro 2
Alguns modelos de distribuição da propriedade e da operação hoje existentes

		Operação		
		Pública	Corporação sem fins lucrativos	Privada/Concessões
Propriedade	Pública	Brasil, Espanha, Cingapura, Finlândia, Suécia e EUA	Canadá	Chile, Brasil (novo modelo), Argentina, Chile, Uruguai, Peru, Turquia (Istanbul Atatürk), Egito (Cairo) e Índia (Nova Delhi e Mumbai)
	Parcialmente Privada			Roma (Itália), Frankfurt (Alemanha), Zurique (Suíça)
	Totalmente Privada			Maioria dos aeroportos no Reino Unido, Austrália e Nova Zelândia

Embora o quadro 2 classifique os modelos como público, parcialmente privado ou privado, nenhum dos modelos pode ser considerado puro. Em todos os casos, há hibridismos nas formas de propriedade e de operação, que são relevantes para a governança do sistema. Assim, o desenho de um sistema deve levar em conta não apenas a propriedade, mas o feixe de detalhes que importa no resultado (Oxera, 2013).

Um amplo conjunto de países opta pelo modelo de propriedade pública e de operação pública, incluindo Espanha, Cingapura, Finlândia e Suécia. Esse foi o modelo tradicionalmente adotado no Brasil até a introdução da Participação do Setor Privado (PSP). O caso americano é emblemático na medida em que, apesar de ter propriedade e operação pública, a maioria das operações é terceirizada. Em muitos casos, inclusive, há a constituição de *joint ventures* com companhias aéreas para contratar ou desenvolver os serviços a serem prestados — neste sentido, a classificação apresentada para esses aeroportos poderia ser questionada, com base na existência de modelos híbridos.

O segundo conjunto de modelos diz respeito à propriedade pública e operação privada, incluído aqui o caso de concessões. Este é o caso de vários países da América Latina, aeroportos na Turquia, Índia e Egito. O caso do Canadá constitui um terceiro conjunto, com solução intermediária entre os dois primeiros, em que a operação é realizada por corporações independentes sem fins lucrativos.

O quarto grupo observado é o da privatização parcial. Nessa categoria encontramos um primeiro subgrupo em que os operadores são majoritariamente privados, tais como o aeroporto internacional de Viena (Áustria), Copenhague (Dinamarca) e Auckland e Wellington (Nova Zelândia). Por outro lado, também encontramos outro subgrupo formado em sua maioria por capital público, como os casos de Charles de Gaulle (França), Zurique (Suíça) e Beijing (China).

Finalmente, o modelo totalmente privado, com abertura de capital, pode ser encontrado no Reino Unido, com a privatização do antigo operador público dos aeroportos britânicos, a British Airports Authority (BAA), a primeira privatização de aeroportos da história. O caso foi iniciado em 1987, com a oferta inicial de ações (IPO, Initial Public Offering) da empresa. Optou-se por *single ownership* (monopólio dos aeroportos), trocando-se um monopólio público por monopólio privado, sob forte regulação econômica. Foi previsto, inicialmente, um esquema de *Golden Share* — participação acionária que permite ao governo (no caso) veto em determinados assuntos, que poderia evitar, por exemplo, a venda a estrangeiros, ou investimentos contrários ao interesse público. Porém, esse mecanismo caiu posteriormente: em 2003, as *golden shares* foram declaradas ilegais pelas cortes europeias. Em 2006, a empresa foi adquirida pelo grupo espanhol Ferrovial.

Considerando-se os principais atributos apontados, o Brasil vem perseguindo, como principal linha de reforma, a migração de um modelo de propriedade e operação públicas, para um modelo que mantém a propriedade pública e transfere a operação para a iniciativa privada, dentro do marco legal que o país dispõe para a concessão de serviços públicos de infraestrutura, mas com um modelo específico de governança. Como de costume, os detalhes são de alta relevância para a descrição do novo modelo. Em seção posterior deste capítulo voltamos a este ponto de maneira mais detalhada.

5. Concorrência e regulação: a evolução do setor aeroportuário

As mudanças ocorridas no setor de transporte aéreo nas duas últimas décadas — particularmente a desregulamentação e a consequente elevação da demanda e do nível de concorrência — implicaram mudanças substanciais na forma como a indústria aeroportuária passou a ser vista. Antes tratado como um monopólio natural típico, cuja função primordial era prover infraestrutura para receber carga e passageiro, hoje, em muitos lugares, o aeroporto é tratado como um modelo de negócio tipicamente comercial, que é capaz de gerar várias receitas e até mesmo concorrer em diferentes dimensões. O objetivo desta seção é o de descrever a forma como este segmento é visto hoje, e o impacto desta análise em termos de concorrência e regulação.

5.1 A economia do setor aeroportuário

O conceito clássico de "*airport facilities*" pode ser entendido como um termo guarda-chuva, que envolve toda e qualquer infraestrutura aeroportuária utilizada pela companhia aérea para prover seus serviços. Esta inclui itens como: balcões de *check-in*; *ticket counters*; *gates*; saguões de embarque; hangares, pátios de estacionamento; em alguns casos, até terminais inteiros; e, nos respectivos horários, a pista. Os *slots*, em particular, correspondem à alocação dos direitos de pouso e decolagem, com um papel importante neste sentido. Seriam "*essential resources*" (ou *essential facilities*) para a operação, muitas vezes escassas. Já sob este ponto de vista, podemos entender um operador aeroportuário como um fornecedor de multisserviços.

Sob o ponto de vista da teoria econômica, a melhor forma de se definir um monopólio natural é a partir do conceito de subaditividade da função custo. Isto se torna ainda mais importante no caso de empresas multiprodutos (ou multisserviços), como um aeroporto, na medida em que este conceito toma por base o fato de que considerar que um operador é um monopólio natural, implica afirmar que é mais eficiente tê-lo como único fornecedor de todos os serviços envolvidos (em outras palavras, ele oferecerá o conjunto de serviços ao menor custo para a sociedade).[9]

9. Para uma discussão mais detalhada sobre o tema ver Viscusi, Vernon e Harrington (2005:404-408).

Para além da discussão de eficiência, o segmento tende a ser concentrado, pela presença de barreiras à entrada de dois tipos. O primeiro, de âmbito legal ou regulatório, que incorpora aspectos ambientais ou da própria definição de políticas públicas relacionadas a permissões e concessões. Já o segundo grupo envolve questões de caráter econômico, típicas da função de produção desses serviços, como: (a) economias de escala; (ii) economias de escopo; e (iii) economias de densidade.

O conceito de economias de escala é significativo para as indústrias que incorporam elevados custos fixos. Em tese, um aeroporto já estabelecido poderia usar eventuais economias de escala como uma barreira à entrada quando operar com excesso de capacidade e ofertar os serviços a um preço mais baixo para desencorajar a entrada de potenciais novos concorrentes. Note-se, entretanto, que se, por um lado, aeroportos têm, em geral, economias de escala nos investimentos de pista, por outro, também apresentam deseconomias de escala em outras partes do negócio, como investimentos em instalações de terminais, na movimentação de passageiros.[10]

Os estudos sobre qual o tamanho ótimo de um aeroporto apresentam resultados bastante distintos, a depender da metodologia de identificação utilizada. Alguns pesquisadores, como Doganis (1992) e Salazar de la Cruz (1999), concluíram que os aeroportos obtêm todos os benefícios relacionados à escala ótima quando atingem algo em torno de 3,5 milhões de passageiros por ano. Salazar de la Cruz (1999) afirma ainda que os aeroportos passam a ter retornos decrescentes de escala e elevação de custos médios quando atingem 12,5 milhões de passageiros por ano; e entre 3,5 e 12,5 milhões de passageiros haveria retornos constantes de escala. Entretanto, não há como aplicar esses dados para todos os casos, principalmente porque hoje há vários modelos de negócios distintos, que não necessariamente coincidem com o daqueles aeroportos que fizeram parte da amostra dos pesquisadores.

De toda forma, não há dúvida de que este segmento tem custos fixos elevados e uma parte considerável irrecuperável. Os aeroportos são empreendimentos intensivos em capital, exigindo grandes investimentos para financiar novas infraestruturas e modernização das instalações existentes. A natureza dos custos fixos do negócio aeroporto, e muitas vezes custos marginais muito baixos quando comparados aos fixos, faz com que os operadores aeroportuá-

10. Para mais detalhes, ver Betancor e Rendeiro (1999).

rios tenham incentivos em adicionar mais passageiros e ampliar a movimentação de aeronaves, para maximizar o retorno sobre essa base de ativo fixo.

Economias de escopo também podem derivar, principalmente, da prestação de serviços aeronáuticos. Por exemplo, diferentes tipos de tráfego aéreo usam a mesma pista, implicando o benefício em termos de custos operacionais. Mesmo diferentes serviços usados pelas empresas aéreas também permitem algum tipo de economia de escopo pelos operadores aeroportuários.

Não menos importante é o fato de que os aeroportos podem eventualmente explorar economias de densidade, relacionadas ao adensamento populacional das áreas servidas (Caves, Christensen e Tretheway, 1984). A eventual restrição de demanda em alguns períodos do dia tende a ser menor quando se é capaz de agregar um mercado potencial maior. Isto decorre do fato de que a probabilidade de encontrar consumidores demandando o serviço (de transporte aéreo) em momentos diferentes se eleva. Desta forma, embora haja exceções, quanto maior a demanda potencial, maior será a tendência à sua distribuição no tempo (ao longo do dia, da semana ou do ano). Com isso, os custos fixos podem ser amortizados por uma maior taxa de utilização da capacidade instalada, resultando em menores custos fixos médios (Turolla, Ohira e Lima, 2011).

Particularmente, para as empresas aéreas é fundamental, no seu processo de escolha por um aeroporto, garantir a maior demanda possível para seus voos. Mais precisamente, no caso do setor aéreo, as economias de densidade podem se manifestar não apenas por meio do aumento do número de passageiros, mas também pela conformação das redes de transporte, de forma a melhor adequar os fluxos à disponibilidade da capacidade de transporte ou viabilizar de maneira mais fácil a constituição de *hubs*, que são pontos centrais de distribuição de passageiros em uma rede de ligações de transporte aéreo.

Há que se ressaltar que a visão de aeroportos como entidades tipicamente públicas, cujo objetivo é atender às necessidades das companhias aéreas, tem mudado substancialmente. Os aeroportos têm sido considerados cada vez mais um negócio também voltado para os passageiros, que se tornaram um importante cliente e fonte de receita, independentemente daquelas geradas pelas companhias aéreas. Os aeroportos europeus, por exemplo, apresentaram fontes de receitas não derivadas de serviços aeronáuticos da ordem de 13,8 bilhões de euros em 2010, quase se igualando às aeronáuticas (que foram de 14,8 bilhões de euros).[11] De uma maneira mais clara, os aeroportos de hoje têm utilizado as receitas comerciais para gerar os fundos necessários para o funcionamento e os investimentos de sua infraestrutura. Nesta linha, eles podem ser entendidos como "plataformas" que fazem um link entre as companhias aéreas e os passageiros, e trabalham para ampliar as receitas (e lucratividade) conjuntas dos dois lados. O quadro 3 ilustra o modelo em questão.

Quadro 3
Aeroporto como plataforma

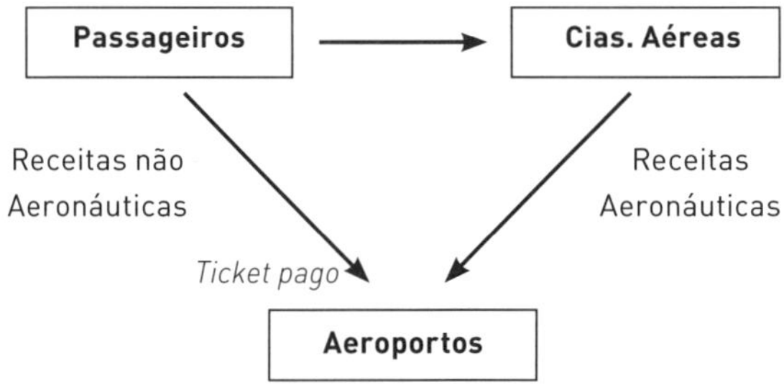

Sob o ponto de vista do aeroporto, há, na realidade, um incentivo para montar um modelo de atração conjunta, criando uma interdependência positiva entre os dois lados, passageiros e companhias aéreas. Se os passageiros se afastarem, as companhias perderão e muito provavelmente escolherão outros aeroportos. De maneira similar, se as companhias aéreas deixarem o aeroporto ou reduzirem a cobertura de rota ou de frequência, os passageiros entenderão o aeroporto em questão como menos atrativo.

Embora haja uma discussão teórica quanto à possibilidade de aeroportos serem considerados "mercados de dois lados" em seu sentido estrito,[12] não há como se desconsiderar que a característica de intermediar, em algum nível, a relação entre empresas aéreas e passageiros é fundamental para a análise da definição de mercado e poder de mercado neste segmento, e para decisões de âmbito regulatório. Isto porque, como se verá, aeroportos, mesmo com poder de mercado sobre empresas aéreas, teriam menos incentivos para usá-lo por conta da complementaridade entre as receitas dos dois lados do mercado.

11. Fonte: ACI Europe economics report 2011.
12. Para mais detalhes, ver, por exemplo, Fröhlich (2010).

5.2 Modelos de regulação tarifária

Conforme já destacado, um aeroporto pode ser entendido a partir de uma operação que envolve uma combinação de serviços, e que incorpora dois lados em seu negócio: o que atende as empresas aéreas; e o direcionado ao fluxo de passageiros, seja de maneira direta ou indireta. Assim, as receitas podem ser geradas por cobrança de valores das empresas aéreas ou por outros serviços derivados de aluguéis de espaços comerciais para prestadores de serviços aos consumidores ou até mesmos diretamente dos passageiros.

Até pouco tempo, a preocupação das autoridades regulatórias se concentrava em evitar potenciais abusos de poder de mercado sobre empresas aéreas por parte de aeroportos com elevada demanda. A ideia implícita era a de que estes aeroportos sofreriam pouca ou nenhuma concorrência de outros, principalmente os secundários, ou que as companhias aéreas não teriam nenhum poder de mercado compensatório.

Aeroportos maiores podem, de fato, ter poder de mercado baseado em sua localização, implicando algum tipo de efeito sobre os serviços que eles vendem diretamente para os passageiros, contratos de locação e serviços prestados às companhias aéreas. No entanto, este pode não ser necessariamente um problema de falta de concorrência, posto que algumas vezes envolve, simplesmente, uma redistribuição do excedente gerado pela sua localização, que pode beneficiar, por exemplo, o poder concedente. Em outras palavras, há que se distinguir se a renda extra gerada deriva da localização ou de um eventual poder de mercado existente em benefício do operador. Algumas vezes, o próprio modelo de entrada do operador favorece a presença de um comportamento *rent-seeking*, cuja renda adicional estará mais associada ao modelo de arrendamento ou concessão proposto.

De toda forma, em que pese hoje ainda assistirmos à presença de regulação tarifária pelo lado dos serviços aeroportuários, em várias jurisdições já se assiste uma mudança de pensamento sobre o potencial de concorrência passível de ser introduzida, o que implicará uma menor necessidade de controle sobre preços praticados nos serviços aeroportuários. Neste contexto, reservamos esta parte do trabalho para apresentar os modelos de regulação tarifária hoje utilizados em outros países e seus efeitos.

Ao se considerar o modelo de regulação proposto para aeroportos, alguns aspectos são fundamentais: (i) a complementaridade existente entre os dois lados do mercado (serviços aéreos e não aéreos); (ii) o nível de congestionamento dos aeroportos (limitação de capacidade); e (iii) o grau de concorrência vigente no setor. Note-se que esses aspectos não são independentes.

Com relação ao primeiro aspecto, o efeito da elevação da demanda de passageiros e de movimentação de aeronaves, combinado com o aumento de outras receitas não aeronáuticas, tem um forte efeito sobre os incentivos de definição de preços para o aeroporto. Calibrar o modelo de precificação dos dois lados implica buscar extrair o máximo de preço de reserva de cada um dos lados de forma a maximizar o lucro conjunto. Neste aspecto, o processo pode implicar uma distribuição não proporcional de renda entre todos os participantes do mercado.

Sob o ponto de vista prático, a forma como a regulação tem sido definida varia de país para país. Nos Estados Unidos, por exemplo, a regulação federal é limitada e exige-se que as tarifas associadas aos custos aéreos sejam fixadas de maneira a apenas cobrir os custos desses serviços. Esta função, dada pelo Congresso americano, cabe à Federal Aviation Administration (FAA), que pouco tem feito, dado um compromisso com o governo de operar seus aeroportos como se fosse uma entidade sem fins lucrativos.

Em outras partes do mundo, o "preço" do serviço aeroportuário é definido de acordo com alguma regra tarifária, que passa por modelos *ex ante*, como de taxa de retorno (ROR) ou *cost-plus*, e alcança até modelos que objetivam gerar incentivos para que sejam obtidos ganhos de eficiência, como, por exemplo, *price cap*. Outras formas de regulação incluem compartilhamento de receitas (*sliding scale*), também *ex ante*, e até uso de uma "mão mais leve" (*light-handed regulation*), de caráter *ex post*.

A regulação por taxa de retorno implica definir uma tarifa que seja apenas suficiente para cobrir os custos totais, incluindo a inflação, e uma taxa normal de retorno. Embora simples em termos de conceito, sua aplicação, na prática, é muito complexa, principalmente no caso de aeroportos que desenvolvem uma série de serviços.[13] Ademais, este modelo é reconhecido pela ausência de incentivos para minimizar custos e pela tendência de sobreinvestir em infraestrutura (efeito Averch-Johnson).

Já o modelo *price cap*, que toma por base um reajuste anual com base em algum indicador que reflita o potencial de ganhos de eficiência, é reco-

13. Duas questões simples ilustram o tamanho do problema. Qual a taxa de retorno que seria justa? Que capital investido deveria ser contabilizado na Base de Capital?

nhecidamente mais interessante quando se quer gerar incentivos para que o operador melhore a eficiência, uma vez que incorpora: (i) por um lado, um fator X, que o obriga a ter algum nível de eficiência; e (ii) por outro, qualquer ganho adicional de eficiência passa a ser incorporado como retorno adicional para este próprio operador. O atraente deste modelo é que, dada a assimetria de informação entre regulador e regulado, um dos principais objetivos é o de incentivar a empresa a revelar seus verdadeiros custos, estimulando que ela incorpore ganhos de eficiência; por outro lado, não são desprezíveis as dificuldades empíricas para determinação do fator X.

Uma preocupação comum com este tipo de regulação vem dos efeitos sobre grandes investimentos ou expansões de aeroportos, uma vez que os retornos obtidos só se materializarão em um futuro mais distante, e os critérios de reajustes de preços e de ganhos de produtividade não se alterarão no período entre as revisões ordinárias (normalmente definidos em quatro ou cinco anos). Ademais, dado o perfil de fornecedor multisserviços, há também que se definir quais seriam aqueles que fariam parte da estrutura de definição de uma tarifa teto. Em geral, apenas o preço médio tende a seguir a regra de *price cap*, facilitando à empresa ajustar os preços relativos de acordo com o custo e as condições de demanda, o que deve levar em consideração as diferentes elasticidades.

Outra alternativa que tem sido utilizada é o modelo de compartilhamento de receitas, que visa estimular os operadores aeroportuários a expandir seus negócios, ao relacionar o nível de tarifa ao crescimento da movimentação. Pode ser implementado coma uma forma híbrida, que toma por base algo como o modelo de *price cap* ou mesmo de taxa de retorno. Sob o ponto de vista prático, envolve criar algum modelo que relacione a tarifa a ser cobrada com alguma definição (previsão) de demanda-alvo (ou prévia). Se a movimentação se elevar acima da meta definida, o operador se beneficiará deste resultado, mas ao mesmo tempo terá que repartir parte do ganho obtido com as companhias aéreas. Guarda alguma semelhança com o modelo de *price cap* na medida em que as partes (aeroportos e companhias aéreas) firmam um acordo por um determinado período de tempo e cujos termos permanecerão vigentes por este tempo. Assim, contratos mais curtos implicarão maior volatilidade nas tarifas cobradas e vice-versa. Ao contrário dos modelos puros de *price cap* e de taxa de retorno, ele tem a vantagem de garantir alguma estabilidade de tarifas, mesmo quando houver flutuações de demanda. Por outro lado, pode gerar pouco incentivo para expandir a infraestrutura, uma vez que as tarifas em aeroportos congestionados permanecerão elevadas (mesmo considerando que o operador perderá a oportunidade de elevar sua receita se expandir sua área).

Outra forma de se refletir sobre a regulação a ser implementada é analisar situações em que haja elevado congestionamento em dados aeroportos ou regiões. Neste caso, há ainda a possibilidade de se utilizar um modelo de precificação do tipo *peak-load*, que permite aos aeroportos cobrarem valores mais elevados em momentos de maior demanda. Este fato pode, inclusive, a depender do perfil da demanda, distribuir pousos e decolagens ao longo do tempo, maximizando o uso da infraestrutura. Entretanto, há que se considerar o efeito sobre a competição no mercado de transporte aéreo.

Finalmente, não seria absurdo, sob o ponto de vista teórico e de eficiência alocativa, pensar em uma regulação baseada em preços de Ramsey, dado o perfil de aeroportos serem fornecedores multisserviços. O problema, entretanto, é o de identificar as diferentes elasticidades preço da demanda dos distintos serviços prestados, principalmente dado o nível de assimetria informacional existente no mercado, e entre o regulador e os entes regulados.

Há dois conceitos relevantes, "*single till*" e "*dual till*". No primeiro caso, todas as receitas obtidas com os serviços aeroportuários (sejam eles aéreos ou não) entram no cálculo para efeito de definição de tarifas. Em princípio, ao se adotar este modelo, estar-se-ão considerando a interação e a complementaridade entre os dois lados do mercado discutidas anteriormente. Por sua vez, o modelo "*dual till*" implica considerar apenas as receitas derivadas dos serviços aeronáuticos para definir a tarifa a ser praticada. Sua escolha pressupõe tentar evitar eventuais "distorções" sobre a provisão de serviços não aeronáuticos. A este respeito há que se destacar que a International Civil Aviation Organization (Icao) recomenda a utilização do modelo "*single till*", que de fato ainda é utilizado em vários aeroportos do mundo (principalmente os europeus).

Como se percebe, a questão de se escolher o modelo regulatório não é trivial, posto que envolve uma série de especificidades que podem variar de país para país, ou mesmo de aeroporto para aeroporto. Não por outra razão há diferentes modelos sendo utilizados em todo o mundo, como se observa no quadro 4.

A questão-chave é entender em que medida os vários modelos geram incentivos para ampliar o nível de eficiência (alocativa, produtiva e dinâmica) e atrair o volume de investimentos adequado à demanda de cada país. Gillen

Quadro 4
Regulação aeroportuária em países selecionados

Tipos de regulação	Países
Aeroportos definem tarifas	Grécia; Itália
Cost based - Single till	Noruega; Espanha
Light handed regulation	Autrália; Nova Zelândia
Sem regulação	Finlândia; Eslovênia; Suíça; Canadá
Price cap - Dual till	Dinamarca; Malta
Price cap - Single till	Áustria; França; Hungria; Irlanda; Suécia; Reino Unido; África do Sul
Rate of return - Dual till	Holanda
Rate of return - Single till	Bélgica
Revenue based - Single till	Portugal
Compartilhamento de Receita	Frankfurt; Düsseldorf (Alemanha)

Fonte: Elaborado a partir de *Economic Regulation of Productivity Commission Airport Services Inquiry Report, n. 57 (2011)* e Gillen (2007).

(2007:6) sugere, por exemplo, que o caso americano não seria uma boa referência de melhores práticas. Segundo ele:

> *The US is the largest aviation market in the world and has what appears to be the least progressive airport governance and regulatory institutions measured in terms of the use of market forces for all of allocative, productive and dynamic efficiency. The power of the carriers, the long-term contracts written between the carriers and the airports, the traditional funding of airport capital projects by the FAA (through the Airport & Airway Improvement Fund) all these factors contribute to the apparent lack of evolution observed in other parts of the world. Yet in many cases US airports contract out a substantial number of services and these contracts undergo competitive bidding. The US is essentially a cost-of-service form of regulation although one could argue that those airports that still adhere to the principles of residual financing are under a single till form of price-cap regulation. The airports are required to set aeronautical fees so as to collect revenues that reflect the costs of providing the service. Thus individual prices are indirectly regulated in the sense that the aggregate of revenues cannot exceed costs.*

E continua:

> *The US form of indirect regulation provides incentives for neither static nor dynamic efficiency. It also ensures the airlines appropriate the majority of rents at capacity constrained airports. Static efficiency is not achieved since fees reflect accounting rather than economic costs. Any excess demands are rationed through some quantity method such as flow control whereby flights within a given time or distance from the constrained airport are not allowed to depart until a slot is available for them - the selection of the time or distance is clearly arbitrary - or by simply stacking up arriving aircraft in the terminal areas waiting their turn to land. Dynamic efficiency is frustrated since there are no price signals that reveal the value of added capacity. The excess demand reflects a failure to price scarce resources appropriately and the rent due to slots accrues to the carriers that hold the slots. They show up in the form of hub premiums.* (Gillen, 2007:7)

Como se observa, a questão não é trivial, e perpassa qualquer discussão baseada entre a diferença entre custos contábeis e econômicos. O ponto-chave é gerar incentivos adequados a todos aqueles que prestam serviços no ambiente aeroportuário.

A discussão sobre os efeitos dessas formas de regulação sobre eficiência, investimento e distribuição de renda não é algo simples e depende, em larga escala, do tipo de aeroporto em questão (se congestionado ou com capacidade ociosa) e do nível de concorrência com eventuais outros aeroportos em alguma medida e entre as próprias companhias aéreas que nele operam. De toda maneira, para efeitos de políticas públicas vale ressaltar o exposto por Gillen (2007:10):

> *Finally what is not often considered in the debate on airport regulation is that airports can directly contribute to the degree of airline competition through pricing and capital investment decisions. Therefore policy makers should not only consider the welfare effects of airport regulation in relation to airports and their customers, but also the associated welfare effects on airline competition that result from airport pricing and investment decisions under the various regulatory regimes.*

Dada a percepção da dificuldade em se prever o resultado dos diferentes modelos regulatórios até aqui descritos, alguns países, como é o caso da Austrália e da Nova Zelândia, passaram a adotar o que se denominou Light Handed Regulation (algo como Regulação de Mão Leve), que nada mais é do que uma espécie de monitoramento dos preços praticados em aeroportos com a intenção de só intervir se realmente necessário. A ideia aqui é a de estimular a realização de negociações de "boa-fé" entre as partes com o objetivo de estabelecer contratos eficientes, inclusive de mais longo prazo. A grande vantagem deste modelo é dar maior flexibilidade às decisões de preços e estimular novos investimentos em infraestrutura. Entretanto, o grande pressuposto implícito deste modelo é o da presença de competição entre os *players* no mercado. É neste contexto que passamos a tratar a seguir de aspectos concorrenciais entre aeroportos.

5.3 Concorrência no mercado versus *concorrência pelo mercado*

Conforme já destacado, neste novo universo do setor aeroportuário, a perspectiva de gerar concorrência assume uma posição-chave na definição de políticas públicas para o setor e como parâmetro para incentivar investimentos.

Em tese, aeroportos podem concorrer em diferentes níveis, conforme destacam Tretheway e Kincaid (2005).[14] Mais precisamente, Pavlyuk (2012) faz uma compilação dos principais aspectos e destaca sete possibilidades de concorrência:

- entre aeroportos por servir o mercado local de passageiros;
- pelo transporte de carga;
- por conexão de tráfego (entre *hubs*);
- pelo destino (para turismos, convenções de negócio etc.);
- por contratos com empresas aéreas;
- por serviços não aeronáuticos (estacionamento, manutenção); e
- com outros modais de transportes (principalmente trens de alta velocidade).

A concorrência entre aeroportos para servir o mercado local é a mais direta e potencialmente a mais forte. Ela depende da maneira como eventuais usuários de uma região entendem que dois aeroportos próximos à sua localidade de origem podem ser bons substitutos entre si. Normalmente deve haver uma proximidade razoável entre eles, que implique um pequeno tempo de deslocamento a cada um deles, a custos similares. A União Europeia, por exemplo, trabalha com a perspectiva de que "concorrência" envolve um deslo-

14. Segundo os autores, muitos dos serviços prestados pelos aeroportos se enquadram na categoria de mercados competitivos.

camento não superior a duas horas.[15] Note-se que a concorrência, neste caso, pode ser mais ou menos intensa, a depender do perfil (nível de diferenciação) com que cada aeroporto propõe se caracterizar, inclusive como primário ou secundário. Alguns exemplos típicos deste tipo de concorrência são a existente entre O'Hare e Midway, em Chicago, a de JFK e La Guardia, em Nova York, Charles de Gaulle e Orly, em Paris.

O transporte de carga, dadas suas características, tende a ser mais competitivo, seja quando se fala diretamente de origem-destino, seja quando envolve a transferência da carga em determinado ponto de uma rede. Isto porque a demanda neste mercado tende a ser mais sensível a preços em seus vários aspectos, conforme destacam Tretheway e Kincaid (2005:5):

> *Cargo traffic is highly price sensitive and can easily shift to alternative routings. If cargo rates for direct service from Amsterdam to Tokyo are too high, or if capacity at Amsterdam is limited, then the cargo can trucked and flown via Brussels, Frankfurt, Paris, or Liege. It can also be flown from Amsterdam to Hong Kong, Vancouver, San Francisco, and so forth for onward carriage to Tokyo. Air cargo is notorious for being "gateway competitive", and airports must view much of their cargo traffic, even O/D cargo traffic, as subject to vigorous competition.*

Em aeroportos grandes, o tráfego relacionado a conexões é um componente importante do volume de passageiros. Em alguns grandes centros, mais da metade do total de passageiros está relacionada a esse tipo de movimentação. Em alguns casos, inclusive, há aeroportos secundários que também investem em movimentação de conexões. Por exemplo, os principais pontos de conexão da empresa Southwest Airlines são quase todos aeroportos secundários, tais como Houston Hobby Airport, Dallas Love Field, Baltimore/Aeroporto Washington, Chicago Midway etc.

A ideia deste tipo de concorrência envolve a possibilidade de um viajante que saia, por exemplo, de São Paulo ter diferentes opções de chegar a outra cidade, principalmente aquelas no exterior. Na realidade, envolve uma forma de as empresas aproveitarem economias de densidade relacionadas principalmente aos maiores centros e reduzirem custos e até o preço das passagens para o percurso total. Neste sentido, poderíamos ter uma concorrência entre *hubs*.

15. Ver, por exemplo, Thelle, Pedersen e Harhoff (2012).

Note-se, entretanto, que a possibilidade de um aeroporto se tornar um *hub* envolve uma série de variáveis relacionadas tanto ao lado da demanda (custos, tempo de espera, frequência de voos), como pelo lado da oferta (capacidade de o operador dar vazão à maior movimentação).

Os aeroportos também podem ser um componente importante na competição por destino de escolha de alguns passageiros, uma vez que fazem parte do pacote global de turismo oferecido. Neste sentido, a qualidade, o custo e o escopo do serviço oferecido pela infraesturutra aeroportuária também têm influência sobre a atratividade de um destino. Um segmento típico é aquele que envolve o mercado de turismo para convenções de empresas.

Com a liberalização do transporte aéreo, o mercado aéreo se tornou mais competitivo. Particularmente, a entrada de empresas de baixo custo (*low cost carriers* — LCC) no setor elevou substancialmente a concorrência no mercado, mas ao mesmo tempo fez com que houvesse um processo de concentração substancial envolvendo as companhias aéreas mais antigas, que tiveram que se ajustar à nova realidade. Em função disso, há registro de elevação do poder de negociação de diversas companhias aéreas, assim como um estímulo (de mercado) a que os aeroportos passem a competir entre si em um horizonte de mais longo prazo, para que atraiam o maior número possível de voos para sua infraestrutura.

Há que se notar que este mesmo processo de liberalização da aviação aumentou o risco de ativos aeroportuários ficarem submetidos a comportamentos oportunistas por parte das companhias aéreas, que passaram a ficar livres para alterar rotas e aeroportos. Mais especificamente, o catalisador desse processo de transformação tem sido a introdução de contratos (de longo prazo) formais entre o aeroporto e companhias aéreas, que envolvem uma série de dispositivos, tais como qualidade de serviço, apoio de marketing, arrendamento de longo prazo de terminais e até cláusulas do tipo "*take or pay*" para garantir o fluxo de aeronaves, que em alguns casos se voltam para reduzir o risco de comportamentos oportunistas e em outros potencializam esse risco.

A possibilidade de haver concorrência por serviços não aeronáuticos é algo um pouco mais efêmero e depende muito das condições de cada mercado (aeroporto) que se pretenda analisar. Ademais, envolve avaliar a possiblidade de que outros prestadores de serviços sejam capazes de entrar em mercados muito específicos. Um exemplo deste tipo de questão pode ser observado na região do aeroporto de Guarulhos, em São Paulo, em que nos últimos anos se observou um crescimento considerável do número de estacionamentos próximos que incluem no seu serviço o transporte até os terminais. Finalmente, a concorrência entre modais se torna tão mais difícil de ser observada quanto maior for a distância envolvida. De toda forma, o exemplo clássico é a disputa existente na Europa entre trens de alta velocidade e companhias aéreas em rotas como Londres-Paris e Barcelona-Madri.

A competição pelo mercado, promovida em substituição à competição no mercado, foi sugerida por Demsetz (1968). Conforme Braeutigam (1989), esse método corresponde à competição pelos direitos de *franchising* para servir um determinado mercado. Particularmente no caso de aeroportos, a competição de Demsetz envolve tipicamente um leilão de tipo de valor privado,[16] em que as informações são públicas e uniformemente distribuídas entre os potenciais concorrentes, mas eles diferem quanto às suas expectativas de ganhos, posto que têm diferentes capacidades e estruturas distintas para minimizar custos. Neste contexto, espera-se que aquele operador mais eficiente (o que trabalhará com menor custo) tenha condições de dar a melhor oferta e fornecer o serviço ao menor preço (ou que pague o maior valor de outorga, a depender do modelo proposto).

Há um amplo debate sobre as vantagens desse método relativamente à regulação tradicional, havendo céticos como Williamson (2012), que apontou problemas na clareza dos critérios iniciais de licitação, problemas políticos durante a vida do contrato e privilégio dos incumbentes nos intervalos de renovação contratual. Na prática, contudo, crescentemente há uma opção por misturar os dois instrumentos, quais sejam, a competição pelo mercado e a regulação. Uma adequada combinação desses dois instrumentos, eventualmente acrescida de competição tradicional no mercado, onde ela é possível, pode resultar em uma política pública geradora de ganhos de bem-estar para a sociedade. Essa combinação, entretanto, é complexa e depende de diversas condições que devem ser examinadas caso a caso.

Na discussão sobre concorrência pelo mercado, há que se atentar também para a natureza do leilão a ser colocado em prática e o objetivo do vendedor

16. Na terminologia econômica tradicional de teoria dos leilões, o leilão de valor privado é aquele em que cada participante tem a sua própria avaliação sobre o bem que está sendo leiloado e não conhece os demais. Em oposição, um leilão de valor público é aquele em que o valor do bem, tipicamente uma *commodity*, é conhecido por todos os participantes do leilão.

(leiloeiro). No caso, estamos tratando de um leilão de valor privado, em que os potenciais concorrentes diferem com relação ao valor que atribuem ao ativo a ser leiloado. Nesta situação, a prescrição tradicional sugere estimular o maior número de participantes possíveis, se o objetivo for maximizar a receita ou gerar maior eficiência, estimulando que quem mais valorize o bem seja o vencedor (Bierman e Fernandez, 2011).

Por outro lado, se a ideia for evitar algum tipo de colusão, leilões com envelope fechado podem ser mais apropriados, na medida em que enfraquecem o mecanismo de monitoramento e punição para quem não cumprir os termos do cartel. Entretanto, neste caso poderá se sacrificar critérios de eficiência e maximização de receita. O fundamental, na realidade, é entender o ambiente em que o leilão ocorrerá. De acordo com Janssen (2004), a colusão será mais provável quando:

> *(1) Auctions involving multiple items in which bidders are allowed to win, and are interested in winning, more than a single item. This would include repeated single-unit auctions for related goods.*
> *(2) A small number of bidders relative to the number of objects for sale.*
> *(3)Bidders with preferences that are diverse in terms of the items in which preferences they are mainly interested and possess a low degree of complementarity across items.*

Sob o ponto de vista prático, a questão não é trivial e, como se observa, se complica ainda mais quando se fala em leilões de ativos distintos em um dado momento do tempo, e cuja escolha do modelo pode envolver uma escolha prévia de quem poderá participar e quem de fato poderá levar parte ou o total deles.

Finalmente, um último aspecto a ser observado quando se pretende garantir a concorrência entre companhias aéreas é evitar que haja verticalização no setor, em que as companhias aéreas controlem a infraestrutura aeroportuária no ambiente de grandes aeroportos. Neste aspecto, o objetivo é evitar que sejam criados incentivos para que haja algum tipo de discriminação anticompetitiva no fornecimento da infraestrutura, seja em termos de preço, qualidade ou mesmo horário.

5.4 Regulação de entrada de companhias aéreas (regulação de slots)

Um *slot* corresponde ao direito à reserva de um horário para uso da pista por uma companhia aérea em um aeroporto controlado, sendo um *essential resource* do transporte aéreo. Quanto mais congestionado o aeroporto, maior seu valor intrínseco, em função do seu custo de oportunidade. A posse de um *slot* de alto valor oferece a possibilidade de cobrança de valor mais elevado dos passageiros, eventualmente se convertendo em poder de mercado. A alocação de *slots*, portanto, envolve importantes riscos à eficiência alocativa e se torna um problema competitivo central em qualquer ambiente desregulado de transporte aéreo.

As regras típicas de alocação de *slots* são apresentadas na tabela 1.

Tabela 1
Regras usuais de alocação de *slots*

Regra	Característica
Grandfathering	Slot *em t-1 garante* slot *em t*
Use-it-or-lose-it	*Em t, perde* slots *não usados em t-1*
Priority for regular service	Em caso de escolha, opção pela alternativa de uso mais frequente
Directed discretion	Os Airport Scheduling Commitees (ASC) da Iata têm autonomia
Leilões	Escolha pelo valor econômico

De maneira geral, pode-se dizer que a regulação assimétrica pró-entrante no transporte aéreo procura minimizar os chamados *grandfather rights*, onde a dominância histórica da(s) companhia(s) aérea(s) em um dado aeroporto se torna institucionalizada pelas próprias regras que governam aquele aeroporto, isto é, todo o arcabouço normatizador da rotina aeroportuária acaba sempre por consolidar a dominância do agente de operação aérea. Em outras palavras: quase que por tradição ou inércia, ficam com a maior quantidade e os melhores *slots* as empresas estabelecidas e que já possuem o maior número deles (Oliveira, 2009).

Nos Estados Unidos, existe mercado secundário de *slots* aeroportuários desde os anos 1980. A abordagem europeia prevê mecanismos diferentes, sem mercado secundário. A União Europeia introduziu o sistema *use-it-or-lose-it*, adotado posteriormente pela Iata. Na maioria dos grandes aeroportos pelo mundo afora, as regras da Iata preveem os Airport Scheduling Committees (ASC), compostos, em geral, pelos representantes das grandes companhias no aeroporto, e Iata Scheduling Conferences. Estas últimas foram iniciadas em 1947 como um fórum para se alcançar o consenso sobre a alocação de *slots*, com reuniões duas vezes por ano (inverno e verão), para facilitar sua troca e transação, ajustando às necessidades de cada companhia. As trocas e comercializações de *slots* podem ocorrer de maneira *ad-hoc*, independentemente das Scheduling Conferences.

A Iata mantém uma classificação por níveis de aeroportos. O aeroporto Nível 1 (ou Non-Coordinated Airport) é aquele em que as capacidades de todos os sistemas do aeroporto estão adequadas para acomodar as demandas dos usuários. O aeroporto Nível 2 (ou Schedules Facilitated Airport) apresenta potencial para congestionamento em alguns períodos, mas é passível de resolução por meio de cooperação voluntária entre as companhias aéreas (sinal amarelo). Um *schedules facilitator* é designado para auxiliar nesse processo. Finalmente, o aeroporto Nível 3 (ou Coordinated Airport) apresenta elevado nível de congestionamento, tal que a demanda pela infraestrutura do aeroporto excede a capacidade nos períodos relevantes, mas as tentativas de solução de problemas operacionais (atrasos, cancelamentos) por cooperação voluntária, no Nível 2, falharam, sendo designado um *Slot Coordinator* independente.

6. O novo modelo aeroportuário brasileiro

O novo modelo do setor aeroportuário brasileiro envolve, entre outros aspectos, uma mudança na forma como os aeroportos serão operacionalizados, com especial ênfase à participação do setor privado. Neste particular, pode-se considerar que o modelo começou com a primeira concessão de um aeroporto federal, o Aeroporto de São Gonçalo do Amarante (Asga), seguida por uma rodada de maior vulto envolvendo três grandes aeroportos (GRU, VCP e BSB) e uma segunda rodada com GIG e CNF. A concessão do Asga e as duas rodadas seguintes são detalhadas a seguir.

6.1 Asga

A construção da unidade foi iniciada em 2004, através de Termo de Cooperação com o Exército Brasileiro. Foi incluída no Programa Nacional de Desestatização (PND) em fevereiro de 2008 e teve o aviso de licitação publicado em maio de 2011, com leilão em 22 de agosto. O objeto da concessão inclui a construção de terminal e pátio, além da manutenção e gestão operacional. A concessão é por três anos de fase pré-operacional e 25 anos de operação, com possibilidade de renovação por mais cinco anos. O contrato com o vencedor, Consórcio Inframérica, que competiu com outros três consórcios, foi assinado em 29 de novembro do mesmo ano, e a oferta vencedora foi de 170 milhões de reais, com ágio de 229% sobre o preço mínimo e investimentos estimados em R$ 650 milhões.

As críticas locais ao projeto incluem a distância do aeroporto em relação aos polos turísticos da cidade de Natal (43 km da região da Via Costeira, que concentra grandes hotéis). Adicionalmente, as obras de acesso ao aeroporto foram iniciadas tardiamente, com elevado risco para as projeções de demanda do aeroporto na fase inicial de operação. A construtora que venceu a licitação para execução das obras desistiu do contrato e o objeto foi passado ao segundo colocado no processo.[17] A situação descrita constitui exemplo típico da falta de planejamento dos novos projetos de concessão: o governo concentra suas atenções no projeto de privatização, de forma bem delimitada e com o apoio de consultoria na estruturação, mas não consegue lidar com a provisão de importantes bens complementares. Essa situação tende a impactar, *ex ante*, a elaboração da matriz de riscos do projeto, sendo este um risco tipicamente alocado ao setor público, dado que sua ação ou falta dela é a principal determinante desse risco.

O caso do aeroporto regional da Zona da Mata, em Minas Gerais, guarda alguns paralelos com o Asga. Da mesma forma que neste último, a infraestrutura de acesso não foi tempestivamente implantada e o aeroporto começou a funcionar sem a necessária adaptação da infraestrutura viária, que foi planejada como importante requisito de viabilização do aeroporto. No fim

17. As informações deste parágrafo foram obtidas em reportagem da *Tribuna do Norte* de 30 de junho de 2013, disponível em: <http://tribunadonorte.com.br/noticia/aeroporto-fica-longe-do-polo-turistico/254328>.

do primeiro semestre de 2013, a Azul-Trip informou a suspensão do que era a única operação comercial de passageiros.

6.2 A "primeira rodada" de concessão: GRU, BSB e VCP

A primeira rodada de concessão dos grandes aeroportos, com leilão realizado em 6 de fevereiro de 2012, foi implementada para os aeroportos de Guarulhos (GRU), Viracopos (VCP) e Brasília (BSB). Foi permitido que cada licitante ganhasse apenas um aeroporto. O perfil dos consórcios vencedores está apresentado na tabela 2.

Tabela 2
Perfil dos vencedores da primeira rodada de concessões

Aeroporto	Composição do consórcio vencedor: participação no consórcio privado (*)	Preço final (ágio sobre o preço mínimo)
Guarulhos	Invepar (OAS e fundos de pensão): 90% Acsa (África do Sul): 10%	R$ 16,21 bilhões (373,51%)
Brasília	Infravix (Engevix): 50% Corporación America (Argentina): 50%	R$ 4,51 bilhões (673,39%)
Viracopos	Triunfo: 45% UTC: 45% Egis (França): 10%	R$ 3,821 bilhões (159,75%)

Fonte: Informações públicas compiladas pelos autores.
(*) Refere-se à participação no consórcio privado, que se dilui na concessionária devido à participação de 49% da Infraero.

Um atributo peculiar dessa primeira rodada,[18] conservado na segunda, foi o modelo societário do leilão, que exigiu a participação da Infraero com 49% do capital da concessionária. Assim, o acionista privado, que pode ser formado por vários consorciados, detém a participação majoritária de 51% no capital da concessionária.

A inclusão da Infraero nos consórcios teve como objetivo transferir a tecnologia de operação que esta estatal deteria para os novos operadores privados. Aqui a regulação parece caminhar no sentido de exploração de supostas complementaridades e sinergias, muito pouco claras, como valor preferido à eventual e presumida redução de competição no mercado. Isto porque a ma-

18. Considerando que Asga foi uma concessão individual, chamamos de primeira rodada a que envolveu a concessão dos aeroportos de Guarulhos, Viracopos e Brasília.

nutenção da estatal interfere claramente nas condições de concorrência e compromete, inclusive, a ideia de regulação por comparação.

Potencialmente, a empresa estatal não apenas tem acesso a todas as informações de todos os concessionários, favorecendo a troca de informações e a coordenação entre "potenciais competidores", mas também tem poder de veto sobre as decisões mercadologicamente relevantes (como as definições de investimentos e de preços), podendo inclusive restringir o crescimento da oferta de infraestrutura. Há, aqui, uma importante contradição na modelagem das concessões: enquanto se limitou a participação cruzada entre agentes privados, no caso da Infraero essa participação cruzada tornou-se obrigatória, impondo riscos à concorrência.

A arrecadação do leilão foi direcionada ao Fundo Nacional de Aviação Civil (Fnac), voltado a projetos de desenvolvimento e fomento da aviação civil, transferindo recursos da iniciativa privada a outros aeroportos que não são objeto de concessão, principalmente no caso da aviação regional.

6.3 A "segunda" rodada de concessão: GIG e CNF

A segunda rodada de concessões, relativa aos aeroportos do Galeão (GIG) e Confins (CNF), foi realizada no dia 22 de novembro de 2013. A exemplo da primeira rodada, foi permitido aos concessionários pleiteantes administrar apenas um dos aeroportos licitados e a participação da Infraero, de 49%, foi mantida.

Tabela 3

Perfil dos vencedores da primeira rodada de concessões

Aeroporto	Composição do consórcio vencedor: participação no consórcio privado (*)	Preço final (ágio sobre o preço mínimo)
Galeão	Odebrecht: 60% Changi (China): 40%	R$ 19,02 bilhões (294%)
Confins	CCR: 75% Zurique Airport (Suíça): 24% Munich Airport (Alemanha): 1%	R$ 1,82 bilhões (66,%)

Ademais, foram adotados dispositivos ainda mais restritivos à participação de *players* privados. Em primeiro lugar, foram reforçadas as exigências financeiras, e a garantia da proposta passou de 0,7%, na primeira rodada, para 1% nesta. A prática de estipulação de garantia de cumprimento de proposta, conhecida como *bid bond*, é razoável e tem o objetivo de sinalizar a qualidade dos licitantes, pelo menos no aspecto econômico-financeiro. Essa sinalização toma por base a capacidade do licitante de efetivamente obter e apresentar a garantia de proposta. Note-se que o custo desta garantia é baixo, particularmente para licitantes com boa reputação.

A garantia de proposta tem ainda a função de desestimular que o primeiro colocado desista, porque "quando este se nega a assinar o contrato, o Poder Público fica em uma situação extremamente frágil, pois os demais participantes poderão escolher, sem sanção, assinar ou não o contrato nas mesmas condições do primeiro colocado" (Portugal Ribeiro, 2011:22), além de se comprometer o capital político e técnico investido no processo. Os casos de arrependimento após o leilão são amplamente reportados na literatura sobre leilões como a "maldição do vencedor" (*winners' curse*). Esta garantia poderá sempre ser executada em caso de inadimplemento das obrigações assumidas a partir da participação no leilão, incluindo desclassificação por fato superveniente que impeça a habilitação, e poderá ser utilizada para arcar com multas, penalidades e indenizações até a assinatura do contrato.

O aporte inicial de capital do acionista privado passou de 10% para 30%. A exigência de capital social mínimo integralizado da Sociedade de Propósito Específico tem como objetivo buscar sinais de capacidade financeira da mesma para a realização dos investimentos previstos (Portugal Ribeiro, 2011), mas também o comprometimento dos seus acionistas com a execução do projeto. Em particular, a exigência costuma ser reforçada no momento da assinatura do contrato ou em momento próximo a este, por se tratar de momento crítico do processo — quando o poder de barganha bilateral se altera significativamente (Williamson, 2012). Assim, a alteração desta exigência é um importante dispositivo para melhorar a qualidade esperada dos vencedores da licitação. Neste sentido, pode atuar como um substituto de outras restrições colocadas à participação de agentes no processo licitatório.

Também foi incorporada para a qualificação a exigência de que o operador demonstre experiência prévia na operação de aeroportos com movimentação mínima de 22 milhões de passageiros por ano para o aeroporto do Galeão e 12 milhões para Confins. Há que se notar que o valor inicialmente proposto para os dois aeroportos era de 35 milhões (e que na primeira rodada a exigência era de 5 milhões de passageiros/ano). Quanto a isto, veja-se, por exemplo, um dos *rankings* de aeroportos, do World Airport Awards, e a correspondente classificação dos aeroportos que movimentam mais de 35 milhões de passageiros/ano. A figura 3 apresenta um diagrama de dispersão em que o número de passageiros é representado na vertical e a posição do aeroporto no *ranking* da World Airport Awards é representada no eixo horizontal. O que se nota é que a relação entre as variáveis é muito baixa, ou seja, operar mais que 35 milhões de passageiros não tem qualquer relação aparente com estar bem posicionado nesse *ranking* de melhores aeroportos. O mesmo *ranking* sugere que uma boa parte dos 30 melhores aeroportos do mundo não tem um nível de operação igual ou superior a 35 milhões de passageiros.

Figura 3
Passageiros *versus* posição em um *ranking*

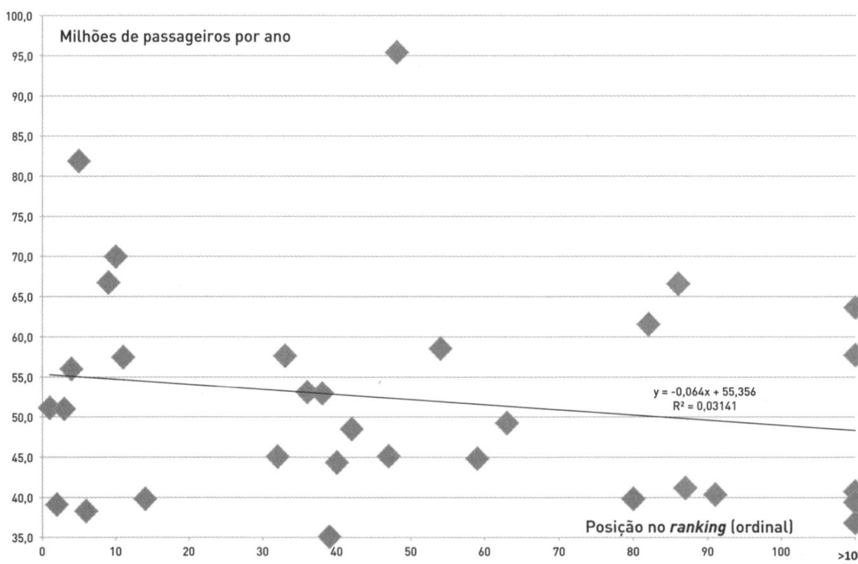

Fonte: World Airports Award.

Até que se chegasse ao número inicialmente solicitado, Galeão e, principalmente, Confins levarão um longo período de tempo. Por exemplo, o estudo de viabilidade do GIG prevê um aumento no número de passageiros de 17,5 milhões de passageiros/ano em 2012 para 60 milhões em 2038, a uma taxa média de aproximadamente 5,05% ao ano. Aplicando-se essa taxa de crescimento sobre os valores de 2012, esse número de passageiros (35 milhões) seria atingido apenas no biênio 2026-27; o que implicaria mirar em um piso de experiência operacional que tem de ser reconhecido como distante da realidade atual dos aeroportos que ora são objeto de concessão, além de desconsiderar a curva de aprendizado que se adquire ao longo do tempo.[19] Neste sentido, a mudança da exigência operacional proposta para os aeroportos de Galeão (22 milhões) e Confins (12 milhões) tornou-se um pouco mais razoável.

A participação mínima do operador aeroportuário no consórcio passou a ser de 25%, ante 10% na rodada anterior. Ademais, houve a possibilidade de consorciamento de dois operadores para atingir este patamar. Esta restrição nos parece relevante para a obtenção de um consórcio com melhor capacidade na área operacional, ou com maior comprometimento do operador.

Foi ainda limitada a participação de operadores que compuseram consórcios vencedores da primeira rodada de concessão a 14,99%, sem participação no controle. Ressalte-se que a proposta inicial era a total impossibilidade de os vencedores na primeira rodada participarem da segunda. Em particular, esta restrição constitui uma potencial fonte de inconsistência temporal na política regulatória, tendo em vista que apareceu apenas na segunda rodada de concessões, talvez refletindo uma eventual insatisfação por parte do governo com os resultados da primeira rodada.

Note-se que houve, no momento da primeira rodada de leilões de aeroportos (caso de Guarulhos, Brasília e Viracopos), uma consulta sobre a possibilidade de eventuais vencedores participarem de outras rodadas de licitação. Mais precisamente, houve o Pedido de Esclarecimento nº 253,[20] sobre o Leilão de fevereiro de 2011, em que foi explicitamente questionado se os vencedores da concessão da primeira rodada estariam vedados de participar em futuras licitações envolvendo a concessão de aeroportos no Brasil. A resposta da Comissão foi apresentada da seguinte maneira:

> Não há vedação no Edital em exame para a participação em futuras licitações de concessões de infraestrutura aeroportuária. Eventuais futuras licitações se-

19. Há no máximo 32 aeroportos no mundo que atendem ao critério de 35 milhões. Porém, poucos deles têm participação fora de seu país de origem e boa parte deles pode contar com participação societária de empresas que atuam em mais de um aeroporto, o que restringiria ainda mais o número de potenciais concorrentes pelos aeroportos de Galeão e Confins.

20. Ver: <www2.anac.gov.br/GRU-VCP-BSB/arquivos/Ata%20de%20esclarecimentos%20-%20pedidos%20encaminhados%20a%20ANAC.pdf>. Acesso em: jun. 2013.

rão regidas pelos seus próprios instrumentos convocatórios, que estabelecerão as devidas restrições.

Em que pese a resposta não ter sido taxativa quanto aos leilões futuros, a forma como foi apresentada revela a ausência de planejamento sobre o encaminhamento futuro do processo, podendo ter gerado uma expectativa razoável de que não seria imposta uma restrição àqueles concessionários que vencessem o primeiro ciclo de leilões. As expectativas e a estratégia, neste caso, são formadas com base em jogos sequenciais, tomando por base a informação passada pela Agência.

Este aspecto se torna ainda mais questionável na medida em que, conforme já explicitado aqui, a Infraero continuou com participação em todos os consórcios. Em outras palavras, se o argumento para a imposição desta limitação era a de garantir a concorrência, então também seria razoável excluir a Infraero da participação dos consórcios vencedores.

A tabela 4 apresenta uma comparação sumária entre alguns atributos relevantes das três rodadas de concessão. Conforme se observa, houve alterações substantivas da modelagem proposta entre as três rodadas.

Tabela 4
Comparação entre as concessões aeroportuárias

	Asga	GRU-VCP-BSB	GIG-CNF
Prazo de concessão	3 + 25 anos (renováveis por mais cinco)	GRU 30 anos VCP 25 anos BSB 20 anos	CNF 30 anos GIG 25 anos
Participação da Infraero	Nenhuma	49% do consórcio	49% do consórcio
Participação mínima dos operadores	-	10%	25%
Aporte inicial dos sócios privados	R$ 170 milhões	10%	30%
Experiência prévia do operador	1 milhão pax/ano	5 milhões pax/ano	22 milhões pax/ano GIG 12 milhões pax/ano CNF
Restrições à participação	-	-	Participação dos vencedores da segunda rodada limitada a 14,99%.

(continua)

(continuação)

	Asga	GRU-VCP-BSB	GIG-CNF
Exigências financeiras	Bid bond 1%	Bid bond 0,7% Aporte inicial de capital do acionista privado: 10%	Bid bond 1% Aporte inicial de capital do acionista privado: 30%
Restrição a empresas aéreas	Até 10% do capital da SPE	Até 2% do consórcio	Até 4% do consórcio
Contribuição para o Fnac		GRU 10% VCP 5% BSB 2%	CNF 5% GIG 5%

Fonte: Editais e elaboração pelos autores.

6.4 Aspectos da regulação

A regulação existente hoje no Brasil pode ser entendida a partir da segmentação clássica entre regulação de acesso (à infraestrutura aeroportuária) e regulação tarifária. No primeiro caso, a Resolução Anac nº 2, de 2006, estabeleceu um primeiro regulamento para uso de *slots*. Essa resolução praticamente legitimou o *status quo* em termos de uso da infraestrutura escassa, mantendo os *grandfather rights* existentes, favorecendo as empresas aéreas já estabelecidas nos aeroportos mais importantes. Entretanto, foi relevante como iniciativa regulatória por ter iniciado um debate sobre o assunto, que foi seguido por uma consulta pública, aberta em 2008, sobre os critérios de eficiência no uso de *slots* em aeroportos congestionados. Entretanto, ainda não há uma definição concreta para a criação de mercado de *slots* ou de uma regulação assimétrica que favoreça a entrada de novas empresas nos aeroportos críticos (os chamados eslotados).

A regulação econômica estabelecida desde a criação da Anac, entretanto, foi insuficiente para a reversão da piora da qualidade da infraestrutura aeroportuária. No caso da redistribuição dos *slots* em Congonhas definida pela Anac, por exemplo, potenciais novos concorrentes naquele aeroporto (Azul, NHT e Passaredo) obtiveram *slots*, mas em quantidade e horários claramente insuficientes para desafiar as companhias atuantes nas principais rotas.

Em 2013, foi aberta nova rodada de discussão sobre o assunto, desta vez pela Anac e pela Secretaria de Aviação Civil. A agência lançou minuta de Resolução, aberta a contribuições da audiência pública, para racionalizar o uso de *slots* pelas companhias aéreas, com proposta de penalizações mais severas por seu mau uso e com novos critérios de redistribuição dos *slots*. Simultaneamente, foi aberta consulta pública da Secretaria de Aviação Civil sobre a proposta de alocação de *slots* em Congonhas. Até o momento não há uma definição sobre qual será de fato o encaminhamento a ser dado.

No que diz respeito à regulação tarifária, a competência foi delegada à ANAC por meio da Lei 11.182/05, art. 8º, inciso XXV, e os serviços sobre os quais incide a possibilidade de cobrança estão especificados na Lei 6.009/1973, artigos 2º e 3º, que dispõe sobre a utilização e a exploração dos aeroportos e das facilidades à navegação aérea. Mais precisamente, o modelo hoje vigente no Brasil envolve a cobrança de seis tarifas principais: (i) de embarque; (ii) de conexão; (iii) pouso; (iv) permanência; (v) armazenagem; e (vi) capatazia. A primeira é cobrada diretamente do passageiro. Já as de conexão, pouso e permanência são direcionadas às companhias aéreas em geral. As duas últimas, por sua vez, referem-se às operações de aeronaves de carga, que envolve o armazenamento, guarda e controle, movimentação e manuseio de mercadorias em trânsito nos armazéns de carga dos aeroportos.[21] A remuneração por esses serviços (as tarifas aeroportuárias) deve ser aprovada pela Anac.

Existem ainda os preços específicos, estabelecidos para as áreas civis de cada aeroporto, pelo órgão ou entidade responsável pela administração do aeroporto, seja ele privado ou público, referentes às atividades comerciais como, por exemplo, estacionamento, aluguel de espaço para lojas e restaurantes etc. No caso de aeroportos privados, esses preços são livremente pactuados entre o operador aeroportuário e os locatários. Por sua vez, as concessões de atividades comerciais nos aeroportos estatais são sujeitas à Lei de Licitações 8.666/93. Em particular, nas licitações da Infraero, a remuneração objeto da licitação será composta por uma parte fixa (correspondente ao valor do aluguel devido) mais uma parte variável que incide sobre a remuneração mensal do locatário (Norma Infraero 13.03 de 27 de janeiro de 2011).

Sob o ponto de vista técnico, a regulação tarifária de aeroportos no Brasil envolve o modelo de *price cap* que, além do fator X de produtividade, incorpora também um fator Q relacionado à qualidade do serviço prestado. Utiliza-se,

21. Existem ainda as tarifas de uso de comunicações e dos auxílios à navegação aérea em rota. O responsável por recolhê-las é o DECEA/CGNA que repassa um percentual desta receita à Infraero, uma vez que parte das torres dos aeroportos é operada pela empresa.

no Brasil, um regime de *single till* híbrido (Scherre, 2013). Há que se ressaltar, entretanto, que a suposta opção do governo atual por um modelo competitivo no setor aeroportuário poderá implicar, gradualmente, a liberação dos preços praticados no lado aeronáutico do setor, nos moldes do quanto utilizado pela Austrália. Mas, para isso, há que se confirmar que a concorrência entre aeroportos no país seja verdadeiramente factível de implementação.

7. Observações finais

As restrições impostas à ampliação da infraestrutura aeroportuária brasileira, fruto da insistência de um modelo de oferta baseado fundamentalmente em investimento público, que há muito estava fadado ao fracasso, foram um dos fatores críticos para a perda de oportunidades no setor aéreo na última década. Há que se ressaltar que o forte crescimento da demanda no setor na última década provocou, inclusive, momentos de crises, que foram denominados "apagão aéreo".

A resposta em termos de políticas públicas veio, principalmente, em três frentes. A primeira delas foi a criação da Anac, por meio da Lei nº 11.182, de 2005, e a atuação subsequente da Agência, com importantes avanços no segmento de aviação, mas com pouco sucesso quanto à infraestrutura aeroportuária. A segunda foi a centralização das políticas e do planejamento em um novo órgão com *status* ministerial, a Secretaria de Aviação Civil. Finalmente, a mais recente envolveu uma introdução tímida de participação privada nos principais aeroportos, que corresponde ao principal ingrediente do novo modelo aeroportuário brasileiro, em conjunto com o financiamento subsidiado para investimentos na infraestrutura de aeroportos regionais.

Particularmente, ao analisar a estratégia do governo para a introdução da participação privada, percebe-se uma mudança gradual, quando observados principalmente os requisitos da primeira e da segunda rodadas de concessões aeroportuárias. Em que pese aspectos tradicionais de modelagem, como a exigência de aportes de capital inicial e de garantias serem comuns a todas às rodadas, outros pontos foram se alterando ao longo do tempo. Exemplos disso são as restrições quantitativas, como a limitação não antecipada de vencedores da rodada anterior e a exigência de uma experiência operacional em um terminal com elevado número de passageiros movimentados.

Vale lembrar ainda a manutenção da participação da Infraero nos consórcios, o que contradiz outros elementos da estratégia adotada para os leilões, cuja justificativa era criar um modelo competitivo para o setor. Uma sinalização clara, de mais longo prazo, com relação ao modelo aeroportuário que se espera é importante para atrair mais capital privado e reduzir as taxas de retorno exigidas pelos investidores. A consolidação de uma regulação mais previsível e independente e a definição do modelo das futuras licitações, menos suscetível a intervenções discricionárias, como se observou recentemente, são fatores-chave para a consolidação eficiente do setor.

O novo modelo proposto pelo governo envolve não só uma mudança da forma como os aeroportos serão operacionalizados, mas também das escolhas dos novos *players*. Não obstante, não se sabe até o momento quantos aeroportos ainda passarão para a mão da iniciativa privada e em quais condições. Aparentemente o modelo de subsídio cruzado, em que aeroportos mais rentáveis, administrados pela Infraero, cobrem os custos dos deficitários, tende a permanecer. Vale ressaltar também a aparente intenção de estimular o desenvolvimento da aviação regional por meio de recursos públicos destinados a investimentos em aeroportos menores. Neste aspecto, a exemplo do questionamento sobre os critérios estabelecidos para a concessão dos aeroportos maiores, há hoje uma dúvida razoável sobre a real necessidade de se investir 7,3 bilhões em 270 aeroportos regionais.

Diante do cenário aqui apresentado, não há nada que indique que a nova estrutura institucional e de governo proposta contenha os incentivos adequados para a atuação eficiente dos órgãos responsáveis pelo planejamento, gestão e regulação do setor e, acima de tudo, atrair o nível requerido de investimento necessário para fazer frente ao crescimento da demanda observado.

Referências

BETANCOR, O.; RENDEIRO, R. Regulating privatized infrastructures and airport services. *World Bank Policy Research Working Paper nº 2180*, Sept. 1999.

BIERMAN, H. S.; FERNANDEZ, L. *Teoria dos jogos*. São Paulo: Pearson Prentice Hall, 2011. cap. 14.

BRAEUTIGAM, R. R. Optimal policies for natural monopolies. In: SCHMALENSEE, R.; WILLIG, R. D. (Ed.). *Handbook of industrial organization*. Elsevier, 1989. v. II.

CAVES, D. W.; CHRISTENSEN, L. R.; TRETHEWAY, M. W. Economics of density versus economies of scale: why trunk and local service airline costs differ. *Rand Journal of Economics*, v. 15, p. 471-489, Winter 1984.

CONTAS ABERTAS. *Infraero. 2013*. Disponível em: <www.contasabertas.com.br/website/noticias/arquivos/1160_Investimentos%20-%20Infraero.pdf>. Acesso em: jul. 2013.

DEMSETZ, H. Why regulate utilities? *Journal of Law and Economics*, v. 11, p. 55-66, Apr. 1968.

DOGANIS, R. *The airport business*. Londres: Routledge, 1992.

FREEMARK, Y. Speeding toward tomorrow: PPPs in high-speed rail. *Handshake – IFC's Quarterly Journal on Public-Private Partnerships*, Issue #7, Oct. 2012.

FRÖHLICH, K. *Airports as two-sided markets?* — a critical assessment. 2010.

GILLEN, D. Airport governance and regulation: the evolution over three decades of aviation system reform. In: WORKSHOP ON TRANSPORT ECONOMICS, FEDEA-ABERTIS, 2008.

GILLEN, D. The regulation of airports. *Working Paper 2007-5*. CTS — Centre for Transportation Studies, The University of British Columbia. Vancouver, BC, 2007.

JANSSEN, M.C.W. *Auctioning public assets*. Analysis and alternatives. Cambridge: Cambridge University Press, 2004.

OLIVEIRA, A. V. M. *Transporte aéreo*: economia e políticas públicas. São Paulo: Pezco Editora, 2009.

____; TUROLLA, F. A. Financiamento da infraestrutura de transportes. *Journal of Transport Literature*. *JTL-RELIT*, v. 7, n. 1, 2013.

OXERA. *Light touch or right touch?* An international review of airport regulation. Agenda — Advancing economics in business. May 2013.

PAVLYUK, D. Airport Benchmarking and spatial competition: a critical review. *Transport and Telecommunication*, v. 13, n. 2, p. 123-137, 2012

PORTUGAL RIBEIRO, M. *Concessões e PPPs*: melhores práticas em licitações e contratos. São Paulo: Atlas, 2011.

SALAZAR DE LA CRUZ, F. A DEA approach to the airport productivity function. *International Journal of Transport Economics*, v. 26, p. 255-270, 1999.

SCHERRE, R. Metodologias de cálculo do fator X — Anac. In: CONFERÊNCIA DO DESENVOLVIMENTO (CODE/IPEA), III, O REPASSE DE GANHOS DE PRODUTIVIDADE: LIÇÕES DA EXPERIÊNCIA BRASILEIRA E PERSPECTIVAS FUTURAS, 21 mar. 2013, Brasília.

THELLE, M. H.; PEDERSEN, T. T.; HARHOFF, F. *Airport competition in Europe Copenhagen economics*. June 2012.

THETHEWAY, M.; KINCAID, I. Competition between airports in the new Millennium: what works, what doesn't work and why. In: THE 8TH HAMBURG AVIATION CONFERENCE, 16-18 Feb. 2005.

TUROLLA, F. A.; OHIRA, T. H.; LIMA, M. F. F. Políticas públicas para a melhoria da competitividade da aviação regional brasileira. *Journal of Transport Literature JTL-RELIT*, v. 5, n. 4, 2011.

VISCUSI, W. K.; VERNON, J. M.; HARRINGTON, J. E. *Economics of regulation and antitrust*. 4. ed. The MIT Press, 2005.

WILLIAMSON, O. E. *As instituições econômicas do capitalismo*. São Paulo: Pezco, 2012.

Capítulo 7

A nova reforma regulatória do setor ferroviário

Armando Castelar Pinheiro[1]

1. Introdução

As ferrovias têm uma longa história no Brasil, começando em meados do século XIX. Desde então, os objetivos da política econômica para o setor e os arranjos institucionais utilizados para alcançá-los variaram bastante, sendo possível caracterizar pelo menos três ciclos (Castro, 2002). O primeiro foi o de instalação das ferrovias, cobrindo a segunda metade do século XIX. Destacam-se nesse período as políticas de atração dos investidores estrangeiros, detentores do capital e da tecnologia que os empreendimentos no setor exigiam. A regulação das concessionárias de então previa uma taxa de retorno predeterminada, em certos casos independente do fluxo de transporte ferroviário realizado, com o risco de demanda sendo assumido pelo Estado.

O segundo ciclo foi o da estatização do setor, que se estendeu do início do século XX a princípios dos anos 1980 e teve como ápice a criação da RFFSA, em 1957. Esse período é marcado pela consolidação das várias empresas ferroviárias existentes no país e pelo aporte de recursos públicos para financiar os investimentos e, na maior parte do tempo, arcar com os prejuízos recorrentes das estatais do setor. Ainda que a regulação continuasse a ser por taxa de retorno, era comum as tarifas serem corrigidas abaixo da inflação. A regulação pública perdeu muito do seu sentido, pela sobreposição das responsabilidades de operação comercial, regulação e desenho de políticas.

1. O autor agradece os comentários de Cláudio Frischtak, Julia Fontes e Fabiano Pompermayer a uma versão anterior deste trabalho, isentando-os, como de praxe, de qualquer erro remanescente.

A privatização, realizada em 1996-98, marcou, por sua vez, o ápice do terceiro ciclo, que trouxe de volta a iniciativa privada para a gestão da infraestrutura e do transporte de cargas. A inclusão da RFFSA no Programa Nacional de Desestatização (PND) abriu a oportunidade para se reformar o aparato regulatório do setor, com as novas regras sendo introduzidas via um novo Regulamento dos Transportes Ferroviários, conforme detalhado pelo Decreto nº 1.832, de março de 1996. Como observam Pompermayer, Campos Neto e Souza (2012), a principal inovação trazida pelo Decreto nº 1.832/1996 foi explicitar que "a construção (...), a operação ou exploração comercial dos serviços de transporte ferroviário poderão ser realizadas pelo Poder Público ou por empresas privadas, estas mediante concessão da União".

O processo de reforma regulatória e privatização do setor ferroviário foi bem-sucedido em seus objetivos: elevar a produção ferroviária, o investimento e a segurança de transporte do setor. Em particular, com a melhoria de gestão e os investimentos realizados pelas novas concessionárias, nos 15 anos seguintes à privatização a participação do setor ferroviário no transporte de carga subiu de 15% para 25%, enquanto o índice de acidentes caiu 83%.

O diagnóstico mais recente do governo não tem sido, porém, tão favorável ao modelo regulatório instituído à época da privatização. Essa avaliação é assim resumida por Pompermayer, Campos Neto e Souza (2012):

> Porém, apesar dos significativos avanços, o modelo de regulação econômica preconizado nos contratos (de concessão) apresentou pontos falhos, como: não estimular um maior nível de investimentos, não proporcionar melhor utilização da malha ferroviária em toda a sua extensão e não permitir maior concorrência entre as concessionárias, principalmente por conta das restrições à utilização de instrumentos como o direito de passagem e o tráfego mútuo.

Reagindo a esse diagnóstico, o governo federal deu início em 2011 a uma ampla reforma regulatória, dando a partida no que se pode classificar como o quarto ciclo do setor ferroviário brasileiro.

O primeiro passo dessa reforma envolveu a adoção de três Resoluções pela ANTT, alterando a forma como as concessionárias são reguladas, incluindo suas obrigações perante a ANTT e os usuários e outros operadores de transporte ferroviário. Em especial, a ANTT passou a microrregular os vários trechos ferroviários nas malhas das concessionárias e instituiu regras mais intrusivas para forçar o compartilhamento das redes, inclusive no sentido de facilitar a captura (entrega) de carga por terceiros dentro das malhas das concessionárias, desde que o destino final (origem) não seja dentro da mesma malha. Nesse sentido, a nova regulação promove o *unbundling* — ou desagregação de serviços — das operações de infraestrutura e transporte ferroviário e caminha na direção de um sistema de *open access*, isto é, em que há liberdade para os operadores de transporte ferroviário utilizarem a malha ferroviária.

O segundo passo, em 2012, foi uma ampla revisão tarifária. Os contratos de concessão preveem que as tarifas podem ser revistas a qualquer momento por iniciativa da concessionária e a cada cinco anos por provocação do Poder Concedente, quando isso for necessário para restabelecer o equilíbrio econômico-financeiro original das concessões. Não foi esse, porém, o espírito da revisão realizada em 2012, que não se orientou pelo equilíbrio original do contrato. Pelo contrário, a revisão se baseou em novas estimativas de custo e na fixação de nova base e taxa de remuneração do capital investido. O resultado foi uma redução generalizada de tarifas. Segundo Pompermayer, Campos Neto e Souza (2012), a revisão ocasionou um corte médio de 25% no teto tarifário, tendo esse chegado a 30% no caso das cargas pesadas, como o minério de ferro. Com esse processo instituiu-se um novo critério de fixação de tetos tarifários, baseado na evolução dos custos e da base de capital medidos a cada cinco anos.

Ainda em 2012 foi anunciado o terceiro elemento da reforma regulatória no setor: duas novas rodadas de concessões, com um total de 10 mil quilômetros de ferrovias, a serem operadas com a separação vertical entre operadores de infraestrutura e operadores de transporte. Alguns dos trechos a serem concedidos fazem parte atualmente das malhas das concessionárias existentes e o governo está instando essas empresas a devolver-lhe esses trechos, sob o argumento de que eles estão subutilizados.

A principal novidade do novo pacote de concessões é, porém, o papel a ser exercido pela estatal Valec. A empresa ficará responsável por comprar a capacidade total das novas concessões, eliminando assim o risco de demanda para os novos operadores de infraestrutura. A Valec irá depois oferecer essa capacidade de tráfego aos transportadores ferroviários interessados, dessa forma instituindo um sistema de total *open access*.

O objetivo deste capítulo é discutir os problemas que a reforma regulatória de 2011-12 pode trazer ao desenvolvimento do setor ferroviário brasileiro.

Em especial, se discutem as mudanças com vistas à desagregação das operações de infraestrutura e transporte ferroviário e à instituição de um regime de *open access*. Nosso entendimento é de que essas questões não foram devidamente consideradas no processo de reforma da regulação ferroviária.

O capítulo está estruturado em seis seções, incluindo esta introdução. Na seção 2 se resumem os três primeiros ciclos do setor ferroviário brasileiro e, em especial, o modelo regulatório adotado quando da privatização do setor, em meados dos anos 1990. A seção 3 detalha a reforma regulatória das concessões existentes, por meio de resoluções da ANTT. A seção 4 discute o modelo adotado para as novas concessões. A seção 5 analisa os problemas que podem resultar da desagregação dos serviços de infraestrutura e transporte e do *open access* nas concessões ferroviárias. Uma última seção resume as principais conclusões.

2. Do Império à privatização

As ferrovias foram introduzidas no Brasil em meados do século XIX, tendo sua malha aumentado rapidamente nas décadas seguintes, atingindo 16 mil km em 1903, principalmente por meio de projetos conduzidos e financiados por empresas estrangeiras, geralmente associadas com os exportadores de café. Cerca de dois terços das ferrovias estabelecidas nesse período eram de propriedade privada, na maioria dos casos de empresas estrangeiras. A intervenção pública foi, no entanto, importante, tanto na determinação das taxas de frete como para garantir uma taxa mínima de retorno sobre o capital investido (em moeda forte, no caso das empresas estrangeiras).

As garantias de retorno dadas às concessionárias mostraram-se por demais onerosas para o Tesouro, especialmente quando choques externos causavam simultaneamente queda no preço das exportações e fortes desvalorizações da moeda nacional. Por outro lado, como o seu retorno independia do fluxo efetivo de cargas e passageiros transportados, os operadores não se preocupavam em atrair clientes ou aumentar a eficiência. Com a erosão das tarifas pela inflação, o montante dos subsídios públicos aumentou e, com ele, o custo político de manter o modelo, até o ponto em que ficou mais interessante simplesmente encampar as concessões, compensando seus acionistas. Em 1917, mais da metade da rede ferroviária já havia sido estatizada.

A estatização das ferrovias avançou em ritmo acelerado nas décadas seguintes. Em 1957, a Lei nº 3.115 criou a Rede Ferroviária Federal (RFFSA), consolidando as 18 ferrovias então pertencentes ao setor público, totalizando uma rede de 37 mil quilômetros. Mais tarde, em 1971, o governo paulista seguiria o mesmo caminho, consolidando cinco estradas de ferro sob o seu controle para criar a Fepasa. Um terceiro grupo de ferrovias continuou a operar sob a propriedade da Vale, então uma empresa estatal, enquanto o governo federal manteve o controle dos trens de passageiros que operavam nas principais regiões metropolitanas.

A estatização do setor e a criação de *holdings* para promover a integração da rede coincidiram com um período de declínio na atividade ferroviária, como consequência da rápida expansão do transporte rodoviário, que afetou negativamente a rentabilidade das empresas e a qualidade dos serviços. Em meados da década de 1970, porém, o primeiro choque do petróleo deu um novo impulso ao setor, pois o aumento do custo do combustível roubou parte da competitividade do transporte rodoviário.

Nesse período o aparato regulatório foi reformado para incentivar o transporte ferroviário. O Departamento Nacional de Estradas de Ferro, criado em 1942, foi extinto em 1974, com várias de suas atividades sendo transferidas para a RFFSA, que se tornou responsável, em particular, pela supervisão dos serviços de transporte ferroviário, a coordenação da pesquisa sobre preços e custos, e por implementar as políticas para o setor, conforme definidas no Plano Nacional de Transportes. Estas iniciativas foram eficazes em elevar a produção do setor, medida pelo total de ton.km transportadas, que cresceu rapidamente na segunda metade da década de 1970. Mas essa retomada não durou muito tempo.

O setor passou ainda por outras mudanças regulatórias na década de 1980, mas nem estas, nem o impulso dado pelos choques do petróleo foram capazes de melhorar a saúde financeira das ferrovias. Entre outras razões, porque as tarifas ferroviárias foram reajustadas abaixo da inflação, e não refletiam as diferenças de custo entre trechos; as empresas estavam com excesso de pessoal; havia muita interferência política nas decisões gerenciais; e as empresas eram obrigadas a prestar serviços universais, atendendo a locais remotos com pouco tráfego. Como consequência, as ferrovias não conseguiram reter seus melhores quadros e operavam com perdas recorrentes, dificultando uma adequada manutenção da malha. A má qualidade da infraestrutura aumentou o número de acidentes e alongou os tempos de viagem. As seis superintendências regionais da RFFSA começaram a operar como unidades autônomas e a se concentrar em nichos de mercado em que eram mais competitivas. O transporte de passageiros, com exceção dos trens suburbanos, praticamente desapareceu.

A privatização das ferrovias passou a ser vista como a solução para eliminar o ônus fiscal trazido pelas ferrovias e para dar ao setor um novo dinamismo. O primeiro passo nesse processo se deu com o Decreto-Lei nº 2.178, de 1984, que transferiu as dívidas da RFFSA para o Tesouro e fixou as bases para a criação da Companhia Brasileira de Trens Urbanos (CBTU) e a correspondente absorção das divisões de transporte de passageiros de subúrbio da RFFSA. Nas palavras de Castro (2002), a "separação dos serviços de carga e passageiros, a imputação do ônus de serviços antieconômicos à União e a almejada liberdade tarifária são o prenúncio dessa nova fase, que tem importante marco no Decreto 473, de 1992, que incluiu a RFFSA no PND (Programa Nacional de Desestatização)". Pouco tempo depois, a Lei nº 8.693 levou à transferência de transporte ferroviário de passageiros, urbano e suburbano para os estados e municípios.

A privatização das ferrovias começou com o leilão da RFFSA, em 1996, e continuou até 1998, quando a Fepasa foi leiloada. Antes de ser privatizada, a RFFSA foi dividida em seis redes, cada uma consistindo em uma concessão separada, com prazo de 30 anos, que pode ser renovado uma vez. A Fepasa formou uma sétima concessão. Um teto de 20% foi estabelecido para a participação de cada acionista no capital social de cada concessionária. As duas ferrovias controladas pela Vale, por sua vez, foram transferidas para os investidores que compraram a empresa em 1997. As novas concessionárias, incluindo a Vale, concordaram em cumprir as metas para aumentar a produção e reduzir o número de acidentes.

Associada à mudança de propriedade, teve lugar a instituição de um novo marco regulatório para o setor, conforme definido no Decreto nº 1.832, de 1996, que estabeleceu, junto com os contratos de concessão, que:

I. As tarifas de transporte podem ser livremente negociadas entre usuários e concessionárias, desde que respeitando os tetos tarifários fixados pelo Poder Concedente. Esse teto tarifário variava de acordo com a distância e o produto. As tarifas também devem obedecer a um piso, igual ao custo variável de longo prazo, de modo a evitar subsídios cruzados entre a operação ferroviária e as demais atividades exercidas por seus proprietários.

II. As Administrações Ferroviárias devem permitir o tráfego mútuo ou, se tal não for possível, dar direito de passagem a outros operadores. As tarifas para tráfego mútuo, que devem ser as mesmas para todos os operadores, deverão ser negociadas entre as concessionárias. Em havendo conflitos, esses devem ser dirimidos pelo regulador.

III. Os tetos tarifários de transporte ferroviário devem ser reajustados anualmente pela inflação e revistos a cada cinco anos, por iniciativa do Poder Concedente, ou a qualquer momento, por iniciativa da concessionária, de modo a recompor o equilíbrio econômico-financeiro da concessão.

A eminente privatização do setor ferroviário também ajudou a inspirar as Leis das Concessões e das Permissões Públicas. Assim, quando a RFFSA foi incluída no PND, havia uma grande preocupação com o risco para o investidor de entrar em um contrato longo (30 anos) sem a existência de um marco regulatório definido e em um contexto em que a legislação pertinente à concessão de serviço público era praticamente inexistente. Como notam os técnicos do BNDES envolvidos na privatização da empresa, "ao longo do processo esta preocupação foi afastada. Em 13 de fevereiro de 1995 e 7 de julho de 1995, foram editadas as Leis 8.987 e 9.074, respectivamente, ambas dispondo sobre o regime de concessão e permissão do serviço público, fato esse que emprestou maior credibilidade ao processo" (Souza e Prates, s.d.). Em 2001, a Lei nº 10.233 criou a ANTT, que se tornou responsável pela regulação do transporte ferroviário, rodoviário e dutoviário.

A principal motivação para a privatização das ferrovias no Brasil foi, como em outros setores de infraestrutura, promover o investimento, de forma a ampliar a participação desse modal no transporte de carga. Assim, referindo-se à privatização da RFFSA, Souza e Prates (s.d.:2) observam: "Com essa medida o governo federal estaria estimulando a iniciativa privada a fazer investimentos num setor que, dada a escassez de recursos públicos, deteriorava-se a passos largos".

Em que pese essa motivação, e diferentemente do que se observa nas concessões rodoviárias e aeroportuárias, por exemplo, no setor ferroviário os contratos de concessão não previam um programa de investimento detalhado, mas que as concessionárias deveriam atingir determinadas metas de produção e de segurança (número de acidentes). Optou-se por esse caminho, pois a experiência de outros países, em especial a Argentina, mostrava que o microgerenciamento das novas concessionárias teria consequências indesejáveis, e que o melhor seria estabelecer objetivos claros, mas dar às empresas liberdade para definir como atingi-los. Como registrado por Souza e Prates (s.d.:8):

> Os editais de licitação das seis malhas introduziram um novo conceito de obrigações a serem cumpridas pelas concessionárias. Em vez de se exigir a realização de investimentos predefinidos, estabeleceu-se como obrigação o atendimento de metas de desempenho, as quais espelham a prioridade do governo federal no caso da privatização em questão. Para que essas metas sejam atendidas, a concessionária terá que fazer investimentos, mas foi delegada a ela a responsabilidade sobre a decisão de quais investimentos devem ser feitos na malha sob sua administração. O pressuposto é que o administrador do negócio é que sabe identificar o melhor caminho para prestar o serviço com qualidade, sem perder a rentabilidade.

As metas estabelecidas na privatização foram amplamente superadas. De 1997 a 2012, a produção das ferrovias, medida em ton.km, expandiu em média 5,3% ao ano, bem acima do PIB. Como resultado, a participação do setor ferroviário no transporte de cargas no Brasil passou de 12% em 1996 até 25% em 2012. Carvão e, em particular, minério de ferro são os itens dominantes na cesta de mercadorias transportadas por via férrea, desde antes da privatização. No entanto, com a operação privada sua participação diminuiu, de 80% em 1997 para 77% em 2012, apesar da elevada participação dos mineradores e produtores de aço no bloco de controle de algumas ferrovias.

Apesar de não haver metas específicas de investimento, estes aumentaram consideravelmente desde a privatização. O investimento privado anual no setor ferroviário atingiu um pico em 2004-08, quando a média foi de 0,12% do PIB, diminuindo depois disso a cerca de 0,08% do PIB. O investimento público no setor ferroviário tem-se mantido relativamente insignificante. No todo, Fleury (2012) conclui sua avaliação da privatização das ferrovias brasileiras da seguinte forma:

A privatização das ferrovias brasileiras no final do século XX contribuiu significativamente para a melhoria do setor de transportes no Brasil. O expressivo aumento do volume transportado, a redução dos acidentes e as distâncias médias percorridas permitiram um aumento importante do faturamento das empresas, o que resultou num volume de investimentos elevado.

Em que pese esse sucesso, o setor ferroviário sofre com uma série de problemas, que reduzem a velocidade média dos trens e, por conseguinte, sua capacidade de transporte. De acordo com a associação de concessionárias privadas, ANTF, no Brasil, a maioria dos trens viaja a velocidades entre 5 e 20 km/h.[2] Vários fatores contribuem para isso; se eliminados, permitiriam aos trens andar a 80 km/h, segundo estimativa da ANTF. Entre esses fatores, os mais importantes são:

- Os gargalos no acesso aos principais portos e, dentro destes, as pequenas áreas disponíveis para a descarga dos trens (retroáreas), o que exige longos períodos para entrar e sair dos portos.
- As inúmeras passagens de nível, em que as vias férreas cruzam ruas e estradas. Ao todo, existem cerca de 12 mil passagens de nível, das quais um quinto consideradas críticas. Há um vazio regulatório sobre quem deveria ser responsável por eliminar essas passagens de nível. O governo parece acreditar que as concessionárias deveriam fazer isso, mas esses investimentos irão alterar o equilíbrio econômico-financeiro dos contratos de concessão e deveriam, portanto, ser compensados de alguma forma. Na prática, tem cabido ao poder local eliminar essas passagens de nível.
- As áreas em torno das vias férreas e, principalmente, do acesso aos portos foram invadidas por posseiros, de forma que há muitas famílias vivendo ao lado dos trilhos, com risco significativo para suas vidas.
- Algumas linhas passam por cidades com trens urbanos, que têm preferência no uso dos trilhos durante o dia, caso da cidade de São Paulo.

O desenho curvilíneo das linhas, desenhadas há muito tempo, ajuda a conter a velocidade atingida pelos trens.

2. Marchetti (2010) faz uma estimativa um pouco maior para a velocidade média dos trens na malha ferroviária do Brasil, que, segundo ele, se estabilizou em torno de 25 km/h. Segundo Fleury (2012), a velocidade média subiu de 21 km/h em 1997 para 22 km/h em 2001, caindo depois para 19 km/h em 2010, em que pese a significativa alta na distância média percorrida e na queda da taxa de acidentes.

Enquanto as concessionárias entendem ser a baixa velocidade dos trens o principal limitante à expansão da capacidade, os usuários do transporte ferroviário situam à frente desse os problemas com "a indisponibilidade de rotas" e a "redução na flexibilidade das operações" (Fleury, 2007, apud Campos Neto et al., 2010). Mais especificamente, o diagnóstico estatal, de certa forma resumido na leitura de Pompermayer, Campos Neto e Souza (2012), elenca como problemas resultantes do modelo regulatório adotado com a privatização:

a. Os contratos de concessão não estimulam as concessionárias a realizarem suficientes investimentos na expansão da capacidade de produção do setor ferroviário, em especial via projetos *greenfield*, algo que também se observa em outros setores de logística. Assim, Pompermayer, Campos Neto e Souza (2012) observam que "os principais trechos onde há demanda por acesso de uma ferrovia à malha de outra são os de acesso aos portos, onde a capacidade de tráfego já foi atingida e há indefinição sobre qual entidade deve realizar os investimentos para ampliação desta capacidade, quando viável técnica e economicamente".
b. As regras estabelecidas no Decreto nº 1.832/1996 e a fixação de metas por malha são insuficientes para garantir a adequada interconexão das malhas ferroviárias, que deveria se dar via tráfego mútuo ou direito de passagem. Como notam Pompermayer, Campos Neto e Souza (2012), os "principais questionamentos relativos à efetividade das regras de interconexão recaem sobre o fato de só se permitir a interconexão se existir capacidade ociosa no trecho em questão suficiente para absorver este volume de tráfego adicional", mas isso é difícil de impor, pois "há considerável assimetria de informações quanto à real capacidade de circulação de trens nestes trechos, pois os parâmetros operacionais para cálculo desta capacidade são definidos pela ferrovia 'visitada'".
c. Os autores observam ainda que o foco da regulação sobre direito de passagem instituída na década de 1990, que também orientou a concessão do trecho da Ferrovia Norte Sul ocorrida na década passada, foi a interconexão entre as concessionárias, restando insuficientemente definida a "possibilidade de um usuário do transporte ferroviário, em vez de outra ferrovia, ser o proprietário do material rodante utilizando um determinado trecho", área em que a ANTT pouco atuou, até recentemente.

Em relação ao primeiro ponto, embora o setor privado tenha se envolvido em algumas expansões da rede ferroviária, com um grande investimento em andamento no Nordeste, a maior parte dos recursos investidos pelas concessionárias privadas tem sido direcionada à reabilitação e modernização dos trilhos, trens e outros equipamentos. Há um consenso de que uma grande ampliação da rede ferroviária vai exigir uma maior participação do setor público. No modelo adotado pelo governo, a responsabilidade por esses investimentos foi, até recentemente, dada à Valec, mas, como se verá na seção 4, a política mudou, ainda que continue a contemplar algumas formas de subsídio público. Para lidar com a eliminação de gargalos e aumentar a interconexão, a ANTT mudou a regulação do setor ferroviário, como se discute a seguir.

3. As concessões atuais: *unbundling* e *open access*

A ANTT publicou em julho de 2011 três Resoluções — 3.694, 3.695 e 3.696 — que alteraram significativamente o modelo regulatório do setor ferroviário, até então calcado na Lei nº 10.233, no Decreto nº 1.832 e nos contratos de concessão. As três resoluções facilitam a entrada no setor de novos transportadores ferroviários de carga, intrinsecamente sujeitos a regulações mais brandas que os concessionários, por não estarem sujeitos à obrigação de serviço universal ou metas de produção e segurança; estabelecem um novo regime de metas e controles para o setor, com um grau bem maior de minúcia, e que acarreta novas obrigações para as concessionárias; e sinalizam com mudanças para as regras tarifárias e de uso da malha.

O princípio central implícito nessas alterações é que a desagregação das atividades de gestão da infraestrutura e de transporte e o livre acesso à malha por todos os transportadores ferroviários de carga vão aumentar a competição e, com isso, derrubar as tarifas. O recurso a esse tipo de separação ou desagregação vertical, diga-se de passagem, é um tema recorrente também em setores como telecomunicações e eletricidade, também nesse caso com o objetivo de buscar introduzir mais competição. Em si, e isoladamente, esse é um objetivo meritório.

A Resolução nº 3.694/2011 estabelece um novo "Regulamento dos Usuários dos Serviços de Transporte Ferroviário de Carga", em que são definidos direitos e deveres dos usuários e das concessionárias. São dignos de nota os pontos do Regulamento que determinam que:

- O usuário poderá "transferir a terceiros a capacidade de transporte contratada e não utilizada". Ainda que o mesmo inciso VI do art. 6º, que faz essa provisão, determine que essa transferência terá de contar com a anuência da concessionária, o § 2º do mesmo artigo explicita que o ônus de justificar perante terceiros a recusa em anuir como tal essa cessão de direito é da concessionária.
- Define a situação de usuário-investidor, como sendo aquele usuário que, "visando ao transporte da carga própria, poderá investir na concessão do serviço de transporte ferroviário de cargas por meio da aquisição de material rodante ou realização de obras em programas ou projetos de expansão ou recuperação da malha ferroviária existente podendo negociar, com a concessionária, mecanismo de compensação financeira". O procedimento descrito no Regulamento sugere que é da concessionária o ônus de justificar a recusa em realizar determinado investimento de ampliação da capacidade de transporte, respeitados alguns requisitos mínimos de segurança e não intervenção com a operação do serviço existente.

O regulamento define como usuário "toda pessoa física ou jurídica que contrate a prestação de serviços de transporte ou o uso da capacidade de determinada malha" (art. 2º, inciso XVI), listando entre as possíveis infrações da concessionária "exercer de forma abusiva o controle da infraestrutura ferroviária" (art. 57, inciso V). Não obstante, quase nada é dito sobre o usuário de infraestrutura. As regras que norteiam a relação entre concessionárias, no que tange ao uso da infraestrutura uma da outra, são o objeto da Resolução nº 3.695, que fixa o "Regulamento das Operações de Direito de Passagem e Tráfego Mútuo do Subsistema Ferroviário Nacional".

Como estabelece o art. 1º, este Regulamento disciplina o "compartilhamento de infraestrutura ferroviária e de recursos operacionais". A base desse compartilhamento é a identificação da capacidade ociosa de cada trecho ferroviário, definida como a diferença entre a capacidade total e a meta de produção pactuada entre a concessionária e a ANTT. Essa capacidade ociosa é publicada pela ANTT e uma concessionária pode requerer a outra que compartilhe sua infraestrutura, mediante pagamento, e no limite da capacidade ociosa do trecho, para deslocamento de sua carga a partir, através ou até o interior da malha da concessionária cedente. Esse compartilhamento poderá se dar por tráfego mútuo ou direito de passagem, sendo vedado o compartilhamento quando a captura e a entrega de carga pela requerente ocorrerem inteiramente dentro da malha da cedente.

Este Regulamento disciplina de forma bem mais detalhada os princípios de direito de passagem e tráfego mútuo, restringindo a formas, comerciais e técnicas, em que uma concessionária pode recusar-se a compartilhar sua malha com outra concessionária. Além disso, a Resolução nº 3.695/2011 fixa regras para o cálculo das tarifas de compartilhamento e abre a possibilidade para que, quando não houver capacidade ociosa, a concessionária requerente possa demandar a realização de investimentos de ampliação de capacidade no trecho, desde que esta remunere a cedente pelo custo incorrido.

Por sua vez, a Resolução nº 3.696 contém o "Regulamento para Pactuar as Metas de Produção por Trecho e as Metas de Segurança para as Concessionárias de Serviço Público de Transporte Ferroviário de Carga". A principal inovação desse Regulamento é que as metas de produção e segurança passam a ser pactuadas por trecho, em vez de para toda a malha, como ocorria até a aprovação da Resolução nº 3.696. Como colocado acima, o principal motivo para essa alteração foi a possibilidade de se determinar a capacidade ociosa disponível em cada trecho. Esta, por sua vez, deverá ser disponibilizada para outras concessionárias ou diretamente aos usuários. Nesse sentido, o art. 9º da Resolução nº 3.696 estabelece:

> A capacidade ociosa de cada trecho será obrigatoriamente disponibilizada a outras concessionárias para a realização de direito de passagem ou tráfego mútuo, ou a usuários ou a OTM (Operador de Transporte Multimodal) para contratação de serviço exclusivo, conforme previsto no Regulamento dos Usuários dos Serviços de Transporte Ferroviário de Carga.

Em seu conjunto, portanto, as três resoluções desagregam os serviços de transporte e de infraestrutura, hoje realizados de forma integrada pelas concessionárias, e fortalecem os mecanismos de compartilhamento da infraestrutura ferroviária, onde essa estiver sendo utilizada abaixo de sua capacidade plena. Também abrem a possibilidade para que os usuários e outras concessionárias induzam investimentos na rede de terceiros. Por fim, alocam o ônus de justificar a recusa em compartilhar ou expandir a infraestrutura na concessionária titular da malha.

Pompermayer, Campos Neto e Souza (2012) avaliam positivamente as alterações promovidas pela ANTT com essas três resoluções:

> Quanto às atualizações nos marcos regulatórios, (...) [c]onsideramos esta nova regulamentação como um avanço significativo no estímulo aos investimentos, atração de novos *players* e introdução de mecanismos que viabilizam maior concorrência no setor ferroviário brasileiro.

Como discutiremos na seção 5, nossa avaliação sobre o novo modelo introduzido por essas resoluções é menos favorável do que a de Pompermayer, Campos Neto e Souza (2012). De forma muito sintética, que não faz justiça à riqueza dessa discussão, nossa divergência principal é não achar que a separação ou desagregação vertical é a melhor forma de lidar com eventuais problemas de falta de concorrência. Primeiro, e principalmente, porque os problemas que as reformas introduzem são muito maiores do que os que ela visa resolver. Segundo, pois há instrumentos alternativos, com recurso ao sistema de defesa da concorrência, que podem ajudar a lidar com essa questão com efeitos colaterais muito mais brandos.

Antes de avançar nessa discussão, nos parece interessante realçar que o modelo verticalmente integrado prevalecente desde a privatização foi uma opção consciente do Poder Concedente, por lhe parecer então a melhor solução para promover o desenvolvimento do setor. Mais ao ponto, o Poder Concedente decidiu que a privatização deveria ocorrer com a manutenção nas operações ferroviárias do mesmo modelo operacional que vigorava sob controle estatal, em especial com a integração vertical entre operação da infraestrutura e do transporte de carga, "segundo o modelo de organização por linha de negócio de transporte de cargas monolítico, englobando todas as funções" (Castro, 2002).

Mais especificamente, como observam Souza e Prates (s.d.),

> concluiu-se que a melhor forma seria a União outorgar a concessão do serviço de transporte ferroviário de carga e a RFFSA arrendar os bens vinculados à operação desse serviço e vender os bens de pequeno valor. (...) dessa forma, através dos leilões realizados, o licitante vencedor se tornaria titular do direito

de prestar o serviço público, que é a concessão. Para poder exercer esse direito, ele passaria, simultaneamente, a operar os ativos da RFFSA ligados ao serviço.

Esse acabou sendo o modelo de privatização que prevaleceu nas ferrovias, com a "licitação, no mesmo leilão, da concessão do serviço público de transporte ferroviário de carga prestado pela RFFSA, pelo prazo de 30 anos, do arrendamento dos ativos operacionais e da venda de bens de pequeno valor de propriedade da empresa" (Souza e Prates, s.d.:5).

A exclusividade na captura de cargas dentro de cada malha também foi um elemento importante considerado pelo Poder Concedente, por exemplo, quando este definiu o modelo de privatização por meio do agrupamento das 12 superintendências regionais da RFFSA em seis malhas ferroviárias "as quais representariam a melhor configuração operacional para se constituírem em unidades de negócio independentes e autossuficientes" (Souza e Prates, s.d.:5).

Essa lógica seguia os três seguintes passos: (a) era impossível saber o valor patrimonial das ferrovias, devido a passivos contingentes e propriedade de ativos mal definida, além de registros contábeis precários; (b) havia, porém, melhor informação sobre os fluxos de carga, o que permitiria a potenciais investidores calcular o retorno e os riscos envolvidos na operação; (c) dessa forma, se poderia privatizar o direito de transportar essa carga, para o que seria necessário ter o direito de usar a infraestrutura ferroviária. Em outras palavras, o que foi privatizado foi o direito à exclusividade na captura e transporte da carga e no controle da infraestrutura dentro de cada malha. Na ausência de exclusividade, o retorno esperado seria menor, o risco mais elevado e o valor da concessão bem mais difícil de calcular, possivelmente inviabilizando a privatização.

Da mesma forma, o Poder Concedente também privilegiou a relação entre malhas com base no princípio do tráfego mútuo, e não no direito de passagem, pois essa já era a regra nas relações entre RFFSA e Fepasa, inclusive inscrevendo no art. 6º do RTF (Decreto nº 1.832) que "[a]s Administrações Ferroviárias são obrigadas a operar em tráfego mútuo ou, no caso de sua impossibilidade, permitir o direito de passagem a outros operadores". Na opção de tráfego mútuo, alguns dos problemas elencados na seção 5 ficam mais brandos do que com o direito de passagem. Note-se que houve a opção por tráfego mútuo, em vez de direito de passagem, ainda que o fato de ambas serem empresas estatais, em tese, deveria tornar menos provável o surgimento de litígios do que num contexto em que os operadores são privados.

Dessa forma, adotou-se um modelo regulatório que em vários sentidos mantinha a organização produtiva utilizada pela RFFSA, com a percepção de que os problemas que esta e o setor enfrentavam se deviam mais a questões de incentivos, recursos e gestão do que à estrutura operacional integrada, de resto, bastante comum em outros países. Isso pesou também na decisão de não adotar um modelo de acesso aberto (*open access*).

Sobre esse ponto, cabe observar que o modelo brasileiro de privatização das ferrovias se inspirou em larga medida na experiência da Argentina, que o precedeu em alguns anos e envolveu uma situação bastante semelhante — um monopólio público ineficiente e gerador de grande prejuízo fiscal. Não por acaso, os dois modelos têm vários elementos em comum, como a separação horizontal com critérios geográficos, mas mantendo a integração vertical das operações. Também na Argentina, a opção pelo livre acesso foi considerada e abandonada por ser julgada uma opção inferior. Rennicke e Kaulbach (1998:16) assim descrevem essa parte da experiência argentina:

> A Argentina considerou adotar um sistema desverticalizado com '*open access*' (mas) "[e]m todos os casos, a resposta do setor privado foi de que não haveria nenhum interesse em pleitear uma concessão e investir quantias substanciais de capital, quando um concorrente poderia aparecer em qualquer tempo e tentar se apropriar dos benefícios econômicos da concessão. Com base neste feedback, o governo argentino decidiu rapidamente que a concessão de franquias verticalmente integradas era a forma adequada, de fato a única forma eficaz (de proceder). Assim, o governo dividiu a operação de transporte de carga em seis operações verticalmente integradas, cinco das seis foram transferidas a operadores privados. Não foi permitido o acesso de terceiros a cada uma das malhas".

4. As novas concessões: desverticalização e *open access*

Em agosto de 2012 o governo federal lançou o Programa de Investimentos em Logística (PIL), uma lista de projetos, a maioria a ser concedida a investidores privados, cuja execução demandaria R$ 133 bilhões em investimento em rodovias e ferrovias, ao longo de 30 anos. Em relação ao setor de ferrovias, o

PIL considerou 12 trechos, somando 10 mil quilômetros de vias férreas, cuja realização exigiria investimentos totalizando R$ 91 bilhões, a serem realizados ao longo de 30 anos.[3]

Essa expansão da malha ferroviária deve ser realizada com base em uma nova modelagem que prevê um sistema de *open access*, com a separação vertical das atividades de operação da infraestrutura e do transporte ferroviário. Mais especificamente, no modelo a ser aplicado aos trechos contemplados no PIL, o governo irá contratar, por meio da Valec, a construção, manutenção e operação da infraestrutura rodoviária de uma concessionária de infraestrutura. A remuneração dessa concessionária será feita no modelo "*take or pay*": a Valec comprará a capacidade integral de transporte da ferrovia, durante todo o período de concessão, com a concessionária sendo remunerada por essa capacidade independentemente do seu uso ou não.

Em um segundo momento, a Valec ofertará publicamente essa capacidade aos usuários (carga própria) e aos transportadores ferroviários, inclusive as atuais concessionárias ferroviárias, ficando garantido o direito de passagem dos trens dos diversos atores em todas as malhas. A motivação para esse modelo é a expectativa de que a intervenção da Valec possa, de um lado, eliminar o risco de demanda e, portanto, reduzir a taxa de retorno exigida pelos operadores de infraestrutura, e, de outro, garantir o livre acesso e a modicidade tarifária no transporte ferroviário de cargas. Adicionalmente, a Valec deverá concluir a implantação da parte sul da Ferrovia Norte-Sul, ligando Uruaçu a Estrela d'Oeste, e o trecho da Ferrovia de Integração Oeste-Leste ligando Ilhéus a Barreiras.

A ideia básica, portanto, é transformar a Valec em uma espécie de "mercado administrado", em que provedores e usuários de infraestrutura ferroviária se "encontrem". Apenas que, ao invés de se encontrarem, as duas pontas desse mercado vão se relacionar com a Valec. Os fornecedores, vendendo-lhe toda a sua capacidade. Os usuários, comprando capacidade da Valec. Trata-se, portanto, de uma efetiva desverticalização das operações de infraestrutura e transporte, que vai além da desagregação de serviços (*unbundling*) que passa a prevalecer nas atuais concessões.

---

3. Os 12 trechos são: os tramos Sul e Norte do Ferroanel de São Paulo, o acesso ao porto de Santos, as ligações de Lucas Verde a Uruaçu, Uruaçu a Corinto e Campos, Rio de Janeiro a Campos e Vitória, Belo Horizonte a Salvador, Salvador a Recife, Estrela d'Oeste a Panorama e Maracaju, Maracaju a Mafra, São Paulo a Mafra e Rio Grande, e Açailândia a Vila do Conde.

Um dos problemas é que, obviamente, os provedores vão ter poucos incentivos a fornecer bons serviços, já que não precisam se esforçar para vendê-los. Nesse sentido, trata-se de uma volta ao modelo do século XIX e os resultados não devem ser muito distintos. Além disso, esse esquema é menos transparente e eficiente do que, como se fez no setor elétrico, criar um mercado em que produtores e consumidores se encontrem. Trata-se de um modelo que, organizado de forma mais simples, já deu errado em outros países. O risco de que a gestão desse processo enfrente problemas, de distintas naturezas, como ocorreu com a própria Valec em anos recentes, não é pequeno. O novo modelo também aumenta o custo de coordenação interinstitucional, não apenas pelo papel que dá à Valec, cuja gestão, como anunciado pelas autoridades, deve obedecer também a objetivos de política econômica, como pela criação da Empresa de Planejamento e Logística, a quem foram alocadas responsabilidades antes atribuídas ao Ministério dos Transportes.

Um elemento importante do PIL, no que concerne às ferrovias, é a concessão de financiamento do BNDES em condições bastante favorecidas: taxa de juros igual à Taxa de Juros de Longo Prazo (TJLP) mais, no máximo, um ponto percentual; amortização em 25 anos, com cinco anos de carência; e grau de alavancagem de 65% a 80%. O objetivo é que essas condições financeiras favoráveis alavanquem o retorno dos acionistas mesmo com tarifas — e taxa de retorno do empreendimento — relativamente baixas. Ou seja, em vez de o usuário remunerar o operador da infraestrutura, isso será feito parcialmente pelo contribuinte, via BNDES. Para a concessionária, porém, essa alternativa comporta um risco não desprezível: como ficará a equação financeira da concessão se um futuro governo elevar a TJLP, hoje negativa em termos reais, para, por exemplo, um nível mais próximo à Selic?

Finalmente, um risco desse modelo que pode afastar os investidores em infraestrutura é a dependência de sua remuneração da disponibilidade de recursos líquidos na Valec. Em tese, como as receitas, líquidas de impostos e custos, com a venda dos *slots* para uso da ferrovia pelos operadores de transporte não devem cobrir inteiramente o pagamento das concessionárias, parte da remuneração das concessionárias deve vir de recursos aportados pela União via orçamento anual. Ocorre que em qualquer ano esses recursos podem não ser disponibilizados, seja por não constarem no orçamento, por não terem sua execução autorizada pela Fazenda ou porque podem ser interrompidos por decisão, por exemplo, do TCU.

Há discussões no sentido de minimizar esse risco fazendo com que o BNDES aceite recebíveis da Valec como forma de pagamento, assim como via o pagamento antecipado de um terço dos investimentos. Nesse sentido, o Tesouro Nacional irá aportar R$ 15 bilhões na Valec, transferência autorizada pela MP nº 618, publicada em junho de 2013.

O PIL tem um problema de origem, pela natureza dos trechos ferroviários a serem concedidos. Como destacam Pompermayer, Campos Neto e Souza (2012), "boa parte do programa (PIL) constitui-se de ferrovias já concessionadas e que seriam encampadas pelo poder público, visando sua recuperação e modernização". Esse processo teria sido facilitado pelas resoluções da ANTT discutidas na seção anterior, que, ao fixar metas por trecho, evidenciaram a baixa ou nenhuma utilização de alguns trechos das atuais concessões. A forma com que as concessionárias estão sendo incentivadas a devolver o direito de exploração desses trechos é uma fonte de atrito e risco político que está sendo introduzido na regulação ferroviária.

De fato, como notam Pompermayer, Campos Neto e Souza (2012), "[p]reocupa o fato de trechos operados por terceiras companhias (concessionários) estarem no plano de governo para fazerem parte do processo no qual a Valec vai contratar, via PPP, empresa que fará obras de remodelagem e modernização, sem que a concessionária esteja de acordo com a medida". Por outro lado, há um problema de seleção adversa: se esses trechos não interessaram às atuais concessionárias, por que deveriam atrair as novas concessionárias? Ou, de fato, por que seria interessante ao setor público subsidiar sua exploração?

Como o modelo regulatório adotado para as novas concessões parte da separação vertical entre operação da infraestrutura e do transporte ferroviário, e incorpora a Valec como interveniente, as considerações da seção 5 se aplicam ainda mais fortemente do que no caso das concessões já existentes. Finalmente, cabe observar que, como observam Pompermayer, Campos Neto e Souza (2012), "o caso brasileiro será único no mundo por ser híbrido — malhas com exploração exclusiva de concessionárias e outros trechos com acesso livre às transportadoras ferroviárias".

As novas concessões ferroviárias contempladas no PIL foram divididas em dois grupos, o primeiro com 2,6 mil km e o segundo com 7,4 mil km de linhas férreas. Nos dois casos, o cronograma apresentado quando do lançamento do PIL, em agosto de 2012, já estava, em outubro de 2013, completamente defasado, não se tendo cumprido sequer a primeira etapa, ainda que a previsão inicial fosse que os contratos de concessão dos dois grupos estivessem assinados até setembro de 2013.

5. Avaliação das políticas de separação vertical, *unbundling* e *open access*

No que segue, se mostra que, sem questionar o mérito de se buscar a modicidade tarifária por meio do compartilhamento da malha ferroviária, este terá sérias consequências negativas, pois reduzirá a eficiência técnica e alocativa na operação da infraestrutura e no transporte ferroviário de carga, gerando uma perda líquida em termos de bem-estar social. A menor eficiência fará com que dificilmente se consiga reduzir as tarifas de transporte, ou que essa redução seja acompanhada de uma piora da qualidade dos serviços.

O argumento central é que não se verificam no setor ferroviário as condições típicas de tecnologia e mercado (transacionais) que fazem da competição, via compartilhamento e *open access*, uma solução atrativa em outros contextos. Ao contrário do que ocorre nos setores de telecomunicações e energia elétrica, os custos de transação gerados por essa política a tornam menos atraente no setor ferroviário.

Dadas as diferentes facetas do problema, o argumento se divide em quatro partes. Primeiro vamos mostrar que a presença de economias de escopo na função de produção faz com que a desagregação vertical da operação, separando a exploração da infraestrutura do transporte de carga, vá elevar o custo operacional. Segundo, discutimos por que em uma empresa multiproduto o fim da exclusividade na provisão de transporte de carga na malha pode levar ao abandono de certos trechos, potencialmente beneficiando alguns usuários, mas prejudicando outros. Assim, é possível que, em lugar de aumentar o número de trechos sendo operados, como pretendem as reformas, estas o reduzam.

Terceiro, mostramos por que a tentativa de reproduzir a relação hierárquica entre duas unidades de uma mesma empresa ferroviária verticalizada por relações contratuais entre duas empresas independentes é ineficiente, resultando em aumento de litígios, risco de mais acidentes e desincentivo ao investimento. Por último, argumentamos que a proposta de evitar esses problemas contratuais por meio do microgerenciamento regulatório, além de ser difícil de viabilizar na prática — porque as informações não fluem com a completude que supõe o modelo adotado, nem o regulador consegue em geral suficiente quantidade de recursos, humanos e de outra natureza, para processar todas essas informações tempestivamente —, reduzirá a flexibilidade operacional e decisória das concessionárias e elevará os seus custos administrativos.

(a) Economias de escopo

Economias de escopo ocorrem quando é mais barato para uma única firma produzir um conjunto de bens ou serviços conjuntamente — por exemplo, serviços de infraestrutura e transporte de carga — do que para duas ou mais firmas produzirem essas mesmas quantidades separadamente em subconjuntos distintos desses bens e serviços. É o caso, por exemplo, quando uma empresa multiproduto incide em custos fixos elevados ou custos comuns à produção de diversos bens ou serviços. Esse é o caso do setor ferroviário.

A multiplicidade de serviços produzidos pelas concessionárias pode ser percebida ao longo de dois cortes:

i. Dos serviços de infraestrutura e transporte.

ii. Dos diferentes pares origem-destino e tipos de carga transportados.

As economias resultantes da produção conjunta de serviços de infraestrutura e transporte têm sido amplamente estudadas na literatura, notadamente no contexto das reformas voltadas para a desverticalização do setor promovidas pelos governos nacionais europeus e a Comissão Europeia no final do século passado. Os seguintes fatores nos parecem os de maior peso para explicar por que essa separação vertical é ineficiente:

- Decisões conjuntas sobre investimentos em locomotivas e vagões, de um lado, e na via, de outro. Analisando essa questão no contexto das ferrovias europeias, Kvizda (2010) observa:

> A separação vertical no transporte ferroviário poderia resultar em desinformação quanto aos planos de investimento, tanto do proprietário e operador da infraestrutura ferroviária quanto dos operadores individuais dos trens, que investem em um determinado tipo e quantidade do material circulante, com base na condição e nível de desenvolvimento de infraestrutura. Há um perigo real de que em uma indústria verticalmente separada a tomada de decisões sobre os investimentos não será coordenada e, se assim for, então só com base em ins-

trumentos administrativos de coordenação por intermédio dos órgãos estatais — com todas as desvantagens do planejamento central.

- O fluxo de informações entre o transportador e o gestor de infraestrutura é maior e melhor quando os dois são a mesma entidade. Isso permite, de um lado, o melhor planejamento de investimentos e atividades de manutenção; de outro, facilita a exploração da malha.

Assim, na prática, a integração entre a gestão da infraestrutura e o transporte de carga resulta no planejamento conjunto das duas atividades. A entrada de transportadores independentes iria separar as decisões de investimento, reduzir a disponibilidade de informações e encurtar o horizonte de planejamento, impondo restrições e, portanto, limitando a otimização no uso de recursos. No todo, a desverticalização gerará deseconomias de escopo que vão contra o objetivo de garantir a operação eficiente do setor ferroviário.

Observe-se que a situação das ferrovias é diferente da observada nos setores elétrico e de telecomunicações, na medida em que nestes há menor impacto da provisão do serviço ao consumidor final sobre a qualidade da via em que o produto é transportado. Não há, por exemplo, o mesmo desgaste na via. Ademais, no setor elétrico, a coordenação de cargas é feita por um único operador, que centraliza todas as decisões de transporte, o Operador Nacional do Sistema, justamente para evitar os problemas aqui discutidos. Assim, a separação das atividades de gestão da infraestrutura e transporte gerará maiores deseconomias de escopo no setor ferroviário do que no de eletricidade ou no de telecomunicações.

A presença de ganhos de eficiência resultantes da exploração de economias de escopo entre a operação da infraestrutura e do transporte no setor ferroviário é amplamente documentada. Sem pretender fazer uma resenha exaustiva da evidência empírica a esse respeito, cabe citar alguns trabalhos mais influentes:

- Ivaldi e McCullough (2008) estimam uma função de custos para as ferrovias americanas, utilizando uma função generalizada de McFadden, e mostram que esta é subaditiva e que a separação vertical entre gestão da infraestrutura e operação de transporte levaria a uma perda de 20% a 40% da eficiência técnica no transporte ferroviário de carga.
- Bitzan (2003:201) chega a resultados semelhantes, também para o transporte de carga nas ferrovias americanas, concluindo que

> as ferrovias são monopólios naturais em suas próprias malhas, sugerindo que a competição entre várias firmas na mesma malha iria resultar em custos mais altos. Estes resultados sugerem que políticas que introduzam competição nas ferrovias por meio de "open access" ou em segmentos com gargalos não iriam ser benéficas de uma perspectiva dos custos.

O autor conclui ainda que essa perda de eficiência seria significativa.

- Cantos Sánchez (2001) estima uma função de custos translog para as ferrovias europeias e também conclui pela existência de economias de escopo na provisão verticalmente integrada de serviços de infraestrutura e transporte ferroviário de carga e que, se uma estrutura desverticalizada for imposta, "os riscos de ineficiências e perda de efeitos de coordenação entre infraestrutura e operações serão extremamente elevados".
- Wetzel e Growitsch (2006) analisam o desempenho das ferrovias europeias, com um foco na existência de economias de escopo resultantes da integração vertical da operação da infraestrutura e do transporte, concluindo que na maioria das companhias ferroviárias europeias as ditas economias de escopo estão presentes e são significativas.

(b) O risco de cream skimming

Outro problema que tende a surgir com a livre entrada de transportadores ferroviários independentes é a possibilidade *cream skimming*, isto é, que o novo entrante atue apenas nos segmentos mais lucrativos do mercado, deixando os piores para as concessionárias.[4] Devido à presença de economias de escopo, é possível que, em alguns casos, a entrada de um novo transportador, mesmo que beneficiando alguns usuários, termine por prejudicar outros. Como lembram Rennicke e Kaulbach (1998),

> A experiência histórica demonstra que, quando é permitido o livre acesso à infraestrutura ferroviária existente, os novos operadores tentarão fazer o "cherry picking" dos negócios mais rentáveis, deixando para a companhia

4. A este respeito, ver também a discussão em Pompermayer, Campos Neto e Souza (2012).

ferroviária os usuários com menores margens, lucros mais baixos, e menos capital investido.

Para ilustrar essa possibilidade, considere a situação em que uma determinada ferrovia liga três cidades, A, B e C, localizadas em uma mesma linha. No caso, o operador fornece transporte de carga em três trechos (sem perda de generalidade, se considera apenas o transporte em uma direção): entre A e B, B e C, e A e C. Suponhamos que essa operação acarrete um custo fixo comum de R$ 30 milhões e custos variáveis, tarifas e demanda, como apresentados na tabela 1.[5] Suponha ainda que, se um transportador resolver operar exclusivamente um dos três trechos acima, ele incorrerá nos seguintes custos apresentados nas duas últimas colunas da tabela 1.

Tabela 1
Exemplo hipotético de economias de escopo na oferta

		Operação integrada		Operação sem integração	
	Demanda (milhões TKU)	**Custo variável (R$ / TKU)**	**Tarifa (R$ / TKU)**	**Custo fixo (R$ milhões)**	**Custo variável (R$ / TKU)**
Trecho A-B	20	2.0	2.2	14	2.1
Trecho B-C	100	1.0	1.4	14	1.1
Trecho A-C	20	2.5	2.7	14	2.6

Fazendo-se as contas observa-se que:

IV. No caso de um único operador transportando nessa linha, o custo total será R$ 220 milhões e a receita de R$ 238 milhões, ou seja, haverá lucro de R$ 18 milhões;

V. A operação em separado dos três trechos, com o mesmo nível de demanda, custará R$ 246 milhões, caracterizando a presença de economias de escopo, neste caso, fruto da integração horizontal, em contraste com a integração vertical analisada anteriormente;

VI. A operação apenas do trecho B-C gerará um lucro de R$ 16 milhões. Assim, é melhor realizar a operação nos três trechos do que apenas no mais lucrativo dos três;

VII. Outro operador que entrasse apenas no trecho B-C e abocanhasse

5. As tarifas dependem da elasticidade do preço da demanda, que, por sua vez, é função da renda e das preferências dos usuários locais e do custo de modais substitutos. Vamos assumir que esses são elementos dados em nossa análise.

metade do mercado obteria um lucro de R$ 1 milhão. Nessa situação, porém, nem a operação isolada dos trechos A-B e A-C, nem a operação conjunta desses trechos e de mais metade do fluxo entre B e C seriam economicamente viáveis. Nesse caso, apenas a operação no trecho B-C sobreviveria e os dois outros trechos deixariam de ser atendidos por via ferroviária, trazendo uma perda de bem-estar para esses usuários.[6]

O mesmo exercício poderia ser feito considerando não três trechos, mas três produtos distintos.[7] Isso ilustra o risco de que a prática do *cream skimming* ocorra com a entrada de transportadores independentes focados apenas em certos produtos mais rentáveis, possivelmente de forma integrada com a produção de minérios ou *commodities* agrícolas, tratando a atividade de transporte ferroviário como centro de custo. Isso poderia acarretar a inviabilidade econômica de outros usuários, definidos estes por trecho ou produto. Nada garante, portanto, que as reformas não venham de fato reduzir, em vez de ampliar, a cobertura dos serviços de transporte ferroviário.

(c) Internalidades e tragédia dos comuns

A discussão acima mostrou que uma relação vertical próxima entre o gestor da infraestrutura e o transportador ferroviário é uma solução superior à separação vertical das atividades, devido à melhor coordenação das atividades de investimento, manutenção e produção, e às economias de escopo daí resultantes. Mas será que essa integração vertical baseada numa relação hierárquica, com a integração das duas atividades sob um controlador comum, pode ser reproduzida por meio da coordenação entre duas entidades independentes, gerindo a infraestrutura e a operação de transporte separadamente, por meio de mecanismos de mercado, em especial contratos entre essas duas entidades independentes?

---

6. Observe que esse resultado independe de a entrada de mais um operador no trecho B-C gerar mais concorrência nesse trecho. A única exceção ocorreria se o aumento da competição gerasse uma queda suficientemente grande da tarifa a ponto de praticamente dobrar a demanda.
7. A existência de economias de escopo na provisão de transporte ferroviário de carga de diferentes produtos é amplamente documentada. Ver, por exemplo, Ivaldi e McCullough (2008) para evidência empírica nesse sentido no caso europeu.

A resposta é não, devido à presença de custos de transação, que, à guisa de comparação, são menos relevantes em situações semelhantes nos setores de eletricidade e telecomunicações. Isto porque nesses setores é possível estabelecer contratos mais completos entre as partes, pois mais da relação entre elas é passível de ser monitorada por terceiros. Assim, outra razão por que o fim da exclusividade, com a liberdade para que outros capturem carga e utilizem as malhas das concessionárias, pode gerar uma solução inferior é a existência de internalidades negativas entre as partes.

Daniel Spulber define internalidade, em um paralelo com o conceito de externalidade, como os custos ou benefícios de uma transação experimentados pelas partes que não estão considerados nos termos de troca estipulados para a dita transação.[8] Uma definição alternativa é que uma internalidade se refere a um conjunto de bens e serviços trocados entre as partes de uma transação econômica que não é contabilizado nos termos de troca. Ou seja, em uma transação entre duas partes, uma internalidade é um efeito provocado por uma parte e sentida pela outra que não está contemplado no contrato que sustenta essa transação.

A seguinte discussão em Spulber (1989) sobre causas para a presença de internalidades ajuda a entender a importância desse conceito para o caso em tela:

> Três tipos principais de "custos de transação" são fontes de internalidades: (i) o custo de redigir contratos contingentes em situações de incerteza, (ii) o custo de observar e monitorar as ações da outra parte quando o comportamento é imperfeitamente observável, e (iii) o custo de coletar informações e disponibilizá-las para outros quando as partes na transação possuem informações privadas. O custo de incorporar todos os resultados possíveis em uma transação leva a que se entre em contratos incompletos, no sentido de não prever compensações em possíveis cenários contingentes. O custo de observar as ações da outra parte pode levar a níveis ineficientes de atividades como a prevenção de acidentes, um problema conhecido como risco moral. Finalmente, o custo de se observar as características das partes pode levar a declarações falsas sobre preferências ou

8. Observe que os custos ou benefícios são incorridos por partes que mantêm uma relação entre si, em anteposição ao conceito de externalidade, que se refere a efeitos semelhantes sobre partes que *não* têm nenhuma transação direta entre si.

tecnologia e resultar em contratos que distingam imperfeitamente entre agentes de diferentes tipos.

O fim da exclusividade na captura de cargas e o direito de passagem podem gerar pelo menos dois tipos de internalidades negativas:

- O transporte ferroviário é feito em série, isto é, com a passagem de várias composições pelos mesmos trilhos. Um acidente ou a quebra de uma composição irá interromper todo o tráfego no trecho em que ocorrer, gerando prejuízos para os demais usuários daquele trecho. Não obstante, do ponto de vista do usuário que provocou o acidente ou gerou a quebra, apenas o seu custo é relevante. O investimento/esforço que ele estará disposto a fazer para prevenir eventos dessa natureza será sempre proporcional ao seu custo estimado, e, portanto, será inferior ao socialmente ótimo. O mesmo problema não se observa quando há apenas um usuário operando composições em uma malha. Em teoria, esse problema poderia ser contornado com um esquema de multas e sanções que igualasse o custo privado de interrupção de tráfego ao custo social, mas a existência dos custos de transação discutidos anteriormente previne que esse tipo de contrato seja elaborado. Por exemplo, como saber se um acidente ou quebra de composição decorreu da falta de investimentos na manutenção da via ou do uso de composições inapropriadas ou maquinistas mal treinados? Como poderá uma terceira parte, em geral com menos acesso a informação que a concessionária e o transportador independente, dirimir um conflito daí resultante?[9]
- Um problema relacionado a esse diz respeito à distribuição de investimentos entre a via e o equipamento rodante. Numa situação de exclusividade na captura de carga e tráfego mútuo, o concessionário terá incentivos para alocar eficientemente os dois tipos de investimento. De fato, é possível elencar vários investimentos no equipamento desti-

9. Em suma, o trilho desgasta a roda do trem e esta desgasta o trilho. Os operadores de infraestrutura não ganham nada em manter os trilhos em boas condições. Os operadores de trem também não têm incentivos para usar equipamentos que poupem os trilhos, que não são deles. Obviamente o modelo pode penalizar esse tipo de comportamento, mas aplicar sanções é mais difícil do que parece. Mire-se o exemplo das rodovias. Lá também há desverticalização e interação entre vias e veículos. O que se observa é que as rodovias brasileiras têm vida útil menor do que a prevista, pois os caminhões trafegam com cargas acima do peso permitido. Em tese, isso deveria ser punido, mas as balanças não funcionam, nem há fiscalização.

nados a preservar a via e vice-versa. Algo semelhante ocorre em relação ao treinamento dos maquinistas. Um transportador independente, porém, irá investir em nível subótimo na qualidade do equipamento, pois ele não será responsável por corrigir os danos causados na via, nem sofrerá em igual proporção com sua má qualidade. Note-se que, mesmo que uma das partes consiga identificar um comportamento irregular pela outra parte, dificilmente ela conseguirá que uma terceira parte imponha penalidades, devido à dificuldade de atribuir responsabilidades *ex post*: terá sido a composição que danificou o trilho ou o oposto?

Como observa Spulber (1989), a questão central é que os custos de transação e/ou a informação incompleta podem levar as partes de uma transação a não explorar inteiramente os benefícios dessa transação. Vale dizer, a presença de internalidades faz com que as partes em uma transação não se apropriem de todos os potenciais ganhos que podem ser gerados pela transação. Em particular, quando as ações de uma das partes não são diretamente observáveis, elas não são suscetíveis a negociação, nem podem ser incorporadas aos termos do contrato.

Spulber (1989) ilustra esse problema com um exemplo que, adaptado ao caso em tela, poderia ser assim descrito: o gestor de infraestrutura ferroviária contrata com o transportador ferroviário o acesso à sua malha por um preço p; o transportador decide que equipamento utilizar e como utilizá-lo no transporte de carga, resultando em um nível de desgaste da via $v(z)$, onde z é uma medida do esforço do transportador para preservar a via, sendo z e $v(z)$ definidos em unidades monetárias. Quando o transportador e o gestor da infraestrutura são a mesma entidade, pode-se esperar que seja despendido um nível ótimo de esforço z^*, dado pela condição $v'(z^*)=1$. Quando as duas partes são entidades independentes, e como o esforço do transportador não é observável, e por isso não pode ser considerado no contrato (em especial, p não depende de z), é fácil concluir que o transportador fará um nível zero de esforço. Do ponto de vista da sociedade como um todo, a solução observada com a separação vertical das duas atividades gera uma perda líquida de $v(z^*)-v(0)-z^*$, que não é apropriada por ninguém.

A impossibilidade de estabelecer condições contratuais diferentes para companhias que imponham maior risco, até pela dificuldade de, *ex ante*, identificar que companhias são essas com base em critérios publicamente verificáveis, também gera problemas, neste caso de seleção adversa. De fato, a Resolução nº 3.694 no § 2º do art. 6º estabelece que a concessionária terá de apresentar justificativa aceitável pela ANTT se não quiser anuir a transferência a terceiros de capacidade de transporte contratada e não utilizada por um transportador ferroviário. Ou seja, a concessionária terá controle limitado de que transportadores ferroviários utilizarão a sua malha.

Nessa situação, a tendência é que os agentes optem por minimizar seus investimentos e gerem uma situação semelhante à que em teoria dos jogos se conhece como tragédia dos comuns: um dilema decorrente da situação em que vários indivíduos, agindo de forma independente e racional, e unicamente em função dos seus próprios interesses, geram uma situação de esgotamento de um recurso limitado e de uso compartilhado, mesmo quando é evidente que não é do interesse de nenhuma das partes que isso aconteça. No caso em tela, isso se daria com a deterioração da qualidade das vias e equipamentos ferroviários.

Como é virtualmente impossível desenhar e garantir a execução de um contrato com suficientes salvaguardas para impedir ou compensar todas essas internalidades, na prática faz mais sentido a opção pela verticalização, arranjo institucional em que as internalidades não estão presentes e, por isso, oferece a melhor solução do ponto de vista da eficiência e da promoção do investimento no caso das ferrovias. Assim, não surpreende que o modelo verticalmente integrado infraestrutura-transporte seja amplamente favorecido internacionalmente.

Um exemplo desse tipo de resultado — internalidades e tragédia dos comuns — é o ocorrido no setor ferroviário do Reino Unido após se separar a gestão da infraestrutura do transporte de carga e passageiros. Os operadores dos trens tendiam a utilizar um grande número de trens, na medida em que seus lucros não eram afetados, pelo menos diretamente, pelos danos causados às vias e era a operadora dos trilhos quem deveria pagar compensações por atrasos. Com dezenas de operadores de trens em atividade, era do interesse de cada um deles agir dessa maneira, dado que os demais assim agiam. O gestor da infraestrutura, por outro lado, não tinha incentivo para investir, uma vez que as obras provocavam atrasos e multas e sua remuneração não era proporcional à qualidade das vias, até porque esta não dependia apenas do que a gestora fazia, mas também da forma de operar dos transportadores. Como se sabe, o fracasso desse modelo levou ao seu abandono em 2001, menos de 10 anos após o início das mudanças regulatórias.

Ainda que menos dramática do que no Reino Unido, a separação vertical nas ferrovias na Holanda também resultou em uma deterioração na qualidade dos serviços prestados, como descrito por Mulder, Lijesen e Driessen (2005:16):

> Embora algumas das mudanças postas em prática durante o período inicial tenham sido, sem dúvida, benéficas, outras se revelaram menos benéficas no médio prazo. A confiança no funcionamento do material rodante e especialmente da infraestrutura começou a declinar devido à excessiva racionalização, resultando na falta de confiabilidade e pontualidade. Acusações mútuas entre os operadores da infraestrutura e dos trens também se tornaram frequentes na ausência de incentivos contratuais e financeiros adequados entre as partes, levando ao aprofundamento da subotimização.

Yvrande-Billon e Ménard interpretam o fracasso da reforma do setor ferroviário inglês à luz das características de especificidade de ativos e subotimalidade de uma relação não hierárquica entre o gestor de infraestrutura e o transportador. Como observam os autores (Yvrande-Billon e Ménard, 2005:690):

> De forma a lidar com o desalinhamento resultante das restrições impostas a elas, as partes das transações adotaram uma estratégia orientada para a redução da especificidade dos ativos envolvidos. Mudanças substanciais na concepção e construção de material rodante foram introduzidas, todas sistematicamente direcionadas à padronização. Ao fazê-lo, as partes claramente buscavam reduzir a sua dependência mútua, contornando o problema gerado pelo modo de organização que lhes foi imposto. As empresas de leasing de material rodante lideraram esse movimento. Sendo os principais investidores em equipamentos, elas foram as mais expostas aos riscos resultantes da combinação de contratos de curta duração e (equipamentos) com baixa capacidade de aproveitamento em outras atividades (redeployability).

Como concluem os autores (Yvrande-Billon e Ménard, 2005:696):

> A experiência britânica de reforma das ferrovias ilustra que, se o grau de especificidade dos ativos tem um impacto direto sobre a escolha de uma estrutura

de governança, como substanciado por tantos testes na economia dos custos de transação, a escolha de um arranjo organizacional influencia reciprocamente a natureza e características dos investimentos realizados.

À primeira vista, o caso espanhol poderia parecer um contraexemplo para o argumento acima, mas uma análise mais detalhada mostra que não. Na Espanha também se promoveu uma separação entre a gestão da infraestrutura, feita pelo Administrador de Infraestructuras Ferroviarias (Adif), e as operações do transporte ferroviário, que ficou sob responsabilidade da Red Nacional de Ferrocarriles Españoles (Renfe). Não se observa, neste caso, a mesma falta de investimentos nem uma operação até certo ponto predatória como foi o caso na Inglaterra.

Mas há que atentar que as duas empresas espanholas são estatais. A propriedade estatal tem, no caso, duas consequências importantes. Uma, que elas não se orientam apenas, nem talvez principalmente, pelo lucro, mas também levam em conta outros objetivos sociais. Outra, que por serem propriedade do mesmo controlador, suas decisões são tomadas levando em conta as internalidades existentes na sua relação, dessa forma emulando, para esse fim, a integração entre as duas atividades. Vale dizer, o fato de as empresas serem estatais reduz o problema de oportunismo e cria uma relação hierárquica entre as empresas e o governo com incentivos diferentes dos que prevaleceriam numa relação de mercado. Em que pesem esses fatores, a participação das ferrovias na matriz de transporte caiu um ponto percentual após a adoção do novo modelo, de 5,1% em 2004 para 4,1% em 2008.

De forma geral, nos países europeus que adotam o modelo de acesso livre, ainda que não se registre um baixo nível de investimento, a tendência é ter uma situação de ineficiência. Assim, para compensar a baixa propensão a investir dos operadores, como resultado dos incentivos perversos existentes no sistema desverticalizado, o próprio setor público é chamado a bancar esses investimentos, onerando o contribuinte, que arca com praticamente a totalidade dos investimentos em expansão e manutenção da qualidade das ferrovias. O melhor contraponto para os problemas e limitações impostos pela desverticalização das ferrovias em alguns países europeus é o caso dos Estados Unidos, país onde há ferrovias autossuficientes e eficientes operando no modelo verticalmente integrado.[10]

10. O caso inglês de desverticalização é o mais estudado, mas, se o deixarmos de lado, pode-se dizer que a evidência sobre ganhos e perdas com a desverticalização na Europa ainda está

(d) Microgerenciamento e custo administrativo

Há nas novas Resoluções da ANTT um esforço de evitar os problemas contratuais elencados anteriormente por meio de um aumento do uso de instrumentos administrativos que reproduzam a coordenação que resulta naturalmente da integração vertical. Isso traz, porém, outros problemas. Um deles diz respeito à capacidade de o regulador obter e processar toda a informação necessária para isso. Outro, a redução da flexibilidade causada pela exigência de metas e controles por trecho, com a consequente perda de eficiência em um contexto em que a demanda tem um importante componente imprevisível. Nos dois casos há também uma ineficiência gerada pelo aumento do custo administrativo resultante da adoção de um modelo de microrregulação e da intensificação de relações contratuais entre gestores de infraestrutura e transportadores. Por fim, há as consequências desses problemas em termos do desincentivo ao investimento e potencial de geração de litígios.

Quando da privatização, o Poder Concedente fez uma opção consciente por um modelo regulatório de baixa intervenção, que desse às empresas ampla flexibilidade nas decisões operacionais e de investimento. Além da observação dos problemas gerados em outros países por uma regulação muito detalhista — EUA, antes do Staggers Act, e Argentina, nos primeiros anos após a privatização —, motivou o regulador a percepção de que há no setor de transporte ferroviário de carga uma grande sobreposição entre os objetivos das concessionárias e do regulador, este como representante dos interesses da sociedade, notadamente no que concerne às ditas decisões sobre operação e investimento.

A nova regulação busca romper com esse modelo, caminhando em certo sentido na direção oposta ao que fizeram os EUA com o Staggers Act, ao querer fixar metas por trecho de produção, investimento e qualidade. Assim, esse microgerenciamento — e as sanções associadas ao seu descumprimento — retira flexibilidade da concessionária para adaptar-se a mudanças no ambiente em que opera e a novas informações que se tornem disponíveis com o tempo, gerando, portanto, uma perda de eficiência.

---

sendo gerada. Os estudos disponíveis até aqui mostram um resultado neutro dessa reforma, mas isso pode resultar de, em vários países, tanto o operador de infraestrutura como o de transporte ser uma empresa estatal. A desverticalização parece ser mais benéfica em áreas com pouco tráfego e prejudicial naquelas mais congestionadas, o que realça a importância do problema de internalidades. Mais evidências estão disponíveis em Drew e Nash (2011) e Eves-Rail (2012).

Além disso, essa microrregulação irá exigir que se dediquem recursos, nas concessionárias e no regulador, para estimar, definir e monitorar essas metas, o que também pode representar um custo relevante em organizações cuja eficiência depende da manutenção de baixos custos administrativos. Da mesma forma, essa medida cria mais pontos de potencial desacordo e, consequentemente, de geração de litígios. Como observam Rennicke e Kaulbach (1998), um dos benefícios do Staggers Act foi justamente a "eliminação de uma regulação e supervisão custosas e que consumiam muito tempo (das partes), e a promoção de um processo decisório com base em critérios de mercado".

No novo modelo, as concessionárias são obrigadas a permitir o livre acesso para outros transportadores quando há capacidade de tráfego ociosa, definida esta como a diferença entre a capacidade total e a necessária ao atendimento da meta de produção da concessionária, por trecho. Não é óbvio, porém, qual seja a capacidade total de um trecho, pois essa depende não só da via, mas também da velocidade e do tipo de equipamento utilizado, assim como da coordenação no uso dos diferentes equipamentos, de forma a manter padrões mínimos de segurança. A produção também é difícil prever, pois depende da demanda, que pode variar com o clima, os preços dos produtos e condições climáticas.

O fato de a demanda não ser uniforme no tempo, nem inteiramente previsível, significa que é ótimo do ponto de vista empresarial e social dimensionar a capacidade com base na demanda de pico e manter algum grau de capacidade "ociosa" para atender uma demanda eventualmente acima do previsto. Capacidade legitimamente ociosa — isto é, definida considerando o caráter parcialmente aleatório e sazonal, e, portanto, não inteiramente previsível da demanda, além da possibilidade de mau funcionamento de equipamento — é custo sem retorno, algo que não é razoável esperar que seja mantido por empresas privadas orientadas para a maximização do lucro. A folga existente entre a meta de produção e a capacidade total corresponde, portanto, a uma opção real de que dispõe a concessionária. Retirar essa opção da concessionária sem a devida compensação financeira altera o equilíbrio econômico-financeiro da concessão.

Para evitar que assimetrias informacionais limitem o compartilhamento da malha, vultuosos recursos terão de ser direcionados à geração e análise de informações. O custo e as ineficiências assim geradas podem não ser pequenos. Assim, como mostram Rennicke e Kaulbach (1998), a partir da análise da experiência australiana, a adoção do livre acesso também tende a gerar um elevado custo administrativo, para as partes e o regulador, e uma maior incidência de litígios.

> Têm havido significativos custos adicionais para implementar o livre acesso, a maioria dos quais têm sido bancados pelas empresas ferroviárias incumbentes. Estes custos incluem os custos mais altos de organização interna, a perda da coordenação normal entre as atividades de gestão de infraestrutura e transporte ferroviário (loss of normal internal above/below rail coordination), e a criação de grandes e dispendiosas burocracias internas.
> Além disso, como as empresas ferroviárias existentes devem demonstrar a potenciais novos operadores que as suas próprias operações de transporte ferroviário são tratadas de modo "justo e equitativo" (pela unidade de infraestrutura), cada empresa ferroviária teve de reduzir todas as interfaces de negócio e questões que antes eram resolvidas no contexto de uma administração interna unificada passaram a ser objeto de um complexo acordo entre a unidade de operações e a unidade de infraestrutura.

Um item particularmente complexo nesse contexto é a definição da tarifa de tráfego. Rennicke e Kaulbach (1998) observam a esse respeito, no contexto americano:

> Se as empresas ferroviárias forem obrigadas a oferecer acesso a transportadores independentes, elas presumivelmente demandarão e terão direito a receber uma compensação econômica total (FEC, full economic compensation) pelo uso das instalações e serviços prestados. A FEC não inclui apenas os custos variáveis associados com apoio operacional (agendamento de comutação, operações de pátio etc.), mas também uma parte equitativa dos custos fixos associados à aquisição, manutenção e reposição dos ativos associados ao direito de passagem (terra, dormentes, trilhos, lastro, sinalização etc.).
> A FEC também poderia incluir os custos de oportunidade associados ao tráfego perdido, à contribuição para o lucro, e a outros custos desse gênero. Determinar a FEC é uma atividade não só extraordinariamente complexa, mas também sujeita à interpretação de muitas variáveis e premissas. Isso inevitavelmente produzirá disputas litigiosas entre as empresas ferroviárias e os operadores independentes, demandando uma grande burocracia voltada para a resolução de litígios.

Rennicke e Kaulbach (1998) discutem a complexidade técnica dessa questão com base na experiência americana de uso pela Amtrak (passageiros) das vias das concessionárias e como isso levou a disputas para as quais o regulador (a Interstate Commerce Commission — ICC) concluiu que "nenhuma fórmula ou metodologia pode determinar perfeitamente o quanto os diferentes tipos de tráfego contribuem incrementalmente para os custos de manutenção dos trilhos". Em especial, Rennicke e Kaulbach concluem que, "Como o acesso forçado irá quase certamente aumentar drasticamente a discordância e as disputas sobre preços e questões operacionais, é inevitável que a burocracia existente no órgão regulador tenha de ser ampliada para resolver esses litígios".

Há também um custo adicional relativo à gestão dos contratos com os operadores independentes e, em especial, o risco de inadimplência por parte desses. Assim, dados os baixos custos de entrada no transporte ferroviário de carga, a partir do momento em que surja um mercado de *leasing* de equipamentos, quem irá garantir a idoneidade dos operadores independentes ou se responsabilizar pelo pagamento dos serviços e dos danos que esses venham a causar?

6. Observações finais

Neste trabalho se apresentaram e analisaram os pontos principais da reforma regulatória empreendida pela ANTT a partir de 2011. A decisão de mudar radicalmente o modelo de regulação das ferrovias, a despeito do seu sucesso em desenvolver o setor, partiu do diagnóstico de que as concessionárias estavam apresentando margens de lucro elevadas e tinham pouco interesse em se responsabilizar pela grande expansão da malha ferroviária pretendida pelo governo para o setor ferroviário. As mudanças no modelo tarifário e o *unbundling* têm a ver mais com o primeiro ponto; a adoção do modelo desverticalizado com garantia de compra de toda capacidade com o segundo.

Os objetivos principais dessa reforma são promover novos investimentos e a modicidade tarifária. Na malha já concessionada, o foco dos investimentos é eliminar os gargalos existentes, enquanto nas novas concessões o poder público irá bancar parte do custo dos investimentos, mais voltados para a expansão da rede e/ou da reforma de trechos pouco utilizados. A competição no transporte ferroviário é o principal instrumento que se pretende usar para promover a modicidade tarifária.

A mudança mais recente é a desverticalização das atividades de gestão da infraestrutura (os trilhos) e de transporte ferroviário (locomotiva e vagões), que vai valer para as novas concessões. Passam a existir três tipos de agentes no setor: os provedores de infraestrutura, que investem e mantêm a via férrea; os operadores independentes de transporte, que vendem o serviço de transporte e pagam pelo uso da infraestrutura; e a Valec, que paga pelo direito de usar a infraestrutura e a vende aos operadores de transporte.

O objetivo é criar competição entre operadores de transporte, para ter tarifas mais baixas. O fato de a Valec assumir o risco de demanda, pagando pelo uso de toda a capacidade, mesmo que parte fique ociosa, é também uma forma de subsidiar a tarifa de transporte. O modelo tem, porém, riscos óbvios, da capacidade de pagamento da Valec, que dependerá do orçamento anual, até questões de governança entre os três tipos de agentes, que tendem a investir menos do que o ideal em manutenção. Esse modelo foi tentado na Inglaterra e depois abandonado.

Por que faz sentido investir nos trechos escolhidos pelo governo, se a iniciativa privada não se interessou por fazê-lo, mesmo quando alguns desses trechos faziam parte das concessões existentes? Para viabilizar esses investimentos o governo vai conceder elevados subsídios por meio do BNDES — na forma de juros reais negativos, apesar do elevado risco de crédito, considerando o grau de alavancagem — e de receitas da Valec, com a venda do acesso à infraestrutura, inferiores ao que a empresa vai despender na compra dessa capacidade. Qual o valor dos subsídios a serem concedidos? Será esse o melhor uso desses recursos? Essas perguntas ainda carecem de resposta.

Como a desverticalização não é possível nas concessões já existentes, em 2011, três resoluções da ANTT promoveram a desagregação dos serviços de transporte e infraestrutura, alterando sensivelmente o modelo regulatório existente desde os anos 1990. O objetivo e a lógica da mudança são semelhantes às que inspiraram o modelo adotado nas novas concessões, mas sua implementação é mais complexa, devido a problemas de assimetria de informação, que são mitigados nas novas concessões pela presença da Valec. A medida, entre outras consequências, vai aumentar o custo de monitoramento e gestão do sistema, para concessionárias e a ANTT.

Como a desagregação vertical deve ter um impacto limitado sobre as tarifas de transporte nas atuais concessões, o regulador atuou diretamente sobre elas com uma ampla revisão tarifária em 2012. Para isso, se utilizou um novo modelo de cálculo dos custos por trecho ferroviário e tipo de carga, ao qual se adicionou uma remuneração pelo capital investido, a partir do cálculo da base de capital e da fixação de uma taxa de retorno. Pompermayer, Campos Neto e Souza (2012) estimam que essa revisão gerou um corte médio de 25% no teto tarifário.

Os contratos de concessão ferroviária preveem que os tetos tarifários podem ser revistos a qualquer momento, por iniciativa da concessionária, ou a cada cinco anos, quando é o poder público que requer a revisão. Nos dois casos, porém, a revisão deve ocorrer apenas para restabelecer o equilíbrio econômico-financeiro original do contrato. Não foi isso o que aconteceu, pois não houve preocupação em relacionar os cortes tarifários ao equilíbrio econômico-financeiro preexistente. Nesse sentido, em 2012 não se mudou apenas o valor dos tetos tarifários, mas também a lógica com que esses são fixados.

Nossa avaliação é que a reforma regulatória não deve ser bem-sucedida. Além da complicada governança e do elevado risco político nas novas concessões, as políticas de compartilhamento da infraestrutura promovidas no âmbito dessa reforma dificilmente produzirão os resultados esperados, comprometendo a eficiência da operação e, dessa forma, o investimento e a qualidade do serviço ferroviário. Como se argumentou aqui, a tecnologia das ferrovias faz com que o arranjo institucional baseado na integração vertical seja mais vantajoso, por permitir economizar em custos de transação e melhor explorar as elevadas economias de escopo nas atividades de prover e utilizar a infraestrutura ferroviária.

Mais especificamente, se argumentou que há um conflito entre possibilitar a utilização da infraestrutura ferroviária por mais de um transportador de carga e garantir a operação eficiente dessa infraestrutura. Na mesma linha, há também um conflito entre, de um lado, estabelecer metas por trecho e, de outro, contribuir para a modicidade tarifária, já que a microrregulação tirará graus de liberdade na busca de eficiência e implicará aumento do custo administrativo das concessionárias.

Além de suas inconsistências internas, as reformas regulatórias de 2011-12, em que pesem suas boas intenções, elevaram o risco político-regulatório de investir no setor ferroviário. Primeiro, pelo papel dado à Valec nas novas concessões. Segundo, porque, como em outros setores, mudanças profundas em modelos que veem dando resultado geram expectativas sobre novas mudanças futuras. Terceiro, pela forma como os tetos tarifários foram "revistos" em 2012, desconsiderando o equilíbrio econômico-financeiro original da concessão, iniciativa que encontra eco em outras medidas semelhantes em outros setores de infraestrutura, o que aumenta a percepção de que essas podem se repetir no futuro.

Há, portanto, um risco razoável de que o novo modelo regulatório não seja capaz de promover a expansão de investimento projetada pelas autoridades, sendo em algum momento substituído por outro menos intervencionista. Até lá, porém, deve aumentar o envolvimento estatal no setor, inclusive na forma de elevados subsídios.

Referências

BITZAN, J. Railroad costs and competition: implications of introducing competition on railroad networks. *Journal of Transport Economics and Policy*, v. 37, n. 2, maio 2003.

CAMPOS NETO, C. et al. Gargalos e demandas da infraestrutura ferroviária e os investimentos do PAC: mapeamento IPA de obras ferroviárias. *Texto para Discussão n. 1465*. Brasília: Instituto de Pesquisa Econômica Aplicada, 2010.

CANTOS SÁNCHEZ, P. Vertical relationships for the European railway industry. *Transport Policy*, v. 8, 2001.

CASTRO, N. Estrutura, desempenho e perspectivas do transporte ferroviário de carga. *Pesquisa e Planejamento Econômico*, v 32, n. 2, 2002.

DREW, J.; NASH, C. A. *Vertical separation of railway infrastructure* — does it always make sense? Institute for Transport Studies, University of Leeds, Working Paper 594, 2011.

EVES-RAIL. *Economic effects of vertical separation in the railway sector*. 2012. Disponível em: <www.europolitics.info/pdf/gratuit_en/323894-en.pdf)>.

FLEURY, P. *Evolução do desempenho das ferrovias brasileiras privatizadas — 1997 a 2010*. Disponível em: <www.ilos.com.br/web/index.php?option=com_content&task=view&id=1917&Itemid=74&lang=br>.

____. *Ferrovias brasileiras*: dez anos de privatização. Rio de Janeiro: Instituto de Logística e Supply Chain, 2007.

IVALDI, M.; MCCULLOUGH, G. Subadditivity Tests for network separation with an application to US railroads. *Review of Network Economics*, v. 7, n. 1, mar. 2008.

KVIZDA, M. Impacts of unbundling on competitiveness of railways. *Zeleznicna Doprava a Logistika*, 2/2010.

MARCHETTI, D. Estratégia geral, ações necessárias e previsão de investimento nos setores portuário, ferroviário e rodoviário. In: TORRES, E.; PUGA, F.; MEIRELLES, B. (Org.). *Perspectivas do investimento 2010-2013*. BNDES, 2010.

MULDER, M.; LIJESEN, M.; DRIESSEN, G. Vertical separation and competition in the dutch rail industry: a cost-benefit analysis. In: TERCEIRA CONFERÊNCIA SOBRE RAILROAD INDUSTRY STRUCTURE, COMPETITION, AND INVESTMENTS, out. 2005, Estocolmo.

POMPERMAYER, F. M.; CAMPOS NETO, C. A. S.; SOUZA, R. A. F. Considerações sobre os marcos regulatórios do setor ferroviário — 1997-2012. *Nota Técnica nº 6*, Ipea, 2012.

RENNICKE, W.; KAULBACH, A. *Myths and realities of rail access and competition issues*. The Railway Association of Canada, out. 1998.

SOUZA, R. A.; PRATES, H. F. *O processo de desestatização da RFFSA*: principais aspectos e primeiros resultados. BNDES, s.d.

SPULBER, D. F. *Regulation of markets*. MIT Press, 1989.

WETZEL, H.; GROWITSCH, C. Economies of scope in European railways: an efficiency analysis. *Texto para Discussão nº 5*, Halle Institute for Economic Research, abr. 2006.

YVRANDE-BILLON, A.; MENARD, C. Institutional constraints and organizational changes: the case of the British rail reform. *Journal of Economic Behavior & Organization*, Elsevier, v. 56, n. 4, 2005.

Capítulo 8

Hidrovias brasileiras: elevado potencial, mas por que não são implantadas?[1]

Fabiano Mezadre Pompermayer
Carlos Álvares da Silva Campos Neto
Jean Marlo Pepino de Paula

1. Introdução

O transporte aquaviário é apontado como o modo de transporte mais barato e o que menos consome energia. Também é considerado o meio de transporte por excelência para mover grandes volumes a grandes distâncias. O Brasil, além de sua extensa costa marítima, conta com diversos rios caudalosos, propícios à navegação. Entretanto, esse não é o meio mais utilizado na movimentação interna de cargas do país, majoritariamente realizada por via rodoviária. Ele é menos usado, inclusive, que as ferrovias, reconhecidamente carentes em infraestrutura.

O transporte aquaviário engloba o marítimo, o fluvial e o lacustre. Neste capítulo trata-se exclusivamente do transporte fluvial e lacustre, também designado por transporte hidroviário interior. Mesmo havendo um elevado potencial para se aproveitar os rios e lagos no interior do país para escoar a produção agrícola e mineral, diversos projetos hidroviários patinam na sua elaboração e implantação. Afinal, por que isto ocorre?

1. Os autores agradecem a colaboração do Ministério dos Transportes, Secretarias de Gestão de Programas de Transportes e de Política Nacional de Transportes; do Departamento Nacional de Infraestrutura de Transportes (DNIT); e do Instituto Brasileiro do Meio Ambiente e Recursos Naturais Renováveis (Ibama), na obtenção de dados e informações relevantes.

Este capítulo busca responder a essa pergunta. Para isso, analisa as vantagens do transporte hidroviário e os principais entraves à sua maior utilização. Na próxima seção, parte-se de uma avaliação histórica do setor e apresentam-se as principais bacias hidrográficas com potencial para o transporte. A seção 3 compara os principais custos e fretes do transporte hidroviário com o ferroviário e o rodoviário, incluindo os custos associados à implantação da infraestrutura. A seção 4 discute as principais questões institucionais que afetam o setor. A última seção sumariza as principais conclusões e ressalta as mudanças recentes que podem desemperrar os projetos hidroviários.

2. Contextualização

Os vários rios do Brasil, frequentemente caudalosos, sempre foram vistos como uma forma de barateamento dos transportes, mas também constituíam um obstáculo a ser vencido, pois nem sempre eram navegáveis, por possuírem muitas cachoeiras (Chaves, 2002). Segundo a publicação *Reflexões econômicas sobre as tabelas estatísticas da capitania*, de 1806, o comércio do interior do país, mais precisamente Goiás, com Rio de Janeiro, São Paulo e Bahia, era todo feito por terra, sendo necessária a presença do Estado para promover o desenvolvimento econômico da região, incrementando a agricultura e a manufatura (Chaves, 2002).

A discussão sobre a integração do território brasileiro inicia-se pouco antes disto. Em 1799, a ligação do continente de norte a sul era idealizada por uma "Grande Hidrovia", unindo as bacias do Prata, Amazonas e Orinoco, na Venezuela, através do canal do Cassiquiare entre os rios Negro e Orinoco (Souza, 2008). Mas foi em 1828, buscando construir um sistema moderno de infraestrutura com bases capitalistas, que surgiu a primeira tentativa de se estabelecer uma política de transportes, com uma legislação intermodal, e de correspondentes concessões (Geipot, 2001).

Décadas mais tarde, em 1869, foi apresentado ao imperador dom Pedro II um plano de vias navegáveis. Este esboçava, através de canais e obras sem grande custo, como estabelecer uma grande rede de navegação fluvial para facilitar a integração de todas as regiões do país. A forma com que as concessões eram feitas, delegando a operação e manutenção dos rios para o setor privado, já demonstrava um incipiente planejamento de transportes, definindo regras e rotas para seu uso (Geipot, 2001).

Entretanto, somente em 1890 o governo decidiu elaborar um plano de viação federal, buscando a reorganização econômica e da infraestrutura do setor hidroviário, por meio do primeiro plano oficial integrado de transportes. O plano trouxe uma visão de aproveitamento de grandes rios nacionais como vias naturais de navegação fluvial, entre eles o rio São Francisco, os sistemas Araguaia-Tocantins e Guaporé-Madeira, prevendo articulações com as malhas ferroviárias norte-nordeste e centro-sul (Geipot, 2001). Mas a interiorização da ocupação das terras brasileiras vivenciaria ainda duas significativas mudanças: a intensificação do comércio de produtos mais elaborados e a revolução industrial.

O avanço da mercantilização da economia, em meados do século XIX, mostrou a necessidade de uma revolução nos transportes. A nova ordem econômica que foi se instalando deixou de se concentrar em produtos de grande peso e baixo valor unitário (madeira, minerais etc.) e passou a fazê-lo em produtos como café, algodão, borracha e açúcar. Essas mercadorias exigiam condições de transportes que garantissem regularidade de oferta e custos adequados à competitividade internacional (Natal, 1991). O sistema de canais passou a ser claramente insuficiente, perante a interiorização e a nova realidade da produção. As novas fronteiras de expansão econômica demandavam o transporte de quantidades "reduzidas" de produção, e a necessidade de alternar entre os rios e o transporte terrestre até os destinos finais elevava demasiadamente o tempo de transporte.

Assim, a busca de uma maior competitividade confrontou um modal que requer engenhosas soluções e vultosas intervenções fluviais a outro que vinha tomando força pelas novas tecnologias trazidas pela revolução industrial: o uso das linhas férreas, juntamente com a força motriz a vapor. Além de permitir uma maior capilaridade que os rios, as ferrovias proporcionariam um maior dinamismo ao comércio, ao reduzir o tempo de transporte dos produtos, além de atender aos interesses dos governantes em favorecer seus parceiros estrangeiros (em especial os ingleses, financiadores e fornecedores dos equipamentos ferroviários). A competitividade da ferrovia influenciaria o planejamento dos transportes brasileiros daquela época, levando à substituição das interconexões fluviais por novas linhas férreas.

Percebe-se, portanto, que a definição das vias a serem implantadas advinha tanto das considerações estratégicas do poder público quanto de razões econômicas e comerciais. Adicionalmente, uma característica da política de infraestrutura do Império era a delegação dos projetos de transporte à iniciativa privada, conforme citado, inclusive sua manutenção, construção das vias e melhoramentos dos portos (Geipot, 2001).

Os primeiros planos de transporte hidroviário buscavam aproveitar as condições naturais dos rios que, complementados por cartas de navegação que indicavam obstáculos e peculiaridades das regiões por onde atravessam, permitiam uma navegação mais segura. Tais condições estão intimamente relacionadas à morfologia dos rios, permitindo classificá-los como rios de alto, médio e baixo curso (Miguens, 1996).

Morfologia dos rios

Os rios de alto curso percorrem regiões altas e/ou acidentadas, apresentando quedas rápidas e corredeiras, sendo raramente largos e profundos, o que leva a condições precárias de navegabilidade para embarcações de porte. Os rios de médio curso, ou de planalto, também apresentam alguns obstáculos, como corredeiras e trechos com pedras ou pouca profundidade, não muito frequentes, mas que causam desníveis e dificuldades pontuais à navegação. De maneira geral possuem pouca declividade e condições que permitem boas condições naturais de navegação. No Brasil, se destacam como rios de planalto o Paraná e seus afluentes; o São Francisco; e o Tocantins, a montante de Tucuruí. Os rios de baixo curso, ou de planície, são os mais favoráveis à navegação, por apresentarem uma declividade suave e regular. Seus principais obstáculos dizem respeito ao depósito de sedimentos que se acumulam em pontos específicos ao longo do curso. São rios de planície o rio Paraguai, a calha principal do Solimões ao Amazonas e muito dos seus efluentes, como o Madeira (Miguens, 1996).

A distinção entre esses cursos também pode ser observada ao longo de um mesmo rio, podendo haver obstáculos naturais relevantes que definem bem essa divisão, a exemplo do trecho de corredeiras e cachoeiras do Tocantins entre Tucuruí e Jatobal. Quando esses obstáculos não existem, a transição entre os cursos se faz de forma lenta, e os limites oscilam ao longo do ano segundo seus regimes de águas (Miguens, 1996).

A propósito, a localização climática também é um importante fator para a navegabilidade de um rio. Enquanto na zona equatorial os rios apresentam profundidades mais regulares graças à distribuição mais homogênea das chuvas ao longo de todo o ano, na zona tropical e subtropical (menos rigoroso neste), o contraste entre as cheias e estiagens levam os rios a um regime irregular das águas.

Ainda segundo Miguens (1996), as condições de navegabilidade dos rios de médio curso e, principalmente, dos rios de baixo curso, também dependem do tipo de fundo do seu leito. Rios de leito pedregoso normalmente têm um canal estreito e estável, enquanto rios de fundo de lama, barro ou argila são, em geral, caracterizados por instabilidade do leito e por apresentarem um canal sinuoso, apesar de razoavelmente profundo. Rios de fundo de areia apresentam, quase sempre, um canal altamente variável entre os extremos do seu regime. Na época de estiagem, o menor volume d'água aumenta a velocidade da corrente, removendo grande parte das partículas soltas e criando um canal no leito do rio. Na medida em que o nível de água aumenta, o rio tende a nivelar-se, ficando profundo quase que de margem a margem, até que um novo ciclo recomece e surja outro canal, de configuração diferente do anterior.

Assim, as características morfológicas permitem identificar rios — ou trecho deles — segundo uma maior ou menor navegabilidade natural. Na medida em que sua exploração para o transporte aumenta, fomentado principalmente pelos baixos custos que proporciona, intervenções de engenharia podem viabilizar a transposição dos obstáculos que existem entre os trechos navegáveis ou amenizar os impactos dos ciclos de chuvas ao longo do ano. Desta forma, além de aumentar a extensão navegável, permite-se o trânsito de embarcações durante um período maior do ano.

Estas intervenções estão, de maneira geral, distribuídas ao longo do curso do rio e concentradas em obstáculos de maior relevância. No primeiro caso, a regularização do leito atua diretamente no traçado das embarcações ao longo dos rios, buscando dirigir e guiar as correntes e obter um leito estável, segundo certo traçado, e um perfil transversal determinado, a fim de corrigir e regularizar as imperfeições naturais, e elevar o nível d'água (Brighetti e Brandão, 2001). Envolvem, resumidamente, a canalização das águas por meio de diques, a interligação dos trechos de "boa passagem",[2] a instalação de an-

2. Os trechos de boa passagem são canais presentes no leito dos rios que apresentam profundidade adequada à navegação, podendo se alternar entre uma margem e outra ao longo do percurso.

teparos (espigões e soleiras) e a remoção do material depositado no fundo do leito (dragagens, derrocagens e correntes helicoidais).

Outra solução é a intervenção no curso do rio para represar a água e elevar seu nível, servindo também para regularizar o volume de água e sua declividade. Nos rios de alto ou médio curso, por exemplo, a construção de barragens sucessivas leva a um salto na sua navegabilidade, por escalonar sua declividade e aumentar também sua profundidade, tornando menos críticos os obstáculos no leito dos rios menos caudalosos. A esse tipo de rio, ou trecho de rio, dá-se o nome de rio represado. Nesses, para garantir uma via adequada à navegação ao longo de toda sua extensão, são construídas obras hidráulicas que permitem às embarcações transpor os diversos desníveis proporcionados pelas barragens. A mais comum delas são as eclusas, mas existem outras soluções, como elevadores de embarcação, plano inclinado e rampa líquida (Miguens, 1996).

Além de intervenções que ajudem a transpor os obstáculos naturais de um rio, são necessárias cartas de navegação, normas e elementos de orientação para, afora garantir uma navegação segura, reduzir os impactos que sua exploração para o transporte poderá trazer ao próprio recurso e ao ambiente nele e dele interveniente. Não é demais lembrar que o mesmo recurso também será utilizado para diversos outros fins e, por isso, requer cuidado para sua exploração. Por esse motivo, são necessárias diversas outras ações para garantir que o trânsito das embarcações não comprometa o uso das águas para outros fins, especialmente os necessários à sobrevivência humana e animal.

Sob essa visão sistêmica da exploração dos rios é que deve ser definida uma hidrovia. Desta forma, *uma hidrovia deve ser entendida como um rio navegável que conta com intervenções diversas e normatizações necessárias para garantir, além da segurança para a navegação, a sustentabilidade do recurso e o uso múltiplo das águas*. No Brasil, os principais rios utilizados tradicionalmente para o transporte de produtos são o rio Jacuí, na Bacia do Sul, incluindo as lagoas dos Patos e Mirim, os rios Tietê-Paraná, São Francisco e Paraguai, e mais recentemente os rios Araguaia-Tocantins, Teles Pires-Tapajós e Madeira.

O movimento de colonização no sul do país explorou a malha fluvial para o desenvolvimento da região. Em 1906, a construção da primeira eclusa do país, no rio Caí, e outras obras em diversos pontos desse rio possibilitaram sua navegação durante todo o ano, entre as cidades gaúchas de São Sebastião do Caí e Porto Alegre (Klein, 2010 apud Antaq, 2012). No restante do estado, o transporte hidroviário manteve sua importância e crescimento até a década de 1940. Atualmente, a navegabilidade no extremo sul do país é realizada em cerca de 600 km dos 1.300 km potenciais da região, por meio de seis eclusas que permitem a navegação do interior do estado do Rio Grande do Sul até as lagoas dos Patos e Mirim (Antaq, 2012).

A hidrovia Paraná-Tietê é um sistema de navegação formado a partir de um conjunto de eclusas em cascata, unindo lagos de usinas hidroelétricas situadas nos rios Tietê e Paraná (Baeninger, Leonelli e Bolliger, 2002). A viabilidade para navegação desse complexo começou a tornar-se uma realidade através da construção de grandes usinas hidrelétricas, facilitando as obras para navegação fluvial. Os primeiros projetos de aproveitamento múltiplo — isto é, buscando aproveitamento hidrelétrico e hidroviário das águas com barragens e eclusas — da bacia do rio Paraná e do rio Tietê datam da década de 1950 (Simões, s.d.). Ao longo dos seus 1.900 km de vias navegáveis em território brasileiro, existem 10 barragens, sendo duas delas sem eclusas (Barragens de Itaipu e da Ilha Solteira). Além desses rios, outros importantes afluentes fazem com que a extensão potencial para navegação na bacia alcance 4.800 km, abrangendo os estados de São Paulo, Paraná, Mato Grosso do Sul, Goiás e Minas Gerais.

A exploração da bacia hidrográfica do São Francisco começou logo no século XVI, com a plantação de cana-de-açúcar no Baixo São Francisco, a pecuária bovina no agreste e sertão e a extração mineral no Alto São Francisco (Machado et al., 2010). Mesmo com sua exploração intensiva desde então, somente entre 1957 e 1961 é que foi construída a barragem de Três Marias, para melhorar a navegabilidade no rio, bem como explorar seu potencial hidroelétrico e fomentar a indústria e a irrigação. A regularização das descargas favoreceu tanto a navegação na época das estiagens como seu povoamento pelos ribeirinhos, ameaçada até então pelas enchentes (ANA/GEF/Pnuma/OEA, 2004).

De modo avesso, com a construção da barragem de Sobradinho na década de 1970, a navegação no rio São Francisco foi consideravelmente reduzida impedindo-se que a maioria das embarcações que até então transitavam pelo rio avançassem no lago criado pela barragem. Com a conclusão das obras da eclusa da barragem de Sobradinho, em 1978, a navegação no rio São Francisco retomou o tráfego até os portos de Juazeiro e Petrolina (ANA/GEF/Pnuma/OEA, 2004). A hidrovia percorre as regiões lindeiras dos estados de Sergipe,

Alagoas, Pernambuco, Bahia e Minas Gerais e conta atualmente com quatro barragens, sendo uma delas eclusada, e 1.400 km de vias navegáveis, apresentando um potencial de 4.100 km (Antaq, 2012).

Em terras brasileiras, a hidrovia do Paraguai é composta principalmente por dois rios[3] com características distintas. O rio Paraguai apresenta uma franca navegabilidade ao longo de todo o ano, existindo trechos que apresentam dificuldades que restringem o calado das embarcações e requerem maiores manobras entre Cárceres e Corumbá. Por sua vez, o rio Cuiabá perde sua navegabilidade a montante do porto Jofre, onde embarcações com calados maiores prosseguem até Cuiabá apenas na época das cheias. A partir de lá, apenas embarcações menores prosseguem até Rosário do Oeste. Ao todo, a hidrovia do Paraguai possui 1.270 km de vias navegáveis que, se somados ao rio Cuiabá e seus afluentes, podem alcançar 3.100 km (Antaq, 2012).

Da mesma forma que as atividades econômicas no Centro-Sul e no interior do Sudeste proporcionaram o desenvolvimento do transporte fluvial dos rios Tietê-Paraná, São Francisco e Paraguai, a interiorização da produção brasileira associada à abertura e o processo de comoditização das economias retomam a pressão pela exploração da navegação no interior norte do país. O avanço do agronegócio para esta região tem se consolidado em regiões cada vez mais ricas em vias navegáveis, como os rios Araguaia-Tocantins e a rica malha fluvial presente no sul da bacia hidrográfica amazônica, alguns deles pouco desenvolvidos para pleno uso do setor de transportes.

A hidrovia Araguaia-Tocantins possui atualmente uma extensão navegável de 2.250 km, percorrendo os estados de Goiás, Mato Grosso, Tocantins, Maranhão e Pará. Por apresentar longos trechos navegáveis e ter um grande potencial para exploração dos transportes, devido à sua extensão e posição geográfica, poderá ser utilizada para escoamento da produção de grãos e minérios (Antaq, 2012). Porém, alguns obstáculos naturais e impedimentos ambientais comprometem o total aproveitamento dessa capacidade, que pode alcançar 3.000 km. Ao longo do seu curso, existem duas represas e três barragens — uma delas acomodando a eclusa de Tucuruí — e sua navegabilidade se restringe a seis meses do ano, devido aos impedimentos como bancos de areia, pedrais e travessões (Brasil. Ministério dos Transportes, s.d.).

3. Para esse trabalho, foi adotado o critério da Antaq em considerar o rio São Lourenço como prolongamento natural do rio Cuiabá.

Uma importante opção para o escoamento da produção de grãos na região central do país é a hidrovia Teles Pires-Tapajós. Sua navegabilidade de 662 km está distribuída em três trechos (baixo Tapajós, a montante de Buburé e na cidade de Jacareanga) intercalados por corredeiras, cachoeiras e afloramentos rochosos. Seu potencial para a navegação pode alcançar 1.043 km, por meio de intervenções como barragens, derrocamentos e eclusas que permitirão transitar desde sua foz em Santarém (PA) até a região de cachoeira Rasteira (Antaq, 2012).

Por fim, a hidrovia do rio Madeira possui uma extensão de 1.056 km. Ela é a única via de transporte para a população que vive ao longo da sua margem e uma importante opção para o escoamento da produção de grãos no Mato Grosso. É navegável desde a cidade de Porto Velho até sua foz no rio Amazonas, entre as cidades de Manaus e Itacoatiara. Ao longo desse trecho, a inexistência de obras hidráulicas e as poucas restrições em épocas de estiagem[4] reafirmam seu potencial natural para navegação.

O país dispõe atualmente de 27,5 mil quilômetros de vias fluviais navegáveis, o que corresponde a 64% do potencial total navegável no país para o transporte de cargas e passageiros (Antaq, 2012). Em 2011, a navegação de interior transportou 28 milhões de toneladas,[5] se destacando os granéis sólidos entre os produtos transportados e as hidrovias amazônicas, que representaram, respectivamente, 61,9% e 35,1% do total, conforme mostra a tabela 1.

As mercadorias mais frequentes no transporte por essas vias interiores e lacustres em 2011 foram minério de ferro, soja, minerais não metálicos, produtos químicos orgânicos, semirreboque baú, combustíveis e óleos minerais, e milho. Elas responderam por 81,3% da quantidade total transportada na navegação interior. A cana-de-açúcar, a soja e o milho podem se beneficiar ainda mais com a exploração do transporte fluvial, tendo em vista a importância que vêm assumindo na pauta de exportações brasileiras, a aproximação desses cultivos de importantes rios no centro-norte do país e a relevância dos custos dos transportes para a competitividade dos produtos de baixo valor agregado.

4. Durante a estiagem, ocorre a formação de bancos de areia, alternando o canal preferencial de navegação (Ministério dos Transportes, s.d.).

5. Existem ainda as navegações em vias interiores do tipo de cabotagem e de longo curso, responsáveis pelo transporte de mercadorias entre portos fluviais no rio Amazonas e sua foz e marítimos ao longo da costa marítima brasileira e de outros países. Pelas peculiaridades naturais que este rio apresenta, é possível que as embarcações oceânicas avancem até portos interiores para o embarque de cargas.

Tabela 1
Participação da navegação interior por tipo de carga e por região hidrográfica nas principais bacias hidrográficas

Região Hidrográfica	Carga Geral Solta (%)	Carga Geral Conteinerizada (%)	Granel Líquido (%)	Granel Sólido (%)	Participação total por região hidrográfica (%)
Amazônica	53,1	72,4	68,2	19,8	35,1
Paraná	0,1	...	...	33,5	20,7
Paraguai	...	...	...	31,4	19,4
Sul	4,9	...	17,6	14,9	13,3
Tocantins-Araguaia	41,9	27,6	14,2	0,5	11,5
Participação total por tipo de carga	20,8	0,1	17,2	61,9	100,0

Fonte: Antaq (2013).

Em 2011, esses três produtos representaram 92% da quantidade total da produção agrícola nacional, conforme mostra o gráfico 1. A cana-de-açúcar totalizou 734 milhões de toneladas produzidas, enquanto a soja e o milho alcançaram valores muito inferiores (74,8 e 55,7 milhões de toneladas, respectivamente), mas de relevância para a produção nacional.

Gráfico 1
Produção agrícola brasileira em 2011, em percentual da quantidade produzida

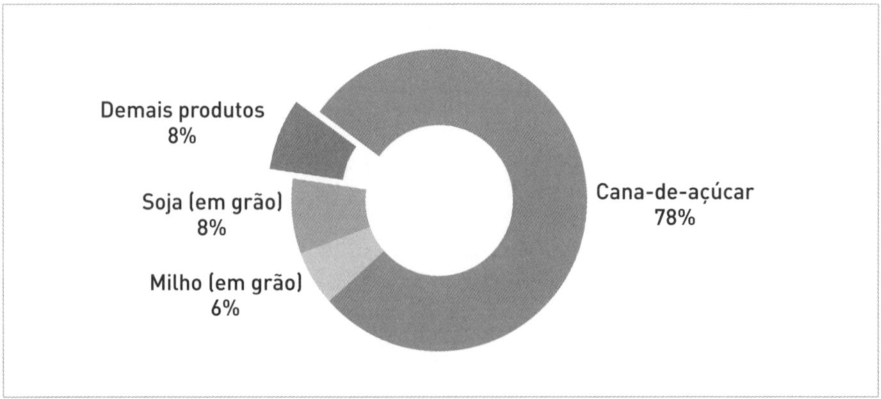

Fonte: IBGE.

A produção da cana-de-açúcar se concentrou, em 2011, no interior do estado de São Paulo, mas com produções relevantes, em quantidade, nos estados de Minas Gerais, Paraná, Mato Grosso do Sul, Goiás, Pernambuco e Alagoas. Exceto nestes dois últimos estados, as demais regiões produtoras pertencem à bacia do rio Tiete-Paraná, o que torna a hidrovia de mesmo nome uma opção para o escoamento da produção do setor sucroalcooleiro, conforme ilustra o mapa 1.

Mapa 1

Regiões produtoras de cana-de-açúcar no Brasil, com produção acima de 5 milhões de t/ano por mesorregião, na bacia do rio Tietê-Paraná

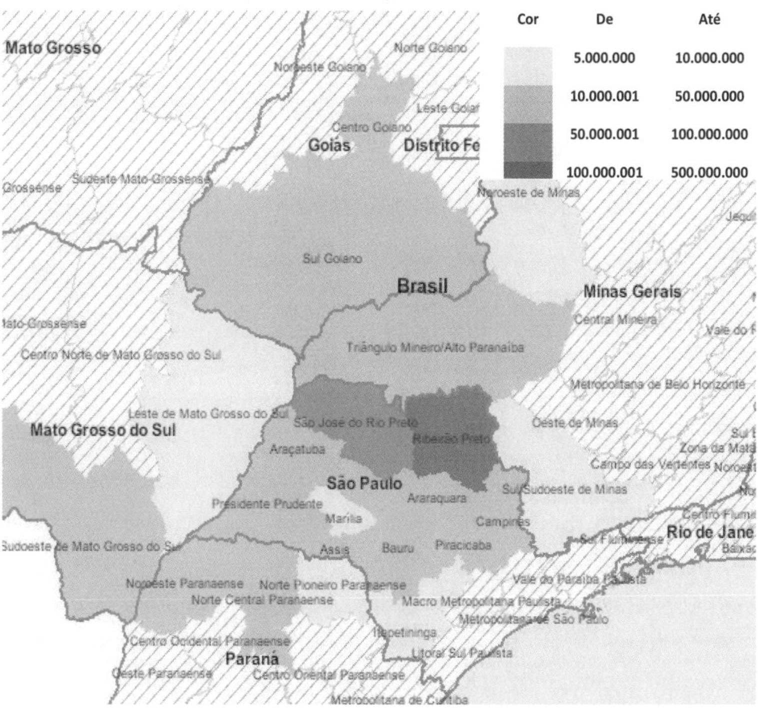

Fonte: IBGE.

Em 2011, o transporte de cana-de-açúcar e seus subprodutos na hidrovia Tietê-Paraná representou pouco mais de 16% do total transportado (Antaq, 2012). Mas seu potencial para o escoamento de etanol tem dado ao rio o nome de Hidrovia do Álcool.

Na produção de cana-de-açúcar, destacam-se ainda os estados da região Centro-Oeste que, desde 2008, passou a ser a segunda maior região produtora do Brasil. Tal participação ilustra, de certa forma, a interiorização das atividades agrícolas. Essa ilustração pode ser complementada ao se avaliar a evolução das produções de soja e milho. O gráfico 2 mostra que, nas últimas duas décadas, mesmo com o aumento da produção destes produtos na região Sul, a região Centro-Oeste foi a maior região produtora do país nos anos de 2005, 2008, 2009 e 2011.

Gráfico 2

Produção brasileira de soja e milho entre os anos de 1990 e 2011, segundo a região geográfica (em milhões de t/ano)

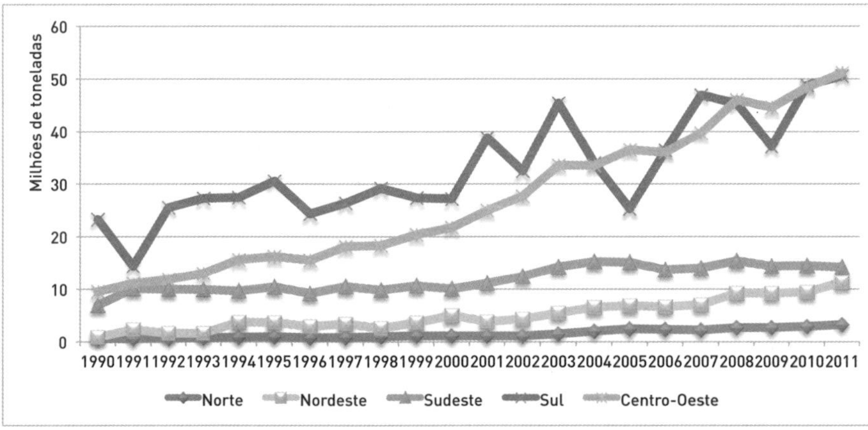

Fonte: IBGE.

O gráfico 2 mostra ainda que a região Nordeste, principalmente em seu interior, mesmo com quantidades mais modestas, também apresentou relevante crescimento da produção de milho e soja, se aproximando da região Sudeste em quantidade de toneladas produzidas. Conforme mostra o mapa 2, mesmo estas regiões sendo prejudicadas pelas distâncias aos grandes centros e aos portos marítimos, têm a seu favor uma maior proximidade das principais hidrovias brasileiras, destacadamente a Paraguai, a Araguaia-Tocantins, a Teles Pires-Tapajós e a Madeira. Esta já se apresenta como importante via de escoamento da produção da soja e do milho no Mato Grosso. Estes produtos responderam por 75,4% da carga por ela escoada em 2011 (Antaq, 2012).

Em 2011, pouco mais da metade da soja e do milho foi produzida nas regiões Centro-Oeste, Norte e no interior nordestino, sendo estas regiões também responsáveis por mais de 60% da quantidade total exportada pelo país. Entretanto, tal produção vem sendo escoada como no início do século

Mapa 2

Regiões produtoras de soja e milho no Brasil em 2011, com produção acima de 100 mil de t/ano por mesorregião

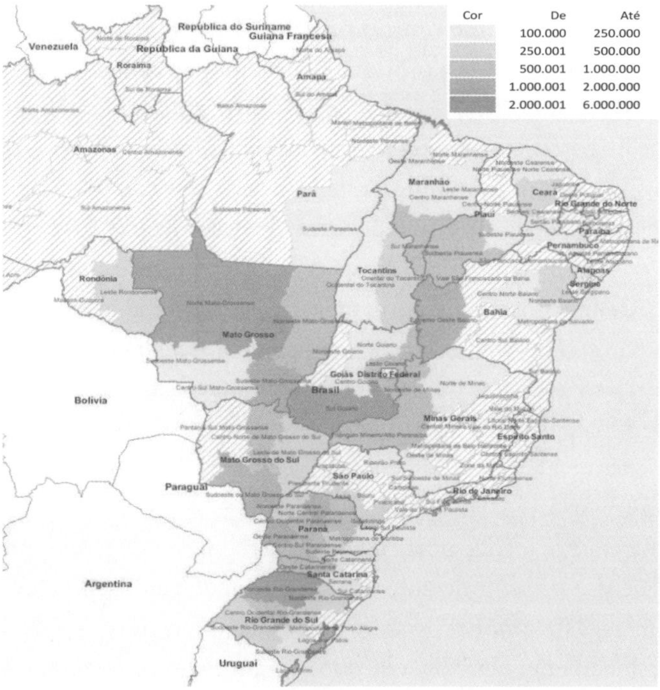

Fonte: IBGE.

XIX, por via terrestre até o Sul e Sudeste, regiões que responderam por 65% de toda a exportação brasileira de soja e milho no mesmo ano (tabela 2). Isto se deve, em parte, ao fato de duas das principais vias hidroviárias — Teles-Pires e Araguaia-Tocantins —, que podem permitir o escoamento desta produção pelos portos localizados ao norte do país, ainda se apresentarem pouco desenvolvidas para o transporte de grandes volumes de cargas.

Tabela 2

Quantidade de milho e soja exportados segundo a origem da produção e porto exportador, em 2011

Regiões	Origem do produto		Porto exportador	
	milhões t	%	milhões t	%
Centro-Oeste, Norte e Nordeste	25,7	**60,5**	13,2	**35,0**
Sul e Sudeste	16,8	**39,5**	24,5	**65,0**

Fonte: MDIC.

3. Custos no transporte hidroviário

O transporte aquaviário, incluindo o marítimo e o hidroviário interior, é geralmente apontado como o meio mais eficiente, o de menor custo. De fato, o consumo de combustível e o custo associado aos veículos são em geral menores do que nos modos terrestres (rodovias e ferrovias) e aéreo. Estas características são mais importantes para o transporte de produtos de baixo valor agregado e que envolvam grandes volumes, uma vez que neste caso o transporte representa um percentual significativo do valor comercializado. Isso contrasta com os produtos de alto valor agregado, caso em que o tempo passa a ter maior relevância. Além disto, o transporte pelas águas costuma se valer de vias naturais preexistentes, o que reduz o custo associado à implantação das vias, que é alto em ferrovias e rodovias. O transporte aéreo também não depende da implantação de uma pesada infraestrutura viária, mas para isso depende de veículos de alto custo e elevado consumo de combustível, o que não ocorre no transporte aquaviário.

Entretanto, o transporte aquaviário moderno depende cada vez mais de instalações de transbordo sofisticadas que envolvem custo elevado, os portos e terminais. Isto implica uma menor adequação desse modo de transporte para deslocamentos curtos, em que o transporte rodoviário, mais versátil e menos dependente de instalações de transbordo, é o mais indicado. Além de depender de instalações de transbordo, o transporte hidroviário interior, foco deste estudo, está sujeito às restrições à navegabilidade dos rios, lagos e canais, em geral inexistentes no transporte marítimo (com exceção dos canais de acesso aos portos marítimos).

Esta seção busca comparar os custos do transporte hidroviário com o ferroviário e, em parte, com o rodoviário, considerando as condições de navegação e as necessidades de investimentos em infraestrutura para viabilizar a movimentação de pessoas e mercadorias. Dado o elevado potencial de escoamento da produção agrícola por hidrovias no país, mostrado anteriormente, o produto típico usado na comparação é o granel sólido agrícola, tipificação que engloba quase a totalidade dos grãos produzidos no Brasil, em especial, a soja e o milho. As conclusões gerais obtidas podem ser expandidas para o transporte de quase todos os produtos de alto volume e (relativo) baixo valor agregado, como granéis minerais e granéis líquidos.

3.1 Custos de operação no transporte hidroviário

Para um empreendedor privado, que deseja transportar suas mercadorias de um ponto a outro, importa o valor do frete na escolha do meio de transporte. Na elaboração de políticas públicas, tomando a ótica da sociedade, é interessante comparar os custos dos diferentes modos de transporte. É de se esperar que os fretes rodoviários estejam razoavelmente aderentes aos seus custos,[6] pela alta concorrência entre os transportadores. Já para ferrovias e hidrovias, é mais adequado inferir os custos a partir dos valores dos principais itens de custos envolvidos: veículos, combustível, transbordo e os relacionados à infraestrutura.

As estimativas aqui apresentadas incluirão, quando aplicável, os custos com gestão, manutenção e operação de cada item. As análises de custos avaliarão os modos ferroviário e hidroviário, pois são os naturais concorrentes no transporte de granéis sólidos agrícolas (alto volume e baixo valor agregado) — principal potencial de utilização das hidrovias no Brasil.

Para os custos ferroviários, Ipea (2010) apresenta estimativas para os itens principais. Conforme este estudo mostra, os custos relacionados à infraestrutura ferroviária (construção da linha, implantação de dormentes e trilhos, manutenção e sinalização de tráfego) são bastante elevados em segmentos com baixa movimentação. Como estes custos são, em geral, fixos, à medida que se aumenta o volume movimentado, eles são diluídos. A atratividade da ferrovia em relação à rodovia se daria, então, em ligações onde o potencial de movimentação fosse elevado.

Pelo estudo, o custo de uma ferrovia começa a rivalizar com os fretes cobrados na rodovia quando há volumes de carga acima de 350 mil toneladas mensais. Nas análises aqui desenvolvidas serão considerados volumes de 5 e 10 milhões de toneladas por ano (em operação de nove meses por ano), volumes acima do mínimo recomendado para a adoção de ferrovias em vez de rodovias, mas ainda bem abaixo do potencial máximo de movimentação. Estes valores são mais condizentes com o potencial de utilização das hidrovias brasileiras. A distância considerada foi de 1.000 km, também compatível com a potencial extensão das hidrovias no país vistas no item anterior.

6. Vale salientar que o custo rodoviário considera muito precariamente o custo da infraestrutura (implantação e manutenção das rodovias), por meio dos tributos sobre o veículo (Imposto sobre a Propriedade de Veículos Automotores — IPVA —, e taxa de licenciamento) e sobre o combustível (Contribuição de Intervenção de Domínio Econômico — Cide), e pelos pedágios, tornando o custo da infraestrutura bastante subsidiado.

Para estimar os custos do transporte hidroviário, diversas fontes foram usadas. Para o custo com veículos, rebocadores e barcaças, foram usados os dados de financiamento do Promef[7] Hidrovia, da Transpetro (2011), com alguns ajustes. As barcaças encomendadas neste programa são para o transporte de etanol, de custo mais elevado que as barcaças para granel sólido agrícola. No Promef, em 2011, o custo da barcaça de 1.900 m^3 de capacidade para etanol era de R$ 3.193 mil. Para granel sólido agrícola foi adotado metade deste valor, R$ 1.597 mil. Para balizar a adoção desse redutor, foi utilizada a relação entre fretes hidroviários para diferentes produtos do PNIH, onde a relação entre granel sólido agrícola e granel líquido combustível é de 0,36, e do primeiro para granel líquido agrícola é de 0,62. Para o custo do rebocador, foi adotado o valor do Promef, de R$ 3.008 mil. O comboio típico usado neste estudo é de um rebocador e quatro barcaças com capacidade total de 7,6 mil toneladas. Para calcular o custo por tonelada transportada foi considerada uma viagem de 1.000 km à velocidade média de 15 km/h, compatível com a velocidade de operação da Hidrovia do Tietê-Paraná. Considerou-se, ainda, um dia para as operações de carga e um dia para descarga, e disponibilidade do comboio de 90%, isto é, 10% do tempo os rebocadores e barcaças estariam em manutenção, não disponíveis para o transporte. Adotaram-se 15 anos como vida útil do comboio e custo de capital de 10% ao ano. Com isto, o custo por tonelada transportada relativo aos veículos, rebocador e barcaças, fica em torno de R$ 5, para uma viagem de 1.000 km e aproveitamento máximo da capacidade de carga. Como comparação, este custo numa viagem semelhante por ferrovia foi estimado em R$ 6 por tonelada (Ipea, 2010).

Para o custo com combustível, foi adotado o consumo específico médio divulgado pela Antaq (2012) de 4 litros/1.000 TKU,[8] multiplicado pelo preço médio do óleo diesel cobrado pelas distribuidoras[9] na região Norte (ANP, 2013), de R$ 2,153 por litro. O custo relativo ao consumo de combustíveis na hidrovia fica em torno de R$ 9 por tonelada para uma viagem de 1.000 km. Como comparação, Antaq (2012) aponta o consumo médio por ferrovia em 6 litros/1.000 TKU, o que levaria a um custo de R$ 13/tonelada na mesma viagem de 1.000 km. Já o estudo do Ipea (2010) aponta o custo com combus-

---

7. Programa de Modernização e Expansão da Frota da Transpetro.
8. TKU: Tonelada Quilômetro Útil.
9. Foi adotado o preço da distribuidora, pois um transportador hidroviário pode comprar diretamente, negociando melhores condições de preço, sem necessidade de usar a rede de postos de combustíveis.

tível para tal viagem em ferrovia de R$ 6/t, mas considera que tal consumo é obtido em ferrovias construídas com baixa declividade, o que aumenta o custo de construção, mas chegando a consumos específicos entre 2 e 3 litros por mil TKU.[10] O consumo médio apontado para hidrovias também pode variar, a depender das condições da navegação. Caramuru (2011) aponta o valor de 2,4 litros/1.000 TKU como consumo específico em seu projeto de logística hidroviária, o que traria o custo com combustível para o mesmo patamar do apontado por Ipea (2010) para ferrovias.

O gráfico 3 apresenta a consolidação dos principais itens de custo no transporte hidroviário, comparando-os com o ferroviário. Além dos custos com veículos e combustível, são apresentados os custos com transbordo, de R$ 2,80 por tonelada conforme o PNIH (Antaq, 2013). Para a ferrovia constam também os custos com infraestrutura, que decrescem com um maior volume de carga movimentada. Para a hidrovia, esse custo não foi considerado, assumindo a condição de um rio naturalmente navegável, sem necessidade de adequações pelo homem, a exemplo do rio Amazonas. Apenas os custos relacionados a infraestrutura de terminais são considerados, no subitem "Transbordo".

Gráfico 3
Comparação de custos entre ferrovia e rio navegável

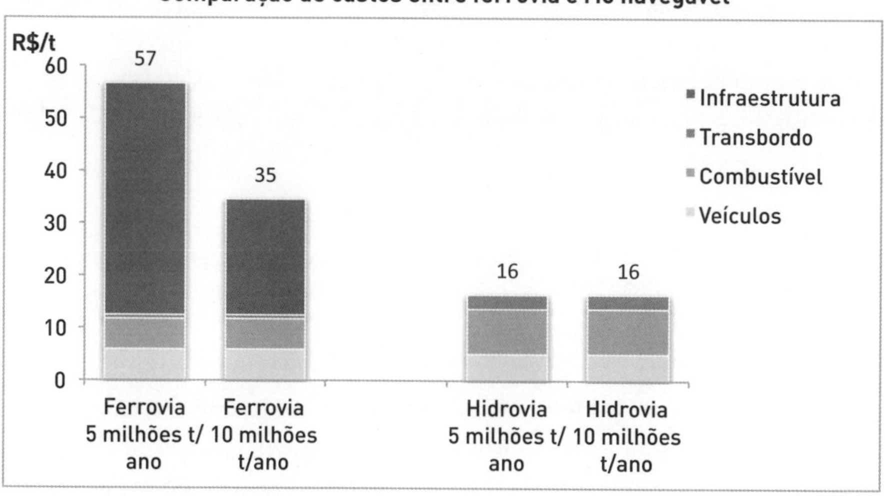

Fonte: Ipea (2010), Transpetro (2011), Antaq (2012, 2013). Elaboração dos autores.

10. As novas ferrovias propostas pelo governo federal devem ser projetadas com tais características. Dentre as existentes, a Estrada de Ferro Carajás (EFC), a Estrada de Ferro Vitória a Minas (EFVM), a Ferrovia Norte Sul (FNS) e a Ferrovia do Aço apresentam tais características.

Conforme pode ser observado no gráfico 3, considerando apenas os custos operacionais (veículos, combustível e transbordo), isto é, sem considerar os custos associados à implantação da infraestrutura viária, o custo da hidrovia fica em torno de R$ 16 por tonelada, ligeiramente mais caro que a ferrovia do estudo do Ipea (2010). Vale ressaltar, entretanto, que tal ferrovia considera um traçado que privilegia a velocidade e a eficiência energética, propiciando não só um baixo consumo de combustível, mas também um baixo custo associado aos veículos. Considerando os padrões médios das ferrovias brasileiras, cujas linhas foram, em grande parte, construídas na primeira metade do século XX, com traçado sinuoso, os custos operacionais das hidrovias estariam ligeiramente abaixo dos ferroviários.

De qualquer forma, a comparação acima ilustra bem a condição de menor custo do transporte hidroviário em rios naturalmente navegáveis, como nos grandes rios da Bacia Amazônica. Isto indica ser oportuno o aproveitamento das vias navegáveis como principal meio de transporte a ser explorado nas regiões onde essas condições estejam disponíveis. Interessante ressaltar, também, que estes custos têm baixa relação com o volume a ser transportado, indicando que a operação de transporte pode ser implantada sem a necessidade de se atender uma escala mínima de transporte, a não ser pela implantação dos terminais de transbordo. A implantação de uma ferrovia, por outro lado, exige elevado potencial de movimentação de cargas (ou passageiros) para ser viável economicamente, isto é, para justificar o elevado investimento público na sua construção.

3.2 Custos de infraestrutura nas hidrovias

Conforme visto, para um rio (ou lago) ser naturalmente navegável, sem necessidade de intervenções humanas, é necessário que este tenha uma morfologia adequada. É esta que, por não ser a ideal, restringe a franca navegabilidade de alguns rios e lagos — ou trecho deles — do país. Mesmo na Bacia Amazônica, há rios que precisam de algum tipo de adequação de seus leitos para permitir o pleno aproveitamento para a navegação em mais larga escala. Por exemplo, o rio Madeira que, mesmo apresentando boas condições naturais de navegação, demanda a sinalização e a dragagem para manter um canal adequado ao transporte hidroviário de grãos, combustíveis e outros produtos.

Na medida em que há uma maior necessidade de intervenção, as hidrovias ficam mais parecidas, quanto à estrutura de custos, às ferrovias. Os custos associados a veículos e combustível sofrerão pouca influência do volume a ser transportado, conforme visto, enquanto os custos de infraestrutura (implantação e manutenção) serão rateados pelo volume transportado. Quanto maior for o volume a ser transportado, menor deverá ser o custo unitário (por tonelada) relacionado à infraestrutura.

Porém, diferentemente das ferrovias, onde o custo de implantação da via parte de um patamar elevado, exigindo grande volume de cargas (ou passageiros) para justificar sua implantação, a implantação de uma hidrovia pode apresentar custo bastante reduzido, a depender da morfologia do rio ou lago em questão. Se for necessário apenas sinalizar onde o leito do rio é adequado para a navegação, os custos de infraestrutura serão extremamente baixos. À medida que são necessárias maiores intervenções, como dragagem, derrocamento, abertura de canais e mesmo construção de barragens e eclusas, crescem os custos da infraestrutura hidroviária. A necessidade destas intervenções tende a estar relacionada à morfologia do rio, conforme visto no item anterior. Enquanto nos rios de baixo curso os custos para adequação à navegabilidade se resumem a sinalizações e correções dos canais de navegação, nos rios de alto curso esses custos são mais altos, podendo superar os da ferrovia.

Para começar a ilustrar a influência dos custos de infraestrutura hidroviária, considere um rio de baixo curso que necessite apenas de sinalização e algumas obras de dragagem para adequar o canal de navegação, eliminando alguns pontos do rio onde a profundidade seja pequena. Conforme citado, este é o caso do rio Madeira entre Porto Velho (RO) e o rio Amazonas. Tomando como base os custos apontados pelo Plano Nacional de Logística e Transportes (PNLT) do Ministério dos Transportes (Brasil, 2010), a implantação da Hidrovia do Madeira demandaria um investimento inicial de R$ 100 milhões, e atividades de manutenção da hidrovia ao custo anual de R$ 10 milhões.

Rios de médio e alto curso, no entanto, podem demandar maiores intervenções de dragagem e até a retirada de pedras, derrocamento, que dificultem a navegação. Um exemplo é a implantação da Hidrovia do Araguaia-Tocantins, que, segundo o PNLT, demandaria investimentos da ordem de R$ 2,4 bilhões para viabilizar a navegação comercial em mais de 3.000 km destes rios.[11]

Tomando as intervenções previstas para a Hidrovia do Madeira como patamar inferior dos custos de implantação de uma hidrovia, e as da Hidrovia Araguaia-Tocantins como limite superior, pode-se avaliar o impacto destes custos na atratividade da hidrovia diante da ferrovia. Assim, considerando uma hidrovia de 1.000 km de extensão, o investimento inicial de adequação pode variar de R$ 100 milhões a R$ 740 milhões, com um custo anual de manutenção de R$ 10 milhões. Assumindo vida útil de 25 anos e uma taxa social de desconto[12] (real) de 6% ao ano, o custo anual associado à infraestrutura da hidrovia fica entre R$ 18 milhões e R$ 68 milhões. O custo unitário, por tonelada, dependerá do volume a ser movimentado na hidrovia. Para um volume de 5 milhões de toneladas ao ano, este custo ficaria entre R$ 3,56 e R$ 13,54 por tonelada. Diluindo estes custos em um volume maior, de 10 milhões de toneladas por ano, o custo unitário cairia à metade, ficando entre R$ 1,78 e R$ 6,77 por tonelada. Estes custos devem ser somados aos custos operacionais, sendo possível montar o gráfico 4.

Como pode ser observado, a hidrovia apresenta-se bastante competitiva em relação à ferrovia. Para um volume de 5 milhões de toneladas anuais, o custo total de transporte pela hidrovia deve ficar entre R$ 20 e 30 por tonelada, contra R$ 57 na ferrovia. Para o dobro de volume, 10 milhões de toneladas por ano, a hidrovia é também competitiva, com custos entre R$ 18 e 24 por tonelada, contra R$ 35 na ferrovia.

Em rios de alto curso, com desníveis mais acentuados, é comum a construção de barragens para a geração hidroelétrica. Conforme abordado anteriormente, se, por um lado, a barragem permite a navegação no lago artificial formado onde antes havia, provavelmente, um trecho de rio com corredeiras, inviável à navegação comercial, por outro, a barragem constitui uma barreira física à continuidade da navegação. Para transpor tal obstáculo, podem ser construídas eclusas. Entretanto, este tipo de intervenção tem custo elevado.

11. Não estão incluídos nessa soma os custos das eclusas previstas no PNLT.

12. Custo do capital exigido pela sociedade para projetos de investimento público. A Secretaria de Planejamento e Investimentos Estratégicos recomenda a taxa de juros de longo prazo como referência (Brasil, 2009), que em teoria é uma taxa real, visto que os empréstimos nela baseados sempre são acompanhados pela Taxa Referencial (TR) que representaria a inflação.

Gráfico 4

Comparação de custos entre ferrovia e hidrovia (sem eclusas)

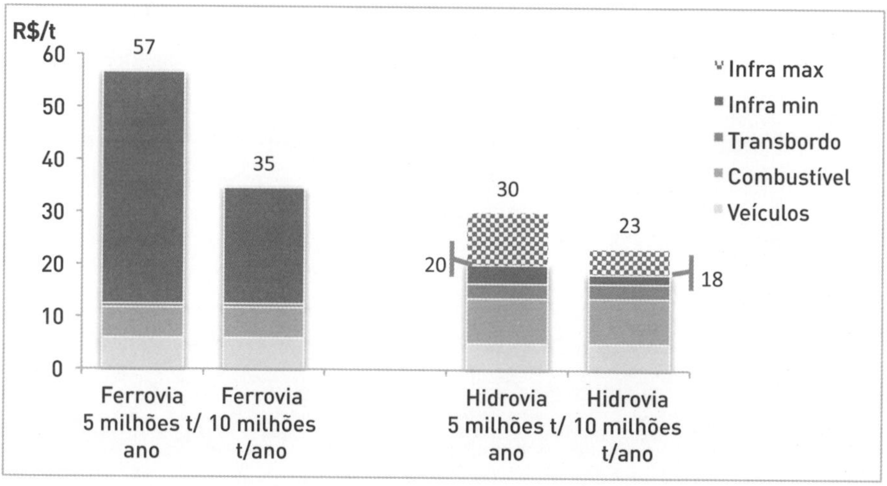

Fonte: Ipea (2010), Transpetro (2011), Antaq (2012, 2013), Brasil (2010). Elaboração dos autores.

Com base no PNLT, revisão de 2012, as eclusas da Hidrovia do Tocantins custarão entre R$ 548 milhões e R$ 750 milhões. Aqui será adotado o valor médio de R$ 623 milhões por sistema de eclusas em cada barragem. Com as mesmas premissas de vida útil de 25 anos e taxa social de desconto de 6% ao ano, o custo anual de um sistema de eclusas é da ordem de R$ 49 milhões. Para avaliar o custo unitário por tonelada de tais eclusas, divide-se este valor pelo volume a ser transportado. Os gráficos 5 e 6 apresentam os resultados comparativos entre ferrovia e hidrovias com eclusas para os volumes de 5 e 10 milhões de toneladas ao ano, respectivamente.

Partindo de um custo de transporte numa hidrovia onde os custos com sinalização e dragagem estejam na média dos valores apresentados no gráfico 4, se adicionam os custos com a implantação de eclusas à medida que mais eclusas são necessárias. Para o transporte de 5 milhões de toneladas ao ano (gráfico 5), uma hidrovia onde fosse necessária apenas uma eclusa teria um custo total de R$ 35 por tonelada. Com duas eclusas, este custo subiria para R$ 45/t, e com três iria para R$ 54/t, próximo dos R$ 57/t da ferrovia. Para o transporte de 10 milhões de toneladas ao ano (gráfico 6), o custo da hidrovia partiria de R$ 21/t chegando a R$ 35/t, se forem necessárias três eclusas, no mesmo patamar do custo da ferrovia. *Grosso modo*, pode-se dizer que em rios onde sejam necessárias mais que duas eclusas para viabilizar a

Gráfico 5

Comparação de custos entre ferrovia e hidrovia (com eclusas), para 5 milhões t/ano

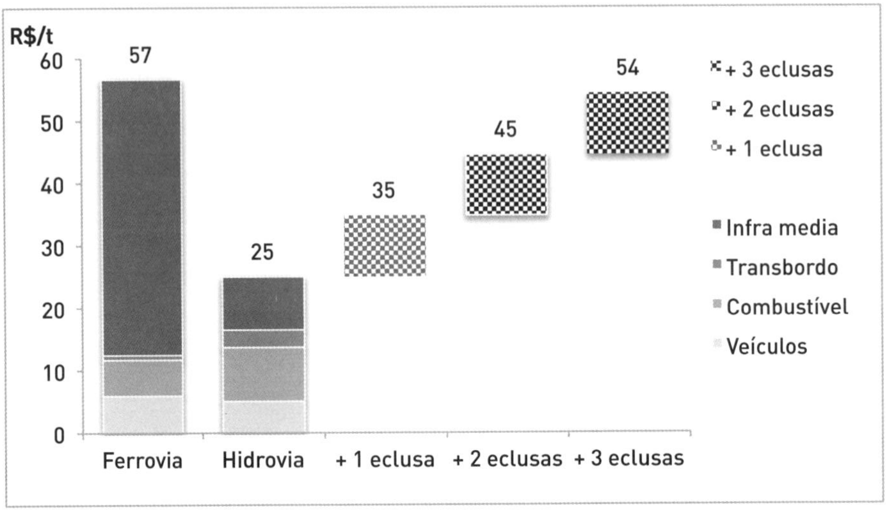

Fonte: Ipea (2010), Transpetro (2011), Antaq (2012; 2013), Brasil (2010). Elaboração dos autores.

Gráfico 6

Comparação de custos entre ferrovia e hidrovia (com eclusas), para 10 milhões t/ano

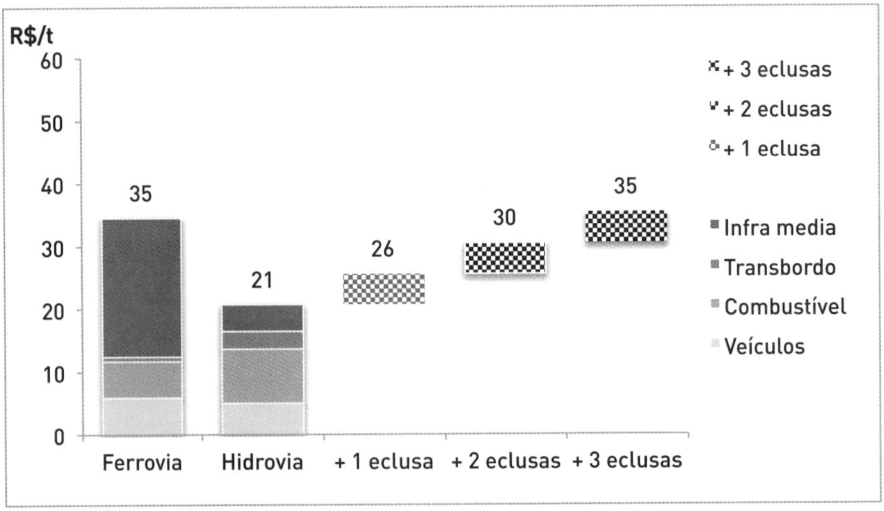

Fonte: Ipea (2010), Transpetro (2011), Antaq (2012; 2013), Brasil (2010). Elaboração dos autores.

navegação comercial, é recomendável avaliar a solução do transporte por meio de ferrovias. Vale ressaltar, entretanto, que as eclusas aqui consideradas são de grande porte, com capacidade para viabilizar o transporte de grandes volumes, típicos da produção de granéis agrícolas, além de grande desnível das barragens.

De custo mais elevado que as eclusas são as barragens. Em muitos casos a navegação fluvial só é possível com a criação de lagos artificiais. Porém, é pouco provável que o elevado custo de construção de uma barragem seja justificado apenas com os benefícios advindos do transporte hidroviário. Para se tornar viável, tal empreendimento deve considerar também a geração de eletricidade, ou mesmo algum outro benefício associado à criação do lago. Assim, apenas uma parte do custo de construção da barragem seria bancada pela hidrovia. Outra importante consequência desta estrutura de custos (barragens eclusadas) é que o aproveitamento de um rio como via de navegação deve ser planejado em conjunto com seu aproveitamento energético. Caso seja necessária a construção de várias barragens para viabilizar a navegação no rio, as hidroelétricas associadas devem ser implantadas concomitantemente, mesmo que alguma delas não seja a opção de menor custo para o sistema elétrico nacional. Não se trata de uma prescrição rígida quanto ao aproveitamento dos rios, pois tais custos podem ser proibitivos, mas de que deva ser feito um planejamento integrado dos potenciais energéticos, de transportes e dos demais usos dos rios.

3.3 Comparação de fretes

O Plano Nacional de Integração Hidroviária (PNIH), elaborado pela Antaq (2013), apresenta os valores médios de frete para o transporte de granéis sólidos agrícolas, pelos modos rodoviário, ferroviário e hidroviário (gráfico 7).

O frete hidroviário custa em torno de 40% do frete rodoviário e 70% do ferroviário. Essa diferença em parte resulta da concorrência que os transportadores ferroviários e hidroviários fazem com os rodoviários, cobrando fretes mais baixos para atrair os usuários para um transporte mais lento.

Porém, de forma geral, esses fretes não têm relação direta com os custos nas ferrovias e hidrovias. Nas ferrovias, a ANTT estabelece tarifas máximas,

Gráfico 7

Fretes para transporte de granel sólido agrícola por modo

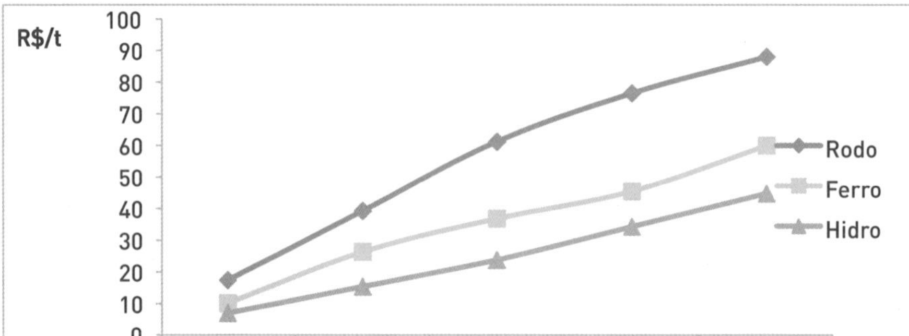

	100	300	500	750	1000
Rodo	17	39	61	77	88
Ferro	10	26	37	46	60
Hidro	7	15	24	34	45

Fonte: Antaq (2013). Elaboração dos autores.

mas que, em geral, não são adotadas.[13] Para as hidrovias não há este tipo de regulação, e os transportadores operam em regime de concorrência. Como a capacidade destes operadores é, em geral, inferior à demanda, eles usam o frete cobrado pelos transportadores rodoviários para balizar o quanto poderão cobrar dos usuários, com possibilidade de obter lucros bem elevados.

De forma geral, a diferença de custo entre o transporte hidroviário, o ferroviário e o rodoviário é considerável. Isto é válido tanto em uma hidrovia com condições naturais favoráveis, onde apenas pequenas intervenções de dragagem sejam necessárias, como em hidrovias que demandem até a construção de eclusas. Como há uma clara vantagem ao transportador hidroviário (privado) em relação às ferrovias e rodovias, por incorrer em custos bem mais baixos do que o frete que consegue cobrar, (parte de) os custos com a implantação e manutenção das hidrovias podem ser bancados por estes transportadores. Em outras palavras, a cobrança de alguma forma de pedágio pelo uso da hidrovia é possível, permitindo ao transportador hidroviário privado obter ainda lucro em sua operação. A arrecadação com tal pedágio permitiria, ainda, a manutenção e a melhoria da hidrovia, atraindo mais usuários. A criação de uma entidade responsável por manter e operar as hidrovias, cobrando pedágio

13. Apenas em 2012 a agência revisou os valores das tarifas máximas, aproximando-as do custo real do transporte ferroviário.

pelo uso da infraestrutura construída, é viável economicamente, e permitiria a manutenção das condições de navegabilidade das hidrovias com baixa dependência do orçamento público.

4. A questão institucional e suas consequências

Adicionalmente ao fato de o modal aquaviário ter, historicamente, recebido pouca atenção por parte das autoridades governamentais e do setor privado, em termos de planejamento e alocação de recursos financeiros, o atual marco institucional é complexo e as instituições envolvidas nas ações afetas a este segmento são inúmeras e, muitas vezes, superpostas. Nesta parte do estudo busca-se apresentar este emaranhado de instituições e suas atribuições. Vários órgãos de governo estão mais diretamente envolvidos com o processo de planejamento e alocação de recursos, enquanto outros estão vinculados à elaboração e ao licenciamento de projetos e à operação das ações propostas.

Na alçada do governo federal têm-se os seguintes órgãos e instituições diretamente envolvidos no processo de planejamento e execução de ações no setor de transporte aquaviário interior:

- Presidência da República, à qual está vinculado o Conselho Nacional de Integração de Políticas de Transporte — Conit (composto por dez ministérios);
- Ministério dos Transportes (MT), por meio das Secretarias de Política Nacional de Transportes (SPNT) e de Gestão de Programas de Transportes (SGPT), da Empresa de Planejamento e Logística — EPL (empresa pública), do Departamento Nacional de Infraestrutura de Transportes — Dnit (autarquia), através da Diretoria de Infraestrutura Aquaviária, da Companhia Docas do Estado do Maranhão — Codomar (sociedade de economia mista), vinculadas ao Dnit, há, ainda, as Administrações Hidroviárias regionais (AHs) em número de oito;[14]
- Ministério do Planejamento, Orçamento e Gestão (MPOG), com as Secretarias do Programa de Aceleração do Crescimento (Sepac), de

14. Administração das Hidrovias da Amazônia Ocidental (Ahimoc); Administração das Hidrovias da Amazônia Oriental (ahimor); Administração das Hidrovias do Nordeste (Ahnor); Administração da Hidrovia do Paraguai (Ahpar); Administração das Hidrovias Tocantins e Araguaia (Ahitar); Administração da Hidrovia do Paraná (Ahrana); Administração da Hidrovia do São Francisco (Ahsfra); e Administração da Hidrovia do Sul (Ahsul).

Planejamento e Investimentos Estratégicos (SPI) e a de Orçamento Federal (SOF);

- Agência Nacional de Transportes Aquaviários (Antaq) vinculada simultaneamente à Secretaria Especial de Portos da Presidência da República (SEP) e ao Ministério dos Transportes;[15]
- Ministério do Meio Ambiente (MMA), com o Instituto Brasileiro de Meio Ambiente e Recursos Renováveis (Ibama), por meio da Diretoria de Licenciamento Ambiental — Dilic, o Instituto Chico Mendes de Conservação da Biodiversidade (ICMBio) e a Agência Nacional de Águas (ANA).

Ainda como instituições apoiadoras aos processos de financiamento e planejamento têm-se o Banco Nacional de Desenvolvimento Econômico e Social (BNDES), a Confederação Nacional dos Transportes (CNT),[16] a Confederação Nacional da Indústria (CNI)[17] e a Confederação Nacional da Agricultura (CNA). Devem-se mencionar os agentes de controle Tribunal de Contas da União (TCU), Controladoria-Geral da União (CGU) e Ministério Público Federal (MPF).

4.1 Planos, instrumentos legais e sobreposições

Constata-se que uma série de órgãos da alçada federal está envolvida na elaboração de planos e programas para o setor hidroviário, às vezes sobrepostos e sem inter-relação. É o que se procura demonstrar a seguir.

É importante que se esclareça que parte dos planos e programas afetos ao setor de transportes e, por conseguinte, ao transporte hidroviário está definida por ditames da Constituição Federal do Brasil (CF) e por leis federais. Fato anterior, porém relevante para ser registrado, é a sanção da Lei nº 5.917, de setembro de 1973, que aprovou o Plano Nacional de Viação (PNV) e conceituou o Sistema Nacional de Viação (SNV), contendo os modais de transporte (rodoviário, ferroviário, portuário, hidroviário e aeroviário) e o sistema nacional de transporte urbano. Seus anexos apresentam todos os componentes do SNV.

15. Lei nº 10.233, de 5 de junho de 2001. Com a aprovação da Lei nº 12.815, de junho de 2013, a Antaq ficou diretamente ligada à SEP.
16. Plano CNT de Transporte e Logísticas 2011.
17. Projeto Brasil Competitivo, tendo sido concluídos os estudos Norte Competitivo, Nordeste Competitivo e Sul Competitivo (até maio de 2013).

Em 1988, a CF determinou, em seu art. 21, inciso XXI, que compete à União "estabelecer princípios e diretrizes para o sistema nacional de viação". Disciplinou a matéria a Lei nº 10.233, de junho de 2001, que, em seu art. 2º, redefiniu e determinou o escopo do SNV: é constituído pela infraestrutura viária e pela estrutura operacional dos diferentes meios de transporte de pessoas e bens, sob jurisdição da União, dos estados, do Distrito Federal e dos municípios. O seu art. 3º trata do Sistema Federal de Viação (SFV), determinando que, "sob jurisdição da União, abrange a malha arterial básica do Sistema Nacional de Viação, formada por eixos e terminais relevantes do ponto de vista da demanda de transporte, da integração nacional e das conexões internacionais". Deve-se destacar que esta lei também criou o Conit, a Antaq, a ANTT e o Dnit.

Posteriormente, a Lei nº 12.379, de janeiro de 2011, voltou a tratar do SNV, porém, mais especificamente sobre o SFV. Assim, seu art. 3º define que o SFV é composto pelos seguintes subsistemas: I — Subsistema Rodoviário Federal; II — Subsistema Ferroviário Federal; e III — Subsistema Aquaviário Federal. O art. 25 determina que o Subsistema Aquaviário Federal é composto de: I — vias navegáveis; II — portos marítimos e fluviais; III — eclusas e outros dispositivos de transposição de nível; IV — interligações aquaviárias de bacias hidrográficas; e V — facilidades, instalações e estruturas destinadas à operação e à segurança da navegação aquaviária.[18] Portanto, o SNV é passível de constante atualização, conforme avança e se transforma a malha nacional. Por fim, cabe a ressalva de que, para integrar planos e programas nacionais de transportes, o elemento componente do subsistema deve estar contido no SNV.

Do ponto de vista institucional, cabe destaque a criação e as incumbências do Conit, vinculado à Presidência da República e presidido pelo ministro dos Transportes (Lei nº 10.233/2001). O Conselho ficou, por muitos anos, inativo e só mais recentemente tem se reunido periodicamente para definir as diretrizes das políticas públicas de transportes e tomar outras deliberações le-

18. Os anexos da Lei que apresentavam a relação descritiva de todos os elementos integrantes do SFV (rodovias, ferrovias, hidrovias, aeroportos, portos e seus componentes) foram vetados. Atualmente, existe um novo detalhamento do SNV aprovado pelo Conit e aguardando ser encaminhado pela Casa Civil ao Congresso Nacional. Deve-se destacar, contudo, que a Lei nº 5.917/1973 vem sofrendo várias alterações ao longo dos anos, visando mantê-la atualizada. O Dnit apresenta em seu sítio planilhas anuais do SNV, para o período 1994-2010.

galmente delegadas.[19] Podem-se destacar como suas principais funções: propor as políticas de desenvolvimento nacional, regional e urbano, de defesa nacional, de meio ambiente e de segurança das populações, formuladas pelas diversas esferas de governo; as diretrizes para a integração física e de objetivos dos sistemas viários e das operações de transportes sob jurisdição da União, dos estados, do Distrito Federal e dos municípios; a promoção da competitividade, para a redução de custos, tarifas e fretes, e da descentralização, para melhoria da qualidade dos serviços prestados; e aprovar as revisões periódicas das redes de transportes que contemplam as diversas regiões do país, propondo ao Poder Executivo e ao Congresso Nacional as reformulações do SNV que atendam ao interesse nacional.

A Empresa Brasileira de Planejamento de Transportes (Geipot) — instituição criada na década de 1960 — tinha como atribuições formular, orientar, coordenar e executar a política nacional de transportes em seus diversos modais, bem como promover, executar e coordenar atividades de estudos e pesquisas necessárias ao planejamento de transportes no país. Por mais de 30 anos o Geipot foi responsável pelo planejamento de longo prazo do setor de transportes brasileiro. Em 2001 o órgão entrou em processo de liquidação, mas seu enfraquecimento institucional datava do início da década de 1990. Portanto, o poder público brasileiro (governo federal) perdeu, ao longo das décadas de 1990 até meados da de 2000, a capacidade e a *expertise* de planejar de forma integrada o setor de transportes. A situação só começou a ser revertida a partir de 2007, com a publicação do Plano Nacional de Logística e Transportes (PNLT).

O PNLT foi elaborado no âmbito da Secretaria de Política Nacional de Transportes (SPNT), do Ministério dos Transportes.[20] Com a publicação da primeira versão do PNLT, em 2007, foi retomado o processo de planejamento setorial de transportes, contemplando os horizontes temporais de curto, médio e longo prazos e levando-se em consideração a integração e complementaridade entre os diferentes modais.[21] Por essas características, constitui-

19. Pois o Conit só foi regulamentado pelo Decreto nº 6.550, em 27 de agosto de 2008, e sua primeira Resolução foi tomada em fevereiro de 2010 aprovando seu Regimento Interno.
20. Colaboraram na sua elaboração outros oito ministérios, três agências reguladoras, Dnit, Infraero, três confederações de classe representativas do empresariado e uma dos trabalhadores, além do Conselho Nacional dos Secretários de Transportes.
21. Destaca-se que uma das bases de dados do PNLT é o SNV.

-se, ao mesmo tempo, em um plano estratégico e indicativo, de permanente reavaliação.

O Plano teve duas atualizações, em 2009 e 2011. O PNLT 2011 apresenta um *portfolio* de 1.167 projetos, dos quais 111 são prioritários, 237 foram classificados como "sociopolíticos" (menor viabilidade econômica), 231 são pertencentes ao Programa de Aceleração do Crescimento (PAC) e 588 são projetos não avaliados por insuficiência de informações. O custo total estimado é de R$ 423 bilhões, concentrados nos vetores centro-sudeste (39%) e centro-norte (28%). O horizonte de implantação dos projetos do PNLT vai de 2015 a 2027.

Especificamente com relação ao modal hidroviário, o PNLT 2011 identificou 57 projetos, que demandariam investimentos da ordem de R$ 20,5 bilhões. Desses projetos, 18 estão incluídos no PAC (correspondendo a R$ 2,63 bilhões). Constam agrupamentos de projetos que abrangem as Hidrovias da Amazônia, Teles Pires-Tapajós, Tocantins-Araguaia, do Parnaíba, Paraguai-Paraná, afluentes do rio São Francisco e os rios Paranaíba e Grande.

Outro documento de relevante importância na retomada do processo de planejamento do setor de transportes no Brasil é o PAC, também elaborado em 2007, em sua primeira versão. O Programa na verdade constitui-se de uma compilação de projetos prioritários identificados, inicialmente, nas infraestruturas de transportes (logística), energia e social e urbana. O chamado PAC 1 (2007-10) foi constituído sob a responsabilidade institucional da Casa Civil[22] da Presidência da República, na alçada da Subchefia de Articulação e Monitoramento,[23] com o apoio de todos os órgãos e instituições do governo federal envolvidos nos projetos. O PAC 1 alocou, relativamente, parcos recursos para o setor hidroviário, basicamente concentrados nas eclusas da hidrelétrica de Tucuruí e em 67 pequenos terminais de passageiros e cargas, a maioria na região Norte do país, perfazendo uma provisão inicial de recursos de R$ 735 milhões.

Na segunda versão do PAC (PAC 2), cobrindo o período de 2011 a 2014, o setor hidroviário teve uma destinação inicial de recursos da ordem de R$ 2,7 bilhões, objetivando investimentos em 48 empreendimentos voltados para a estruturação de corredores hidroviários, cujas obras envolvem terminais de

22. Sob o comando da srª. Dilma Roussef.
23. Sob o comando do sr. Bernardo Figueiredo, posteriormente diretor-geral da ANTT e primeiro diretor-presidente da EPL.

cargas e passageiros, derrocamento, dragagem e sinalização. Do ponto de vista institucional, houve alteração no comando da gestão do Programa a partir de 2011, com a criação da Secretaria do Programa de Aceleração do Crescimento (Sepac), no Ministério do Planejamento (MPOG).

Constata-se que o PNLT e o PAC comportam dois conjuntos de projetos de investimentos com grande interseção, sob responsabilidades institucionais distintas, respectivamente, o Ministério dos Transportes (PNLT) e a Casa Civil/Ministério do Planejamento (PAC-MPOG). Além disso, apesar da importância de ambos os documentos para o setor de transportes para o Brasil, eles são apenas indicativos, carecendo de força legal para incluir programas e ações e efetivar movimentação de recursos financeiros no Orçamento Geral da União — OGU (ou Lei Orçamentária Anual — LOA).

O PAC recebe tratamento diferenciado quanto a certos aspectos de sua gestão e execução. No que respeita ao déficit público, a Lei de Diretrizes Orçamentárias (LDO) tem autorizado nos últimos anos o governo federal a descontar da meta do superávit primário os recursos diretamente aplicados nos projetos do PAC. O governo também autorizou que as obras constantes do PAC sejam licitadas sem a utilização da Lei nº 8.666/1993, empregando procedimento mais expedito por meio do Regime Diferenciado de Contratações — RDC (Lei nº 12.462/2011). Por fim, cabe mencionar que parte significativa das obras do PAC não depende do governo federal para sua execução. Os empreendimentos em saneamento, habitação e mobilidade urbana, por exemplo, são da alçada dos governos municipais e estaduais, cabendo ao governo federal realizar a transferência dos recursos financeiros.[24]

Neste ponto é importante retornar ao que reza a CF sobre o tema do planejamento e do orçamento. Seu art. 165 determina que "leis de iniciativa do Poder Executivo estabelecerão: I — o Plano Plurianual; II — as diretrizes orçamentárias; III — os orçamentos anuais". O Plano Plurianual (PPA) estabelece, por um período de quatro anos, as diretrizes, os objetivos e as metas da administração pública federal para as despesas de capital e outras delas decorrentes. Na atualidade vige o PPA 2012-2015, chamado de Plano Mais Brasil. Consta do PPA o Programa Transporte Hidroviário, que para o período coberto apresenta previsão de valores globais a serem aplicados de R$

24. Para melhor gestão destes recursos o governo federal sancionou a Lei nº 11.578/2007, que dispõe sobre a transferência obrigatória de recursos financeiros para a execução pelos estados, Distrito Federal e municípios de ações do PAC.

4,5 bilhões, e 85% (R$ 3,8 bilhões) são despesas de capital, cuja origem é o Orçamento Fiscal. Os objetivos principais do Programa são: I) fortalecer os corredores hidroviários, garantindo condições de navegabilidade;[25] e II) desenvolver rede de instalações portuárias de navegação interior para transporte de carga considerando a integração multimodal.[26]

Do ponto de vista da legislação que envolve as finanças públicas, o OGU (ou LOA) é o instrumento por meio do qual os projetos previstos nos planos e programas do governo federal, que necessitam de recursos públicos, podem ser executados. Para implementar as ações constantes, por exemplo, do PAC ou do PNLT é necessário que elas estejam previstas no PPA e, por sua vez, incluídas na Lei Orçamentária Anual.[27] Institucionalmente, a Secretaria de Planejamento e Investimentos Estratégicos (SPI-MPOG) tem como principal atribuição elaborar, monitorar e avaliar o PPA, enquanto o Orçamento Anual é consolidado, elaborado e supervisionado pela Secretaria de Orçamento Federal (SOF-MPOG), que também é responsável pela consolidação da LDO.

No caso do transporte hidroviário, que depende quase que exclusivamente de recursos fiscais, a peça orçamentária assume função preponderante. Assim, os projetos previstos no PAC e no PNLT são executados por meio de ações anualmente incluídas no orçamento fiscal, dentro do Programa Transporte Hidroviário (o mesmo do PPA). Para o ano de 2013, os recursos autorizados para este Programa totalizam R$ 588,52 milhões, principalmente para ações de adequação da navegabilidade das hidrovias dos rios Madeira, Tietê, Tocantins--Araguaia, Paraná-Paraguai, Tapajós, Amazonas e Corredor Mercosul.

Em suma, os instrumentos de planejamento até aqui apresentados, de certa maneira, ainda se inter-relacionam. O PNLT, documento de longo prazo, produzido pelo Ministério dos Transportes, aponta a necessidade de investimentos no setor hidroviário de R$ 20,5 bilhões, englobando 57 projetos, até 2027. O PPA, instrumento legal por exigência constitucional, prevê despesas de capital do orçamento fiscal de R$ 3,8 bilhões entre 2012 e 2015 e o PAC 2, por sua vez, intenciona alocar R$ 2,7 bilhões, em 48 empreendimen-

25. Destacadamente por meio de adequações nas hidrovias dos rios Madeira, São Francisco, Tietê e afluentes, Paraná e Paraguai, Tocantins-Araguaia. Constam também eclusas nos rios Lajeado e Tocantins (Estreito).

26. No entanto, as metas para o período 2012-15 são muito singelas: adequar duas instalações portuárias públicas.

27. Ao se afirmar que as obras do PAC não sofrem "contingenciamento" orçamentário, deve-se ter claro que suas execuções se dão por intermédio dos ministérios "finalísticos", que são as Unidades Orçamentárias legalmente autorizadas a realizarem as despesas públicas.

tos, entre 2011 e 2014. Os dois últimos planos de investimento são constituídos na esfera do Ministério do Planejamento.

Porém, quase nada está sendo executado: o OGU disponibilizou como recursos autorizados para investimento no Programa Transporte Hidroviário, para os anos de 2012 e 2013, R$ 1.208,46 milhões e foram pagos (incluídos os restos a pagar efetivamente pagos) R$ 21,65 milhões, o que significa um nível de execução de apenas 1,8%, até meados de 2013.[28] Portanto, os três instrumentos de planejamento, PNLT, PAC e PPA, estão em implantação muito lenta, uma vez que, como vimos, suas execuções se dão por meio do orçamento fiscal.

Pelo menos dois fatores explicam tal fato. Um deles é o pouco conhecimento que ainda existe entre as autoridades públicas, destacadamente aquelas que tomam decisões, sobre o setor hidroviário nacional. Assim, fica difícil decidir a respeito da alocação vultosa de recursos quando não se tem pleno conhecimento do tema (este ponto voltará a ser abordado no final deste item do estudo). Outro ponto está relacionado às frequentes mudanças institucionais e regulatórias que se verificam no setor de infraestrutura de transporte no Brasil. Neste ponto, é necessário tratar do surgimento e da importância que assumiu a Empresa de Planejamento e Logística (EPL).

A EPL foi criada pela Lei nº 12.743,[29] de dezembro de 2012, e tem por finalidade estruturar e qualificar, por meio de estudos e pesquisas, o processo de planejamento integrado de logística no país, interligando rodovias, ferrovias, portos, aeroportos e hidrovias. A empresa, que é vinculada ao Ministério dos Transportes, exerce a função de secretaria executiva do Conit. A EPL já nasceu com muita força política dentro do atual governo e tem comandado uma série de importantes ações no setor de transportes.

De novo, percebe-se um descasamento institucional quanto ao planejamento do setor hidroviário. Para dar centralidade aos programas já existentes, tais como PAC, PPA e PNLT, o governo federal está preparando um novo instrumento denominado Plano Hidroviário Estratégico (PHE). Com o intuito de obter informações, os autores deste estudo estiveram na Secretaria Nacional de Política de Transportes (SPNT/MT), a princípio encarregada da elaboração do novo plano. Tomou-se conhecimento de que o PHE seria

28. Consulta SigaBrasil — Siafi em 22 de maio de 2013.

29. Que altera a Lei nº 10.233/2001 (anteriormente citada) e a Lei nº 12.404/2011.

um desdobramento do PNLT para a área de hidrovias,[30] com quatro grandes objetivos: I) sob o ponto de vista técnico, preparar os projetos e ações que comporão o documento; II) fazer um bom dimensionamento dos custos e do impacto econômico do plano; III) a partir do diagnóstico de que administrativamente o setor hidroviário é muito carente, o PHE iria recompor o setor sob o aspecto institucional e organizacional; e IV) instrumentalizar o Plano no que respeita ao licenciamento ambiental. Mais nada poderia ser esclarecido, uma vez que o PHE estava ainda em elaboração.[31]

Porém, em seguida, o diretor-presidente da EPL vem a público[32] informar que o governo desenvolve um novo plano, o qual contém modelo inédito de concessão administrativa de hidrovias,[33] onde a União custeia as tarifas de transporte, não havendo cobrança de pedágio pelo uso da hidrovia. Fica a cargo do setor privado arcar com o investimento nos projetos (obras), operação e manutenção das vias, porém com remuneração, por parte do governo, do custo (tarifa) imposto ao sistema pelo usuário (transportador). Este plano também foi designado como PHE.

Confirmando a confusão institucional e a sobreposição de esforços, que gera má alocação de recursos financeiros, materiais e humanos, o governo federal, desta feita por meio da Antaq, apresentou, em fevereiro de 2013, o Plano Nacional de Integração Hidroviária (PNIH).[34] O PNIH, utilizando mapeamento georreferenciado, buscou determinar o volume total de cargas que cada uma das bacias hidrográficas estudadas pode atrair para sua área de influência nos anos de 2015, 2020, 2025 e 2030. Seu principal objetivo ficou voltado para a identificação de áreas propícias à instalação de novos portos e terminais hidroviários e alternativas de transporte de navegação interior para escoamento da produção, neste horizonte de planejamento.

Na prática, o documento funciona como um "plano de outorgas" de terminais hidroviários em seis bacias hidrográficas, a saber: do Tocantins-

30. A princípio, o PHE abrange as seguintes hidrovias: Amazonas/Madeira e afluentes; Araguaia/Tocantins; Teles Pires/Tapajós; Parnaíba; São Francisco; Tietê/Paraná; Paraguai; e Taquari/Jacuí.
31. Entrevista concedida aos autores pelo sr. Luiz Carlos Rodrigues Ribeiro, coordenador geral de Planejamento da SNPT/MT, em 3 de maio de 2013.
32. *Valor OnLine*, 8 maio 2013; *Folha de S.Paulo*, 9 maio 2013.
33. Alternativa até então considerada inviável pelos próprios membros do governo responsáveis pelo setor hidroviário.
34. Para a realização do PNIH a Antaq contratou a Universidade Federal de Santa Catarina, Laboratório de Transportes e Logística (UFSC/LabTrans).

-Araguaia, no qual foram identificadas oito áreas propícias para instalação de novos terminais; da Amazônia, com sete áreas para novos terminais; do São Francisco, que apresentou 12 possibilidades para instalação de terminais; do Paraguai, com apenas duas áreas identificadas; do Paraná-Tietê, com expressivas 27 áreas para novas instalações; e do Sul, apresentando nove áreas para novos terminais hidroviários.

Cabe ainda breve menção ao documento *Diretrizes da política nacional de transporte hidroviário*, de dezembro de 2010, elaborado pela SPNT/MT, que tinha como foco específico estabelecer diretrizes gerais para o fomento à navegação interior, porém garantindo os usos múltiplos das águas e planejamento integrado dos recursos hídricos.[35] O trabalho detalha a problemática intersetorial que envolve a implantação de 62 eclusas,[36] principalmente no que tange à articulação com o setor elétrico,[37] até o ano de 2026. Concluiu-se sobre a necessidade de uma modelagem jurídico-institucional que, simultaneamente, viabilize a implantação das eclusas por parte do MT e a manutenção das tarifas de energia elétrica e do cronograma dos empreendimentos hidrelétricos.

Paralelamente a todos esses esforços já apresentados, o Dnit, por intermédio de sua Diretoria de Infraestrutura Aquaviária (DAQ),[38] está contratando, por licitações públicas, ao custo da ordem de R$ 80 milhões, Estudos de Viabilidade Técnica, Econômica e Socioambiental (Evteas) abrangendo sete bacias ou rios,[39] buscando aprofundar o conhecimento a respeito dessas regiões, visando identificar as necessidades de investimento para transformá-las em hidrovias.

Na prática, o que transparece é que o processo de planejamento do governo federal está "de cabeça para baixo". O primeiro passo para organizar o sistema de planejamento de um modal pouco explorado e conhecido como o de transporte hidroviário interior deveria ser a elaboração dos Evteas. Por meio deles torna-se possível conhecer as necessidades técnicas de cada bacia ou rio, isto é, as demandas por dragagem, derrocamento, sinalização, eclusas, controle de corredeiras, alargamento de pontes etc.; os estudos de viabilida-

35. Conforme defendidos pela ANA e pelo MMA.
36. A um custo estimado de investimento de R$ 28,6 bilhões.
37. Participaram do Grupo de Trabalho, além do MT, outras cinco instituições públicas e duas do setor privado.
38. Os autores entrevistaram o sr. Paulo Coelho de Godoy, coordenador da Diretoria de Infraestrutura Aquaviária.
39. São eles: bacia do rio Amazonas; Madeira, Mamoré e Guaporé; rios Tietê-Paraná; bacia Brasil-Uruguai; rio Parnaíba; rios Teles Pires-Tapajós, Arinos e Jurena; bacia do Paraguai-Paraná; rios Tocantins-Araguaia.

de econômica, identificando as necessidades de investimentos, a viabilidade financeira dos projetos, a perspectiva de agregar cargas (valor) ao modal etc.; e as consequências socioambientais da abertura da hidrovia ao longo do trecho a ser explorado, inclusive com consultas às comunidades afetadas, os impactos ambientais identificados, com propostas de mitigação.

Portanto, o que se verifica com relação ao setor hidroviário brasileiro é que, apesar de subexplorado em seu potencial e com poucos recursos financeiros efetivamente aplicados, há, na esfera federal, a vigência simultânea de sete planos e programas, sob a coordenação ou responsabilidade direta de oito instituições, incluindo o Conit. E o instrumento basilar que viabiliza o acesso às informações e os conhecimentos necessários à elaboração dos documentos de planejamento, os Estudos de Viabilidade Técnica, Econômica e Socioambiental, ainda estão em fase de elaboração.

4.2 Estrutura administrativa das hidrovias e os agentes de implementação das ações

Deve-se recordar que a Lei nº 12.379/2011 determinou que o Subsistema Aquaviário Federal é composto de: I — vias navegáveis; II — portos marítimos e fluviais; III — eclusas e outros dispositivos de transposição de nível; IV — interligações aquaviárias de bacias hidrográficas; e V — facilidades, instalações e estruturas destinadas à operação e à segurança da navegação aquaviária. A competência legal para a administração desse subsistema é do Dnit.[40]Cabe a este administrar, diretamente ou por meio de convênios de delegação ou cooperação, os programas de operação, manutenção, conservação, restauração e reposição da infraestrutura aquaviária; gerenciar a revisão de projetos de engenharia na fase de execução e obras; e exercer o poder normativo relativo à utilização da infraestrutura de transporte aquaviário (Lei nº 10.233/2001, com nova redação dada pela Lei nº 11.314/2006). Portanto, cabe ao Dnit administrar as obras de manutenção nas hidrovias, bem como os empreendimentos incluídos no "Plano Mais Brasil" (PPA 2012-2015), que engloba obras complementares em hidrovias e ampliação, modernização, recuperação e dragagens nos portos, e até construção de eclusas.

40. Estas designações estão sendo alteradas pela MP nº 595, aprovada pelo Congresso Nacional em maio de 2013, enquanto este estudo estava sendo elaborado.

É por intermédio da Diretoria de Infraestrutura Aquaviária (DAQ)[41] que o Dnit busca cumprir suas incumbências, inclusive as de construir, manter ou operar instalações ou vias de transbordo intermodal, e portos fluviais e lacustres. Em caráter precário e transitório, as administrações hidroviárias exercem, por delegação, as atribuições operacionais estabelecidas pelo Dnit para suas unidades regionais, conforme determina seu Regimento Interno.

O fato mais relevante a ser destacado é o de que, em 30 de janeiro de 2008, foi assinado Convênio de Apoio Técnico e Financeiro para a gestão das Hidrovias e dos Portos Interiores Nacionais (nº 007/2008), celebrado entre o Dnit e a Companhia Docas do Maranhão (Codomar). O objetivo desse convênio é descentralizar, mediante a transferência do Dnit à Codomar, a execução das atividades de administração das hidrovias e dos serviços de infraestrutura portuária e hidroviária prestados pelo Dnit nas Administrações das Hidrovias da Amazônia Ocidental (Ahimoc), da Amazônia Oriental (Ahimor), do Nordeste (Ahinor), do Tocantins e Araguaia (Ahitar), do São Francisco (Ahsfra), do Paraná (Ahrana) e do Sul (Ahsul), do Paraguai (Ahipar), bem como dos portos fluviais que as integram.

Dessa forma, o principal aspecto crítico quanto à organização institucional da administração hidroviária e portuária fluvial consiste na precariedade do instrumento que rege a organização dos agentes atuais (convênio), o que tem reflexo na relevância e nos recursos atribuídos ao setor. Como resultado dessa estrutura, identificam-se também outros aspectos críticos associados à divisão de responsabilidades entre os agentes envolvidos na administração hidroviária e portuária fluvial. As responsabilidades individuais são pouco claras e há sobreposições entre elas, como no que tange à supervisão e fiscalização da execução de obras e na supervisão das AHs (sobreposição entre Dnit e Codomar) (BNDES, 2012).

5. Considerações finais

Este estudo avalia o transporte hidroviário interior no Brasil, apresentando as principais vias navegáveis do país, como está sua utilização e os principais gargalos físicos à ampliação da capacidade de movimentação de cargas e

41. Esta Diretoria encontra-se desaparelhada quanto ao quadro de profissionais, estando incapacitada de cumprir plenamente suas funções na atualidade.

passageiros. Discute-se também a atratividade deste modo de transporte em relação ao rodoviário e ferroviário. Por fim, analisa-se o arranjo institucional do setor, em especial as entidades públicas que interferem no desenvolvimento das hidrovias no país.

Pode-se perceber que há uma considerável utilização das vias navegáveis no país, especialmente na bacia Amazônica, mas também nas hidrovias do Tietê-Paraná, Paraguai, Sul e Tocantins-Araguaia. A movimentação anual de cargas se aproxima de 30 milhões de toneladas, com destaque para o transporte de granéis sólidos. Há, porém, um grande potencial de ampliação da movimentação de cargas pelas hidrovias, em especial, para o transporte da produção agrícola. As regiões com maior espaço para aumento de carga transportada são a Centro-Oeste e a Norte, utilizando os rios Madeira e Teles Pires-Tapajós na bacia Amazônica e Tocantins-Araguaia na bacia de mesmo nome. Trata-se de rios de baixo e médio curso, mais favoráveis à navegação. São também regiões de fronteira agrícola, com perspectiva de forte expansão na produção. Por fim, há também uma grande demanda reprimida, advinda da carga hoje transportada em caminhões.

A comparação de fretes e custos do transporte hidroviário com o ferroviário e o rodoviário demonstra ser aquele o modo mais adequado para receber recursos públicos para implantar sua infraestrutura, aproveitando as condições de navegação naturais dos rios e lagos brasileiros (em grande parte já favoráveis). Apesar de simplificada, a análise indica que mesmo hidrovias que demandem a implantação de eclusas apresentam custo total de transporte menor do que as ferrovias. Para um percurso de 1.000 km, as hidrovias seriam competitivas mesmo que fossem necessárias até três eclusas (de grande porte), além dos custos típicos de sinalização, dragagem e derrocamento como os previstos para as hidrovias do Madeira e do Araguaia-Tocantins. Tal estrutura de custos, vantajosa em relação às ferrovias, permitiria que a infraestrutura hidroviária pudesse ser remunerada por pedágios, que seriam revertidos para manutenção e ampliação da própria hidrovia. Tal arranjo traria, inclusive, incentivos ao investimento do transportador hidroviário, que, ao vislumbrar que as condições de navegabilidade seriam mantidas no longo prazo, se sentiria seguro em ampliar sua frota de rebocadores e barcaças.

Na análise institucional, constata-se no setor hidroviário brasileiro a sobreposição de documentos (planos e programas) e de instituições (ministérios e secretarias). Contudo, trata-se de um setor relativamente pouco conhecido e explorado, tanto pelo poder público quanto pela iniciativa privada. Com isto, o setor não consegue sensibilizar as altas autoridades a decidir a seu favor, em termos de efetivação de políticas públicas e alocação de recursos. Existe insegurança em tomar decisões sobre o que se tem pouco conhecimento, levando a falta de priorização. Neste sentido, setores mais "tradicionais", como rodovias, ferrovias, aeroportos e portos, levam vantagem em termos de serem contemplados em planos e orçamentos.

Outro fato constatado respeita à desorganização institucional e sub-rogação de comando identificadas, que impactam negativamente a qualidade da gestão do setor. Observa-se um afastamento entre os agentes responsáveis diretamente pela gestão das hidrovias e portos interiores e as esferas de tomada de decisão do Ministério dos Transportes.[42] A precariedade do instrumento que lhes confere tal responsabilidade (convênio), possivelmente, também contribui para a escassez de recursos. Outro fato que contribui para as dificuldades de gestão é a escassez de recursos humanos na DAQ (Dnit), Codomar e AHs (BNDES, 2012).

Finalmente, cabe fazer alguns comentários sobre a Medida Provisória nº 595, conhecida como MP dos Portos, convertida na Lei nº 12.815, de 5 de junho de 2013. Especificamente sobre hidrovias e portos interiores, a MP determina que "ficam transferidas à Secretaria de Portos da Presidência da República as competências atribuídas ao Ministério dos Transportes e ao Departamento Nacional de Infraestrutura de Transportes — DNIT em leis gerais e específicas relativas a portos fluviais e lacustres". Quanto à Secretaria de Portos, a MP estabelece que a ela

> compete assessorar direta e imediatamente o Presidente da República na formulação de políticas e diretrizes para o desenvolvimento e o fomento do setor de portos e instalações portuárias marítimos, fluviais e lacustres e, especialmente, promover a execução e a avaliação de medidas, programas e projetos de apoio ao desenvolvimento da infraestrutura e da superestrutura dos portos e instalações portuárias marítimos, fluviais e lacustres.

Portanto, a Antaq passa a ficar diretamente vinculada à SEP e não mais ao Ministério dos Transportes.

42. Que doravante passarão à SEP/Antaq.

Espera-se que o rearranjo institucional dos órgãos públicos relacionados aos transportes privilegie o planejamento integrado da infraestrutura, promovendo a implantação das hidrovias nas regiões onde são mais atrativas do que os outros modos de transporte. O papel da EPL como órgão de planejamento desta infraestrutura pode trazer mais racionalidade às decisões, e também ajudar a disseminar as informações relacionadas ao transporte hidroviário, muitas vezes preterido pelo desconhecimento dos tomadores de decisão.

Referências

ANA/GEF/PNUMA/OEA, S. DE U. M.-S. *Projeto de gerenciamento integrado das atividades desenvolvidas em terra na bacia do São Francisco*. Estudo técnico de apoio ao PBHSF. v. 8, 2004.

ANP. *Sistema de levantamento de preços*. Disponível em: <www.anp.gov.br/preco/prc/Resumo_Mensal_Index.asp>. Acesso em: 27 maio 2013.

ANTAQ. *Anuário estatístico aquaviário*. Brasília: s.n., s.d. Disponível em: <www.antaq.gov.br/Portal/Anuarios/Anuario2012/index.htm>. Acesso em: 28 maio 2013.

____. *Hidrovias brasileiras* — indicadores do transporte de cargas: tonelada útil transportada (t) e tonelada quilômetro útil (TKU). s.n.t.

_____. *Plano nacional de integração hidroviária*. Brasília: Antaq, fev. 2013. Disponível em: <www.antaq.gov.br/portal/PNIH.asp>. Acesso em: 23 maio 2013.

____. *Situação atual da hidrovia Tietê-Paraná*. Brasília: Antaq, 2012. Disponível em: <www.antaq.gov.br/portal/pdf/palestras/PalestraJulho2012.pdf>. Acesso em: 27 maio 2013.

BAENINGER, R.; LEONELLI, G.; BOLLIGER, C. Municípios da hidrovia Tietê-Paraná: regionalização e dinâmica sócio-espacial. In: ENCONTRO DA ASSOCIAÇÃO BRASILEIRA DE ESTUDOS POPULACIONAIS, XIII, 2002. Ouro Preto.

BNDES. *Análise e avaliação da organização institucional e da eficiência de gestão do setor portuário brasileiro*. Rio de Janeiro: BNDES; Booz&Company, 2012.

BRASIL. *Constituição da República Federativa do Brasil*. Brasília: Congresso Nacional, 1988.

____. *Lei nº 5.917, de 10 de setembro de 1973*. Aprova o Plano Nacional de Viação. Brasília: Congresso Nacional, 1973.

____. *Lei nº 10.233, de 5 de junho de 2001*. Dispõe sobre a reestruturação dos transportes aquaviário e terrestre, cria o Conselho Nacional de Integração de Políticas de Transporte, a Agência Nacional de Transportes Terrestres, a Agência Nacional de Transportes Aquaviários e o Departamento Nacional de Infraestrutura de Transportes, e dá outras providências. Brasília: Congresso Nacional, 2001.

____. *Lei nº 12.379, de 6 de janeiro de 2011*. Dispõe sobre o Sistema Nacional de Viação — SNV. Brasília: Congresso Nacional, 2011.

____. *Lei nº 12.593, de 18 de janeiro de 2012*. Institui o Plano Plurianual da União para o período de 2012 a 2015. Brasília: Congresso Nacional, 2012.

____. *Lei nº 12.595, de 19 de janeiro de 2012*. Estima a receita e fixa a despesa da União para o exercício financeiro de 2012. Brasília: Congresso Nacional, 2012.

____. *Lei nº 12.743, de 19 de dezembro de 2012*. Altera as Leis nºs 10.233 e 12.404 para modificar a denominação da Empresa de Transporte Ferroviário de Alta Velocidade S.A. — Etav para Empresa de Planejamento e Logística S.A. — EPL, e ampliar suas competências. Brasília: Congresso Nacional, 2012.

____. *Lei nº 12.798, de 4 de abril de 2013*. Estima a receita e fixa a despesa da União para o exercício financeiro de 2013. Brasília: Congresso Nacional, 2013.

____. *Medida Provisória nº 595, de 6 de dezembro de 2012*. Dispõe sobre a exploração direta e indireta, pela União, de portos e instalações portuárias e sobre as atividades desempenhadas pelos operadores portuários, e dá outras providências. Brasília: Presidência da República, 2012.

____. Ministério do Planejamento, Orçamento e Gestão. *Manual de apresentação de estudos de viabilidade de projetos de grande vulto*. Brasília: MPOG, 2009. Disponível em: <www.planejamento.gov.br/secretarias/upload/Arquivos/spi/plano_plurianual/cma/100812_PPA_CMA_Manual_CTPGV.pdf>.

____. ____. *Plano plurianual da União — PPA 2012 a 2015*. Brasília: MPOG, 2011.

____. ____. *Programa de Aceleração do Crescimento — PAC 2: 2011 a 2014*. Brasília: MPOG, 2010.

____. Ministério dos Transportes. *Dados técnicos sobre as bacias hidroviárias*. Disponível em: <www.transportes.gov.br/conteudo/768>. Acesso em: 27 maio 2013.

____. ____. *Diretrizes da Política Nacional de Transporte Hidroviário*. ed. rev. Brasília:Transportes, 2010.

____. ____. *Plano Nacional de Logística e Transportes*. Brasília: Transportes, 2012. Disponível em: <http://transportes.gov.br/index/conteudo/id/36607>. Acesso em: 23 maio 2013.

BRIGHETTI, G.; BRANDÃO, J. L. B. *Obras de regularização de leito*. s.l.: Escola Politécnica da Universidade de São Paulo — Departamento de Engenharia Hidráulica e Sanitária, maio 2001. Disponível em: <http://xfcth.com/public/cursos/phd5023/REGULARIZA.PDF>.

CARAMURU. *A hidrovia e o uso múltiplo das águas*. São Paulo: Fiesp, 2011. Disponível em: <www.slideshare.net/FIESP/a-hidrovia-e-o-uso-mltiplo-das-guas>. Acesso em: 27 maio 2013.

CHAVES, C. M. das G. A construção do Brasil: projetos de integração da América portuguesa. *Revista de História*, São Paulo, n. 147, p. 135-157, 2002.

CNI. *Projeto Norte competitivo*. Brasília: CNI/Macrologística, 2011.

____. *Projeto Nordeste competitivo*. Brasília: CNI/Macrologística, 2012.

____. *Projeto Sul competitivo*. Brasília: CNI/Macrologística, 2012.

CNT. *Plano de transportes e logística 2011*. Brasília: CNT, 2011.

GEIPOT. *Transportes no Brasil*: história e reflexões. s.l: s.n., 2001.

IPEA. *Infraestrutura econômica no Brasil*: diagnósticos e perspectivas para 2025. Brasília: Ipea, 2010. v. 1.

MACHADO, I. R. et al. Um estudo exploratório sobre os custos logísticos da hidrovia do São Francisco. In: CONVIBRA ADMINISTRAÇÃO — CONGRESSO VIRTUAL BRASILEIRO DE ADMINISTRAÇÃO, VII, nov. 2010. Disponível em: <www.convibra.com.br/upload/paper/adm/adm_1285.pdf>.

MIGUENS, A. *Navegação*: a ciência e a arte. s.l.: 1996. v. 3.

NATAL, J. L. A. Transporte, ocupação do espaço e desenvolvimento capitalista no Brasil: história e perspectivas. *Ensaios FEE*, v. 12, n. 2, p. 293-307, 1991.

SIMÕES, R. A. *Hidrovia Tiête-Paraná e o Plano de Desenvolvimento do Vale do Rio Piracicaba*: perspectivas, viabilidade e impacto regional. s.l.: Unicamp, s.d.

SOUZA, A. S. DE. *Um retrato das hidrovias brasileiras*: hidrovias × competitividade brasileira no comércio de *commodities*. s.l.: UFSC/Gelog, 2008.

TRANSPETRO. *Promef hidrovia*. Rio de Janeiro: Transpetro, 2011. Disponível em: <www.promef-transpetro.com.br>. Acesso em: 24 maio 2013.

Capítulo 9

Regulação dos portos no Brasil: evolução e perspectivas[1]

Eduardo Augusto Guimarães

1. Introdução

A Lei nº 8.630/1993, a Lei dos Portos, completaria 20 anos no dia 25 de fevereiro de 2013. Foi revogada e reescrita pela Medida Provisória nº 595, em dezembro de 2012. O modelo portuário introduzido pela Lei representou uma ampla reforma do sistema portuário. O resultado desse processo foi uma significativa melhoria da eficiência e a expansão desse sistema. O fluxo de comércio exterior do país é hoje, em termos nominais, sete vezes maior do que o observado em 1993; os índices de *quantum* das exportações e das importações cresceram, respectivamente, 157% e 439%, nesses 20 anos. O volume de carga movimentada pelo sistema portuário brasileiro cresceu 140% nesse período.[2]

Não obstante, os portos brasileiros apresentam ainda hoje baixo nível de eficiência, custos elevados e reduzido volume de investimento, o que sugere que a reforma não gerou todos os resultados esperados. O sucesso apenas parcial do novo modelo decorre de aspectos da própria Lei dos Portos e, sobretudo, de sua implementação incompleta e da evolução da política portuária no período.

1. Este texto incorpora, em forma revista, trabalhos anteriores do autor, notadamente: "Regulação e concorrência nos portos brasileiros", *Breves Cindes*, fev. 2011 (em coautoria com José Tavares de Araújo Jr.), *Reforma institucional do setor de transportes*: exigência para uma economia de alto crescimento. Brasília: CNI, 2006 e *A indústria e o Brasil*. Transporte de cargas. Agenda para um Brasil Competitivo. Brasília: CNI, 2010, bem como resultados de trabalho em andamento desenvolvido para a Confederação Nacional da Indústria. O autor se beneficiou, na elaboração deste artigo e dos demais aqui citados, do conhecimento do setor e dos comentários de Wagner Cardoso.

2. Ipeadata: <www.ipeadata.gov.br>.

Este artigo examina a implementação do modelo e a evolução do marco regulatório e da política portuária durante os 20 anos de vigência da Lei nº 8.630 e procura avaliar em que medida essa trajetória afetou a expansão e o desempenho do sistema. Examina também o significado da revisão da Lei promovida pela MP nº 595 e suas implicações para a evolução futura do transporte marítimo no Brasil.

2. Antecedentes: o regime portuário antes de 1993

Convém começar por um breve exame do regime legal vigente quando da aprovação da Lei nº 8.630, uma vez que suas características e a resistência oposta à sua alteração tiveram reflexo no desenho regulatório formulado pela nova lei.[3]

O modelo portuário que vigorou até o início dos anos noventa configurava um sistema portuário basicamente estatal, operando sob regulamentação extremamente rígida das relações de trabalho na atividade portuária e, nas décadas anteriores à promulgação da Lei nº 8.630, submetido a uma gestão centralizada.

O marco legal que orientou a estruturação desse modelo foi formulado por um conjunto de decretos de 1934:

- Decreto nº 24.447, que definiu o espaço e as instalações dos portos organizados, prevendo que a administração do porto poderia "ser dependência direta do Governo Federal, ou de concessionário ou arrendatário, a quem, por contrato, tenha sido delegada a execução daqueles serviços";
- Decreto nº 24.511, que regulou a utilização das instalações portuárias; e
- Decreto nº 24.508, que relacionou os serviços prestados pelas administrações desses portos, uniformizando as taxas portuárias e atribuindo ao Departamento Nacional de Portos e Navegação, do Ministério da Viação e Obras Públicas, que acabava de ser criado, a direção da exploração dos portos nacionais organizados e a fiscalização da exploração dos portos a cargo de concessionários ou arrendatários.[4]

3. Para uma análise mais detalhada do período, ver Castro e Larny (1992).
4. O DNPM teve sua denominação alterada ao longo dos anos, tendo sido extinto em 1975, como Departamento Nacional de Portos e Vias Navegáveis (DNPVN), para dar lugar à Portobrás.

Um quarto decreto do mesmo ano, Decreto nº 24.599/1934, autorizou a concessão de obras de melhoramentos e exploração comercial dos portos nacionais (mas sem fazer referência à construção) aos estados em que se localizassem ou a entidades privadas, fixando as normas a serem observadas em tais concessões.[5] A concessão da construção e exploração de instalações portuárias foi tratada, posteriormente, pelo Decreto-Lei nº 6.460/1944, que autorizou essa concessão a municípios e estados, estabelecendo regras específicas para as instalações rudimentares e remetendo as que ultrapassassem esse limite às regras do Decreto nº 24.599. O Decreto-Lei autorizava também a transferência da conservação e exploração dessas instalações portuárias a entidades privadas.

Essa legislação foi complementada na década de sessenta. O Decreto-Lei nº 5, de 1966, autorizou a construção e exploração de instalações portuárias por embarcadores ou por terceiros, desde que não envolvessem ônus para o poder público e que a exploração se fizesse para uso próprio. O Decreto-Lei nº 561, de 1969, acrescentou, no decreto-lei anterior, artigo prevendo a autorização do DNPVN para a movimentação de cargas de terceiros nos terminais ou embarcadouros de uso privativo quando ocorresse congestionamento nas instalações dos portos organizados.[6] Essa legislação da década de sessenta reflete um compromisso entre o modelo portuário vigente e a necessidade dos grandes exportadores de granéis sólidos e líquidos de escapar à ineficiência dos portos organizados do país.[7]

Esse conjunto de textos legais, emitidos de 1934 a 1969 e vigentes quando da aprovação da Lei dos Portos, previa, portanto, a participação de entidades privadas na:

- administração do porto organizado (Decreto nº 24.447);
- execução de obras de melhoramentos e exploração comercial dos portos nacionais (mas não construção) (Decreto nº 24.599);

5. A concessão dos portos nacionais estava até então baseada na Lei nº 1.746, de 1869.
6. Aparecem aqui os conceitos, ausente dos documentos legais anteriores, de uso próprio, no primeiro decreto-lei, e de terminal de uso privativo e carga de terceiros, no segundo.
7. É significativa a afirmação da Ação Direta de Inconstitucionalidade, impetrada contra a Lei nº 8.630 por diversas federações de trabalhadores portuários e alguns partidos políticos em 1993: "abrindo salutarmente os portos à iniciativa privada, a legislação brasileira permitiu que, na área dos portos brasileiros, fossem construídas por empresas privadas instalações que se destinavam a atender ao grande volume de movimentação de suas mercadorias. São exemplos: Cutrale, Cargill, Sambra, Sadia, Soccepar, Cotrijuí, Dow Chemichal, Samitri, Alumar, Cotriguaçu, e muitas outras". Curiosamente, a Adin refere-se a "empresas privadas" e ignora as estatais Petrobras e Vale, as principais operadoras desses terminais.

- conservação e exploração de instalações portuárias construídas por municípios e estados (Decreto-Lei nº 6.460);
- construção e exploração de instalações portuárias desde que a exploração se faça para uso próprio (Decreto-Lei nº 5/1966); e
- movimentação de cargas de terceiros nos terminais ou embarcadouros de uso privativo, mediante autorização de DNPVN, quando ocorresse congestionamento nas instalações dos portos organizados (Decreto-Lei nº 561).

A gestão desse sistema portuário estatal, cujas unidades operavam de forma relativamente independente sob a supervisão do DNPVN, foi modificada em 1975 com a criação da Portobrás. Essa empresa estatal combinava a atuação de uma empresa *holding*, com controle direto de oito companhias docas[8] e administração direta de nove portos,[9] com a função de fiscalização dos portos estaduais sob regime de concessão e de terminais privativos que movimentavam carga própria (basicamente, granéis sólidos e líquidos).

Por fim, a terceira característica do modelo portuário que vigorou até o início dos anos noventa era a regulamentação extremamente rígida das relações de trabalho. Embora não relacionada diretamente à regulação do mercado de serviços portuários, ela é relevante não apenas por seu impacto sobre os custos e a eficiência do setor, mas também por sua dimensão política e por seu efeito negativo na definição e implementação do novo marco regulatório do setor.

A regulamentação das relações de trabalho nos portos tinha como peças centrais os referidos decretos da década de trinta e a Consolidação das Leis do Trabalho, que estabeleciam normas bastante rígidas relativas à contratação e remuneração de trabalhadores para serviços de capatazia e, sobretudo, de estiva, cuja execução estava reservada a "operários estivadores (...), de preferência sindicalizados, devidamente matriculados nas Capitanias dos Portos ou em suas Delegacias ou Agências" (art. 257 da CLT), excluindo, portanto, pesso-

8. Companhia Docas do Rio de Janeiro (portos de Rio de Janeiro, Niterói, Angra dos Reis, Forno e Sepetiba); Companhia Docas do Estado da Bahia (portos de Salvador, Ilhéus e Aratu); Companhia Docas do Ceará (Fortaleza); Companhia Docas do Estado de São Paulo (Santos); Companhia Docas do Pará (Óbidos, Belém, Vila do Conde, Macapá e Santarém); Companhia Docas do Maranhão (Itaqui); Companhia Docas do Rio Grande do Norte (Areia Branca e Natal); e Companhia Docas do Espírito Santo (Vitória e Barra do Riacho) (Castro e Larny, 1992).

9. Portos de Manaus (Amazonas), Cabedelo (Paraíba), Recife (Pernambuco), Maceió (Alagoas), Aracaju (Sergipe), Itajaí e Laguna (Santa Catarina), Porto Velho (Rondônia, no rio Madeira) e Pirapora (Minas Gerais, no rio São Francisco) (Castro e Larny).

as com vínculo empregatício ou mesmo a tripulação das embarcações. Além disso, a CLT regulava:

- a demanda de mão de obra: atribuía à Delegacia do Trabalho Marítimo a fixação do número de estivadores que deveria compor as turmas para trabalho em cada porão, tendo em vista a espécie das mercadorias e das embarcações;
- o preço: previa uma remuneração aprovada pelo governo;
- a magnitude da oferta de mão de obra: fixava uma meta de mil horas/mês de trabalho para cada estivador; estabelecia que o número de operários seria aumentado se a média fosse superior a essa meta; e vedava, em caso contrário, a matrícula de novos estivadores, até que se atingisse esse índice de intensidade de trabalho; e
- a composição da oferta: definia como um direito dos estivadores matriculados nas Capitanias dos Portos a revalidação anual de suas cadernetas de matrículas e conferia preferência aos trabalhadores sindicalizados.

3. O modelo de sistema portuário da Lei dos Portos

3.1 Contexto e objetivos da reforma portuária

A reforma portuária introduzida pela Lei dos Portos se insere e reflete o amplo processo de reforma econômica e de revisão das práticas de política econômica que se observa, nas economias desenvolvidas, a partir dos anos 1980, e, no Brasil, do início dos anos noventa.

Esse processo incluiu, no plano internacional, a redução do papel do Estado na economia e a revisão da rígida regulamentação que inibia a concorrência na maioria dos mercados de serviços de infraestrutura. No tocante ao sistema portuário, em particular, o processo de reforma vai resultar na evolução do modelo então predominante — no qual a Autoridade Portuária, um ente público, detém a posse de todos os ativos (terreno, construções e equipamentos), executa as atividades portuárias e exerce as funções regulatórias — para configurações diferenciadas de propriedade e operação.[10]

10. Para uma descrição da experiência de reforma portuária nos anos noventa, ver World Bank (2007:100-109).

No Brasil, o processo de reforma da economia contemplou também a redução da intervenção do Estado na economia, com a privatização de segmentos da infraestrutura e de empresas industriais sob controle estatal. No tocante ao setor de transporte, assiste-se à definição e implantação gradativa, que se estende por toda a década, de um novo modelo, que reserva um maior papel para o setor privado na construção e manutenção da infraestrutura e na prestação desse serviço.

O sistema portuário é o primeiro segmento do setor de transporte (aliás, o primeiro também entre os demais setores de infraestrutura) a ser objeto de reforma — possivelmente porque os efeitos de sua ineficiência sobre o desempenho da economia brasileira se destacassem no contexto da deterioração geral da malha de transporte do país.[11] A definição e a implementação do novo modelo de sistema portuário se ressentiriam do fato de terem antecipado as demais reformas e antecedido a definição de um marco regulatório adequado a mercados de serviços de infraestrutura com forte participação privada.

A extinção da Portobrás em 1990 marcou o início do processo de reforma do sistema portuário. Do ponto de vista administrativo, os portos voltaram a ser responsabilidade de um Departamento no âmbito do Ministério dos Transportes (então, Ministério da Infraestrutura).

Esse movimento inicial foi seguido, em fevereiro de 1991, do envio ao Congresso de projeto de lei que dispunha sobre o regime jurídico da exploração dos portos organizados e das instalações portuárias, que seria sancionado como a Lei nº 8.630 dois anos depois, em fevereiro de 1993. O longo período de tramitação é indicativo da forte resistência à reforma portuária, que mobilizou, além das correntes ideológicas favoráveis ao controle estatal do setor, os grupos de interesses afetados, notadamente as organizações sindicais de trabalhadores portuários em geral, a burocracia das Cias. Docas e da extinta Portobrás, e segmentos da classe política que representavam segmentos de eleitores de áreas portuárias ou tinham vínculos com as administrações dos portos. Essa oposição refletia os propósitos da reforma.

A Lei dos Portos tinha dois focos principais:

reduzir a presença do Estado no sistema portuário, com a transferência da exploração dos portos para o setor privado, tendo em vista induzir

---

11. A licitação de concessões rodoviárias ocorreu entre 1994 e 1998; a liquidação do Lloyd Brasileiro, em 1997; a privatização da RFFSA e da Fepasa e as concessões de duas estradas de ferro à CVRD em seu processo de privatização, em 1997 e 1998.

investimentos privados nesse sistema e melhorar sua gestão; e
flexibilizar as normas sobre relações de trabalho nos portos, identificadas como principal fonte de ineficiência e custos elevados na atividade portuária.

3.2 A configuração do sistema portuário

Em relação à participação do setor privado no sistema portuário, a Lei dos Portos inovou em relação ao marco legal vigente:[12]

ao modificar a estrutura e configuração dos postos organizados, refletindo nesse ponto a tendência observada em outros países; e

ao viabilizar a expansão das instalações portuárias voltadas para o mercado mediante projetos *greenfield*, de iniciativa do setor privado, fora da área do porto organizado.

O *novo modelo de porto organizado* estabelece que:[13]

a *Administração do Porto*, a autoridade portuária, a quem compete as atividades e responsabilidades inerentes à gestão da operação do porto, é exercida diretamente pela União ou pelo concessionário do porto organizado;

a área do porto organizado pode abrigar as seguintes instalações portuárias:

12. Legislação posterior à Lei dos Portos (Lei nº 9.277/96, e pelos Decretos nºs 2.184/97 e 2.247/97) estabeleceu que a União pode *delegar* o direito de exploração do porto para o estado ou município onde está localizado, para exploração direta pelo ente infranacional ou subsequente concessão à entidade privada. Os decretos da década de trinta previam a *transferência* do porto para os estados sob a forma de concessão. Os portos de São Francisco do Sul, em Santa Catarina, e São Sebastião, em São Paulo, estão ainda sob o regime de concessão.

13. Na tipologia adotada pelo Banco Mundial, em seu *Port reform toolkit*, o modelo portuário vigente até o início dos anos noventa pode ser caracterizado como um *service port*; o modelo definido pela Lei nº 8.630 se aproxima de um *landlord port*.

• Service Port: (i) autoridade portuária, um ente público, detém a posse de todos os ativos, executa as atividades portuárias e exerce as funções regulatórias; (ii) trabalho no porto realizado por empregados vinculados diretamente à autoridade portuária.

• Landlord Port: (i) a autoridade portuária atua como órgão regulador e detém a propriedade da área do porto; (ii) infraestrutura arrendada a empresas privadas que respondem pela operação do porto mantém sua própria superestrutura e contrata o trabalho nas docas; (iii) responsabilidade da autoridade portuária restrita à exploração econômica e ao desenvolvimento de longo prazo dos terrenos e à manutenção da infraestrutura básica.

— em terreno do qual a União é o titular do domínio útil:

- *cais público*;
- *terminal de uso público com gestão privada*, outorgado mediante contrato de arrendamento celebrado com a União ou com a Administração do Porto;
- *terminal de uso privativo*, outorgado mediante contrato de arrendamento celebrado com a União ou com a Administração do Porto;

— em terreno cujo titular do domínio útil seja um ente privado:

- *terminal de uso privativo*, outorgado mediante autorização da Antaq;[14]

— a movimentação ou armazenagem de mercadorias no porto organizado é reservada ao operador portuário, pessoa jurídica pré-qualificada junto à Administração do Porto para a execução dessa atividade, exceto nos casos de operações que não requeiram a utilização de mão de obra ou possam ser executadas exclusivamente pela própria tripulação das embarcações e de alguns outros casos específicos (a Administração do Porto é considerada pré-qualificada como operador portuário).

Fora da área do porto organizado, a Lei nº 8.830 prevê a existência de *terminal de uso privativo*, explorado por pessoa jurídica de direito público ou privado, titular do domínio útil do terreno, mediante autorização outorgada pela Antaq.[15]

A Lei dos Portos prevê ainda que o *terminal de uso privativo*, dentro ou fora da área do porto organizado, pode assumir duas modalidades:

- exclusivo, para movimentação de carga própria; e
- misto, para movimentação de carga própria e de terceiros.

A reforma aprovada em 1993 apontou, portanto, para uma privatização significativa da atividade portuária, prevendo a presença do investidor privado como:

- concessionário da exploração do porto organizado;
- arrendatário de terminal de uso público com gestão privada ou de terminal de uso privativo, em área do porto organizado;

---

14. A atribuição de competência da Antaq para a outorga da autorização foi introduzida pela Lei nº 10.233/2001.

15. Posteriormente, a Lei nº 11.518/2007 incluiu na Lei dos Portos, como instalações portuárias localizadas fora do porto organizado, "a estação de transbordo de cargas" e a "instalação portuária pública de pequeno porte", ambas relacionadas à navegação interior. A atribuição de competência da Antaq para a outorga da concessão foi introduzida pela Lei nº 10.233/2001.

- autorizatário de terminal de uso privativo em terreno do qual detenha a titularidade do domínio útil, dentro ou fora da área do porto organizado.

Vale notar que essa participação do setor privado no porto organizado já era contemplada nos decretos dos anos trinta.

Estes previam que a administração do porto organizado pudesse ser feita por um concessionário e a concessão, a entidades privadas, da execução de obras de melhoramentos e da exploração comercial dos portos nacionais, estaduais e municipais. A modificação do modelo do porto organizado introduzida pela nova lei veio, no entanto, transformar o que era uma possibilidade, de resto não utilizada, em elemento constitutivo da estrutura e gestão do porto.[16]

A modificação mais significativa promovida pela Lei dos Portos no desenho do sistema portuário então vigente é a existência de terminal de uso privativo que pode movimentar carga de terceiros.

Na verdade, se a participação do setor privado no porto organizado prevista pelo novo modelo favorece a modernização e ampliação da capacidade de movimentação de carga e o aumento da eficiência da operação desses portos, a possibilidade de o investidor privado promover a construção e explorar novos terminais portuários favorece a maior abrangência geográfica do sistema portuário e maior concorrência no setor.

3.3 Regulamentação das relações de trabalho

A flexibilização das normas sobre relações de trabalho nos portos, identificadas como principal fonte de ineficiência e custos elevados na atividade portuária, constituía talvez o principal objetivo da reforma portuária de 1993. Foi também o maior motivador da resistência oposta à aprovação da reforma.

A Lei nº 8.630 estabeleceu regimes diferenciados para o porto organizado (vale dizer, para a movimentação de carga no cais público e nos terminais de uso público com gestão privada) e para os terminais privativos exclusivos e mistos.

Nos portos organizados, o trabalho portuário de movimentação (capatazia e estiva), conferência e conserto de carga e de vigilância de embarcações

16. A Cia. Docas de Imbituba, em Santa Catarina, é uma concessionária privada da exploração de um porto organizado, estabelecida antes da aprovação da Lei nº 8.630. A concessão expirou em 2012.

pode ser executado por trabalhadores portuários com vínculo empregatício a prazo indeterminado e por trabalhadores portuários avulsos. A contratação dos trabalhadores com vínculo empregatício deve ser feita, no entanto, exclusivamente, dentre os trabalhadores portuários avulsos registrados.

O fornecimento dessa mão de obra é administrado, em cada porto organizado, por um *órgão de gestão de mão de obra do trabalho portuário* (OGMO), constituído pelos operadores portuários, a quem cabe manter o cadastro do trabalhador portuário e o registro do trabalhador portuário avulso; estabelecer o número de vagas, a forma e a periodicidade do acesso ao registro do trabalhador portuário avulso; e selecionar e registrar o trabalhador portuário avulso.[17]

Nas instalações portuárias de uso privativo, está autorizada a contratação de trabalhadores a prazo indeterminado, observado o disposto no contrato, convenção ou acordo coletivo de trabalho das respectivas categorias. As instalações existentes quando da aprovação da Lei nº 8.630 devem, no entanto, manter, em caráter permanente, a proporção entre trabalhadores com vínculo empregatício e trabalhadores avulsos então existentes.

4. Política governamental e regulação na vigência da Lei dos Portos

4.1 Problemas da Lei dos Portos que afetaram o desempenho do novo modelo

Os problemas associados à Lei dos Portos refletem heranças do regime portuário anterior e a necessidade de acomodar interesses afetados pela reforma e também o fato de a Lei nº 8.630 anteceder a legislação que estabeleceu o novo arcabouço legal do regime de concessão e da atuação das agências reguladoras do setor de transporte.

O compromisso mais evidente no sentido de viabilizar politicamente a reforma foi a nova regulamentação das relações de trabalho, que acarretou flexibilização significativa, mas apenas parcial, das normas relativas ao porto organizado. Mesmo em relação aos terminais de uso privativo, onde não há

17. O OGMO tem, obrigatoriamente, um Conselho de Supervisão, composto por quatro membros indicados por blocos representados no CAP, e uma Diretoria Executiva.

restrições à contratação de trabalhadores com vínculo empregatício, estabeleceu-se, para os terminais já existentes, a exigência da manutenção, em caráter permanente, da proporção entre esses trabalhadores e os trabalhadores avulsos observada quando da aprovação da lei — destaque-se que não se trata de preservação de direitos individuais, uma vez que o que é preservado, em caráter permanente, é a proporção. A flexibilização parcial onera evidentemente o custo da operação dos terminais de uso público com gestão privada e, em menor grau, dos terminais de uso privativo pré-1993.

A herança do regime portuário anterior aparece também na preservação de nomenclatura e conceitos. Essa herança está clara no contexto da modificação mais significativa em relação ao modelo portuário anterior — a existência de terminal de uso privativo que pode movimentar carga de terceiros em caráter permanente. A nova lei se atém à terminologia introduzida na década de sessenta: carga de uso próprio, carga de terceiros e terminal de uso privativo, ao qual associa a diferenciação entre as modalidades exclusivo e misto.

Na verdade, a diferenciação entre carga própria e de terceiros não tem nenhuma funcionalidade no contexto da nova lei, a não ser estabelecer o critério de distinção entre as duas modalidades. E não existe no texto da lei nenhuma distinção entre as duas modalidades — de fato, a única referência da lei a "exclusivo" ou "misto" é a do artigo que enuncia a existência das duas modalidades. A lei poderia, portanto, ter abandonado os conceitos de carga própria e carga de terceiros, que foram incorporados à legislação para promover uma abertura limitada do sistema portuário ao setor privado e, consequentemente, dispensar a distinção entre terminais de uso privativo exclusivo e misto. De resto, caberia abandonar também a própria designação de terminal de uso privativo, que surge associado ao uso exclusivo na movimentação de carga própria, e renomeá-lo terminal privado.

A Lei nº 8.630 se ressente também de seu caráter pioneiro. A transferência da exploração de um serviço de infraestrutura para o setor privado requer a supervisão de um mecanismo estatal de regulação. A Lei dos Portos antecedeu, no entanto, a legislação que estabeleceu o novo arcabouço legal do regime de concessão e da atuação das agências reguladoras do setor de transporte: a Lei nº 8.987, de 1995, que definiu o novo arcabouço legal do regime de concessão, e a Lei nº 10.233, de 2001, que fixou as diretrizes gerais do novo modelo do sistema de transporte e da atuação das agências reguladoras. Assim, apenas em 2001 foi constituída a entidade responsável pela regulação do transporte aquaviário do país, a Agência Nacional de Transportes Aquaviários (Antaq).

Na ausência dessa referência legal, a Lei nº 8.630 criou seu próprio marco regulatório, no qual a função de regulação das relações de mercado, em alguns casos, permanece vaga e, em outros, está referida à estrutura da administração pública federal então vigente ou a entidades criadas pela própria lei. Este marco regulatório não era necessariamente harmonizado ao modelo que viria a ser definido pela legislação subsequente.

Por outro lado, essa legislação, em particular a Lei nº 10.233, procurou incorporar o modelo de gestão portuária estabelecido pela Lei nº 8.630, sem, contudo, levar em conta todas as peculiaridades daquela lei, nem corrigir inteiramente seus aspectos que não eram convergentes com o novo marco regulatório. A convergência com o arcabouço regulatório formulado pela Lei nº 10.233 foi mais efetiva no tocante aos terminais de uso privativo, que foram colocados sob a competência da Antaq. Os problemas subsistiram, no entanto, no tocante ao porto organizado, onde a Agência veio encontrar já consolidada uma estrutura de gestão, que exercia também algumas funções próprias do Poder Concedente — o que enfraqueceu seu papel de regulação e fiscalização.

A governança desenhada pela Lei dos Portos para os portos organizados está centrada na Administração do Porto e, subsidiariamente, em um Conselho de Autoridade Portuária (CAP), criado pela Lei nº 8.630.

A Administração do Porto, que constitui a autoridade portuária, tem funções e responsabilidades inerentes à gestão da operação do porto, mas recebeu também atribuições próprias de Poder Concedente. É o caso da:

- realização da licitação e da celebração do contrato que outorga a exploração de terminais no porto organizado a agentes privados — embora a Lei dos Portos associe essa exploração a um contrato de arrendamento, fica claro, por sua enumeração das cláusulas essenciais desse contrato, que se trata também de um contrato de concessão para a prestação de serviço;[18]
- fiscalização e gerenciamento da execução daquele contrato e regulação do relacionamento do arrendatário com os usuários dos serviços portuários (fixando os valores e arrecadando a tarifa portuária).

18. As cláusulas essenciais referem-se ao modo, forma e condições da exploração do serviço, com a indicação de padrões de qualidade e de metas e prazos para o seu aperfeiçoamento, bem como aos critérios, indicadores, fórmulas e parâmetros definidores da qualidade do serviço.

A amplitude dessas atribuições foi, em alguma medida, limitada pela Lei nº 10.233/2001, que conferiu à Antaq a competência de supervisão e de fiscalização das atividades desenvolvidas pelas administrações portuárias e avocou a essa agência o julgamento de recursos contra as suas decisões. Também o Decreto nº 4.391/2002, ao regulamentar o arrendamento de áreas e instalações portuárias, estabelece que a proposta de Programa de Arrendamento do porto organizado elaborado pela autoridade portuária deve ser submetida à Antaq, a quem atribui ainda a competência para fixar normas complementares relativas à elaboração do contrato de arrendamento e à sua execução.

Integra também a governança do porto organizado o Conselho de Autoridade Portuária (CAP), constituído em cada porto por representantes dos blocos do poder público (três representantes), dos operadores portuários (quatro), da classe dos trabalhadores portuários (quatro) e dos usuários dos serviços portuários e afins (quatro). Em suas deliberações, cada bloco tem direito a um voto, cabendo ao presidente do conselho, o representante do governo federal indicado pela Antaq, o voto de qualidade. Suas atribuições incluem regulamentar a exploração do porto, homologando os valores das tarifas portuárias, manifestando-se sobre os programas de obras da infraestrutura portuária, aprovando o plano de desenvolvimento e zoneamento do porto, e zelando pelo cumprimento das normas de defesa da concorrência e de proteção ao meio ambiente.

O CAP, algumas vezes apresentado como o Conselho de Administração do porto, tem competências que se sobrepõem às da Administração do Porto e incluem funções típicas de uma agência reguladora. A atuação dos diversos CAPs foi bastante diferenciada ao longo do tempo e entre os diversos portos, variando da inoperância e irrelevância a um forte ativismo que os envolveu, em alguns casos, em prolongados conflitos com as administrações do portos. De todo modo, é um órgão que, como instância de poder, não tem lugar no marco regulatório vigente.

4.2 A implementação incompleta do novo modelo e a trajetória da política portuária

Data de 2001, como já mencionado, a aprovação da Lei nº 10.233, que fixou as diretrizes gerais do novo modelo do sistema de transporte e da atuação das agências reguladoras e criou a Antaq, responsável pela regulação do transporte aquaviário do país. A constituição efetiva dessa agência teve lugar apenas em 2002. Assim, o processo de transição para o novo modelo foi conduzido, ao longo de toda a década de noventa, sob a égide de um Ministério dos Transportes estruturado para operar no modelo anterior, o que afetou, em particular, sua capacidade de planejamento e de formulação de política.

De resto, contribuiu para a baixa efetividade da atuação do Ministério a deterioração de sua estrutura organizacional, de seus órgãos e de sua capacidade de gestão. Essa deterioração refletia o processo tumultuado de reforma da administração pública federal implementado no início da década e a redução do orçamento de investimento e de custeio do órgão, determinada pelo agravamento dos problemas fiscais da União e dos estados no período.

Esse quadro afetou, em particular, a reforma dos portos organizados. Apenas em 1996 o governo federal explicitou sua decisão de transferir a exploração das Companhias Docas para o setor privado, incluindo-as e todos os portos e ativos por elas administrados no Programa Nacional de Desestatização, passo inicial para essa transferência. Essa decisão não teve, no entanto, consequências, permanecendo até hoje os portos federais sob a gestão das Companhias Docas.[19] Da mesma forma, apenas em 1997 e 1998 tiveram início as licitações para o arrendamento de terminais de uso público com gestão privada.

A Lei nº 10.233, ao estabelecer as diretrizes gerais do novo modelo do sistema de transporte, definiu a estrutura organizacional responsável por sua gestão, atribuindo:

- ao Conselho Nacional de Integração de Políticas de Transporte (Conit), criado pela lei, e ao Ministério dos Transportes a competência de formular a política e o planejamento estratégico e operacional relativo ao sistema de transporte;
- à Antaq — criada pela lei e dotada de independência administrativa, autonomia financeira e funcional e mandato fixo de seus dirigentes — a regulação dos serviços e mercados de transporte marítimo e fluvial.

Essa lei, como já assinalado, procurou ainda incorporar o modelo de gestão portuária estabelecido pela Lei nº 8.630 e recuperar para a Antaq algumas

19. Também nos portos delegados para estados e municípios, a Administração do Porto vem sendo exercida diretamente pelo poder público.

das atribuições de regulador que haviam sido atribuídas à Administração dos Portos e ao CAP.

A aprovação da nova estrutura institucional do Ministério dos Transportes e do novo marco regulatório não eliminou os problemas da atuação governamental no setor. O Conit realizou sua primeira reunião em novembro de 2009 e pouco se reuniu e pouco fez desde então. A adequação da estrutura organizacional do Ministério dos Transportes à lei de 2001 só ocorreu dois anos depois. A demora teve efeitos sobre sua dotação de pessoal e sobre o desempenho de seus quadros técnicos, em virtude da desmobilização dos órgãos extintos e da desmotivação dos funcionários.

Por outro lado, o preenchimento dos cargos de direção, e mesmo dos demais cargos comissionados dos diversos órgãos que constituem o Ministério, bem como dos cargos de diretores da Antaq, não tem observado, muitas vezes, notadamente a partir de 2003, critérios de competência técnica e gerencial — frequentemente, as escolhas para essas posições obedecem a motivações de natureza estritamente política. A prevalência de tais critérios, de modo geral, é acentuada nos órgãos federais com presença nos estados, que estão sujeitos também a demandas políticas de natureza local. Esse é o caso das Companhias Docas.

A permanência das Companhias Docas como administradora dos portos organizados foi, aliás, consolidada em 2008, quando o governo federal, revertendo decisão de 1996, excluiu, por meio do Decreto nº 6.143, essas empresas e os portos correspondentes do Plano Nacional de Desestatização.

A manutenção das Companhias Docas na Administração dos Portos representou a continuidade de uma atuação caracterizada por problemas de gestão empresarial e politização da administração portuária e por volume de investimento insuficiente para atender à expansão do comércio exterior do país. Cabe notar que o baixo volume de investimento não reflete tanto a disponibilidade de recursos para investir, que cresceu a uma taxa anual de 20,6% nos últimos 10 anos, mas, sobretudo, a incapacidade das Cias. Docas de executar seus orçamentos de investimento, como indicado no quadro 1.

Outra modificação da estrutura institucional na qual opera o sistema portuário foi a criação, em setembro de 2007, da Secretaria Especial de Portos, com nível ministerial e vinculação formal à Presidência da República, à qual foram transferidas as competências do Ministério dos Transportes relativas à formulação de políticas e diretrizes para o desenvolvimento dos

Quadro 1

Orçamento de investimento das Cias. Docas — 2002 e 2008-2012

	2002	2008	2009	2010	2011	2012
Dotação (R$ milhões)	220	613	662	804	975	1.434
Investimento realizado (%)	47	29	28	36	29	27

Fonte: Ministério do Planejamento, Orçamento e Gestão. Departamento de Coordenação e Controle das Empresas Estatais. *Execução do orçamento de investimento das empresas estatais.*

portos e terminais portuários marítimos, bem como a aprovação dos planos de outorgas dessas instalações.[20] Essa alteração implicou o fracionamento da formulação e gestão da política nacional referente ao transporte marítimo do país, uma vez que a navegação marítima permaneceu no âmbito do Ministério dos Transportes, bem como a necessidade de a Antaq interagir separadamente com o Ministério e com a Secretaria Especial.

A criação da SEP, cuja motivação política era explícita, não suscitou oposição, dado o histórico da atuação do Ministério dos Transportes no setor. Sua atuação não correspondeu, no entanto, às expectativas. Antes de mais nada, porque a SEP, ela mesma fruto de um acordo político partidário, convive com a politização das Cias. Docas, com o corolário de administrações dos portos organizados ineficientes. Além disso, a SEP partilha a condução da política portuária com uma Antaq, cuja direção também vem sendo preenchida segundo critérios políticos.

Depois, porque atua em um contexto de indefinição e insegurança jurídica associadas à regulação dos terminais privados e a arrendamentos de áreas ou instalações portuárias com contratos vencidos. A questão dos terminais privados será focalizada adiante. O problema dos arrendamentos refere-se à existência de cerca de 80 contratos firmados antes da entrada em vigor da Lei nº 8.630 cujos prazos de vigência estão vencidos ou vencem em 2013. A possibilidade de prorrogação desses contratos, pleiteada pelos arrendatários, tem recebido manifestações divergentes dos diversos órgãos governamentais, que algumas vezes se modificam com o decorrer do tempo. A própria Antaq manifestou-se formalmente, por meio da Resolução nº 1.837, em setembro de 2010, no sentido de que, independentemente de previsão no contrato, a arrendatária pode pleitear prorrogação do contrato, sendo eventual prorrogação

20. Ficou reservada ao Ministério dos Transportes a formulação de políticas e diretrizes relativas ao desenvolvimento da marinha mercante, das vias navegáveis e dos portos fluviais e lacustres, excetuados os outorgados às Companhias Docas.

condicionada ao atendimento do interesse público. Mais tarde, em fevereiro de 2012, a agência revogou essa manifestação por meio da Resolução nº 2.386.

Ressalte-se, por outro lado, como resultado positivo da atuação da SEP, a instituição, pela Lei nº 11.610/2007, do Programa Nacional de Dragagem Portuária e Hidroviária. A concessão do serviço de dragagem no porto organizado era até então de responsabilidade das administrações do porto, as quais, embora remuneradas pela prestação do serviço, não vinham apresentando, em geral, desempenho satisfatório, com graves prejuízos para a operação dos portos organizados. A nova lei transfere essa responsabilidade para a SEP e introduz modificações importantes no modelo de concessão desse serviço, associando-o à manutenção do acesso ao porto. Nesse sentido, a nova lei estabelece:

- a contratação simultânea (i) de obra de engenharia destinada ao aprofundamento, alargamento ou expansão de áreas portuárias e de hidrovias, e (ii) de serviços de natureza contínua com o objetivo de manter, pelo prazo fixado no edital, as condições de profundidade estabelecidas no projeto implantado (esse serviço é denominado no texto legal de dragagem por resultado);[21]
- a previsão de que empresas nacionais e estrangeiras possam participar da licitação dos contratos de dragagem por resultado (até então a prestação do serviço era reservada a empresas nacionais).

4.3 A contrarreforma de 2008

Os compromissos com o passado assumidos quando da aprovação da Lei dos Portos, em particular a flexibilização apenas parcial das relações de trabalho, os problemas de implementação do novo modelo do sistema portuário e a manutenção das Cias. Docas como responsáveis pela Administração dos Portos limitaram a eficácia da reforma portuária em remover as deficiências dos portos organizados. De fato, o custo da mão de obra continuou a onerar os terminais de uso público com gestão privada, cuja operação foi, de resto, também afetada pela ineficiência da Administração do Porto. Essa ineficiência, que se refle-

21. No entanto, uma ressalva que cabe ao disposto nessa lei é o enquadramento da contratação do serviço de dragagem por resultado no regime estabelecido pela Lei nº 8.666, quando mais adequado seria sua caracterização como uma concessão administrativa prevista pela Lei nº 11.079/2004, que institui as parcerias público-privadas.

tiu também na dificuldade de promover a licitação do arrendamento de novos terminais de uso público na área do porto organizado, impediu uma maior expansão de serviços prestados pelos grandes complexos portuários do país.

Por outro lado, a disseminação dos terminais de uso privativo — que dependia basicamente de iniciativa do investidor privado — foi significativa. Isso ocorreu mais notadamente no caso dos terminais de granéis líquidos e sólidos, que responderam, em 2012, por 79% e 66%, respectivamente, dos totais de cargas dessas naturezas movimentadas no sistema portuário do país. A expansão dos terminais privativos de carga geral foi menos expressiva, embora tais terminais tenham aumentado sua participação no volume de carga geral movimentada no país nos últimos anos. O aumento dessa participação está associado ao incremento da percentagem de contêineres movimentados nesses terminais, que cresceu de 1% em 2005 para 12% em 2009 e 18% em 2012.

Quadro 2

Participação dos terminais privativos na movimentação de carga no país — 2005-09 (milhões de toneladas)

	2005	2006	2007	2008	2009	2010	2011	2012	Taxa anual
					Granéis sólidos				
Portos	120	130	152	148	148	167	180	186	6,5%
TUP	272	285	305	312	285	338	363	368	4,4%
Total	393	416	458	460	433	505	543	554	5,0%
TUP/Total	*69%*	*69%*	*67%*	*68%*	*66%*	*67%*	*67%*	*66%*	
					Granéis líquidos				
Portos	38	41	43	40	40	42	43	45	2,4%
TUP	126	134	151	155	158	168	169	172	4,5%
Total	164	175	194	196	198	210	212	217	4,1%
TUP/Total	*77%*	*77%*	*78%*	*79%*	*80%*	*80%*	*80%*	*79%*	
					Carga geral				
Portos	76	83	84	86	72	79	86	85	1,6%
TUP	16	19	18	27	30	39	44	48	17,0%
Total	93	101	102	112	102	119	131	132	5,1%
TUP/Total	*18%*	*18%*	*18%*	*24%*	*29%*	*33%*	*34%*	*36%*	
					Contêiner				
Portos	54	61	66	67	57	60	67	72	4,2%
TUP	0,5	1,9	2,2	6,1	7,8	10	13	16	64,1%
Total	55	63	68	73	65	71	80	87	6,8%
TUP/Total	*0,9%*	*2,9%*	*3,2%*	*8,3%*	*12%*	*15%*	*16%*	*18%*	

Fonte: Antaq. *Anuário estatístico 2009.*

No entanto, na segunda metade da década passada, a expansão dos investimentos em novos terminais privados de contêineres foi afetada por mudanças no marco regulatório infralegal, que se afastou do disposto na Lei dos Portos.

A Lei dos Portos, como já indicado, prevê a existência de terminais de uso privativo, sob duas modalidades: o exclusivo, para movimentação de carga própria, e o misto, para movimentação de carga própria e de terceiros, não estabelecendo, em relação ao terminal misto, qualquer restrição à movimentação de carga própria ou de terceiros, no tocante à quantidade, à qualidade ou à proporção de cargas movimentadas. Em consonância com essa orientação, os órgãos responsáveis pela regulação da atividade portuária não impuseram nenhuma restrição à criação e operação desses terminais.

A implantação do terminal de uso privativo está condicionada à outorga de autorização pela autoridade competente.[22] A Lei nº 10.233/2001, ao definir as características da autorização no setor de transporte terrestre e aquaviário, estabeleceu que a autorização seria disciplinada em regulamento próprio pela agência reguladora. Em cumprimento a essa determinação, a Antaq aprovou, em 2005, norma para outorga de autorização para a construção, a exploração e a ampliação de terminal portuário de uso privativo (Resolução nº 517/2005). A nova norma, afastando-se do entendimento vigente até então, exigiu que, ao pleitear a autorização, o investidor especifique as cargas próprias que serão movimentadas no terminal, com movimentação anual mínima estimada que justifique, por si só, de conformidade com estudo técnico especializado, a sua implantação, e, com relação às cargas de terceiros, se houver, a natureza destas. A movimentação do quantitativo declarado de carga própria constitui uma obrigação da autorizatária, sujeitando-a a multa no caso de descumprimento injustificado.

Essa restrição foi questionada junto à Antaq como divergente da Lei dos Portos. Nesse processo, o procurador-geral da agência se manifestou pela eliminação da restrição, por entender que o "regime de exploração de instalações portuárias na modalidade de uso privativo misto faculta aos operadores a movimentação de cargas próprias e de terceiros, sem qualquer restrição, seja

22. A autorização, segundo esse texto legal, se caracteriza por (i) independer de licitação; (ii) ser exercida em liberdade de preços dos serviços, tarifas e fretes, e em ambiente de livre e aberta competição; (iii) não prever prazo de vigência ou termo final, extinguindo-se pela sua plena eficácia, por renúncia, anulação ou cassação.

quanto a quantidade ou a proporção de cargas a serem movimentadas". A resolução, no entanto, não foi reformulada.

Em abril de 2008, a Associação Brasileira dos Terminais de Contêineres de Uso Público (Abratec) propôs, ao STF, uma Arguição de Descumprimento de Preceito Fundamental (ADPF), na qual argumenta que a "conduta atual da Antaq permite que terminais de uso privativo misto ilegítimos concorram, em situação de ampla vantagem competitiva, com terminais de uso público". Em decorrência, a Abratec solicita que "as operações de movimentação e armazenagem de cargas de terceiros sejam realizadas primordialmente por meio de instalações portuárias de uso público, que operam mediante regime jurídico de direito público (de concessão ou permissão) e são submetidas, em regra, a prévia de licitação" e requer "a declaração de que os preceitos constitucionais referidos permitem que instalações portuárias de uso privativo, outorgadas a particulares mediante autorização e sem prévia licitação, realizem a movimentação e armazenagem de cargas não próprias (de terceiros) apenas de modo acessório ou secundário". O Supremo Tribunal Federal não se pronunciou ainda quanto ao mérito da arguição.

A resolução da Antaq e a ação da Abratec ocorrem em um momento de crescente interesse de investidores pelas oportunidades de investimentos em infraestrutura no Brasil, que incluía projetos de investimento em terminais privativos, notadamente os associados a contêineres. A incerteza jurídica provocada por essas duas iniciativas manteve em suspenso diversos projetos em fase de elaboração e implantação.

Nesse contexto, o Executivo incorpora a tese defendida pela Associação quando da edição do Decreto nº 6.620, em outubro de 2008, reformulando a caracterização da "instalação portuária de uso privativo", de modo a restringir a atuação do terminal misto, e estabelecendo definições de carga própria e carga de terceiros inexistentes naquele texto legal:

- "As **instalações portuárias de uso privativo** destinam-se à (...) movimentação preponderante de carga própria e, em caráter subsidiário e eventual, de terceiros, em terminal portuário de uso misto" (art. 35, II);
- **carga própria:** "aquela pertencente ao autorizado, a sua controladora ou a sua controlada, que justifique por si só, técnica e economicamente, a implantação e a operação da instalação portuária" (art. 2º, IX);
- **carga de terceiros:** "aquela compatível com as características técnicas da infraestrutura e da superestrutura do terminal autorizado, tendo as

mesmas características de armazenamento e movimentação, e a mesma natureza da carga própria autorizada que justificou técnica e economicamente o pedido de instalação do terminal privativo, e cuja operação seja eventual e subsidiária" (art. 2º, X).

Como avaliado em documento da Confederação Nacional da Indústria

> as novas restrições impostas pelo Decreto 6.620 implicam que o terminal privativo de uso misto deixe de ser um integrante pleno e permanente do sistema portuário do país, uma vez que restringido a movimentar apenas eventual e subsidiariamente uma gama limitada de carga de terceiros. Mais do que isso, a definição de carga própria formulada pelo decreto dificulta até mesmo a realização de investimento para escoamento dessa carga, uma vez que a empresa a que pertence não pode contar com a receita gerada por cargas de terceiros para viabilizar a operação de seu terminal — sua operação só será autorizada se a carga pertencente ao autorizado justificar "por si só", técnica e economicamente, a implantação e a operação da instalação portuária.
>
> O disposto no Decreto representa uma clara barreira à instalação de novos terminais privativos, o que se opõe à maior participação do setor privado na operação do sistema portuário do país e, consequentemente, à expansão desse sistema. Ao mesmo tempo, impede que uma maior concorrência venha beneficiar seus usuários. Esse efeito negativo das novas normas afeta, em particular, a circulação de contêineres, não só porque impede sua movimentação nos terminais privativos de granéis, mas também porque é mais difícil viabilizar a implantação de terminais de contêineres com base apenas na movimentação da carga própria da empresa autorizada.[23]

Como decorrência do decreto, a maioria dos projetos de investimento em novos terminais que permaneciam em suspenso em função da incerteza jurídica criada pela resolução foi finalmente abandonada. De resto, o questionamento jurídico dos terminais privativos misto prosseguiu. Em que pese o Decreto nº 6.620/2008 estabelecer que as disposições nele contidas não alcançam os atos legais praticados anteriormente à sua edição, a Abratec contestou junto

23. CNI. Confederação Nacional da Indústria. *A indústria e o Brasil.* Transporte de cargas. Agenda para um Brasil Competitivo. Brasília: CNI, 2010.

ao Cade a aquisição da Embraport pelas empresas DO World e Odebrecht.[24] O Cade desconheceu a contestação e aprovou a aquisição sem restrições.

5. A revisão da Lei do Portos: o significado da Medida Provisória nº 595 (Lei nº 12.815)

A Medida Provisória nº 595, ao revogar e reescrever a Lei nº 8.630, promove, na verdade, a restauração daquela lei, restabelecendo sua plena vigência afetada pelo decreto de 2008. Ao mesmo tempo, de modo geral, a compatibiliza ao marco regulatório do país e aprimora a redação do texto original, eliminando imperfeições e imprecisões, que deram margem inclusive à insegurança jurídica dos últimos anos.

Embora a tramitação da MP 595 tenha sido significativamente mais curta do que a do projeto de lei que se converteu na Lei nº 8.630, a MP suscitou, como sua antecessora, forte oposição de grupos de interesse afetados. Alguns desses grupos se opunham ao propósito de reverter a contrarreforma de 2008, como os arrendatários de terminais de contêineres de uso público; outros se mobilizaram em torno de pontos específicos, como algumas organizações sindicais, os arrendatários com contratos anteriores à Lei nº 8.630 cujos prazos de vigência estão vencidos e algumas empresas industriais que operam terminais privativos de uso exclusivo. Essa resistência acarretou a incorporação ao texto aprovado pelo Congresso de emendas que afetavam o propósito da MP, de restaurar o modelo de sistema portuário formulado pela Lei nº 8.630. Essas emendas foram objeto de vetos da Presidência da República.[25]

A MP reflete, de fato, as principais preocupações presentes quando da elaboração da Lei nº 8.630. Assim, inclui entre suas diretrizes o incentivo à

24. Empresa Brasileira de Terminais Portuários, que tem autorização para construir e explorar um terminal privativo de uso misto no Porto de Santos, outorgada em 2006.

25. Os principais vetos referem-se a: (i) inclusão no texto legal de uma nova modalidade de instalação portuária, o terminal indústria, que "retoma a distinção entre carga própria e de terceiros, cuja eliminação era uma das principais finalidades do novo marco legal para o setor portuário" (Mensagem 222/13); (ii) a vedação à participação na licitação de instalações portuárias de empresas com participação societária de empresas de navegação marítima em percentuais superiores a 5%; (iii) a automaticidade da prorrogação dos contratos de concessão e arrendamento; (iv) a prorrogação automática dos contratos de arrendamento celebrados antes de 1993, por período não inferior ao prazo consignado no contrato; (v) a obrigatoriedade de inscrição do trabalhador portuário avulso em cadastro de trabalhadores portuários avulsos que ateste a qualificação profissional para o desempenho das atividades previstas na lei.

participação do setor privado e o estímulo à concorrência e avança um pouco na flexibilização das relações de trabalho. Nesse sentido, mantém a possibilidade de concessão da Administração dos Portos ao setor privado e esvazia o Decreto nº 6.620/2808, eliminando assim as barreiras à realização de investimento na implantação de novos terminais privados no país introduzidas por aquele decreto. Da mesma forma, remove o dispositivo que exigia, dos terminais de uso privativo já existentes quando da aprovação daquela lei, a manutenção, em caráter permanente, da proporção entre trabalhadores a prazo indeterminado e trabalhadores avulsos então observada.

Nesse processo, a MP tem cuidado de eliminar dispositivos e conceitos da Lei dos Portos cuja ambiguidade ou falta de definição pudesse dar origem a interpretações controversas, gerando insegurança jurídica. Essa revisão envolve simplificação e maior precisão do marco conceitual que organiza o sistema portuário do país.

A nova formulação da configuração do sistema portuário e da participação das empresas privadas nesse sistema tem como base uma dicotomia cuja referência é o porto organizado e sua caracterização como um bem público. Essa dicotomia contrapõe, já no artigo primeiro da MP:

- a exploração indireta do *porto organizado e das instalações portuárias nele localizadas*, que envolve a *concessão e arrendamento de bem público* por prazo determinado e como tal deve ser *precedida de licitação*; e
- a exploração indireta das *instalações portuárias localizadas fora da área do porto organizado* [o terminal de uso privado][26] que depende de *autorização*, precedida de chamada e processo seletivo públicos,[27] com pra-

26. E também, segundo a MP, a estação de transbordo de carga, a instalação portuária pública de pequeno porte e a instalação portuária de turismo.

27. A MP, ao fazer preceder a autorização de terminais privados de processo seletivo público, não indica o propósito dessa seleção, transferindo a ato do Poder Executivo a definição dos procedimentos, prazos e critérios para sua realização. A Lei nº 12.815 incorporou, no entanto, emenda que define esses procedimentos. O texto incorporado à MP prevê dois caminhos para a construção e exploração de novo terminal de uso privado em determinada região geográfica para a movimentação de determinado perfil de cargas (aplicáveis também às demais instalações portuárias fora do porto organizado previstas na lei): (i) requerimento de interessado em obter a autorização, o qual deverá ser seguido de anúncio público para identificar a existência de outros interessados; (ii) chamada pública pela Antaq, por determinação do poder concedente, para identificar a existência de interessados na obtenção de autorização. Os interessados deverão possuir o direito de uso e fruição do terreno onde será construído o terminal. A autorização prescindirá de processo seletivo se, encerrado o processo de chamada ou anúncio público, houver apenas um interessado ou, havendo mais de uma proposta, não haja impedimento locacional à implantação de todas elas de maneira concomitante (o Decreto nº 8.033, que regulamentou a lei, define viabilidade locacional como a possibilidade da implantação física

zo máximo de 25 anos prorrogável por períodos sucessivos, desde que mantida a atividade portuária e realizados investimentos necessários para a expansão e modernização das instalações.[28]

Essa formulação elimina do texto da MP qualquer referência a cargas própria e de terceiros e, por conseguinte, a distinção entre terminais exclusivos e mistos — conceitos que, como se indicou anteriormente, já não tinham qualquer funcionalidade no contexto da Lei dos Portos e que haviam subsistido apenas como mera herança do modelo de sistema portuário anterior. Retira, portanto, da nova lei dos portos os dispositivos e conceitos da Lei nº 8.630 cuja ambiguidade ou falta de definição deu origem a interpretações controversas, gerando insegurança jurídica e propiciando a contrarreforma de 2008.[29]

A MP procurou também pôr fim à indefinição em torno dos contratos de arrendamento de área ou instalação portuária firmados antes da entrada em vigor da Lei nº 8.630 com prazos de vigência vencidos ou próximos de vencer. Aqui, contrariando a reinvindicação dos arrendatários, estabelece que esses contratos devem ser licitados. Esse dispositivo foi substituído no texto aprovado pelo Congresso por artigo que estabelece a prorrogação automática dos contratos de arrendamento celebrados antes de 1993, por período não inferior ao prazo consignado no contrato. O veto presidencial a esse artigo, embora tenha implicado a omissão da lei sobre essa questão, tornou explícita a intenção do governo de fazer valer o prazo previsto em contrato. Por outro

---

de duas ou mais instalações portuárias na mesma região geográfica que não gere impedimento operacional a qualquer uma delas). Havendo mais de uma proposta e impedimento locacional que inviabilize sua implantação de maneira concomitante, a Antaq deverá promover processo seletivo público, considerando como critério de julgamento, de forma isolada ou combinada, a maior capacidade de movimentação, a menor tarifa ou o menor tempo de movimentação de carga (de acordo com o Decreto nº 8.033, poderão ser considerados, complementarmente a esses critérios, o maior valor de investimento, a menor contraprestação do poder concedente ou a melhor proposta técnica). Em qualquer caso, somente poderão ser autorizadas as instalações portuárias compatíveis com as diretrizes do planejamento e das políticas do setor portuário.

28. A autorização, por sua própria característica, não tem prazo de vigência ou termo final, como consta aliás da Lei nº 10.233/2001. O prazo indeterminado tem sido, no entanto, um motivo de insegurança para os empresários, e mesmo para instituições financeiras governamentais, que receiam que uma decisão de governo possa interromper, a qualquer momento, sua vigência (embora, em um contexto de insegurança jurídica, tampouco a existência de prazo de vigência não decorrido inibisse a intervenção governamental). A fixação de prazo máximo prorrogável por períodos sucessivos parece ter como objetivo afastar aqueles receios.

29. A caracterização de porto organizado formulada pela MP não comporta a existência de terminais de uso privado localizados dentro de sua área. A MP assegura, no entanto, que os terminais privados que se encontram hoje nessa situação terão assegurada a continuidade de suas atividades, devendo apenas adequar os contratos de adesão correspondentes aos termos da MP.

lado, emenda introduzida no Congresso autorizou a prorrogação antecipada, a critério do poder concedente, dos contratos de arrendamento em vigor firmados sob a Lei nº 8.630, que possuam previsão expressa de prorrogação ainda não realizada — o que viabiliza a realização, a curto prazo, de investimentos de expansão e modernização nesses terminais arrendados.

Por fim, a Lei nº 12.815 tem também a preocupação de compatibilizar a regulação do sistema portuário ao marco institucional e regulatório do país, revendo nesse sentido não apenas o teor da Lei nº 8.630 mas introduzindo também ajustes na Lei nº 10.213.

Em relação à governança do porto organizado, a Lei nº 12.815 remove a superposição de funções entre a Administração do Porto, o Conselho da Autoridade Portuária e a Antaq. Nesse sentido, retira da Administração do Porto atribuições típicas de regulador que ainda subsistiam[30] e transforma o CAP em um conselho consultivo.

A Lei nº 12.815 recepciona também o Programa Nacional de Dragagem Portuária e Hidroviária, criado por legislação específica, por meio do qual, como indicado anteriormente, a SEP assumiu a responsabilidade pela concessão do serviço de dragagem no porto organizado, até então de responsabilidade das administrações do porto.

No tocante à estrutura institucional, a Lei nº 12.815 transfere à SEP (i) as competências relativas a portos fluviais e lacustres, até então atribuídas ao Ministério dos Transportes (em particular, ao Departamento Nacional de Infraestrutura de Transportes — Dnit), e (ii) a vinculação da Antaq, anteriormente vinculada ao Ministério dos Transportes.

Por fim, embora mantenha a possibilidade de concessão da Administração dos Portos ao setor privado, a Lei nº 12.815 reflete o fato de que o atual governo não pretende recorrer a essa alternativa. E aqui a nova Lei dos Portos difere da antiga. Na Lei nº 8.630, não há nenhuma referência às Companhias Docas — uma indicação de que se contemplava efetivamente a concessão da Administração dos Portos ao setor privado, o que, no entanto, não se concretizou. Ao contrário, a Lei nº 12.815, refletindo a intenção do governo de manter o exercício da Administração do Porto no âmbito da União, pretende corrigir os problemas apontados na operação das Companhias Docas determinando

30. Por exemplo, fixar os valores e arrecadar a tarifa portuária; realizar licitações dos contratos de arrendamento, atribuição que é transferida para a Antaq; e celebrar os contratos de arrendamento, competência do poder concedente.

que essas empresas firmem, com a Secretaria de Portos, compromissos de metas e desempenho empresarial que estabeleçam objetivos, metas e resultados a serem atingidos, e prazos para sua consecução; indicadores e critérios de avaliação de desempenho; retribuição adicional em virtude do seu cumprimento; e critérios para a profissionalização de sua gestão (esse último objetivo é uma contribuição do Congresso).

Não é a primeira vez que a intenção de profissionalizar a gestão das Companhias Docas, blindando-as contra ingerências políticas, é afirmada.[31] A experiência passada sugere certo ceticismo quanto ao sucesso dessa proposta. Assim, o prognóstico favorável quanto à expansão dos terminais de uso privado suscitado pela aprovação da Lei nº 12.815 pode não ter correspondente no tocante aos portos organizados.

Referências

CASTRO, N. R.; LARNY, P. A desregulamentação do setor transportes: o caso do subsetor portuário. *Texto para Discussão 28*, Ipea, 1992.

CNI. Confederação Nacional da Indústria. *A indústria e o Brasil.* Transporte de cargas. Agenda para um Brasil competitivo. Brasília: CNI, 2010.

____. *Reforma institucional do setor de transportes*: exigência para uma economia de alto crescimento. Brasília: CNI, 2006.

GUIMARÃES, E. A.; ARAÚJO JR., J. T. Regulação e concorrência nos portos brasileiros. *Breves Cindes*, fev. 2011.

WORLD BANK. *Port reform toolkit.* 2nd ed. The World Bank, 2007. Module 3, p. 100-109.

Fontes de dados

ANTAQ. Anuário estatístico 2009.

IPEADATA.

31. Em particular, o decreto de março de 2008 que excluiu as Cias. Docas do PND determinava à SEP que, no prazo de cento e oitenta dias, publicasse o novo modelo de gestão por resultados, contendo os indicadores de desempenho a serem atendidos por essas companhias.

MPOG. Ministério do Planejamento, Orçamento e Gestão. Departamento de Coordenação e Controle das Empresas Estatais. *Execução do orçamento de investimento das empresas estatais*. Disponível em: <www.planejamento.gov.br/link_secretaria.asp?cod=9657&cat=310&sec=4&sub=295>.

Capítulo 10

Regulação e concorrência em concessões rodoviárias no Brasil

Joísa Dutra
Flavio Menezes
Patrícia Sampaio

1. Introdução

Na década de 1980, ganha *momentum* na América Latina e no Caribe o incentivo à participação privada na provisão de serviços públicos. Na busca de garantir recursos para fazer frente às necessidades crescentes de investimentos e melhoria na sua gestão, um instrumento bastante utilizado foi a concessão. Por meio dela transferem-se a um concessionário, normalmente escolhido por meio de processo competitivo, obrigações de prestação do serviço assim como a manutenção e operação da respectiva infraestrutura, por prazo determinado, pactuando-se também um conjunto de direitos que lhe são contratualmente assegurados.

Apesar das evidências positivas do desempenho do setor de infraestrutura decorrente desses processos de desestatização (Andres, Guasch e Azumendi, 2005), a participação do setor privado suscitou controvérsias e críticas ao modelo de concessão. Entre elas, tem-se preços elevados associados à provisão dos serviços, qualidade deficiente, escassa atenção aos usuários, e, não menos importante, grande número de repactuações contratuais ao longo de sua vigência: o segmento de rodovias é associado a uma elevada frequência de renegociações, com impactos sobre a qualidade do serviço, colocando em risco a própria credibilidade da regulação e das instituições envolvidas.

Segundo Guasch, Laffont e Straub (2008), entre 1989 e 2000, 53% das concessões de infraestrutura de transporte foram repactuadas na América Latina. De um lado, essa elevada incidência pode ser entendida como uma forma de convergir para alocações superiores do ponto de vista de eficiência alocativa diante de um ambiente de contratos incompletos. Por outro, as repactuações podem ser usadas para se alcançar *ex post* termos mais vantajosos para o investidor-concessionário em face do governo e, por conseguinte, dos usuários da rodovia e da sociedade em geral. Em um ambiente de instituições pouco robustas, com capacidade limitada de *enforcement* e deficiente arcabouço regulatório, as repactuações de contratos podem resultar em alocações ineficientes.

O setor de rodovias no Brasil constitui atualmente um gargalo para o crescimento econômico, o que se reflete em aumento dos custos de bens e serviços. Para fazer frente às necessidades de investimentos, o governo federal e os governos estaduais estabeleceram programas de concessões.[1]

Segundo a Agência Nacional de Transportes Terrestres (ANTT), responsável pela regulação das concessões rodoviárias federais, a extensão da malha rodoviária brasileira é de aproximadamente 1,7 milhão de quilômetros, dos quais apenas 186 mil km são pavimentados e 11 mil km são duplicados, sendo a maioria na região Centro-Sul. O Programa de Concessão de Rodovias Federais abrange 11.191,1 km, sendo promovidas pelo Ministério do Transporte, pelos governos estaduais por meio de delegações com base na Lei nº 9.277/1996,[2] e pela ANTT.[3]

Comparando-se a porcentagem de rodovias pavimentadas no Brasil – 13,5%, segundo o Banco Mundial — a outros países das Américas, percebe-se que a infraestrutura de transportes do país está realmente aquém do que seria eficiente para atender a economia. No Paraguai, por exemplo, esse número é um pouco maior — 15,2%; no Chile chega a 23,3%, enquanto no México ultrapassa 30%. O problema se acentua quando se comparam esses dados aos números verificados para os Estados Unidos. A malha rodoviária pavimentada brasileira corresponde a cerca de um vigésimo da americana, que é de 4,2

1. Tradicionalmente, foi escolhido o modelo das concessões comuns. Mais recentemente, iniciaram-se experiências de parcerias público-privadas.
2. Lei nº 9.277/96. Art. 1º Fica a União, por intermédio do Ministério dos Transportes, autorizada a delegar, pelo prazo de até vinte e cinco anos, prorrogáveis por até mais vinte e cinco, aos municípios, estados da Federação ou ao Distrito Federal, ou a consórcio entre eles, a administração de rodovias e exploração de trechos de rodovias, ou obras rodoviárias federais.
3. Dados citados na reportagem de Humberto Maia Junior intitulada "A malha de estradas brasileiras é um vigésimo da americana". Revista *Exame*, 10 jun. 2013, disponível em: <http://exame.abril.com.br/revista-exame/edicoes/1043/noticias/por-que-no-brasil-todo-nao-e-assim>. Acesso em: out. 2013.

milhões de quilômetros.[4] Há, ainda, grande disparidade regional: enquanto a região centro-sul brasileira conta com uma alta densidade de rodovias pavimentadas e duplicadas, o norte do país tem estados em que a pavimentação é quase inexistente.

No que diz respeito à qualidade das rodovias brasileiras, o resultado é bem diferente entre os trechos concedidos e aqueles não concedidos. Segundo a Pesquisa CNT de Rodovias de 2012,[5] mais de 85% da extensão pesquisada de rodovias desestatizadas foram classificados como em estado Bom ou Ótimo, e menos de 2% como Ruim ou Péssimo. Em relação às rodovias administradas pelo próprio governo, o resultado foi consideravelmente diferente: 37,6% da extensão pesquisada foram classificados como Regular, 34,6% como Ruim ou Péssimo e somente 27,8% como Bom ou Ótimo.

Em suma, considerada a extensão do território brasileiro e sua dependência da matriz rodoviária, constata-se que a extensão da malha rodoviária e sua qualidade são deficientes; os dados reportados evidenciam ainda discrepâncias entre as rodovias geridas pelas iniciativas pública e privada.

Este artigo procura investigar, por meio de elementos econômicos e jurídicos, alguns aspectos das opções que têm sido realizadas pelo Estado brasileiro na atribuição e na gestão das rodovias concedidas. Para esse fim, iniciamos a seção 2 com um breve panorama acerca da regulação das rodovias. Na seção 3, discutimos a definição de mercado relevante e algumas questões concorrenciais envolvendo o setor de rodovias. Em seguida (seções 4 e 5), comentamos algumas opções que foram tomadas nas distintas etapas do programa federal de desestatização de rodovias. Ao final tecemos algumas conclusões acerca de quais são os incentivos presentes nessa regulação.

2. Concessão de rodovias no direito brasileiro

Rodovias concedidas podem ser objeto de regulação federal ou estadual, conforme seja titular do bem público (a rodovia) e seus respectivos serviços a União Federal ou um estado da federação. A competência da União Federal

4. Idem.

5. Disponível em: <http://pesquisarodovias.cnt.org.br/Relatorios/2012/RelatorioGeral2012_BaixaResolucao.pdf>. Acesso em: ago. 2013. A pesquisa analisa aspectos relativos à pavimentação (ex.: condição da superfície), à sinalização (ex.: visibilidade e condições das placas), e à geometria da via (ex.: curvas, acostamentos).

está estabelecida pela Constituição Federal apenas com relação às rodovias interestaduais ou internacionais.[6]

Em âmbito federal, as rodovias concedidas são objeto de regulação pela Agência Nacional de Transporte Terrestre (ANTT). Nos estados da federação que fizeram a opção pela desestatização de suas rodovias, é usual que sua regulação esteja atribuída a uma agência reguladora estadual, como a Agência Reguladora de Serviços Públicos Concedidos de Transportes Aquaviários, Ferroviários e Metroviários e de Rodovias do Estado do Rio de Janeiro (Agetransp) e a Agência Reguladora de Serviços Públicos Delegados de Transporte do Estado de São Paulo (Artesp).

A Administração Pública federal vem realizando as licitações de rodovias definindo seu objeto como uma concessão de serviços públicos.[7] Também os tribunais superiores aplicam às concessões de rodovias a disciplina dos serviços públicos concedidos.[8]

Segundo a ANTT, uma concessão de rodovia costuma se desmembrar em três etapas principais, quais sejam: (a) Trabalhos Iniciais, que vão da assinatura do contrato até o sexto ou 12º mês de vigência da concessão, fase que visa à eliminação de problemas emergenciais que signifiquem riscos pessoais e materiais iminentes, de modo a dotar a rodovia de requisitos mínimos de segurança e conforto aos usuários; (b) Recuperação, fase que vai do sexto ou

6. Art. 21. Compete à União: XII — explorar, diretamente ou mediante autorização, concessão ou permissão: e) os serviços de transporte rodoviário interestadual e internacional de passageiros. Embora o dispositivo constitucional aluda expressamente apenas ao serviço de transporte, tem-se que a titularidade das rodovias (infraestrutura que possibilita o transporte rodoviário) que se estendem por mais de um estado da federação é igualmente federal.

7. A doutrina jurídica diverge acerca de serem os contratos de delegação de rodovias concessões de serviço público ou de uso de bem público. A discussão decorre sobre se, ao tratarmos de rodovias, o fator predominante é (ou deve ser) o fato de se ter a iniciativa privada explorando privativamente um bem público de uso comum do povo (a rodovia) — portanto, a regulação deve dar ênfase na extração de renda do particular pelo uso do bem público — ou se o tema central reside no fato de que o particular, ao operar e manter a rodovia, desempenha serviços públicos de alta relevância para a sociedade, como sinalização, tratamento da qualidade da pista de rolamento e atendimento a acidentes. Floriano de Azevedo Marques Neto, por exemplo, sustenta que as concessões de rodovias "têm por objeto precipuamente a outorga do uso privativo de bem público, malgrado associado à prestação de um serviço". Marques Neto (2009:351; 2001:245-257). Por outro lado, sustentando tratar-se de concessão de serviço público, ver Aragão, 2006, p. 294 e Garcia, 2004, pp. 48-53.

8. Veja-se, por exemplo, a seguinte decisão do Supremo Tribunal Federal: "CONSTITUCIONAL E ADMINISTRATIVO. AGRAVO REGIMENTAL EM RECURSO EXTRAORDINÁRIO. RESPONSABILIDADE OBJETIVA DE CONCESSIONÁRIA PRESTADORA DE SERVIÇO PÚBLICO. FALHA DE SEGURANÇA EM RODOVIA. REPARAÇÃO DE DANOS. ART. 37, § 6º, DA CF/88. FATOS E PROVAS. SÚMULA STF 279".

12º mês até o quinto ano da concessão, cujo escopo principal consiste em restabelecer as características de projeto da via; e (c) Manutenção, fase que segue até o final da concessão. De acordo com a Agência, simultaneamente às fases descritas, devem ser realizados, em caráter permanente, os trabalhos de conservação, operação e melhoramentos das rodovias.

3. Concorrência no setor de rodovias: a jurisprudência do Cade

O tratamento das questões regulatórias relacionadas às rodovias costuma partir da constatação de que esses mercados são exemplos clássicos de monopólio natural, definidos como aqueles em que, dados os elevados custos fixos e as economias de escala, não se mostra eficiente a introdução de competição por meio, por exemplo, de duas rodovias paralelas.[9] Em se tratando de uma falha de mercado, o reconhecimento da característica de monopólio natural às rodovias tem justificado sua regulação pelo poder público em questões-chave como acesso ao mercado (licitações), preços (tarifas) e qualidade do serviço. Como visto, o direito brasileiro disciplina esse setor como serviço público e, por conseguinte, reconhece a sua titularidade estatal,[10] podendo ser explorado pela iniciativa privada apenas em caso de licitação e celebração de contratos de concessão.[11]

No entanto, do ponto de vista concorrencial, o Conselho Administrativo de Defesa Econômica (Cade) chama a atenção para o fato de que a dinâmica concorrencial pode se apresentar mais complexa.

Em primeiro lugar, existem dois mercados relevantes distintos no tratamento das rodovias, e apenas um deles pode ser considerado, em regra, monopólio natural. O monopólio natural é encontrado propriamente no mercado de exploração da rodovia: ainda que, por vezes, possa existir concorrência intermodal — com uma ferrovia competindo com a rodovia — ou mesmo entre duas rodovias, essa não é a regra geral.

9. Nessas situações configura-se um dilema entre eficiência produtiva, que recomenda a operação por um único agente como forma de minimizar custos de produção, e eficiência alocativa, que implica que, caso se deixe ao ofertante a tarefa de estabelecer preços, serão cobrados valores que excedem custos marginais.

10. Pode haver rodovias federais ou estaduais, conforme o par de origem e destino esteja em distintos ou no mesmo estado da federação.

11. Conforme art. 175 da Constituição Federal: "Art. 175. Incumbe ao Poder Público, na forma da lei, diretamente ou sob regime de concessão ou permissão, sempre através de licitação, a prestação de serviços públicos".

Todavia, além do mercado de exploração da rodovia, o Cade aponta para a existência do "metamercado das rodovias", consistente no conjunto de agentes econômicos que estão aptos a participar das licitações promovidas pelo poder público para construção, manutenção e operação de rodovias. Cabe, assim, analisar os dois mercados de forma separada.

A título ilustrativo, na análise conjunta de alguns atos de concentração envolvendo uma concessionária de rodovias que detém importantes concessões rodoviárias do país, o Cade realizou sua análise a partir desses dois distintos mercados relevantes: (i) o primeiro, de uso da rodovia, que tem por clientes os usuários que transitam pela rodovia e por fornecedor o agente econômico titular do contrato de concessão para sua exploração (monopólio natural); e (ii) o segundo, consistente no (meta) mercado de licitações pelo direito de explorar rodovias, o qual reúne o conjunto de agentes econômicos aptos a fornecer lances nas licitações de rodovias e, portanto, percebido como competitivo.[12]

Dado que, como visto, rodovias costumam ser classificadas como monopólios naturais, o mercado relevante geográfico correspondente à atividade de exploração da via termina sendo definido como o conjunto de pares de cidades de origem e destino. Já no que tange ao segundo mercado (o metamercado), observou-se haver diferentes grupos econômicos de grande porte capazes de manter um nível aceitável de rivalidade no setor nas futuras licitações para concessões rodoviárias, sendo este considerado nacional.

Assim, ao julgar a operação de constituição da concessionária em conjunto com alterações societárias subsequentes, o Cade exigiu, como condição para a aprovação dos atos de concentração, a retirada da cláusula de não concorrência que impedia os acionistas vendedores de competirem com a concessionária em futuras licitações de rodovias, pelo prazo de três anos.[13]

A imposição dessa restrição é bastante ilustrativa das competências que permanecem com a autoridade concorrencial em mercados regulados (Sam-

12. Com relação ao primeiro, o conselheiro destacou: "a mercadoria transacionada é o uso da rodovia ofertado pela entidade que a explora, ou seja, a concessionária. A demanda é feita por empresas de transportes ou por particulares. Neste mercado não há como existir concorrência, do ponto de vista da oferta, visto que cada rodovia é explorada por uma concessionária, em regime de monopólio. Do ponto de vista do consumidor, cada rodovia é, em geral, considerada um mercado relevante geográfico distinto. Eventualmente, todavia, é possível que um trecho rodoviário alternativo seja considerado como uma mercadoria substituta pelo consumidor". AC 08012.003428/2007-70, relator Luiz Carlos Prado, j. em 30-1-2008.

13. Atos de concentração 08012,002816/2001-30; 08012.008442/2003-28; 08012.000070/2004-72, j. em 24-5-2006, conselheiro Luiz Fernando Rigato.

paio, 2013). Partindo-se do pressuposto levantado pelo Cade de que o impedimento de participação dos acionistas vendedores, em novos procedimentos licitatórios, poderia limitar a competitividade nas licitações futuras, a determinação de retirar a cláusula mostra que setores regulados têm condições diferenciadas de acesso ao mercado e, portanto, necessitam ser analisados com mais cautela por parte da autoridade concorrencial, em situações específicas.[14]

Ainda no que tange à concorrência, veja-se que, embora não seja a regra geral, em determinadas situações é possível haver competição no mercado de uso de rodovias, pois, por vezes, há duas rodovias que ligam pares iguais de cidades de origem e destino, ou que podem ser rotas de logística alternativas. Adicionalmente, em alguns trechos e para algumas mercadorias pode haver rivalidade entre distintos modais, como rodoviário e ferroviário.[15]

A complexidade das questões concorrenciais envolvidas no setor de exploração de rodovias foi igualmente reconhecida no julgamento, pelo Cade, do Ato de Concentração nº 08012.006786/2008-15, no qual foi analisado o contrato de concessão firmado com a Artesp para exploração do trecho oeste do Rodoanel Mário Covas. Nessa decisão, o Cade destacou que, embora *prima facie* a rodovia seja um monopólio natural, "a análise da existência de concentração horizontal no que tange à concessão rodoviária é mais complexa do que aparenta em uma análise superficial".

Essa constatação decorre de que

> cada trecho rodoviário é utilizado, no mais das vezes, de forma complementar, como integrante de um sistema rodoviário maior que abrange diversos outros trechos rodoviários e possibilita a conexão de vários outros pontos em uma es-

14. Merece menção que a cláusula de não concorrência estava dentro do prazo de cinco anos geralmente aceito pelo Cade como razoável na alienação de estabelecimentos. Nesse sentido, dispõe a Súmula 5 do Cade: "É lícita a estipulação de cláusula de não concorrência com prazo de até cinco anos da alienação de estabelecimento, desde que vinculada à proteção do fundo de comércio".

15. Nesse sentido, explanou o conselheiro Vinicius Marques de Carvalho: "Como mencionado na jurisprudência do Cade, no âmbito dos transportes terrestres é possível, ao menos em teoria, que exista a concorrência entre distintos modais logísticos, assim como é possível que haja concorrência entre diferentes rodovias que possuam o mesmo par de origem/destino. Portanto, a concorrência inter-rodovias pode garantir preços módicos de pedágio e até abaixo do preço limite (*price cap*) estipulado pela Agência Reguladora responsável. Destarte, mesmo quando há estipulação de preço máximo de pedágio, verifica-se um vasto espaço para concorrências intermodais, (1) pela qualidade dos serviços prestados e (2) pela variação de preços abaixo do limite máximo. Portanto, a análise regulatória não é e não deve ser excludente da avaliação concorrencial". AC 08012.011991/2008-94, j. em 17-6-2009.

cala maior, sendo que o acesso a cada trecho só é permitido pela utilização do trecho a ele conectado.

Como consequência, a partir da análise do sistema rodoviário "e da complementaridade de cada trecho na conexão de dois pontos distantes, podemos concluir pela probabilidade de pressão competitiva exercida na atividade rodoviária por diferentes modais de transporte, como seria o caso das ferrovias".

Portanto, no contexto da análise concorrencial, a caracterização de um mercado para concessões rodoviárias admite, ao menos, duas óticas: o monopólio do ponto de vista do consumidor/usuário (e que ainda pode ser relativizado, caso existam mais possibilidades de conexão entre dois pontos/cidades); e o metamercado dos agentes que competem pelo direito de se tornarem concessionários. Verifica-se, em suma, que a realização de uma regulação setorial que leve em consideração apenas cada rodovia isoladamente corre o risco de implicar uma visão reducionista do fenômeno.

Cumpre, assim, indagar: existe relevância em evitar que todas as concessões de rodovias sejam detidas por um mesmo grupo econômico? Existe relevância em evitar que um mesmo grupo econômico seja titular de direitos de exploração de modais alternativos, como seriam, por hipótese, uma rodovia e uma ferrovia que fossem consideradas substitutas, para determinadas espécies de mercadorias, dentro de uma perspectiva de cadeias logísticas concorrentes?

Da vertente concorrencial, parece-nos afirmativa a resposta. Para que o interesse público seja mais bem protegido, deve-se cuidar, por meio da análise estrutural de atos de concentração, de mudanças de controle acionário ou transferências de concessões que levem a esses resultados,[16] ainda que se deva admitir que a existência de regulação, na ausência de uma situação de captura, deva atuar no sentido de evitar práticas monopolísticas de extração de renda dos usuários.[17]

16. Por essa razão, a nosso ver merece crítica o art. 90, parágrafo único, da Lei nº 12.529/2011, a atual lei brasileira de defesa da concorrência, que isentou do dever de notificação, como atos de concentração, a constituição de consórcios, *joint ventures* e a celebração de contratos associativos para participação em licitações e os contratos delas decorrentes. Esta isenção parte, a nosso ver, do pressuposto equivocado de que se os mercados serão concedidos por meio de licitação, em si mesmos processos objetivos de seleção, não haveria concorrência a ser protegida e tutelada pelo Cade. O equívoco estaria em considerar que não pode haver preocupações do ponto de vista da formação de conglomerados, em setores regulados, detidos pelos mesmos agentes econômicos. Ou, ainda, que dois serviços objeto de licitações distintas não possam ser integrantes do mesmo mercado relevante.

17. Nesse sentido, o Cade decidiu: "Não há como mensurar em que grau se encontra a tarifa

De outro prisma, a necessidade e a possibilidade de atuação efetiva dos órgãos de defesa da concorrência tendem a reduzir-se quanto mais extensa e profunda for a regulação setorial. Veja-se, no entanto, que os entes reguladores podem ter limitações de competências que dificultariam sobremaneira uma visão mais abrangente das complexas questões concorrenciais. Imagine-se, por exemplo, dois trechos de origem e destino entre as mesmas cidades, sendo que um consiste em uma rodovia estadual e o outro em parte de uma rodovia federal. A própria divisão federativa de competências pode operar no sentido de dificultar uma análise mais ampla de todas as questões concorrenciais potencialmente envolvidas em um caso como esse.[18]

Por fim, merece ser esclarecido que, também no que tange a condutas anticompetitivas, mostra-se relevante a atuação da autoridade de defesa da concorrência sobre setores regulados. Além de práticas unilaterais de abuso de posição dominante, pode-se imaginar um exemplo hipotético no qual agentes econômicos detentores de rodovias concedidas potencialmente concorrentes realizem um acordo visando à uniformização das condições da oferta (ainda que dentro do limite do preço-teto — tarifa — fixado pela agência reguladora). O fato de o preço máximo estar dentro do limite autorizado pela agência reguladora setorial não afastaria a possibilidade de esses agentes virem a ser condenados por prática de formação de cartel.

4. Regulação e atribuição de concessões rodoviárias no Brasil

Conforme exposto na seção anterior, a primeira dificuldade enfrentada em qualquer análise do setor de rodovias reside no fato de existirem características de monopólios naturais.

inicial prevista no contrato de concessão quando analisada entre dois extremos de preços competitivos e monopolísticos, mas é possível afirmar que a presente operação não terá o condão de produzir efeitos anticompetitivos, pois o contrato de concessão restringe a possibilidade do exercício de poder de mercado a um patamar superior ao praticado antes da operação. Com relação ao outro fator objeto de discricionariedade por parte da CCR, verifica-se que os investimentos a serem realizados nas rodovias também se encontram previstos e descritos nos contratos de concessão, com estabelecimento de metas mínimas para investimentos, que, da mesma forma que as tarifas, não necessariamente representam metas desejáveis do ponto de vista concorrencial, mas limitam a possibilidade do exercício de poder de mercado por parte da CCR. Dessa forma, por conta do estabelecimento de metas mínimas e tarifas máximas em todas as rodovias sob concessão da CCR envolvidas na operação, o presente ato de concentração não teria o condão de alterar negativamente a situação anterior do polígono (...)". AC 08012.006786/2008-15, j. em 15-10-2008, relator conselheiro Fernando Furlan.

18. Ver, nesse sentido, Dutra, Porto e Sampaio (2012:46-49).

Do ponto de vista físico, investimentos em rodovias são caracterizados por elevados volumes em ativos de longa vida útil e com parcela expressiva de investimentos irreversíveis ou específicos. Significa dizer que há grande potencial para comportamento de *hold-up* (Hart, 1995); ou seja, os incentivos a investir são negativamente afetados pelo temor de expropriação ou comportamento oportunista do contratante e/ou do regulador em caso de renegociação, o que poderia justificar a necessidade de regulação do pedágio.

No tocante à operação, rodovias são excludentes e rivais, dado que, em caso de congestionamento, a parcela disponível de serviços para um agente diminui a quantidade disponível para outros.

A manutenção e a deterioração da infraestrutura rodoviária são proporcionais ao uso e variam de modo não linear com o peso dos eixos dos veículos. A qualidade do serviço é contratável e pode ser medida por indicadores, como o tempo necessário para a remoção de um veículo danificado e a quantidade de acidentes (com ou sem vítimas) verificada em determinado espaço temporal. Por fim, há elevada incerteza com relação à demanda e aos custos.

No Brasil, durante muito tempo a escolha política residiu na provisão pública dos serviços de infraestrutura rodoviária. Verificou-se, nesse tocante, uma inadequada escolha de projetos, evidenciada muitas vezes pela decisão de construir novas rodovias mesmo em situações em que grande parte das já existentes era avaliada como de qualidade ruim ou péssima. Em muitos casos, essa decisão foi respaldada pela visão de que a mera abertura de uma nova rodovia atendia a propósitos de segurança nacional, e também pelo pressuposto de que sua abertura daria lugar a um desenvolvimento da atividade econômica, fruto da redução dos custos de operação de empresas ali localizadas. Tal vantagem comparativa acabaria por garantir os recursos necessários à operação e manutenção dessas rodovias, quadro, todavia, que não se materializou em diversos casos, a exemplo da BR-230 (Rodovia Transamazônica).[19]

Após certo tempo, questões como custos excessivos dos projetos, atrasos na entrega de obras, problemas de agência, além de captura e corrupção motivaram a necessidade de atrair capitais privados para o setor. A partir dos anos 1990, no bojo do Programa Nacional de Desestatização, começaram a ser rea-

19. Para referências sobre as condições da BR-230, veja-se o portal do Ministério dos Transportes: <www2.transportes.gov.br/bit/02-rodo/3-loc-rodo/loc-rodo/br-230/gbr-230.htm>. Acesso em: 14 out. 2013.

lizadas concessões para rodovias. As tabelas de 1 a 3 apresentam informações sobre as rodadas já realizadas em âmbito federal.[20]

Tabela 1
Primeira etapa do programa federal de concessões rodoviárias

Rodovia	Trecho	Extensão (km)	Conces-sionária	Início da Concessão	Prazo da Concessão
BR-116/RJ/SP (NovaDutra)	Rio de Janeiro-São Paulo	402	CCR	1-3-1996	25 anos
BR-101/RJ (Ponte)	Ponte Rio-Niterói	13,2	CCR	1-6-1995	20 anos
BR-040/MG/RJ	Rio de Janeiro-Juiz de Fora	179,9	Concer	1-3-1996	25 anos
BR-116/RJ	Rio de Janeiro-Teresópolis-Além Paraíba	142,5	CRT	22-3-1996	25 anos
BR-290/RS	Osório-Porto Alegre	121	Concepa	4-7-1997	20 anos
BR-116/293/392/RS	Polo de Pelotas	623,8	Ecosul	24-7-1998	15+13 anos
Total	6 trechos	**1.482,40**			

Fonte: ANTT.

Tabela 2
Segunda etapa do programa federal de concessões rodoviárias

Fase 1				
Rodovia	**Trecho**	**Extensão (km)**	**Concessionária**	**Início da Concessão**
BR-116/PR/SC (Planalto Sul)	Curitiba-Divisa SC/RS	412,70	Arteris	15-2-2008
BR-376/PR - BR-101/SC (Litoral Sul)	Curitiba-Florianópolis	382,33	Arteris	15-2-2008
BR-116/SP/PR (Régis Bittencourt)	São Paulo-Curitiba	401,60	Arteris	15-2-2008
BR-381/MG/SP (Fernão Dias)	Belo Horizonte-São Paulo	562,10	Arteris	15-2-2008

(continua)

20. Vale lembrar a existência tanto do programa federal quanto de programas estaduais de concessão de rodovias, promovidos autonomamente pelos estados da Federação com relação às rodovias localizadas em seus territórios.

(continuação)

Rodovia	Trecho	Extensão (km)	Concessionária	Início da Concessão
BR-393/RJ (Rodovia do Aço)	Divisa MG/RJ-Entroncamento com a Via Dutra	200,40	Acciona	27-3-2008
BR-101/RJ (Fluminense)	Ponte Rio-Niterói-Divisa RJ/ES	320,10	Arteris	18-2-2008
BR-153/SP (Transbrasiliana)	Divisa MG/SP-Divisa SP/PR	321,60	BRVIAS	15-2-2008
Total	7 trechos	**2.600,83**		
		Fase 2		
Rodovia	**Trecho**	**Extensão (km)**	**Concessionária**	**Início da Concessão**
BR-116/324 BA (viabahia)	BR - 116-Feira de Santana	554,10	Rodobahia	20-10-2009
	BR - 324-Salvador-Feira	113,20		
	BR - 526/BR - 324/BA -528	9,30		
	BA - 528/BA - 526/Aratu	4,00		
Total	4 Trechos	**680,60**		

Fonte: ANTT.

Nas concessões rodoviárias, o contrato-padrão apresenta prazo fixo, de 25 anos na maior parte dos casos, pelo qual uma firma é escolhida por meio de um processo competitivo para promover investimentos, operar e manter a infraestrutura rodoviária. A variável de lance ou proposta pode incluir a menor tarifa, o menor período requerido para a concessão, o maior pagamento para o governo (maior outorga) ou, ainda, o pleito de um subsídio menor. Podem ser demandadas garantias de receita ou renda mínimas, compartilhamento de lucros ou receitas em caso de ganhos ou tráfegos expressivamente maiores do que os previstos. Normalmente, o mesmo órgão público ou agência reguladora é incumbido da elaboração das minutas de edital de contrato, licitação, adjudicação, monitoramento e regulação dessas concessões.

O projeto ou *design* do processo de atribuição ou escolha de um concessionário é essencial para se alcançar eficiência na alocação de bens e serviços. A evidência internacional (e mesmo nacional) é que existe um elevado volume de renegociações em contratos de concessões, com forte concentração no caso do setor de rodovias, o que suscita a contratação de serviços adicionais rela-

Tabela 3

3ª Etapa do Programa Federal de Concessões Rodoviárias

Rodovia	Lote	Trecho	Extensão (km)	Situação	Desconto	Prazo de Concessão
Fase 1						
Rodovia	**Lote**	**Trecho**	**Extensão (km)**	**Situação**	**Desconto**	**Prazo de Concessão**
BR-040 DF/GO/ MG		Brasília - GO - Juiz de Fora	936,8	Invepar venceu o leilão em 27/12/13	61,13%	30 anos
BR-116 MG		Divisa BA/MG - Divisa MG/RJ	816,7	Leilão previsto para 2014		
Total			1.753,50			
Fase 2						
Rodovia	**Lote**	**Trecho**	**Extensão (km)**	**Situação**	**Desconto**	**Prazo de Concessão**
BR-101 ES	1	Entroncamento BA-698 - Divisa ES/RJ	475,9	ECO101 venceu o leilão em 18/01/12	46,53%	25 anos
Fase 3						
Rodovia	**Lote**	**Trecho**	**Extensão (km)**	**Situação**	**Desconto**	**Prazo de Concessão**
BR-101 BA		Entroncamento com a BR-324 - Entroncamento com a BA-698	772,30	Leilão previsto para 2014		
BR-262 ES/MG	4	Entroncamento com a BR-101 - Entroncamento com a BR-381	375,60	Leilão previsto para 2014		
BR-153 GO/TO		Entroncamento com a BR-060 - Entroncamento com a TO-080	751,90	Leilão previsto para 2014 - prioridade		
BR-050 GO	2	Entroncamento com a BR-040 - Divisa MG/ SP	436,60	Planalto venceu o leilão em 18/09/13	42,38%	30 anos

(continua)

(continuação)

Rodovia	Lote	Trecho	Extensão (km)	Situação	Desconto	Prazo de Concessão
BR-163 MT	7	Divisa MS/MT - Travessia Urbana de Sinop	850,90	Odebrecht venceu o leilão em 27/11/13	52,03%	30 anos
BR -163 MS	6	Divisa MS/MT - Divisa MS/PR	847,20	CPC (CCR) venceu o leilão em 17/12/13	52,74%	30 anos
BR-060 DF/153 GO/262 MG	5	Entroncamentos BR-251/BR-153 - BR-060/ BR-262 - BR-153/BR-381	1.177,00	Triunfo venceu o leilão em 04/12/13	52,00%	30 anos
Total		**7 trechos**	**5.211,50**			

Fontes:
http://3etapaconcessoes.antt.gov.br
http://www.logisticabrasil.gov.br/rodovias3
http://www.antt.gov.br/index.php/content/view/5261/Concessoes_Rodoviarias.html

tivamente ao projeto original.[21] Tais serviços podem incluir relaxamento de controles de orçamento, comprometimento de recursos de administrações futuras, leniência do controle de prazos. Nesse sentido, cabe avaliar quais são os aspectos que podem ser aperfeiçoados no processo de contratação de serviços de infraestrutura rodoviária, recorrendo-se à literatura econômica.

Engel, Fischer e Galetovic (2001)[22] propuseram um mecanismo de leilão intitulado *Least Present Value Auction* (LPVA). Nesse caso, o regulador fixa uma tarifa ou pedágio e uma taxa de desconto. Os competidores fazem propostas submetendo lances para o valor presente das receitas a serem arrecadadas pela operação, vencendo o agente que demandar o menor valor (presente). A duração do contrato é então endogenamente determinada pelo tempo necessário para que o vencedor consiga arrecadar o valor demandado.

Em artigo de 2001, Pires e Giambiagi[23] já argumentaram em favor das boas propriedades do LPVA como mecanismo para atribuição de rodovias. De acordo com Engel, Fischer e Galetovic (2001), o LPVA facilita o cálculo da compensação ao vencedor, o que melhora a gestão e a governança do contrato, além de reduzir o prêmio do risco — em cerca de 33% do valor do investimento. Cabe atentar para a necessidade de que a qualidade seja contratável para garantir a adequada prestação do serviço.

Em trabalho mais recente, Engel, Fischer e Galetovic (2010) reportam experiências de contratos firmados a partir do LPVA. O primeiro exemplo é a ponte Queen Elizabeth II em Dartford, no Reino Unido. O primeiro leilão nessa modalidade realizado no Chile data de 1998. Desde então, pelo menos seis outras experiências foram registradas.[24]

Apesar dos argumentos em favor do LPVA, há incentivos perversos no emprego desse mecanismo. Conforme destacado, investimentos em rodovias são caracterizados por risco e incerteza muito elevados. Uma crítica apresentada ao mecanismo de LPVA é o tratamento assimétrico entre os lados negativo e positivo da distribuição do valor presente líquido dos projetos.

---

21. Para referências, veja-se Guasch (2008).
22. Engel, Fischer e Galetovic (2001:993-1020).
23. Pires e Giambiagi (2000).
24. São as seguintes as experiências com contratos de prazo flexível no Chile: Rota 68 (atribuída em 1998); Rota 160, rodovia de acesso ao aeroporto, conexão Melipilla-Camino de la Fruta, e Rota 5 (segmento Vallemar-Caldera), atribuídos em 2008; autoestrada Concepción-Cabero e rodovia de acesso em Iquique (2011). Para mais detalhes, veja-se Engel (2012).

Caso a demanda verificada seja muito superior ao valor esperado (lado positivo), caberá ao concessionário compartilhar o excedente com o poder concedente; por outro lado, em situações em que o quadro da demanda produz VPL negativo, fazendo prevalecer o lado negativo da distribuição, o LPVA acarreta extensão automática de prazo, o que, no limite, poderia produzir uma concessão de prazo infinito. Esse quadro pode gerar incentivos perversos, prejudicando a capacidade de atrair competidores.[25]

Nesse sentido, cabe buscar outras experiências identificadas como positivas na atribuição de rodovias. Considerando as externalidades negativas produzidas por atrasos na entrega de investimentos e melhorias em rodovias, é desejável investigar mecanismos que consigam fazer com que os agentes ou concessionários possam internalizar os efeitos de seus atrasos em favor dos usuários dos serviços de transporte.

Lewis e Bajari (2011), por exemplo, analisaram dados do Departamento de Transportes na Califórnia entre 2003 e 2008. De acordo com os autores, a prática convencional normalmente faz uso de atribuição de contratos em função da proposta de menor valor demandado dentre os competidores qualificados para uma data específica. Já o uso de um leilão multidimensional — que pondera o pleito de um valor e incentivos para o tempo de entrega ou execução de serviços ou, ainda, compromissos de investimentos — pode ser vantajoso do ponto de vista de eficiência alocativa.

Para viabilizar investimentos em rodovias, departamentos de estradas em alguns estados nos Estados Unidos têm adotado projetos inovadores que incorporam explicitamente incentivos temporais, com destaque para leilões denominados A+B. Nesses casos, compete ao participante submeter proposta para valor monetário que contemple custos de trabalho/mão de obra e materiais — fator A — e o número de dias requerido para que o projeto seja executado e entregue — componente B. Os lances são então ponderados por ambas as componentes, vencendo o competidor que submeter proposta que atingir o menor *score*. Adicionalmente, o vencedor pode receber pagamentos na forma de incentivos ou ter que arcar com penalidades monetárias (desincentivos) em caso de antecipações ou adiamentos relativamente ao prazo pactuado.

Lewis e Bajari (2011) analisaram, do ponto de vista teórico, o mecanismo de leilão que incorpora incentivos para o tempo. No contexto investigado

25. Para referências, veja-se Saraiva (2008).

pelos autores, o projeto de contrato pode levar a resultados eficientes. Enquanto no caso do leilão A+B o fator tempo tem características de imposto, o contrato-padrão equivale a uma quota, o que frequentemente resulta em um projeto ineficientemente lento.

Lewis e Bajari (2011) apresentaram ainda evidências de que reduções expressivas de custos podem ser alcançadas através de leilões do tipo A+B. Por meio de exercício contrafactual, concluíram que os ganhos de se adotar um mecanismo com tais características relativamente aos contratos-padrão empregados superam 20%. Esses ganhos assumem grande relevância considerando as externalidades impostas aos usuários pelos atrasos na entrega de obras de infraestrutura rodoviária. Os achados de Lewis e Bajari evidenciam a possibilidade de se alcançar ganhos de bem-estar social mediante o emprego de mecanismos alternativos cuidadosamente especificados para a alocação de direitos em rodovias.

Em síntese, os estudos e argumentos apresentados recomendam a análise cuidadosa de novas alternativas na alocação de concessões de rodovias.

Adicionalmente, elementos de governança regulatória afetam de modo expressivo investimentos e oferta de infraestrutura rodoviária. Alguns desses elementos são objeto de análise na seção seguinte, principalmente incorporando questionamentos que têm sido alvo de controvérsia na regulação de contratos de concessão rodoviária.

5. A regulação das concessões federais

No Brasil, dado o princípio da autonomia dos entes federativos, existe tanto regulação federal quanto estadual de rodovias concedidas, a depender de se a rodovia em questão é federal ou estadual. Para o escopo do presente capítulo, vamos nos ater especialmente à regulação federal, promovida pela ANTT.

5.1 Licitações por maior outorga ou menor pedágio?

Resultados da literatura de leilões não permitem inferir que um leilão de maior outorga seja inferior a outro mecanismo no qual o vencedor seja o agente que oferece proposta de cobrança de menor pedágio.

Por outro lado, ao analisar dados de uma amostra de cerca de mil contratos de concessão atribuídos entre 1980 e 2000, em 17 países na América Latina e Caribe, Guasch (2008) apresenta evidências de volume consideravelmente maior de renegociações quando o critério de seleção do vencedor é a menor tarifa relativamente à seleção pelo maior valor de outorga.

Duas são as formas mais usuais de regulação: regulação pelo mercado, em mecanismo próximo ao leilão de Demsetz,[26] ou regulação de uma *utility* no mercado. No primeiro caso, o processo competitivo acabaria por dispensar ou minorar a necessidade de regulação. A renda seria transferida pelo concessionário, sendo definida como resultado da competição no leilão. Nesse sentido, a transferência de renda (em sentido econômico) seria tanto maior quanto maior a competição no leilão, dependendo também da dispersão da avaliação dos competidores com relação aos ganhos esperados da concessão.[27]

Ainda que esses mecanismos possam implicar menor necessidade de monitoramento por parte do regulador, na prática, em países em desenvolvimento e/ou com instituições menos robustas, podem surgir dificuldades em sua implementação. Devem-se considerar os longos prazos de vigência, a especificidade dos investimentos e dos ativos e a incompletude contratual, o que suscita pleitos de renegociação junto aos órgãos reguladores, poder concedente ou mesmo sistema judiciário. Alguns exemplos de tais pleitos ou conflitos são reportados a seguir, na tentativa de evidenciar o debate subjacente.

5.2 Modelo tarifário adotado em âmbito federal

O arcabouço regulatório básico subjacente ao modelo de concessão rodoviária é dado pelas Leis nº 8.987/1995 e nº 9.074/1995 — que dispõem sobre a concessão de serviços públicos —, além da Lei nº 10.233/2001, que criou a Agência Nacional de Transportes Terrestres (ANTT). A Lei nº 8.987/1995 determina, em seu art. 10, que "sempre que forem atendidas as condições do contrato, considera-se mantido seu equilíbrio econômico-financeiro".

26. Popularizado nos anos 1960, o leilão de Demsetz pode ser entendido como um mecanismo de competição pelo mercado. Para referências, veja-se Demsetz (1968).
27. Para referências, veja-se Laffont e Tirole (1993).

A atribuição das concessões requer a realização de uma licitação.[28] Na fase de preparação desse processo competitivo, devem ser desenvolvidos estudos de viabilidade que determinam condições mínimas de qualidade do serviço, necessidades de investimento, cenários de evolução de tráfego nas rodovias e número e localização de praças de pedágio. De modo geral, o pedágio inicial — determinado pelo governo ou por meio de lances no processo competitivo — é fixado no contrato, bem como o critério anual de atualização dos valores, que deve guardar relação com a inflação do período.

As obrigações do concessionário também são fixadas em contrato, tais como necessidades de aporte de capital e condições de qualidade do serviço. Nos termos da legislação em vigor, o concessionário tem direito à manutenção do equilíbrio econômico-financeiro da concessão, requisito que pode ser interpretado como o direito a um volume de receita capaz de garantir uma dada taxa interna de retorno o que, em todo caso, apresenta-se um tema de elevada complexidade.

De um lado, o princípio da preservação do equilíbrio econômico-financeiro da concessão encontra-se atrelado à proposta apresentada pela licitante vencedora, bem como à matriz de risco nele descrita. Essa concepção sugere que se possa considerar vinculante o plano de negócios apresentado pelo vencedor da licitação no momento da assinatura do contrato de concessão, e sua correspondente taxa interna de retorno.

Por outro lado, essa visão pode ser interpretada como potencialmente conflitante com a definição de concessão de serviço público, em que o concessionário explora a atividade "por sua conta e risco".[29] Nessa ótica, reveses inerentes à atividade comercial, em princípio, constituem risco da concessionária, pois a concessão é operada "por conta e risco" do empresário. Nessa perspectiva, seria esperado que os riscos incorridos e imputáveis à concessionária, se verificados, pudessem levar à redução do retorno a ser auferido pela concessionária, em decorrência da prestação do serviço, sem ocasionar direito à recomposição da equação econômico-financeira; do contrário, o poder con-

28. Constituição Federal. Art. 175. Incumbe ao Poder Público, na forma da lei, diretamente ou sob regime de concessão ou permissão, sempre através de licitação, a prestação de serviços públicos.

29. O art. 2º da Lei nº 8.987/1995 define a concessão de serviço público como "a delegação de sua prestação, feita pelo poder concedente, mediante licitação, na modalidade de concorrência, à pessoa jurídica ou consórcio de empresas que demonstre capacidade para seu desempenho, por sua conta e risco e por prazo determinado".

cedente e/ou os usuários do serviço terminariam arcando com todos os riscos da atividade, o que contrariaria a própria definição legal e a finalidade da concessão de serviço público.[30]

Tem-se por vezes sustentado que, nos contratos de concessão rodoviária, a manutenção da Taxa Interna de Retorno (TIR) estabelecida no Plano de Negócios apresentado pela licitante vencedora seria a expressão do equilíbrio econômico-financeiro da concessão. A doutrina reconhece que, em algumas ocasiões, o Plano de Negócios pode assumir efeitos vinculantes também para o poder concedente.[31] Nesse sentido, Ribeiro (2011) comenta especificamente o caso das concessões de rodovias federais, informando que a ANTT teria, em regra, feito opção pela vinculação das partes ao Plano de Negócios e, por conseguinte, assegurado a manutenção da TIR ao longo do projeto.[32]

---

30. Sobre o tema, veja-se a crítica de Mauricio Portugal Ribeiro: "No que toca à conveniência de tornar o plano de negócios um documento vinculante para o Poder Público, e utilizá-lo como base para a recomposição do equilíbrio econômico-financeiro do contrato, cremos que isso seja extremamente inconveniente para o Poder Público, criando muitas vezes espaço para distorcer de forma relevante a matriz de riscos contratuais, de maneira que o Poder Público termina por assumir riscos relevantes que na matriz de risco contratual havia transferido para o concessionário". Ribeiro (2011:37).

31. "Quando é previsto no contrato que o plano de negócios é vinculante para efeito da recomposição do equilíbrio econômico-financeiro, é comum que essa vinculação leve a que: (i) As obras, intervenções, serviços etc. nele previstos e os respectivos orçamentos dos investimentos e custos de operação se tornem vinculantes; (ii) A taxa interna de retorno do projeto ou do investidor, prevista no plano de negócios, torne-se uma garantia de rentabilidade da concessão, de maneira a permitir ao concessionário solicitar a recomposição do equilíbrio econômico-financeiro sempre que ele não obtenha a taxa de retorno declarada na proposta originária. O desdobramento disso pode ser assim resumido: na prática, as obrigações do concessionário são convertidas de obrigações de desempenho para obrigações de investimento, pois, uma vez vinculados o concessionário e o Poder Público ao plano de negócios oferecido pelo concessionário, a obrigação do concessionário passa a ser o cumprimento do que está previsto no seu plano de negócios e não dos índices de serviço contratualmente pactuado. (...) Perceba-se que dessa forma também se transferem para o Poder Público os riscos de projeto (...). É que uma vez que o plano de negócios e suas especificações de obras e serviços, inclusive seus orçamentos, se tornam vinculantes, o Poder Público fica responsável pelos custos caso aquilo que foi projetado e estimado no plano de negócios não seja suficiente para a prestação do serviço com a qualidade adequada, tendo que pagar mais para atingir os níveis de serviço que já estavam estabelecidos desde o início na minuta de contrato." Ribeiro (2011:112).

32. "Veja-se, por exemplo, os projetos regulados pela ANTT. Em regra, os contratos garantem ao parceiro privado a taxa interna de retorno do projeto declarada na sua proposta originária. Aliás, é interessante notar que, no âmbito da ANTT, é comum se definir expressamente equilíbrio econômico-financeiro como garantia de uma taxa interna de retorno aos concessionários. Nesse sentido, merece menção a publicação, no sítio eletrônico da ANTT, da lista de perguntas e respostas sobre concessões para informação ao público leigo, no qual a pergunta sobre equilíbrio econômico-financeiro é feita e respondida nos seguintes termos: '*10.O que é Equilíbrio Econômico-Financeiro do Contrato? Resposta — É o ponto em que a TIR observada é igual àquela estabelecida, quando apresentada a Proposta de Tarifa pela licitante vencedora. Esse equilíbrio, quando ameaçado, pode ser restabelecido através da Adequação ou da*

O Tribunal de Contas da União (TCU), por sua vez, tem discutido se a manutenção da TIR ao longo de todo o contrato seria a forma adequada de se aferir a manutenção do equilíbrio econômico-financeiro, especialmente quando, na vigência do contrato, são pactuados novos investimentos.

O questionamento surge especialmente com relação ao primeiro ciclo de concessões de rodovias, realizado nos anos 1990, quando o cenário macroeconômico do país era bastante distinto da realidade atual. Dando ênfase ao fato de que, com a estabilização da economia, houve queda significativa do risco-país e, consequentemente, do custo dos financiamentos, o Tribunal já teceu considerações sobre se haveria desequilíbrio econômico-financeiro nos contratos de concessão de rodovias federais — primeira etapa — uma vez que, prevendo TIRs entre 18% e 24%, estariam as concessionárias auferindo lucros extraordinários, diante da inegável redução do risco país nas duas últimas décadas.[33] Por conseguinte, sustentou-se que, se a taxa de juros de financiamento reduz-se substancialmente, deveria ocorrer revisão em favor dos usuários do

Revisão de Tarifa.' A resposta é um tanto sofisticada para que o público leigo a entenda... À parte da adequação da resposta ao seu público, o grande problema dessa vinculação é que ela distorce completamente a matriz de riscos contratuais, devolvendo ao Poder Público basicamente muitos dos riscos que supostamente foram transferidos pelo contrato para o concessionário. É que, ao garantir ao concessionário uma dada taxa de retorno, o Poder Público está estabilizando a rentabilidade do projeto para o concessionário, independentemente do maior ou menor sucesso do concessionário para gerenciar os riscos que lhe foram transferidos" (Ribeiro, 2011:118).

33. "Na sensível equação das concessões rodoviárias, o custo do capital investido é elemento fundamental para garantir a rentabilidade esperada de empreendimentos com características similares de risco, representando o custo de oportunidade em relação às alternativas de investimentos semelhantes. No sistema das concessões, é essa a medida da justa e devida retribuição, a que faz jus a concessionária, não devendo a outorga pública servir para que particulares se valham das nocivas faculdades que o monopólio econômico lhes proporcionaria dentro de quadro de ausência de regulação estatal. Dessa forma, se o custo do capital, à época da execução do serviço concedido, revela-se ostensivamente superior ao estimado, os lucros futuros do empreendimento são, na verdade, descontados a taxas maiores que as previstas, resultando em lucros menores que o planejado. Nesse contexto, os encargos da empresa concretizam-se em nível superior ao estimado, deprimindo a rentabilidade do projeto. Há, portanto, superestimação das receitas e subestimação dos encargos, fato que, em grau extremo, pode comprometer a viabilidade da concessão. Simetricamente, na hipótese de significativa redução desse custo de capital, os lucros futuros são trazidos a taxas menores, redundando em ganhos inferiores ao conjecturado, e minoram-se os encargos da contratada, perfazendo resultado líquido sensivelmente superior ao pactuado. A relevância do custo do capital, assim, é tamanha que pequenas variações determinam a viabilidade ou inviabilidade dos projetos de concessão de serviços públicos. Caso subestimado o custo, a empresa não conseguirá lucratividade condizente com a de mercado e experimentará dificuldades financeiras; caso seja superestimado, conferirá à concessionária lucros extraordinários, em detrimento dos usuários do serviço concedido" (AC-2927-49/11-P, j. em 9-11-2011, voto do ministro relator Walton Rodrigues).

serviço, tendo em vista a modicidade tarifária. Essa modificação aconteceria especialmente com relação a novos investimentos que viessem a ser introduzidos por meio de aditivos firmados em contexto macroeconômico mais favorável, ou, ainda, tendo em vista a possibilidade de eventual prorrogação dos contratos de concessão rodoviária, ao término do seu prazo inicial.[34]

34. "Da mesma forma, segundo entendo, uma concessionária que se compromete a investir determinado montante de recursos próprios na rodovia concedida, cuja taxa de retorno foi contratualmente fixada em 24%, e obtém todo ou parte do capital do BNDES, com taxa de juros subsidiadas de 9%, está tendo ganho indevido, uma vez que tem o capital remunerado em 24% e paga somente 9% de juros. Muito embora raras, raríssimas, as vezes em que a álea extraordinária é usada em favor da Administração e dos usuários do serviço público — na verdade, não conheço exemplo — a ocorrência desses eventos, devidamente aferidos, exige a recomposição do equilíbrio contratual, uma vez que o ordenamento jurídico não autoriza a desestabilização da relação entre os encargos da contratada e sua remuneração (art. 65, II, *d*, da Lei nº 8.666/1993), com ganhos extraordinários, obtidos a partir de circunstâncias não computadas no contrato. Repito, novamente: o reequilíbrio contratual ocorre não somente em favor das empresas, como usual, mas também em favor da Administração e do usuário do serviço público, a partir de dados objetivos que foram evidenciados nas diversas instruções neste feito. Essas alterações não se limitam às variações extraordinárias nos preços dos insumos da contratada, tendo em conta que o custo do capital, também, em operações exatamente similares às ocorridas, é capaz de provocar desequilíbrio na harmonia contratual, pois igualmente integra o fluxo de caixa original e afeta a proporção entre receitas e encargos do projeto, bem como as tarifas. (...) Quando se considera que as obras novas, recentemente executadas, não originalmente previstas no contrato, entronizadas no sistema mediante termos aditivos, estão sendo remuneradas, pelos usuários das rodovias, nesse alto patamar de 16 a 24%, comparativamente às novas concessões, cuja remuneração se deu na faixa de 7%, ficam absolutamente evidentes todas as distorções do sistema. A vigência dos vários contratos de concessão de rodovias em exame estender-se-á, ainda, pelos seguintes períodos: a) NovaDutra: 11 anos, prorrogáveis por mais 25 anos; b) Concer: 11 anos, prorrogáveis por mais 25 anos; c) CRT: 11 anos, prorrogáveis por mais 25 anos; d) Ponte: 5 anos, prorrogáveis por mais 20 anos; e e) Concepa: 7 anos, prorrogáveis por mais 20 anos. Vislumbro, assim, na análise da representação da Sefid, que o potencial dano à sociedade, sobretudo aos usuários das rodovias, decorrente do desequilíbrio determinante de tarifa indevidamente calculada a maior, assoma-se incomensurável e ainda perdurará por vários anos. O artigo 65, II, '*d*', da Lei nº 8.666/1993, aplicada subsidiariamente à Lei nº 8.987/1995, no que tange às concessões de serviços públicos, é claro quanto ao poder-dever de alteração dos contratos administrativos: (...) A possibilidade jurídica de alteração torna-se patente, em vista dos termos do dispositivo. Diante de motivo suficientemente justificado e independentemente da revisão ordinária ou reajuste, a legislação autoriza a Administração a acionar a sociedade contratada, instando-a a reajustar os termos originalmente pactuados. A propósito, o '*atendimento às condições do contrato*', de que trata o art. 10 da Lei nº 8.987/1995, não se confunde com a mera execução formal das cláusulas contratuais, como sustentado pela ANTT, uma vez que o equilíbrio entre receitas e encargos constituiu '*pressuposto básico da equação econômica e financeira que preside as relações entre as partes*' (fls. 84/85), conforme apropriadamente previsto pelos contratos de concessão inquinados. Entendo, portanto, que a autarquia reguladora deve promover todas as medidas necessárias à restauração do balanceamento contratual, restabelecendo a relação original entre os estipêndios e os encargos da concessionária, '*para a justa remuneração*' do serviço concedido, nos termos do transcrito art. 65, II, '*d*', da Lei nº 8.666/1993. (...)" (AC-2927-49/11-P, j. em 9-11-2011, voto do ministro relator Walton Rodrigues).

Por outro lado, poder-se-ia criticar uma revisão das receitas que levasse o concessionário a auferir retorno menor, compatível com as condições atuais da economia, mas que não eram as vigentes no momento da pactuação inicial. Tal prática pode afetar negativamente a reputação do regulador e/ou poder concedente, aumentando a percepção de risco em tentativas futuras de atribuição de concessões.[35]

Nesse sentido, merece consideração que o princípio do equilíbrio econômico-financeiro atua como uma espécie de fiel da balança: a garantia do equilíbrio deve operar para os dois lados, rebalanceando custos e receitas para ambas as partes.

Dessa forma, se o cenário macroeconômico alterou-se substancialmente, o TCU argumenta que não haveria respaldo, à luz da economicidade, para manter a taxa de retorno nos valores originais. Especialmente com relação a aditivos referentes a novas obras, o TCU observa que não se deveriam utilizar, nesse momento, os parâmetros que estavam em vigor no momento em que a contratação inicial foi realizada, mas sim os atuais. Esclareça-se que, para esse fim, fazia-se necessário introduzir cláusula de revisão tarifária nos contratos de concessão de rodovias, providência essa que foi determinada pelo TCU.[36]

---

35. Nesse sentido, o ministro Raimundo Carreiro do TCU observou: "A imposição de novas regras aos contratos de concessão, frise-se, em plena vigência, somente pode ser efetivada após existir uma intensa discussão acerca da matéria e um entendimento jurisprudencial firme, sob pena de ferir de morte o sagrado princípio da segurança jurídica, aplicável aos contratos da espécie, bem como a toda relação jurídica dentro de um Estado de Direto. Sabe-se que a gestão dos recursos financeiros, necessários à prestação dos serviços da concessão, junge-se às responsabilidades das concessionárias, conforme expressão contratual. Não seria razoável acoimar as empresas privadas em decorrência de fatores e determinações que somente emergiram posteriormente ao pacto estabelecido, pois elas assumiram o risco do negócio. O custo de oportunidade do negócio, geralmente calculado pela metodologia do custo médio ponderado de capital, representa o sacrifício da empresa vencedora do certame para empreender a concessão; ela desistiu de aplicar os seus recursos financeiros e operacionais em outros investimentos, dedicando-os à prestação do serviço público contratado. Não se pode esquecer que um empreendedor, ao aplicar os seus recursos em uma dada alternativa, deixa de aplicá-los em outra. Não é razoável, pois, uma proposta de alteração baseada em mudanças futuras da economia, que refletiram no custo de oportunidade do negócio, apurado no início da contratação. Tal significaria uma abrupta intromissão no fluxo de caixa da empresa, não prevista e não esperada por ela, capaz de gerar uma instabilidade grave à sua regular gestão" (AC-2927-49/11-P, j. em 9-11-2011).

36. "VISTOS, relatados e discutidos os presentes autos de Representação ofertada pela Secretaria de Fiscalização de Desestatização em virtude de alegado desequilíbrio econômico-financeiro nos contratos de concessão decorrentes da 1ª Etapa do Programa de Concessões de Rodovias Federais, acordam os Ministros do Tribunal de Contas da União, reunidos em sessão plenária, ante as razões expostas pelo Relator, em: 9.1. determinar à Agência Nacional de Transportes Terrestres — ANTT, com fulcro no art. 43, inciso I, da Lei nº 8.443, de 1992, referente aos contratos de concessão celebrados com a Concessionária da Rodovia Presidente

Nesse sentido, em 2011, a Resolução nº 3.651/2011 da ANTT veio a aprovar a metodologia de recomposição do equilíbrio econômico-financeiro dos contratos de concessão de rodovias federais da 1ª Etapa, da 2ª Etapa — Fase I e do Polo Pelotas, em decorrência de novos investimentos e serviços. Sobre demanda projetada e equilíbrio econômico-financeiro, essa resolução dispõe que, para efeitos de manutenção ou restabelecimento de equilíbrio econômico-financeiro, deverá ser considerado o fluxo de receita marginal, calculado com base no "tráfego real verificado" nos anos antecedentes ao momento da revisão.[37] Nos termos dessa norma, para cada processo de recomposição do equilíbrio econômico-financeiro em que tenha sido adotada uma projeção de tráfego, "a ANTT realizará, quando da revisão ordinária, a revisão dos respectivos fluxos das receitas marginais, com vistas a ajustar os dados da projeção de tráfego aos dados reais apurados durante a vigência do contrato de concessão".[38] Portanto, a resolução aponta no sentido de se

---

Dutra (NovaDutra), Companhia de Concessão Rodoviária Juiz de Fora-Rio (Concer), Concessionária Rio-Teresópolis S.A. (CRT), Concessionária da Ponte Rio-Niterói S.A. (Ponte) e Concessionária da Rodovia Osório-Porto Alegre (Concepa), que: 9.1.1. adote, nas recomposições do equilíbrio econômico-financeiro desses contratos, a metodologia aprovada na Resolução ANTT 3.651/2011, ou outra que entender mais adequada, para os eventos decorrentes de inserções de investimentos não previstos originalmente nos encargos das concessionárias, e do remanejamento ou adequação, com aumento de valor, de investimentos previstos originalmente, assegurando a todos os interessados o direito de manifestação, mediante audiências e/ou consultas públicas, com base nos art. 6º, §1º, 9º, §2º, 23, inciso IV, e 29, inciso V, da Lei 8.987/1995 c/c art. 6º, inciso IX, 40, inciso X, e 43, inciso IV, da Lei 8.666/1993, e em conformidade com o art. 24, inciso VII, da Lei 10.233/2001; 9.1.2. adote, no prazo de cento e vinte dias, as medidas necessárias para inserir cláusula de revisão periódica da tarifa de pedágio nos contratos de concessão em vigor, assegurando a todos os interessados o direito de manifestação, mediante audiências e/ou consultas públicas; (...)" (AC-2927-49/11-P, j. em 9-11-2011). Em julgado posterior, ao analisar representação envolvendo o programa de concessão de rodovias no estado do Paraná, o TCU deliberou "o restabelecimento do equilíbrio econômico-financeiro dos contratos, ajustando os investimentos, de acordo com as necessidades públicas e as taxas de rentabilidades praticadas, a percentuais compatíveis com o contexto econômico vigente e o custo de oportunidade atual do negócio, considerando, entre outros parâmetros, possíveis sobrepreços em obras e serviços oriundos dos termos aditivos ao contrato inicial e submetendo os resultados à avaliação deste Tribunal de Contas, com supedâneo no princípio da economicidade" (TCU, AC-0346-05/12-P, j. em 15-2-2012).

37. Art. 4º Para fins de determinação dos fluxos das receitas marginais, em que seja necessário adotar uma projeção de tráfego, será utilizado, em etapas distintas, o procedimento a seguir: I — no momento da recomposição do equilíbrio econômico-financeiro, o cálculo inicial a ser utilizado, para fins de dimensionamento da referida recomposição, considerará o tráfego real verificado nos anos anteriores e adotará as melhores práticas para elaboração da projeção de tráfego até o encerramento do prazo da concessão; e II — anualmente, por ocasião da revisão ordinária, o cálculo referido no inciso I deste artigo será revisado com vistas a substituir o tráfego projetado pelo volume real de tráfego verificado no ano anterior.

38. Art. 5º Para cada processo de recomposição do equilíbrio econômico-financeiro em que tenha sido adotada uma projeção de tráfego, a ANTT realizará, quando da revisão ordinária,

adotar uma perspectiva mais realista, com base em dados concretos de demanda, nas revisões tarifárias das concessionárias.

Merece ser mencionado ainda que não apenas as concessões rodoviárias dos anos 1990 têm sido objeto de debate e controvérsia no tocante à regulação da taxa de retorno. As recentemente licitadas também têm enfrentado debate nesse tocante.

Em janeiro de 2013, o governo brasileiro programou duas licitações rodoviárias, quais sejam, para as concessões das rodovias BR-040 e BR-060. A taxa de retorno proposta (real, sem alavancagem) usada para os cálculos do valor teto do pedágio foi fixada em 5,5%. Em face de desatualização nos estudos de viabilidade, os valores foram considerados excessivamente baixos pelos competidores e resultaram no adiamento do leilão.

Para tentar equacionar o problema, foram realizadas reavaliações nos estudos de viabilidade para os leilões da terceira rodada de concessões, que contemplam a atribuição de nove trechos, incluindo as duas rodovias citadas, totalizando cerca de 7.500 quilômetros e elevados requisitos de investimentos, inclusive com compromissos rigorosos de duplicação de trechos. A modelagem atual incorpora taxas de retorno fixadas em um patamar maior no cálculo do preço teto dos pedágios, qual seja, 7,2%.

Em dezembro de 2013, as concessões das rodovias BR-040 e BR-060 foram licitadas. Os resultados foram considerados bem positivos, o que é coerente com o argumento de que a competição é capaz de produzir resultados satisfatórios. Para tanto, trata-se de atrair competidores dispostos e aptos a atenderem os compromissos pactuados nos contratos, o que depende do estabelecimento de premissas realistas para a modelagem econômico-financeira e requisitos de garantias.[39]

---

a revisão dos respectivos fluxos das receitas marginais de que trata o inciso II, do art. 2º, com vistas a ajustar os dados da projeção de tráfego aos dados reais apurados durante a vigência do contrato de concessão.

§1º A revisão a que se refere o *caput* deste artigo poderá, adicionalmente, de comum acordo entre as partes, considerar outras informações apuradas durante a vigência do contrato de concessão, para fins de substituir variáveis estimadas na elaboração do Fluxo de Caixa Marginal.

§2º Os meios de recomposição a serem adotados pela ANTT, para efeito desta Resolução, serão os descritos no art. 10 desta Resolução, devendo ser mantida a mesma taxa de desconto originalmente utilizada no Fluxo de Caixa Marginal projetado em razão da recomposição.

39. "A Invepar arrematou nesta sexta-feira (27) a concessão do trecho da rodovia BR-040, entre o Distrito Federal e Minas Gerais, no último leilão do Programa de Investimento em Logística (PIL) do ano. O preço de pedágio oferecido foi 61,13% menor que o teto fixado pelo governo. A empresa vencedora ofereceu uma proposta de tarifa básica de R$ 3,22528, que representa um

Essas considerações evidenciam a necessidade de atentar para um equilíbrio entre objetivos de curto e longo prazo, princípio fundamental da regulação. A modelagem das licitações deve se nortear por essa premissa, mensurando adequadamente os riscos que serão enfrentados pelo investidor-concessionário, o que se reflete nas taxas de retorno usadas para determinar o preço-teto (ou máximo pedágio) nas licitações.

Esse dilema que cerca a fixação das taxas de retorno usadas para calcular o valor máximo do pedágio a ser admitido nas propostas a serem apresentadas nas licitações de concessões rodoviárias demanda reflexão. Cabe destacar que as taxas propostas são insumos da etapa de modelagem do processo de atribuição das concessões rodoviárias.

A taxa de retorno que será efetivamente percebida é definida como resultado do leilão e determinada, em última instância, pelas condições de demanda do mercado enfrentadas pelo concessionário, que apresentam elevado grau de incerteza, e da tecnologia de produção das firmas. Nesse contexto, o melhor que pode ser feito, do ponto de vista de projeto de leilão, é atrair competidores através de regras claras e que sejam de conhecimento comum entre os potenciais competidores, de modo a mitigar os custos de participação.

A proposta de leilões que incorporem incentivos temporais evidencia a relevância que o fator tempo ou incentivos temporais factíveis devem merecer no tratamento dado ao tema pelos formuladores de políticas públicas. De fato, atrasos na entrega de obras de expansão e de melhorias da malha rodoviária produzem externalidades negativas que podem ser estimadas e precisam ser internalizadas no processo de atribuição de novas rodovias e, talvez, na própria regulação do setor, dado que algumas obras supervenientes são pactuadas entre o regulador e o concessionário durante a vigência do contrato.

Esses aspectos, somados a controvérsias com relação à factibilidade e desejabilidade de se permitirem revisões nos valores dos pedágios durante a vigência dos contratos, em cenários nos quais a demanda observada é maior do que a prevista no momento da concessão, recomendam direcionar esforços para um processo cuidadoso e célere de atribuição, que permita realizar ajustes aos contratos durante sua vigência.

---

deságio (desconto) de 61,13% em relação ao teto de R$ 8,29763 por praça de pedágio ou R$ 9,74 para cada 100 quilômetros. A administração do trecho será de 30 anos. Disponível em: <http://g1.globo.com/economia/noticia/2013/12/invepar-vence-leilao-de-trecho-da-br-040.html>. Notícia capturada em: 10 jan. 2014.

Para que o resultado seja benéfico para a sociedade, contudo, faz-se necessário que a regulação seja pautada por princípios de boas práticas de governança regulatória, o que se traduz em melhoria do desempenho nesses setores, conforme diversas evidências da literatura (Andres, Guasch e Azumendi, 2008).

6. Conclusão

Este capítulo partiu da constatação de que as condições atuais das rodovias brasileiras apontam no sentido da necessidade de maiores investimentos para pavimentação, duplicação e melhorias na qualidade e segurança. A partir dessa realidade, observou-se que a União e alguns estados da federação empreenderam programas de concessão desse serviço à iniciativa privada, após procedimentos licitatórios, com base no pagamento da maior outorga ao poder concedente ou na menor tarifa cobrada do usuário final. O objetivo maior dessas concessões é promover investimentos na requalificação e ampliação das rodovias.

Verificou-se que, por ser a rodovia um monopólio natural, um dos principais momentos de competição nesse mercado ocorre no ato da licitação. Leilões bem desenhados devem promover lances capazes de assegurar modicidade tarifária e atrair investimentos para melhorias, operação e manutenção da rodovia durante o longo prazo de vigência da concessão. Devem também desestimular mecanismos diuturnos de renegociação que possam ser interpretados como geradores de insegurança jurídica e econômica aos agentes econômicos e aos usuários do serviço (uma vez que repactuações podem levar a aumentos no pedágio).

Nesse aspecto, deve-se também considerar que, em situações específicas, a dinâmica concorrencial pode não ficar adstrita a uma rodovia isoladamente considerada. Pode haver duas rodovias capazes de ligar o mesmo par de origem e destino de cidades; pode haver *hubs* e interligações que tornem possível uma rota como alternativa a outra; e existe, por fim, a possibilidade de concorrência intermodal. Esses aspectos devem ser, na medida do possível, levados em consideração no momento da elaboração do edital de licitação, com vistas ao estabelecimento de exigências de habilitação que, de um lado, não frustrem o caráter competitivo do certame, mas, de outro, evitem excessiva concentração de poder econômico nas mãos de um mesmo (ou conjunto de) agente(s) econômico(s).

Nos últimos 20 anos, em decorrência da profunda alteração dos parâmetros macroeconômicos do país e do crescimento da cultura regulatória, verificou-se espaço para aprimoramento do marco regulatório das concessões rodoviárias. Foram paradigmáticas desse esforço de melhoria a introdução de cláusulas de revisão tarifária periódica nesses contratos e a discussão acerca de qual a taxa de retorno adequada aos novos investimentos realizados em concessões licitadas ao longo dos anos 1990. Observou-se que a regulação apontou no sentido da utilização da metodologia do fluxo de caixa marginal para remuneração de novos investimentos não inicialmente previstos, em uma sinalização de que o retorno ao investidor deve ser proporcional ao custo do capital no momento em que o investimento é contratado, e não no momento em que o contrato foi originalmente firmado.

Essa evolução aparece refletida nos documentos pela ANTT com relação ao terceiro ciclo de concessões de rodovias federais. No novo modelo contratual, após apresentar uma lista de eventos que serão considerados ensejadores de reequilíbrio, o contrato de concessão apresenta três distintos mecanismos para essa recomposição: (i) a adoção do fluxo de caixa marginal para novos investimentos que vierem a ser acrescentados à concessão durante sua vigência; (ii) na hipótese de atraso ou inexecução de obras de ampliação de capacidade condicionadas ao volume de tráfego e de obras e serviços de caráter não obrigatório, necessárias a atender os Parâmetros de Desempenho, a aplicação de uma taxa de desconto de reequilíbrio, que favorecerá a modicidade tarifária, como compensação pelos eventos em que a concessionária não atinja os índices de performance determinados pelo contrato ou pela regulação em vigor; e (iii) a utilização do fluxo de caixa descontado não alavancado apresentado no Plano de Negócios, nas demais hipóteses de ocorrência de eventos ensejadores de desequilíbrio.

A adoção de múltiplos mecanismos de recomposição, atrelada ao fortalecimento das instituições e dos processos regulatórios no reconhecimento de eventos de desequilíbrio, parece ser instrumento adequado a conferir aos investidores a segurança de que necessitam para participarem do mercado. Há de se reconhecer, todavia, que também a taxa de retorno proposta pelo poder concedente deve ser atrativa a esses investidores, em benefício da competição, que pode promover ganhos de eficiência não apenas na etapa de atribuição do contrato de concessão, mas principalmente durante sua longa vigência.

Referências

ANDRES, L.; GUASCH, J. L.; AZUMENDI, S. L. Regulatory governance and sector performance: methodology for evaluation for electricity distribution in Latin America. *WB Policy Research Working Paper 4494*, 2008.

ARAGÃO, A. S. *Direito dos serviços públicos*. Rio de Janeiro: Forense, 2006.

DEMSETZ, H. Why regulate utilities? *Journal of Law and Economics*, v. 11, p. 55-66, 1968.

DUTRA, J. C.; PORTO, A. J. M.; SAMPAIO, P. R. P. Dificuldades na regulação dos transportes coletivos. *Conjuntura Econômica*, Rio de Janeiro, v. 66, p. 46-49, 2012.

ENGEL, E. Public-private partnerships: when and how. In: *Workshop on Public-Private Partnerships 2012*. APE, University of Queensland, 2012.

ENGEL, E.; FISCHER, R.; GALETOVIC, A. Least-present-value revenue auction and highway franchising. *Journal of Political Economy*, v. 109, n. 5, p. 993-1020, 2001.

____; ____; ____. The economics of infrastructure finance: public-private partnerships versus public provision. *Documentos de Trabajo 276*, Centro de Economía Aplicada, Universidad de Chile, 2010.

GARCIA, F. A. *Regulação jurídica das rodovias concedidas*. Rio de Janeiro: Lumen Juris, 2004. p. 48-53.

GUASCH, J. L. *Granting and renegotiating infrastructure concessions. Doing it right*. Washington, DC: World Bank Institute, 2008.

____; LAFFONT, J.-J.; STRAUB, S. Renegotiation of concession contracts in Latin America: evidence from the water and transport sectors. *International Journal of Industrial Organization*, v. 26, n. 2, p. 421-442, 2008.

HART, O. *Firms, contracts and financial structure* (Clarendon Lectures in Economics). Oxford: Oxford University Press, 1995.

LAFFONT, J.-J.; TIROLE, J. *A theory of incentives in procurement and regulation*. Cambridge: The MIT Press, 1993.

LEWIS, G.; BAJARI, P. Procurement contracting with time incentives: theory and evidence. *The Quarterly Journal of Economics*, v. 116, p. 1173-1211, 2011.

MARQUES NETO, F. A. Algumas notas sobre a concessão de rodovias. *Boletim de Direito Administrativo*, São Paulo, p. 245-257, 2001.

____. *Bens públicos*: função social e exploração econômica — o regime jurídico das utilidades públicas. Belo Horizonte: Fórum, 2009.

PIRES, J. C. L.; GIAMBIAGI, F. Retorno dos novos investimentos privados em contextos de incerteza: uma proposta de mudança do mecanismo de concessão de rodovias no Brasil. *Texto para Discussão — BNDES*, 2000.

RIBEIRO, M. P. *Concessões e PPPs*: melhores práticas em licitações e contratos. São Paulo: Atlas, 2011.

SAMPAIO, P. R. S. *Regulação e concorrência*: a atuação do CADE em setores de infraestrutura. São Paulo: Saraiva, 2013.

SARAIVA, E. C. G. *Projetos de infraestrutura pública*: risco, incerteza e incentivos. Tese (doutorado) — Escola de Pós-Graduação em Economia, Fundação Getulio Vargas, Rio de Janeiro, 2008.

Endereços eletrônicos

www.antt.gov.br/index.php/content/view/5261/Concessoes_Rodoviarias.html

www.antt.gov.br/index.php/content/view/4890/Apresentacao.html

http://data.worldbank.org/indicator/IS.ROD.PAVE.ZScountries?order=wbapi_data_value_2010%20wbapi_data_value%20wbapi_data_value-last&sort=asc&display=default

http://exame.abril.com.br/revista-exame/edicoes/1043/noticias/por-que-no-brasil-todo-nao-e-assim

ALESSANDRO VINICIUS MARQUES DE OLIVEIRA é professor adjunto do Instituto Tecnológico de Aeronáutica (ITA). Ph.D em economia (University of Warwick, Inglaterra, 2004). Livre-docente em gestão de marketing (EACH/USP, 2008).

ARMANDO CASTELAR PINHEIRO é coordenador de economia aplicada do FGV/IBRE e professor do IE/UFRJ. Anteriormente trabalhou na Gávea Investimentos, no Ipea e no BNDES. Castelar é PhD em economia pela University of Californa, Berkeley, e mestre em estatística (Impa) e administração de empresas (Coppead/UFRJ), e formado em engenharia eletrônica pelo ITA. É membro do Conselho Superior de Economia da Fiesp e articulista dos jornais *Valor Econômico* e *Correio Braziliense.*

CARLOS ÁLVARES DA SILVA CAMPOS NETO é graduado em economia pela UnB; mestre (MsC) em planejamento energético pela Coppe/UFRJ; especialista em análise de projetos (engenharia econômica), Cendec/Ipea; especialista em programação e gestão financeira e orçamentária pela Enap (Brasília); técnico de planejamento e pesquisa do Ipea desde 1986, atuando na Diretoria de Estudos e Políticas Setoriais, Inovação, Regulação e Infraestrutura (Diset) como coordenador de Infraestrutura Econômica entre 2000 e 2012; diretor financeiro e comercial da Companhia de Água e Esgotos de Brasília (Caesb) — 1995-98; editor, organizador e coautor do livro *Infraestrutura econômica no Brasil: diagnósticos e perspectivas para 2025* (Ipea, 2010).

CLÁUDIO R. FRISCHTAK é presidente da Inter.B — Consultoria Internacional de Negócios, "Country Director" do International Growth Center (London School of Economics e Universidade de Oxford) e consultor do Conselho Empresarial Brasil-China (CEBC). Foi ainda "*principal economist*" da área de indústria e energia do Banco Mundial (1984-91) e professor adjunto de economia na Universidade de Georgetown (1987-90), tendo feito sua pós-graduação na Universidade de Campinas (1976-78) e em Stanford University (1980-84). Com mais de 100 publicações (dentre livros editados, artigos acadêmicos e relatórios de pesquisa), é membro do Think Tank-20 do Brookings Institution e de conselhos de diversas instituições, e trabalha em temas relacionados a economia mundial, macroeconomia brasileira e questões ligadas a infraestrutura, indústria e competitividade.

Cleveland Prates Teixeira é sócio diretor da Pezco MicroAnalysis Consultoria Econômica. Como consultor, tem experiência na elaboração de pareceres e na coordenação de projetos nas áreas financeira, de regulação e de concorrência para os mais diversos setores da economia. Foi conselheiro do Conselho Administrativo de Defesa Econômica (Cade), secretário adjunto de Acompanhamento Econômico (Seae) do Ministério da Fazenda e coordenador-geral de Comércio e Serviços e de Investigação de Cartéis da mesma Secretaria. Prestou ainda consultoria para organismos governamentais nacionais (Ipea) e internacionais (Unctad e Banco Mundial). Fez parte do Conselho Federal do Fundo Gestor dos Direitos Difusos do Ministério da Justiça e do Conselho do FGV/IBRE. É professor dos cursos de Microeconomia, Análise Econômica do Direito, Antitruste e Regulação do GV-Law (Programa de pós-graduação da Escola de Direito da Fundação Getulio Vargas de São Paulo) e de regulação de mercados da Fundação Instituto de Pesquisas Econômicas (Fipe). Tem diversos artigos publicados nas áreas de regulação e concorrência. Mestre em economia de empresas pela FGV-SP e bacharel em ciências econômicas pela USP.

Eduardo Augusto Guimarães é economista, doutor em economia pela Universidade de Londres, professor titular do Instituto de Economia da UFRJ. Foi diretor de pesquisa e presidente do IBGE, secretário do Tesouro Nacional e presidente do Banco do Brasil. Tem desenvolvido atividade de consultoria na área de concorrência e regulação.

Fabiano Mezadre Pompermayer é técnico de planejamento e pesquisa do Ipea desde 2009, atuando em estudos e projetos de infraestrutura econômica. Foi consultor em *supply chain management* na Mckinsey & Company, engenheiro de produção na Vale e analista na ANP. Graduado em engenharia mecânica pela Ufes, mestre e doutor em engenharia de produção pela PUC-Rio e MBA em gestão empresarial pela FDC.

Flavio Menezes é professor de economia e diretor da Escola de Economia da Universidade de Queensland. Posições anteriores incluem professor de economia e de regulação econômica, e diretor fundador do Centro Australiano de Regulação Econômica na Universidade Nacional da Austrália. Professor Menezes foi também vice-presidente e consultor *senior* na área de regulação e políticas públicas da CRA Internacional em Camberra. Além de ter publicado mais de 50 artigos em periódicos internacionais nas áreas de competição, regulação, organização industrial e leilões, e um livro texto sobre leilões publicado pela Oxford University Press, tem extensa experiência internacional como consultor, incluindo Austrália, Nova Zelândia e vários países da Europa, América Latina e Ásia.

Frederico Araujo Turolla é economista, doutor e mestre em economia de empresas pela FGV-SP, com intercâmbio na Universidade de Brandeis. É vice-coordenador do Programa de Mestrado e Doutorado em Gestão Internacional (PMDGI/ESPM) e professor de cursos de pós-graduação da FGV em São Paulo. É sócio da consultoria econômica Pezco Microanalysis.

Gustavo Joaquim é economista formado pelo Insper (Instituto de Ensino e Pesquisa) e mestrando em economia na PUC-Rio. Durante a graduação publicou artigos em periódicos nacionais na área de risco financeiro.

Isaque Regis Ouverney é mestrando em ciências econômicas pela Uerj, economista pela UFF e bacharelando em direito pela Ucam.

Jean Marlo Pepino de Paula é técnico em edificações (1994) e engenheiro civil (2001) formado pela UFJF, trabalhou em grandes empresas privadas nacionais e multinacionais de engenharia consultiva em projetos técnicos especializados e gerenciais, de planejamento e de implantação e ampliação de obras de grande porte relacionadas a saneamento e infraestrutura industrial. No setor público, desde 2007 atua no planejamento e regulação da infraestrutura de transportes, sendo atualmente técnico de planejamento e pesquisa do Ipea, onde desenvolve estudos e avaliações para subsidiar o planejamento e a elaboração de políticas públicas na área de infraestrutura.

João Manoel Pinho de Mello possui graduação em administração pública pela Fundação Getulio Vargas — SP (1996), mestrado em economia pela PUC-Rio (2000) e PhD em economia pela Stanford University (2005). Foi professor no Departamento de Economia da PUC-Rio (2004-13). É professor titular do Insper. Foi secretário adjunto da Sociedade Brasileira de Econometria. É membro afiliado da Academia Brasileira de Ciências e coordenador da America Latina Crime and Policy Network (Al Capone) da Latin American and Caribbean Economic Association (Lacea). É bolsista de produtividade do CNPq, nível 1D. Pesquisa nas áreas de microeconomia bancária, organização industrial e antitruste, economia do crime e economia política.

Joísa Campanher Dutra Saraiva é professora de economia e diretora do Centro de Regulação da FGV e desde 2010 é comissionária da Aneel. No primeiro semestre de 2010 foi professora visitante na Mossavar-Rahmani Center for Business and Government na Harvard Kennedy School e em 2013 foi Fellow no Australian Leadership Award Fellowship Program. Possui experiência em consultoria para órgãos federais e empresas privadas em análise macroeconômica e de ambiente regulatório nos setores de transporte, água e saneamento básico. Doutora em economia pela FGV (2011), mestre em economia pela UFRGS (1995) e bacharelado em Economia pela UFRGS (1990).

Katharina Davies é formada em administração de empresas pela PUC-Rio (2011) e pós-graduada em gestão ambiental pela UFRJ (2013). Analista na Inter.B — Consultoria Internacional de Negócios.

Mansueto Almeida é técnico de planejamento e pesquisa do Ipea desde 1997. Trabalhou no Ministério da Fazenda (1995-97) e no Senado Federal (2004-06). Em 2010, foi pesquisador visitante da University of Manchester no Reino Unido. Bacharel em economia pela UFC, mestre em economia pelo Instituto de Pesquisa Econômica da Faculdade de Economia, Administração e Contabilidade da USP, cursou os créditos de doutorado em políticas públicas e desenvolvimento no Massachusetts Institute of Technology (MIT).

Mauricio Mesquita Moreira é economista chefe do Setor de Integração e Comércio do Banco Inter-Americano de Desenvolvimento (BID). Fez doutorado na University College London. Antes de assumir essa posição no BID, trabalhou como gerente no Departamento Econômico do BNDES e foi professor adjunto da Faculdade de Economia da UFRJ. Entre seus trabalhos mais recentes constam: *Longe demais para exportar: custos domésticos de transporte e as disparidades regionais das exportações na América Latina e no Caribe* (BID, 2013) e *Shaping the future of Asia and Latin America relations* (IDB e Asia Development Bank, 2012).

Patrícia Regina Pinheiro Sampaio é professora da Escola de Direito da Fundação Getulio Vargas (FGV Direito Rio) e da Unirio. Pesquisadora do Centro de Pesquisa em Direito e Economia da FGV Direito Rio. Doutora e mestre pela Faculdade de Direito da USP. Advogada.

Ronaldo Seroa da Motta é professor de economia da Universidade Estadual do Rio de Janeiro (Uerj). Doutor em economia pela University College London. Ex-coordenador de Estudos Ambientais no Ipea/Rio de Janeiro e ex-diretor do Ministério do Meio Ambiente do Brasil. Review Editor do IPCC/AR5/WGIIII/ Chapter 15 — National and Sub-National Policies and Institutions. Tem vários livros e artigos científicos publicados, incluindo *Economia ambiental* pela Editora FGV, Rio de Janeiro.

Vinicius Carrasco obteve seu Ph.D pela Universidade de Stanford em 2005 e, desde então, é professor do Departamento de Economia da PUC-Rio. Em 2012, foi eleito membro-afiliado da Academia Brasileira de Ciências (para o período 2013-17). Seus interesses de pesquisa são desenho de mecanismo, regulação, organização industrial e economia bancária.

Esta obra foi produzida nas
oficinas da Imos Gráfica e Editora na
cidade do Rio de Janeiro